Gestión Fiscal-IRPF

ADGN064PO Administración y gestión

EF/ADGN064PO/MAY/25

Anagrama «LUCHA CONTRA LA PIRATERÍA», propiedad de Unión Internacional de Escritores.

CONSEJO DE REDACCIÓN
Ruth Gómez Talaván
Rebeca Cantalapiedra Puertas

MAQUETACIÓN
Esther Martínez Hernández

ILUSTRACIÓN DE CUBIERTA
Ignacio Velasco Marugán

© Centro de Estudios ADAMS. Ediciones Valbuena
C/ Narciso Serra, 14
28007 Madrid
adamsediciones@adams.es
www.adams.es

ISBN: 978-84-1077-413-1
Depósito legal: M-11566-2025
Editado en mayo de 2025
Imprime: Ediciones Valbuena, S.A.
Impreso en España. Printed in Spain

Presentación

Comprometidos por ofrecer una propuesta formativa ajustada a las necesidades de la sociedad y del mercado de trabajo, Ediciones Valbuena presenta este manual para la Especialidad formativa de **Gestión fiscal – IRPF**, perteneciente a la Familia profesional de **Administración y Gestión**.

Esta **Especialidad Formativa**, con una duración asociada de 50 horas, se integra en el Catálogo de especialidades con el código ADGN064PO.

En la elaboración de los contenidos hemos pretendido garantizar la **adquisición, mejora y actualización de las competencias profesionales** requeridas en el mercado laboral, así como fomentar el **aprendizaje**.

En nuestra página web **www.adams.es** estarás al día de todo en cuanto a información sobre cursos, productos y servicios se refiere, y además tendrás la opción de dirigirnos cualquier consulta o sugerencia a través de **adams@adams.es**

Esperando haber cumplido el objetivo propuesto, te expresamos nuestros mejores deseos de éxito.

Ediciones Valbuena

Índice

ICONOS DE INFORMACIÓN

Definición

Recuerda

Ejemplo

Nota

Importante

Más información

Resumen

Marco legal

UNIDAD DIDÁCTICA 1

Introducción y conceptos básicos

Contenido & Objetivos

Introducción

1. **Nociones básicas del impuesto**

2. **Clasificación e integración y compensación de rentas. Cálculo de la base imponible**

Los **objetivos** de esta unidad son:

1. Precisar la naturaleza del IRPF.

2. Diferenciar los distintos contribuyentes por IRPF en función de su residencia.

3. Identificar las rentas exentas.

4. Determinar los aspectos temporales del IRPF.

Introducción

A lo largo de esta unidad estudiaremos la naturaleza, objeto y ámbito de aplicación del Impuesto sobre la Renta de las Personas Físicas. También analizaremos los aspectos materiales, personales y temporales del tributo: el hecho imponible y las rentas exentas, los contribuyentes, periodo impositivo y devengo del impuesto.

Aunque la ley del IRPF continúa utilizando la nomenclatura de "paraíso fiscal" la disposición adicional primera de la Ley 36/2006, de 29 de noviembre, de medidas para la prevención del fraude fiscal, desde el 2021 las denomina "jurisdicción no cooperativa". Para facilitar la comprensión del alumno, hemos mantenido la referencia a "paraíso fiscal".

1. Nociones básicas del impuesto

1.1. Definición

El Impuesto sobre la Renta de las Personas Físicas (en adelante IRPF) es un impuesto estatal, de carácter personal y directo que grava la renta de las personas físicas, atendiendo a la naturaleza o fuente de las rentas y a las circunstancias personales y familiares del sujeto pasivo, inspirado en el principio de progresividad y cuya regulación comparten, parcialmente, el Estado y las Comunidades Autónomas.

El IRPF tiene por objeto la renta del contribuyente que reside en territorio español, entendida como la totalidad de sus rendimientos, ganancias y pérdidas patrimoniales, así como las rentas que les sean imputables, con independencia del lugar donde se hubieran producido y cualquiera que sea la residencia del pagador. El IRPF es un impuesto que grava la totalidad de la renta obtenida por las personas físicas.

El IRPF, como hemos enunciado, es un tributo de carácter personal y directo, que grava, según los principios de igualdad, generalidad y progresividad, la renta de las personas físicas de acuerdo con su naturaleza y sus circunstancias personales y familiares.

Se pueden señalar como caracteres del mismo que es un impuesto:

- **Personal**: el sujeto pasivo es determinante para dar contenido al hecho imponible.

- **Directo**: grava una manifestación directa de la capacidad económica, como es la obtención de renta.

- **Subjetivo**: tiene en cuenta las particularidades, personales y familiares, de los sujetos pasivos del mismo.

- **Periódico:** tributos cuyo hecho imponible se repite y se prolonga en el tiempo, naciendo a lo largo de este período la obligación tributaria.

- **Progresivo**: a mayor base imponible el tipo de gravamen aplicable será mayor.

- **Estatal**: su titularidad corresponde al Estado.

- **Parcialmente cedido a las CCAA**: está o cedido parcialmente a las Comunidades Autónomas, en lo relativo a la tarifa y a las deducciones en la cuota.

 El IRPF es un impuesto: directo, personal, subjetivo, periódico, progresivo y estatal cedido parcialmente a las Comunidades Autónomas que grava la renta obtenida por las personas físicas.

 El artículo 1 de la Ley del del Impuesto sobre la Renta de las Personas Físicas (en adelante LIRPF) define al impuesto.

1.2. Normativa y ámbito de aplicación

El IRPF está regulado fundamentalmente por las dos disposiciones siguientes:

1. La Ley 35/2006, de 28 de noviembre, del Impuesto sobre la Renta de las Personas Físicas (en adelante, LIRPF).

2. El Reglamento del Impuesto aprobado por el Real Decreto 439/2007, de 30 de marzo (en adelante, RIRPF) por el que se aprueba el Reglamento del Impuesto sobre la Renta de las Personas Físicas.

Además también hay que tener en cuenta los regímenes de Concierto y Convenio con los Territorios Históricos del País Vasco y Navarra y lo establecido en **tratados y convenios internacionales**, que primará sobre la propia Ley del IRPF.

Asimismo, la LIRPF establece determinadas especialidades para **Canarias, Ceuta y Melilla**.

 El **IRPF se aplica en** todo el territorio español, sin perjuicio de particularidades para algunos territorios del mismo.

1.3. Hecho imponible y rentas exentas

A) Hecho imponible

El hecho imponible del IRPF es la obtención por el contribuyente de las siguientes fuentes de renta:

1. Los **rendimientos del trabajo**.

2. Los **rendimientos del capital** (mobiliario e inmobiliario).

3. Los **rendimientos de las actividades económicas**.

4. Las **ganancias y pérdidas patrimoniales**.

5. Las **imputaciones de renta** que se establezcan por ley (inmobiliarias, cesión de derechos de imagen, de agrupaciones de interés económico, en régimen de transparencia fiscal internacional, y de instituciones de inversión colectiva instituidas en paraísos fiscales).

B) Tipos de rentas

Las **rentas** obtenidas por el contribuyente se clasifican en **dos tipos** a los efectos de determinar la base imponible y calcular el impuesto:

1. General.

2. Del ahorro.

C) Presunción

Se **presumen retribuidas** las prestaciones de bienes, derechos o servicios susceptibles de generar rendimientos del trabajo o del capital.

Se trata de una presunción **iuris tantum**, puesto que admite prueba en contrario de tal modo que por dichas prestaciones no se deberán declarar rendimientos siempre que pueda probarse que no existieron.

D) No sujeción

Antes de continuar, es interesante diferenciar dos conceptos que, a priori, parecen tener el mismo significado, pero que tienen un fondo jurídico totalmente distinto, como son el de renta sujeta y renta exenta.

En palabras textuales de la Ley General Tributaria, el hecho imponible es el presupuesto fijado por la ley para configurar cada tributo y cuya realización origina el nacimiento de la obligación tributaria principal. Es decir, si la acción o situación que se produce está tipificada en la LIRPF, estará sujeta a este impuesto y no a otro, como sería el impuesto sobre sucesiones y donaciones, en adelante ISD.

En el caso que un hecho no coincida con la descripción del hecho imponible del tributo en cuestión, deberemos comprobar que ese hecho no se describa en otro tributo, y por tanto, esté sujeto a él.

En ocasiones, el propio tributo enumera los casos de no sujeción, como sería la Ley 37/1992, de 28 de diciembre, del Impuesto sobre el Valor Añadido (en adelante IVA).

A modo de ejemplo: la obtención de los rendimientos del trabajo coincide con un hecho imponible descrito en la LIRPF y por tanto, está sujeto a este impuesto, pero no están sujetos a IVA, o al ISD. Y una transmisión mortis causa (herencia) está sujeta al ISD pero no está sujeta al IRPF.

Por otro lado, son supuestos de exención aquellos en que, a pesar de realizarse el hecho imponible, la ley exime del cumplimiento de la obligación tributaria principal. Por ejemplo a efectos del IRPF, cuando su normativa ha determinado unos supuestos concretos en los que le exime de gravamen. Pero al estar sujeto al IRPF, no le es posible aplicar otro tributo, que venga a compensar esa no tributación, como sería el ISD.

A modo de resumen, un hecho económico puede estar sujeto o no sujeto, y una vez se determina que está sujeto, podrá estar exento (no tributará) o no exento (tributará).

En el caso del IRPF, únicamente se indica un hecho de no sujeción, que serían las rentas sujetas al **Impuesto sobre Sucesiones y Donaciones**.

No obstante, repartidos por el articulado de la Ley, como los artículos 6, 33 y 42, nos encontramos diversas rentas que están no sujetas al IRPF.

Rentas no sujetas

Se encuentran dispersas a lo largo del articulado de la LIRPF (artículos 6, 33 y 42), y podemos señalar las siguientes:

a) **Las rentas que se encuentren sujetas al Impuesto sobre Sucesiones y Donaciones.** Estas rentas están constituidas por las ganancias patrimoniales que se producen en la persona que recibe cantidades, bienes o derechos por herencia, legado o donación o por ser beneficiarios de contratos de seguros sobre la vida, cuando el contratante sea persona distinta del beneficiario (salvo que por expresa disposición legal dichas cantidades percibidas tengan la consideración de rendimientos del trabajo).

b) **Las ganancias o pérdidas patrimoniales que se pongan de manifiesto con ocasión de transmisiones lucrativas por causa de muerte del contribuyente.**

Se trata de la denominada "plusvalía del muerto", es decir, las ganancias o pérdidas patrimoniales experimentadas en el patrimonio de las personas fallecidas como consecuencia de la transmisión hereditaria del mismo.

c) **La parte de la ganancia patrimonial generada con anterioridad a 20 de enero de 2006** (no así las pérdidas patrimoniales) **derivada de elementos patrimoniales** no afectos al desarrollo de actividades económicas que a 31 de diciembre de 1996 tuviesen un período de permanencia en el patrimonio del contribuyente superior a:

⇨ **10 años. Es decir, adquiridos antes de 31 de diciembre de 1986** si se trata de:

▶ Bienes inmuebles.

▶ Derechos sobre bienes inmuebles.

▶ Valores representativos de participaciones en el capital social o en el patrimonio de sociedades y otras entidades cuyo activo esté constituido, al menos en su 50 por 100, por inmuebles situados en territorio español, con excepción de las acciones o participaciones representativas del capital social o patrimonio de las Sociedades o de los Fondos de Inversión Inmobiliaria.

⇨ **5 años. Es decir, adquiridos antes de 31 de diciembre de 1991**, si se trata de:

▶ Acciones admitidas a negociación en alguno de los mercados regulados de valores definidos en la Directiva 2004/39/CE del Parlamento Europeo y del Consejo, de 21 de abril de 2004, relativa a los mercados de instrumentos financieros y representativos de la participación en fondos propios de sociedades o entidades.

 Téngase en cuenta que la Directiva 2004/39/CE ha sido derogada con efectos de 3 de enero de 2017 por la Directiva 2014/65/UE del Parlamento Europeo y del Consejo, de 15 de mayo de 2014, relativa a los mercados de instrumentos financieros. Esta, en su artículo 94, dispone que las referencias a la Directiva 2004/39/CE se entenderán hechas a la Directiva 2014/65/UE.

⇨ **8 años. Es decir, adquiridos antes de 31 de diciembre de 1988**, para los demás bienes o derechos.

d) **Las reducciones de capital, salvo cuando tengan por finalidad la devolución de aportaciones**, en cuyo caso el exceso sobre el valor de adquisición de los valores afectados tributa como rendimiento de capital mobiliario.

e) **Las ganancias o pérdidas generadas con ocasión de la transmisión lucrativa de empresas o participaciones** cuando el donatario pueda beneficiarse de la reducción del 95 por 100 de la base imponible del Impuesto sobre Sucesiones y Donaciones.

Los elementos patrimoniales que se afecten por el contribuyente a la actividad económica con posterioridad a su adquisición deberán haber estado afectos ininterrumpidamente durante, al menos, los cinco años anteriores a la fecha de la transmisión.

f) **Las adjudicaciones de bienes o derechos en la extinción del régimen económico matrimonial de separación de bienes**, cuando por imposición legal o resolución judicial se produzcan por causa distinta de la pensión compensatoria entre cónyuges.

g) **Las pérdidas patrimoniales** siguientes, que por expresa disposición de la Ley no pueden computarse como tales:

⇨ Las no justificadas.

⇨ Las derivadas de transmisiones de elementos patrimoniales, con recompra del mismo elemento patrimonial o, tratándose de valores o participaciones, cuando se adquieran otros valores o participaciones homogéneos, en el plazo legalmente establecido, que con carácter general será un año, siendo de dos meses para las transmisiones de valores o participaciones admitidos a negociación en mercados secundarios.

⇨ Las debidas al consumo.

⇨ Las debidas a transmisiones lucrativas por actos "inter vivos" o a liberalidades.

⇨ Las debidas a pérdidas en el juego.

h) **La renta que se ponga de manifiesto como consecuencia del ejercicio de derecho de rescate de los contratos de seguro colectivo que instrumenten compromisos por pensiones** en los términos previstos en la disposición adicional primera del texto refundido de la Ley de Regulación de los Planes y Fondos de Pensiones, en los siguientes supuestos:

⇨ Para la integración total o parcial de los compromisos instrumentados en la póliza en otro contrato de seguro que cumpla los requisitos de la citada disposición adicional primera.

⇨ Para la integración en otro contrato de seguro colectivo, de los derechos que correspondan al trabajador según el contrato original en el caso de cese de la relación laboral.

i)   Tampoco está sujeta al IRPF la renta que se ponga de manifiesto como conse-cuencia de la participación en beneficios de los contratos de seguro que instrumenten compromisos por pensiones de acuerdo con lo previsto en la disposición adicional primera del texto refundido de la Ley de Regulación de los Planes y Fondos de Pensiones, cuando dicha participación en beneficios se destine al aumento de las prestaciones aseguradas en dichos contratos.

j)   **Las cantidades destinadas a la actualización, capacitación o reciclaje del personal empleado**, cuando vengan exigidos por el desarrollo de sus actividades o las características de los puestos de trabajo.

k)   **Las primas o cuotas satisfechas por la empresa en virtud de contrato de seguro de accidente laboral** o de responsabilidad civil del trabajador.

E)   Exención

El artículo 7 de la Ley del IRPF establece un listado de las rentas exentas:

a)   Las prestaciones públicas extraordinarias por actos de terrorismo y las pensiones derivadas de medallas y condecoraciones concedidas por actos de terrorismo.

b)   Las ayudas de cualquier clase percibidas por los afectados por el virus de inmu-nodeficiencia humana.

c)   Las pensiones reconocidas en favor de aquellas personas que sufrieron lesiones o mutilaciones con ocasión o como consecuencia de la Guerra Civil, 1936/1939, ya sea por el régimen de clases pasivas del Estado o al amparo de la legislación especial dictada al efecto.

d)   Las indemnizaciones como consecuencia de responsabilidad civil por daños personales, en la cuantía legal o judicialmente reconocida, así como las derivadas de contratos de seguro de accidentes, salvo aquellos cuyas primas hubieran podido reducir la base imponible o ser consideradas gasto deducible por aplicación de la regla 1.ª del apartado 2 del artículo 30 LIRPF.

Asimismo, las indemnizaciones como consecuencia de responsabilidad civil por daños físicos o psíquicos, satisfechos por la entidad aseguradora del causante del daño no previstas en el párrafo anterior, cuando deriven de un acuerdo de mediación o de cualquier otro medio adecuado de solución de controversias legalmente establecido, siempre que en la obtención del acuerdo por ese medio haya intervenido un tercero neutral y el acuerdo se haya elevado a escritura pública, hasta la cuantía que resulte de aplicar, para el daño sufrido, el sistema para la valoración de los daños y perjuicios causados a las personas en accidentes de circulación, incorporado como anexo en el texto refundido de la Ley sobre responsabilidad civil y seguro en la circulación de vehículos a motor, aprobado por el Real Decreto Legislativo 8/2004, de 29 de octubre. (Redactado que entró en vigor el 3 de abril de 2025).

e) Las indemnizaciones por despido o cese del trabajador, en la cuantía establecida con carácter obligatorio en el Estatuto de los Trabajadores, en su normativa de desarrollo o, en su caso, en la normativa reguladora de la ejecución de sentencias, sin que pueda considerarse como tal la establecida en virtud de convenio, pacto o contrato.

Sin perjuicio de lo dispuesto en el párrafo anterior, en los supuestos de despidos colectivos realizados, o cuando se extinga el contrato en el supuesto de la letra c) del artículo 52 del mismo texto, siempre que, en ambos casos, se deban a causas económicas, técnicas, organizativas, de producción o por fuerza mayor, quedará exenta la parte de indemnización percibida que no supere los límites establecidos con carácter obligatorio en el mencionado Estatuto para el despido improcedente.

No tendrán la consideración de indemnizaciones establecidas en virtud de convenio, pacto o contrato, las acordadas en el acto de conciliación ante el Servicio administrativo al que se refiere el artículo 63 de la Ley 36/2011, de 10 de octubre, reguladora de la jurisdicción social.

El importe de la indemnización exenta a que se refiere esta letra tendrá como límite la cantidad de 180.000 euros. (Redactado que entró en vigor el 3 de abril de 2025).

 El disfrute de la exención está condicionada a la real efectiva desvinculación del trabajador con la empresa. Se presumirá, salvo prueba en contrario, que no se da dicha desvinculación cuando en los tres años siguientes al despido o cese el trabajador vuelva a prestar servicios a la misma empresa o a otra empresa vinculada.

 En el despido colectivo y en el objetivo el Estatuto de los Trabajadores establece la obligación de indemnizar al trabajador con la cuantía de 20 días de salario por año trabajado, no obstante, en la práctica muchas veces se consigue una indemnización superior a esos veinte días de salario, por lo cual, en la actualidad estaría exenta la cantidad del despido improcedente, esto es, 45 días de salario por año trabajado con el límite de 42 mensualidades hasta el 12 de febrero de 2012 y 33 días de salario por año trabajado con el límite de 24 mensualidades.

f) Las prestaciones por incapacidad permanente absoluta o gran invalidez reconocidas al contribuyente por la Seguridad Social o por las entidades que la sustituyan.

Asimismo, las prestaciones reconocidas a los profesionales no integrados en el régimen especial de la Seguridad Social de los trabajadores por cuenta propia o autónomos por las mutualidades de previsión social que actúen como alternativas al régimen especial de la Seguridad Social mencionado, siempre que se trate de prestaciones en situaciones idénticas a las previstas para la incapacidad permanente absoluta o gran invalidez de la Seguridad Social. La cuantía exenta tendrá como límite el importe de la prestación máxima que reconozca la Seguridad Social por el concepto que corresponda.

g) Las pensiones por inutilidad o incapacidad permanente del régimen de clases pasivas, siempre que la lesión o enfermedad inhabilitara por completo al perceptor para toda profesión u oficio.

h) Las prestaciones por maternidad o paternidad y las familiares no contributivas reguladas en los Capítulos VI y VII del Título II y en el Capítulo I del Título VI del Texto Refundido de la Ley General de la Seguridad Social, y las pensiones y los haberes pasivos de orfandad y a favor de nietos y hermanos, menores de veintidós años o incapacitados para todo trabajo, percibidos de los regímenes públicos de la Seguridad Social y clases pasivas.

i) Las prestaciones económicas percibidas con motivo del acogimiento de menores, personas con minusvalía o mayores de 65 años o menores, sea en la modalidad simple, permanente o preadoptivo o las equivalentes previstas en los ordenamientos de las Comunidades Autónomas, incluido el acogimiento en la ejecución de la medida judicial de convivencia del menor con persona o familia previsto en la Ley Orgánica 5/2000, de 12 de enero, reguladora de la responsabilidad penal de los menores.

Igualmente estarán exentas las ayudas económicas otorgadas por instituciones públicas a personas con discapacidad con un grado de minusvalía igual o superior al 65 por ciento o mayores de 65 años para financiar su estancia en residencias o centros de día, siempre que el resto de sus rentas no excedan del doble del indicador público de renta de efectos múltiples.

j) Las becas públicas, las otorgadas por las fundaciones bancarias y las becas concedidas por las entidades sin fines lucrativos (reguladas por la Ley 49/2002, de 23 de diciembre), percibidas para cursar estudios reglados, tanto en España como en el extranjero, en todos los niveles y grados del sistema educativo así como las concedidas para investigación en el ámbito descrito por el Real Decreto 103/2019, de 1 de marzo, por el que se aprueba el Estatuto del personal investigador predoctoral en formación.

El importe de la beca exento para cursar estudios reglados alcanzará los costes de matrícula, o cantidades satisfechas por un concepto equivalente para poder cursar tales estudios, y de seguro de accidentes corporales y asistencia sanitaria del que sea beneficiario el becario y, en su caso, el cónyuge e hijo del becario siempre que no posean cobertura de la Seguridad Social, así como una dotación económica máxima, con carácter general, de 6.000 euros anuales.

Este último importe se elevará hasta un máximo de 18.000 euros anuales cuando la dotación económica tenga por objeto compensar gastos de transporte y alojamiento para la realización de estudios reglados del sistema educativo, hasta el nivel de máster incluido o equivalente. Cuando se trate de estudios en el extranjero dicho importe ascenderá a 21.000 euros anuales.

Si el objeto de la beca es la realización de estudios de doctorado, estará exenta la dotación económica hasta un importe máximo de 21.000 euros anuales o 24.600 euros anuales cuando se trate de estudios en el extranjero.

En el supuesto de becas para investigación gozará de exención la dotación económica derivada del programa de ayuda del que sea beneficiario el contribuyente.

k) Las anualidades por alimentos percibidas de los padres en virtud del convenio regulador a que se refiere el artículo 90 del Código Civil, o del convenio equivalente previsto en los ordenamientos de las Comunidades Autónomas, aprobado por la autoridad judicial o formalizado ante el letrado o letrada de la Administración de Justicia, o en escritura pública ante notario, con independencia de que dicho convenio derive o no de cualquier medio adecuado de solución de controversias legalmente previsto.

Igualmente estarán exentas las anualidades por alimentos percibidas de los padres en virtud de decisión judicial en supuestos distintos a los establecidos en el párrafo anterior. (Redactado que entró en vigor el 3 de abril de 2025).

l) Los premios literarios, artísticos o científicos relevantes, con las condiciones que reglamentariamente se determinen, así como los premios «Príncipe de Asturias», en sus distintas modalidades, otorgados por la Fundación Príncipe de Asturias.

m) Las ayudas, con el límite de 60.100 euros anuales, a los deportistas de alto nivel ajustadas a los programas de preparación establecidos por el Consejo Superior de Deportes con las federaciones deportivas españolas o con el Comité Olímpico Español.

n) Las prestaciones por desempleo reconocidas por la respectiva entidad gestora cuando se perciban en la modalidad de pago único y se destinen a las siguientes finalidades:

• El inicio de una actividad como trabajador autónomo.

- La incorporación a una cooperativa, existente o de nueva creación, como socio trabajador o de trabajo de carácter estable.

- La constitución de una sociedad laboral o la incorporación a una ya existente, como socio trabajador o de trabajo de carácter estable.

- La creación de una entidad mercantil de nueva constitución (o la incorporación a una que se haya creado en los 12 meses anteriores, si se va a tener el control de la misma).

La exención estará condicionada al mantenimiento de la acción o participación durante el plazo de cinco años, en el supuesto de que el contribuyente se hubiera integrado en sociedades laborales o cooperativas de trabajo asociado, o al mantenimiento, durante idéntico plazo, de la actividad, en el caso del trabajador autónomo.

ñ) Los rendimientos positivos del capital procedentes de los seguros de vida, depósitos y contratos financieros a través de los cuales se instrumenten los Planes de Ahorro a Largo Plazo, siempre que el contribuyente no efectúe disposición alguna del capital resultante del Plan antes de finalizar el plazo de cinco años desde su apertura.

o) Las gratificaciones extraordinarias satisfechas por el Estado español por la participación en misiones internacionales de paz o humanitarias, por los siguientes motivos:

- Las gratificaciones extraordinarias de cualquier naturaleza que respondan al desempeño de la misión internacional de paz o humanitaria.

- Las indemnizaciones o prestaciones satisfechas por los daños personales que hubieran sufrido durante las mismas.

p) Los rendimientos del trabajo percibidos por trabajos efectivamente realizados en el extranjero, con los siguientes requisitos:

1. Que dichos trabajos se realicen para una empresa o entidad no residente en España o un establecimiento permanente radicado en el extranjero. Cuando la entidad destinataria de los trabajos esté vinculada con la entidad empleadora del trabajador o con aquella en la que preste sus servicios, deberán cumplirse los requisitos previstos en el actual artículo 18.5 de la Ley 27/2014, del Impuesto sobre Sociedades.

2. Que en el territorio en que se realicen los trabajos se aplique un impuesto de naturaleza idéntica o análoga a la de este impuesto y no se trate de un país o territorio considerado como paraíso fiscal. Se considerará cumplido este requisito cuando el país o territorio en el que se realicen los trabajos tenga suscrito con España un convenio para evitar la doble imposición internacional que contenga cláusula de intercambio de información.

 Para el cálculo del importe de los rendimientos devengados cada día por los trabajos realizados en el extranjero, al margen de las retribuciones específicas correspondientes a los citados trabajos, se aplicará un criterio de reparto proporcional teniendo en cuenta el número total de días del año.

La exención se aplicará a las retribuciones devengadas durante los días de estancia en el extranjero, con el límite máximo de 60.100 euros anuales.

q) Las indemnizaciones satisfechas por las Administraciones Públicas por daños personales como consecuencia del funcionamiento de los servicios públicos.

r) Las prestaciones percibidas por entierro o sepelio, con el límite del importe total de los gastos incurridos.

s) Las ayudas económicas reguladas en el artículo 2 de la Ley 14/2002, de 5 de junio para personas con hemofilia u otras coagulopatias congenitas que hayan desarrollado la hepatitis C.

t) Las derivadas de la aplicación de los instrumentos de cobertura cuando cubran exclusivamente el riesgo de incremento del tipo de interés variable de los préstamos hipotecarios destinados a la adquisición de la vivienda habitual, regulados en el artículo decimonoveno de la Ley 36/2003, de 11 de noviembre.

u) Las indemnizaciones previstas en la legislación del Estado y de las Comunidades Autónomas para compensar la privación de libertad en establecimientos penitenciarios como consecuencia de los supuestos contemplados en la Ley 46/1977, de 15 de octubre, de Amnistía.

v) Las rentas que se pongan de manifiesto en el momento de la constitución de rentas vitalicias aseguradas resultantes de los planes individuales de ahorro sistemático a que se refiere la disposición adicional tercera de la LIRPF.

w) Los rendimientos del trabajo derivados de las prestaciones obtenidas en forma de renta por las personas con discapacidad correspondientes a las aportaciones a sistemas de previsión social constituidos a favor de personas con discapacidad (artículo 53 LIRPF), hasta un importe máximo anual conjunto de tres veces el indicador público de renta de efectos múltiples (para el año 2023 y 2024 dicha cuantía es el resultado de 8.400 x 3 = 25.200 euros). Igualmente estarán exentos, con el mismo límite, los rendimientos del trabajo derivados de aportaciones a patrimonios protegidos de las personas con discapacidad, regulado en la Ley de protección patrimonial a las personas con discapacidad.

x) Las prestaciones económicas públicas vinculadas al servicio, para cuidados en el entorno familiar y de asistencia personalizada que se derivan de la Ley de Promoción de la Autonomía Personal y Atención a las Personas en Situación de Dependencia.

y) La prestación de la Seguridad Social del Ingreso Mínimo Vital, las prestaciones económicas establecidas por las Comunidades Autónomas en concepto de renta mínima de inserción para garantizar recursos económicos de subsistencia a las personas que carezcan de ellos, así como las demás ayudas establecidas por estas o por entidades locales para atender, con arreglo a su normativa, a colectivos en riesgo de exclusión social, situaciones de emergencia social, necesidades habitacionales de personas sin recursos o necesidades de alimentación, escolarización y demás necesidades básicas de menores o personas con discapacidad cuando ellos y las personas a su cargo, carezcan de medios económicos suficientes, hasta un importe máximo anual conjunto de 1,5 veces el indicador público de rentas de efectos múltiples.

Asimismo, estarán exentas las ayudas concedidas a las víctimas de delitos violentos a que se refiere la Ley 35/1995, de 11 de diciembre, de ayudas y asistencia a las víctimas de delitos violentos y contra la libertad sexual, y las ayudas previstas en la Ley Orgánica 1/2004, de 28 de diciembre, de Medidas de Protección Integral contra la Violencia de Género, y demás ayudas públicas satisfechas a víctimas de violencia de género por tal condición.

z) Las prestaciones y ayudas familiares percibidas de cualquiera de las Administraciones Públicas, ya sean vinculadas a nacimiento, adopción, acogimiento o cuidado de hijos menores.

Algunas exenciones reguladas en el artículo 33 de LIRPF serían:

⇨ Con ocasión de la dación en pago de la vivienda habitual del deudor o garante del deudor, para la cancelación de deudas garantizadas con hipoteca que recaiga sobre la misma, contraídas con entidades de crédito o de cualquier otra entidad que, de manera profesional, realice la actividad de concesión de préstamos o créditos hipotecarios.

Asimismo estarán exentas las ganancias patrimoniales que se pongan de manifiesto con ocasión de la transmisión de la vivienda en que concurran los requisitos anteriores, realizada en ejecuciones hipotecarias judiciales o notariales.

En todo caso será necesario que el propietario de la vivienda habitual no disponga de otros bienes o derechos en cuantía suficiente para satisfacer la totalidad de la deuda y evitar la enajenación de la vivienda.

⇨ Las que se producen con ocasión de la transmisión de su vivienda habitual por mayores de 65 años. También alcanza la exención a las personas en situación de dependencia severa o de gran dependencia (de conformidad con la Ley de promoción de la autonomía personal y atención a las personas en situación de dependencia).

⇨ Para el 2024, por aplicación de la disposición adicional tercera de la Ley 7/2024, de 20 de diciembre ha declarado exentas, con sujeción a determinados requisitos, las cantidades satisfechas entre el 29 de octubre de 2024 y el 31 de diciembre de 2024 con carácter extraordinario por los empleadores a sus empleados y/o familiares que vayan destinadas a sufragar los daños personales y daños materiales en vivienda, enseres y vehículos que hayan sufrido los empleados y/o sus familiares con ocasión de la Depresión Aislada en Niveles Altos (DANA) acaecida en 2024.

Las exenciones reguladas en el artículo 42 de LIRPF serían:

▶ **La entrega a los trabajadores en activo, de forma gratuita o por precio inferior al normal de mercado, de acciones o participaciones** de la propia empresa o de otras empresas del grupo de sociedades, en la parte que no exceda, para el conjunto de las entregadas a cada trabajador, de 12.000 euros anuales, siempre que la oferta se realice en las mismas condiciones para todos los trabajadores de la empresa, grupo o subgrupos de empresa. La exención será de 50.000 euros anuales en el caso de entrega de acciones o participaciones concedidas a los trabajadores de una empresa emergente a las que se refiere la Ley 28/2022 de fomento del ecosistema de las empresas emergentes. En este supuesto, no será necesario que la oferta se realice en las condiciones señaladas en el párrafo anterior, debiendo efectuarse la misma dentro de la política retributiva general de la empresa y contribuir a la participación de los trabajadores en esta última. En el caso de que la entrega de acciones o participaciones sociales a que se refiere este párrafo derive del ejercicio de opciones de compra sobre acciones o participaciones previamente concedidas a los trabajadores por la empresa emergente, los requisitos para la consideración como empresa emergente deberán cumplirse en el momento de la concesión de la opción.

▶ **Las entregas a empleados de productos a precios rebajados que se realicen** en cantinas o comedores de empresa o economatos de carácter social. Tendrán la consideración de entrega de productos a precios rebajados que se realicen en comedores de empresa las fórmulas indirectas de prestación del servicio cuya cuantía no supere la cantidad que reglamentariamente se determine, con independencia de que el servicio se preste en el propio local del establecimiento de hostelería o fuera de éste, previa recogida por el empleado o mediante su entrega en su centro de trabajo o en el lugar elegido por aquel para desarrollar su trabajo en los días en que este se realice a distancia o mediante teletrabajo cuya cuantía no supere la cantidad que reglamentariamente se determine (actualmente 11,00 €/día).

▶ **La utilización de los bienes destinados a los servicios sociales y culturales del personal empleado.** Tendrán esta consideración, entre otros, los espacios y locales, debidamente homologados por la Administración Pública competente, destinados por las empresas o empleadores a prestar el servicio de primer ciclo de educación infantil a los hijos de sus trabajadores, así como la contratación, directa o indirectamente, de este servicio con terceros debidamente autorizados, en los términos que reglamentariamente se establezcan.

▶ **Las primas o cuotas satisfechas a entidades aseguradoras para la cobertura de enfermedad**, cuando se cumplan los siguientes requisitos y límites:

1. Que la cobertura de enfermedad alcance al propio trabajador, pudiendo también alcanzar a su cónyuge y descendientes.

2. Que las primas o cuotas satisfechas no excedan de 500 euros anuales por cada una de las personas señaladas en el párrafo anterior o de 1.500 euros para cada una de ellas con discapacidad. El exceso sobre dicha cuantía constituirá retribución en especie.

▶ **La prestación del servicio de educación preescolar, infantil, primaria, secundaria obligatoria, bachillerato y formación profesional por** centros educativos autorizados, a los hijos de sus empleados, con carácter gratuito o por precio inferior al normal de mercado.

▶ Las cantidades satisfechas a las entidades encargadas de prestar el **servicio público de transporte colectivo de viajeros** con la finalidad de favorecer el desplazamiento de los empleados entre su lugar de residencia y el centro de trabajo, no podrá exceder de 136,36 euros mensuales por trabajador, con el límite de 1.500 euros anuales para cada trabajador. También tendrán la consideración de cantidades satisfechas a las entidades encargadas de prestar el citado servicio público, las fórmulas indirectas de pago que cumplan las condiciones que se establezcan reglamentariamente.

El artículo 9 del Reglamento recoge exenciones en rendimientos de trabajo correspondientes a las dietas y asignaciones para gastos de viajes, que conoceremos en la unidad 2.

Para el ejercicio 2024 se han establecido diversas exenciones y beneficios fiscales para mitigar los daños causados por la DANA:

▶ Respecto los rendimientos del trabajo:

La disposición adicional tercera de la Ley 7/2024, de 20 de diciembre ha declarado exentas, con sujeción a determinados requisitos, las cantidades satisfechas entre el 29 de octubre de 2024 y el 31 de diciembre de 2024 con carácter extraordinario por los empleadores a sus empleados y/o familiares que vayan destinadas a sufragar los daños personales y daños materiales en vivienda, enseres y vehículos que hayan sufrido los empleados y/o sus familiares con ocasión de la Depresión Aislada en Niveles Altos (DANA) acaecida en 2024.

▶ **Respecto las actividades económicas**:

Están exentas las ayudas percibidas tanto para la reparación de los daños sufridos en elementos patrimoniales como para compensar el desalojo temporal o definitivo de la vivienda habitual del contribuyente o del local en el que el titular de la actividad económica ejerciera la misma como consecuencia de los daños causados por la Depresión Aislada en Niveles Altos (DANA) en los términos establecidos en el artículo 3 del Real Decreto-ley 6/2024, de 5 de noviembre (BOE del 6 de noviembre).

Asimismo, están exentas las ayudas directas a empresarios y profesionales especialmente afectados por la DANA concedidas en virtud del artículo 11 del Real Decreto-ley 6/2024, de 5 de noviembre (BOE del 6 de noviembre) en los municipios contenidos en el Anexo del citado Real Decreto-Ley.

▶ **Respecto las ganancias patrimoniales**

De acuerdo con lo dispuesto en el Real Decreto-ley 6/2024, de 5 de noviembre, están exentas las ayudas concedidas en los supuestos de fallecimiento y de incapacidad causados directamente por la DANA (Depresión Aislada en Niveles Altos) en diferentes municipios entre el 28 de octubre y el 4 de noviembre.

Un contribuyente que ve extinguida su relación laboral como consecuencia de la medida acordada en un expediente de regulación de empleo que, iniciado en noviembre de 200X, con efectos del 12 de marzo de 200X+1. Su salario en la empresa viene siendo de 250 euros/día y ha trabajado durante 30 años en la misma. Ha recibido una indemnización de 300.000 euros, a razón de 40 días de salario por año trabajado (40 x 250 x 30 = 300.000).

Según el Estatuto de los Trabajadores, este contribuyente tendría derecho a una indemnización de 20 días de salario por año trabajado (20 x 250 x 30 = 150.000), con un máximo de 12 mensualidades (250 x 365 = 91.250).

Ahora bien, en un principio estaría exenta la indemnización que no supere los límites establecidos con carácter obligatorio para los despidos improcedentes (art. 7 e), segundo párrafo, de la LIRPF). Por tanto los 300.000 euros percibidos en concepto de indemnización por despido tributarán como sigue:

.../...

.../...

- 180.000 euros como renta sujeta y exenta del IRPF [art. 7 e) de la LIRPF], siempre que se verifiquen los requisitos del artículo 1 del RIRPF que, en cuanto no contravienen la nueva normativa, continuaría resultando de aplicación.

- Los 120.000 euros restantes como renta sujeta y no exenta, tributarán como rendimientos del trabajo con un período de generación superior a dos años (los 30 años de duración de la relación laboral) con derecho a una reducción por irregularidad del 30%, en los términos que más adelante se comentan (art. 18.2 y 3 de la LIRPF).

La DA 41ª establece la exención del 50% de los rendimientos del trabajo devengados por los tripulantes de buques de pesca que pesquen exclusivamente túnidos o especies afines.

1.4. Obligados a presentar la declaración

1.4.1. Contribuyentes

Antes de analizar quiénes están obligados a presentar declaración del Impuesto, vamos a analizar quienes son contribuyentes del mismo. De conformidad con lo dispuesto en el artículo 8 LIRPF son contribuyentes por este impuesto:

1. **Las personas físicas que tengan su residencia habitual en territorio español.**

    La residencia habitual en territorio español se produce cuando se dé cualquiera de las siguientes circunstancias:

    a) Que **permanezca más de 183 días**, durante el año natural, en territorio español. Para el cómputo de los 183 días se tendrá en cuenta lo siguiente:

        ⇨ Se computarán las ausencias esporádicas, salvo que el contribuyente acredite su residencia fiscal en otro país.

        ⇨ Si ese país fuera un paraíso fiscal, la Administración tributaria podrá exigir que se pruebe la permanencia en este durante 183 días en el año natural.

⇨ No se computarán las estancias temporales en España que sean consecuencia de las obligaciones contraídas en acuerdos de colaboración cultural o humanitaria, a título gratuito, con las Administraciones Públicas españolas.

b) Que radique en España el núcleo principal o la **base de sus actividades o intereses económicos**, de forma directa o indirecta.

Se establece una presunción **iuris tantum** de residencia en territorio español cuando resida habitualmente en España el cónyuge no separado legalmente y los hijos menores de edad que dependan de aquel.

2. Las **personas físicas que tuviesen su residencia habitual en el extranjero.**

⇨ Miembros de misiones diplomáticas españolas.

⇨ Miembros de las oficinas consulares españolas.

⇨ Titulares de cargo o empleo oficial del Estado español como miembros de las delegaciones y representaciones permanentes acreditadas ante organismos internacionales o que formen parte de delegaciones o misiones de observadores en el extranjero.

⇨ Funcionarios en activo que ejerzan en el extranjero cargo o empleo oficial que no tenga carácter diplomático o consular.

3. **Los nacionales españoles que acrediten su nueva residencia fiscal en un país o territorio considerado como paraíso fiscal** mantendrán su condición de contribuyentes por el IRPF en el período impositivo en que se efectúe el cambio de residencia y los cuatro siguientes.

Las **entidades del artículo 35.4 LGT**, sociedades civiles, comunidades de bienes, herencias yacentes, no tendrán la consideración de sujetos pasivos del IRPF y las rentas se atribuirán a los socios, herederos, comuneros o partícipes, respectivamente, de acuerdo con su porcentaje de participación, tributando en el régimen de atribución de rentas, siempre que no estén las entidades sujetas al IS (están sujetas a este tributo las sociedades civiles que tengan objeto mercantil) en cuyo caso deberán tributar por los beneficios obtenidos según las normas de ese tributo.

1.4.2. Obligados a declarar

En cuanto a los obligados a declarar, con carácter general **todos los contribuyentes estarán obligados a presentar y suscribir declaración** por el IRPF.

Desde 2024 el límite de los rendimientos de trabajo será de 15.876 euros para los contribuyentes que perciban rendimientos íntegros del trabajo en los siguientes supuestos:

a) Cuando procedan de más de un pagador. No obstante, el límite será de 22.000 euros anuales en los siguientes supuestos:

    1. Si la suma de las cantidades percibidas del segundo y restantes pagadores, por orden de cuantía, no supera en su conjunto la cantidad de 1.500 euros anuales.

    2. Cuando se trate de contribuyentes cuyos únicos rendimientos del trabajo consistan en las prestaciones pasivas a que se refiere el artículo 17.2.a) de esta Ley y la determinación del tipo de retención aplicable se hubiera realizado de acuerdo con el procedimiento especial que reglamentariamente se establezca.

b) Cuando se perciban pensiones compensatorias del cónyuge o anualidades por alimentos diferentes de las previstas en el artículo 7 de esta ley.

c) Cuando el pagador de los rendimientos del trabajo no esté obligado a retener de acuerdo con lo previsto reglamentariamente.

d) Cuando se perciban rendimientos íntegros del trabajo sujetos a tipo fijo de retención.

En el ejercicio 2023 el límite anterior era de 15.000 euros.

Hasta 2022, el límite de los 15.000 euros indicado anteriormente, se establecía en 14.000 euros.

- Rendimientos íntegros del capital mobiliario y ganancias patrimoniales sometidas a retención o ingreso a cuenta.

  Con el límite conjunto de **1.600 euros anuales**.

- Rentas inmobiliarias imputadas, rendimientos íntegros del capital mobiliario no sujetos a retención derivados de letras del Tesoro y subvenciones para la adquisición de viviendas de protección oficial o de precio tasado.

  Con el límite conjunto de **1.000 euros anuales**.

- **Rendimientos íntegros del trabajo, de capital o de actividades económicas, así como ganancias patrimoniales.**

  En ningún caso tendrán que declarar los contribuyentes que obtengan exclusivamente rendimientos íntegros del trabajo, de capital o de actividades económicas, así como ganancias patrimoniales, con el límite conjunto de **1.000 euros anuales** y pérdidas patrimoniales de cuantía inferior a 500 euros.

  No obstante lo anterior, estarán en cualquier caso obligadas a declarar todas aquellas personas físicas que en cualquier momento del período impositivo hubieran estado de alta, como trabajadores por cuenta propia, en el Régimen Especial de Trabajadores por Cuenta Propia o Autónomos, o en el Régimen Especial de la Seguridad Social de los Trabajadores del Mar.

 Están **obligados a declarar en todo caso** los contribuyentes que tengan derecho a deducción por inversión, por doble imposición internacional o que realicen aportaciones a patrimonios protegidos de las personas con discapacidad, planes de pensiones, planes de previsión asegurados o mutualidades de previsión social, planes de previsión social empresarial y seguros de dependencia que reduzcan la base imponible, en las condiciones que se establezcan reglamentariamente cuando ejerciten tal derecho.

- **Beneficiarios de prestaciones y subsidios por desempleo**

  Este colectivo está obligado a presentar la declaración del IRPF para poder continuar percibiendo la prestación o subsidio.

  No obstante, la Agencia Tributaria ha emitido una nota informativa en la que se indica que de acuerdo con el Informe emitido por el Ministerio de Trabajo y Economía Social de 12 de marzo de 2025, sobre la obligación universal de presentar declaración de IRPF por los solicitantes y beneficiarios de prestaciones por desempleo, por motivos de seguridad jurídica el primer ejercicio económico en el que se aplicará la obligación universal de presentar la declaración del IRPF será el ejercicio 2025, teniendo en cuenta que la modificación normativa establecida por el RD-Ley 2/2024, de 21 de mayo, entró en vigor el 1 de noviembre de 2024, y, por tanto, durante los diez primeros meses del actual ejercicio fiscal no habría existido la obligación. En consecuencia, la obligación universal de presentar declaración de Renta por todos los beneficiarios de prestaciones y subsidios por desempleo no se aplicará en el IRPF 2024.

  No obstante, se mantiene para estos beneficiarios la obligación de presentar declaración de IRPF que pudieran tener por aplicación de lo dispuesto en el artículo 96 de la Ley 35/2006 del IRPF.

- Beneficiarios del salario mínimo vital

  De acuerdo con lo dispuesto en el artículo 36.1.f) y 2.c) de la Ley 19/2021, de 20 de diciembre, por la que se establece el ingreso mínimo vital (IMV), las personas titulares del ingreso mínimo vital y todas las personas integrantes de la unidad de convivencia están obligadas, para mantener la prestación del ingreso mínimo vital, a presentar anualmente la declaración correspondiente al IRPF, con independencia de que cumplan o no los requisitos establecidos en el artículo 96 de la Ley del IRPF para la obligación de declarar.

  A estos efectos, la unidad de convivencia es la definida en el artículo 6 de la Ley 19/2021, de 20 de diciembre.

  Cuando formen parte de la unidad de convivencia del ingreso mínimo vital menores de edad, estos deberán presentar declaración de forma individual o conjunta con sus progenitores (si es la opción de tributación de la unidad familiar).

  El IMV en sí mismo es una renta exenta y la gran mayoría de los beneficiarios no tendrán que incluirlo en su declaración, pero sí presentar declaración.

  Sí que deberán declararse, como rendimientos del trabajo, las cuantías que superen los 12.600 euros (1,5 veces el Indicador Público de Renta de Efectos Múltiples, IPREM). En el caso de que, junto al IMV, se perciban otras ayudas a colectivos con riesgo de exclusión social como la renta mínima de inserción, rentas garantizadas y ayudas similares de CCAA y ayuntamientos, solo se debe declarar, y tributar, por ese exceso.

  En la gran mayoría de supuestos, la declaración será muy sencilla, sin ingresos que incorporar. En muchos casos la cuota será cero (ni a ingresar, ni a devolver), de manera que, si no se ha obtenido ninguna otra renta, las casillas de la declaración aparecerán con importe cero.

  El ingreso mínimo vital no genera por sí mismo derecho a la deducción por maternidad, ni a las deducciones por familia numerosa o personas con discapacidad a cargo.

1.5. Periodo impositivo y devengo

1.5.1. Introducción

Con carácter general, el **período impositivo** será el año natural, si bien este podrá ser inferior cuando se produzca el fallecimiento del contribuyente en un día diferente al 31 de diciembre.

El **devengo** se produce el 31 de diciembre de cada año, salvo en los supuestos de fallecimiento en los que el devengo se producirá en la fecha en que aquel se produzca.

A efectos prácticos, conviene distinguir:

- El **devengo del tributo**: momento en el que nace la correspondiente obligación.

- La **exigibilidad del impuesto**: momento en el que la normativa reguladora establece que debe procederse a la declaración del hecho imponible y a su liquidación. Como es conocido, el período de declaración del IRPF se produce varios meses después de su devengo, siendo además el propio contribuyente quien debe autoliquidarlo, es decir, calcular la cantidad que debe ingresar o, en su caso, la que le debe ser devuelta.

 El período impositivo y el devengo del impuesto vienen regulados en los artículos 12 a 14 de la LIRPF.

1.5.2. Reglas de imputación temporal

Los ingresos y gastos se imputarán con arreglo a los siguientes criterios:

⇨ **Rendimientos del trabajo y del capital:** se imputarán al período impositivo en que sean exigibles por su perceptor.

⇨ **Rendimientos de actividades económicas:** se imputarán conforme a lo dispuesto en la normativa reguladora del Impuesto sobre Sociedades, sin perjuicio de las especialidades que reglamentariamente puedan establecerse.

No obstante, las ayudas públicas para la primera instalación de jóvenes agricultores previstas en el Marco Nacional de Desarrollo Rural de España podrán imputarse por cuartas partes, en el período impositivo en el que se obtengan y en los tres siguientes.

⇨ **Ganancias y pérdidas patrimoniales:** se imputarán al período impositivo en que tenga lugar la alteración patrimonial.

1.5.3. Reglas especiales de imputación temporal

Existen unas **reglas especiales de imputación temporal** aplicables a los siguientes supuestos:

▶ **Rentas pendientes de una resolución judicial**

Cuando no se hubiera satisfecho la totalidad o parte de una renta por encontrarse pendiente de resolución judicial, los importes no satisfechos se imputarán al período impositivo en que la resolución judicial adquiera firmeza.

El Sr. Gómez presentó demanda de reclamación de cantidad contra su empresa por 2.000 € en concepto de finiquito en septiembre de 200X. En noviembre obtiene una sentencia favorable, pero la empresa recurrió, y finalmente en junio de 200X+1 el Tribunal Superior de Justicia ratifica la sentencia de instancia, resolución contra la que la empresa no recurre y por tanto deviene firme.

En este caso esos 2.000 € deben imputarse como ingresos en el ejercicio 20XX+1.

▶ **Atrasos de ejercicios anteriores**

En los rendimientos del trabajo percibidos como atrasos, se deberán imputar a los ejercicios a que correspondan, debiendo el contribuyente practicar autoliquidación complementaria sin sanción ni intereses de demora ni recargo alguno. La autoliquidación se presentará en el plazo que media entre la fecha en que se perciban y el final del inmediato siguiente plazo de declaraciones por el impuesto.

La Sra. García recibe en el mes de agosto del año 200X la paga extra que se le adeudaba correspondiente a diciembre de 200X-2. Si en su declaración del año 200X-2 no incluyó este importe, deberá presentar una nueva declaración complementaria de ese mismo año, en la que añada el importe percibido en agosto del año 200X.

Esta declaración complementaria podrá presentarla desde dicho mes hasta el fin del siguiente plazo de declaración por el IRPF, que sería el correspondiente a mayo y junio del 200X+1, en el que declarará la renta del año 200X.

▶ **Ganancias patrimoniales derivadas de ayudas públicas**

Las ganancias patrimoniales derivadas de ayudas públicas se imputarán al período impositivo en que tenga lugar su cobro, sin perjuicio de las opciones previstas en las letras g), i), j) y l) del artículo 14.2.

▶ **Operaciones a plazos o con precio aplazado**

El contribuyente podrá imputar proporcionalmente las rentas obtenidas a medida que se hagan exigibles los cobros correspondientes. Se considerarán operaciones a plazos o con precio aplazado aquellas cuyo precio se perciba, total o parcialmente, mediante pagos sucesivos, siempre que el período transcurrido entre la entrega o la puesta a disposición y el vencimiento del último plazo sea superior al año. Si esta operación se hubiera instrumentado, en todo o en parte, mediante la emisión de efectos cambiarios y estos fuesen transmitidos en firme antes de su vencimiento, la renta se imputará al período impositivo de su transmisión. Las operaciones derivadas de contratos de rentas vitalicias o temporales se apartan de esta regla y cuando se transmitan bienes y derechos a cambio de una renta vitalicia o temporal, la ganancia o pérdida patrimonial para el rentista se imputará al período impositivo en que se constituya la renta.

La Sra. Urrutia, empresaria de venta de muebles, vende una librería y un dormitorio a un matrimonio por 6.000 €, estableciendo que la mitad la pagara en el año 200X y el resto en 200X+1. En este caso se podría imputar esta cantidad:

1. Todo en el ejercicio 200X, es decir, los 6.000 €.

2. 3.000 € en 200X y 3.000 € en 200X+1.

▶ **Cuentas representativas de saldos en divisas o moneda extranjera**

Las diferencias positivas o negativas que se produzcan en estas cuentas por cambios en sus cotizaciones, se imputarán en el momento del cobro o del pago respectivo.

▶ **Rentas estimadas**

Las rentas que se presuman como retribución de prestaciones de bienes derechos o servicios susceptibles de generar rendimientos del trabajo o capital, se imputarán al período impositivo en que se entiendan producidas.

▶ **Ayudas públicas por defectos estructurales de la vivienda habitual**

Las ayudas públicas percibidas como compensación por los defectos estructurales de construcción de la vivienda habitual, destinadas a su reparación, podrán imputarse por cuartas partes, en el período impositivo en el que se obtengan y en los tres siguientes.

▶ **Seguros de vida en los que el tomador asuma el riesgo de la inversión**

Se imputará como rendimiento de capital mobiliario a que se refiere el artículo 25.3 de la LIRPF, de cada período impositivo en aquellos contratos de seguros de vida en los que el tomador asuma el riesgo de la inversión, la diferencia entre el valor liquidativo de los activos afectos a la póliza al final y al comienzo del período impositivo. El importe imputado minorará el rendimiento derivado de la percepción de cantidades en estos contratos.

No resultará de aplicación esta regla especial de imputación temporal en aquellos contratos en los que concurra alguna de las siguientes circunstancias:

a) No se otorgue al tomador la facultad de modificar las inversiones afectas a la póliza.

b) Las provisiones matemáticas se encuentren invertidas en:

⇨ Acciones o participaciones de instituciones de inversión colectiva, predeterminadas en los contratos.

⇨ Conjuntos de activos reflejados de forma separada en el balance de la entidad aseguradora, cuando se cumplan determinados requisitos.

▶ **Ayudas para el acceso por primera vez a la vivienda en propiedad**

Estas ayudas, siempre que se perciban como pago único en concepto de Ayuda Estatal Directa a la Entrada (AEDE), podrán imputarse por cuartas partes en el período impositivo en el que se obtengan y en los tres siguientes.

▶ **Ayudas públicas a los titulares de bienes del Patrimonio Histórico Español**

Siempre que estas ayudas estén destinadas exclusivamente a su conservación o rehabilitación, podrán imputarse por cuartas partes en el período impositivo en que se obtengan y en los tres siguientes, siempre que se cumplan las exigencias establecidas en la Ley del Patrimonio Histórico Español, en particular respecto de los deberes de visita y exposición pública de dichos bienes.

▶ **Pérdidas patrimoniales derivadas de créditos vencidos y no cobrados**

Podrán imputarse al periodo impositivo en que concurra alguna de las siguientes circunstancias:

1. Que adquiera eficacia una quita establecida en un acuerdo de refinanciación judicialmente homologable, o en un acuerdo extrajudicial de pagos a los que se refiere la Ley 22/2003, de 9 de julio, Concursal.

2. Que, encontrándose el deudor en situación de concurso, adquiera eficacia el convenio en el que se acuerde una quita en el importe del crédito conforme a lo dispuesto en la Ley 22/2003, de 9 de julio, Concursal, en cuyo caso la pérdida se computará por la cuantía de la quita.

3. Que se cumpla el plazo de un año desde el inicio del procedimiento judicial distinto de los de concurso que tenga por objeto la ejecución del crédito sin que este haya sido satisfecho.

Cuando el crédito fuera cobrado con posterioridad al cómputo de la pérdida patrimonial, se imputará una ganancia patrimonial por el importe cobrado en el período impositivo en que se produzca dicho cobro.

▶ **Ayudas públicas para la primera instalación de jóvenes agricultores**

Las ayudas públicas para la primera instalación de jóvenes agricultores previstas en el Marco Nacional de Desarrollo Rural de España que se destinen a la adquisición de una participación en el capital de empresas agrícolas societarias podrán imputarse por cuartas partes, en el período impositivo en el que se obtengan y en los tres siguientes.

▶ **Los rendimientos del trabajo en especie derivados de la entrega de acciones o participaciones de una empresa emergente**

A las que se refiere la Ley 28/2022, de 21 de diciembre, de fomento del ecosistema de las empresas emergentes, que, cumpliendo los requisitos establecidos en la letra f) del apartado 3 del artículo 42 de la LIRPF no estén exentos por superar la cuantía prevista en dicho artículo, se imputarán en el período impositivo en el que concurra alguna de las siguientes circunstancias:

• Que el capital de la sociedad sea objeto de admisión a negociación en bolsa de valores o en cualquier sistema multilateral de negociación, español o extranjero.

• Que se produzca la salida del patrimonio del contribuyente de la acción o participación correspondiente.

No obstante, transcurrido el plazo de diez años a contar desde la entrega de las acciones o participaciones sin que se haya producido alguna de las circunstancias señaladas anteriormente, el contribuyente deberá imputar los rendimientos del trabajo a que se refiere esta letra correspondientes a tales acciones o participaciones, en el período impositivo en el que se haya cumplido el referido plazo de diez años.

En el supuesto de que el contribuyente pierda su condición por cambio de residencia, todas las rentas pendientes de imputación deberán integrarse en la base imponible correspondiente al último período impositivo que deba declararse por este impuesto, en las condiciones que se fijen reglamentariamente, practicándose, en su caso, autoliquidación complementaria, sin sanción ni intereses de demora ni recargo alguno.

 La Sra. Urrutia, empresaria de venta de muebles, vende una librería y un dormitorio a un matrimonio por 6.000,00 euros, estableciendo que la mitad la pagará en el año 20X0 y el resto en 20X1. Sabiendo que en 20X1 dejará de ser contribuyente por el IRPF español por cambio de residencia. En este caso se podría imputar esta cantidad: todo en el ejercicio 20X0, es decir, los 6.000,00 euros.

Cuando el traslado de residencia se produzca a otro Estado miembro de la Unión Europea, el contribuyente podrá optar por imputar las rentas pendientes conforme a lo dispuesto en el párrafo anterior, o por presentar a medida en que se vayan obteniendo cada una de las rentas pendientes de imputación, una autoliquidación complementaria sin sanción, ni intereses de demora ni recargo alguno, correspondiente al último período que deba declararse por este Impuesto. La autoliquidación se presentará en el plazo de declaración del período impositivo en el que hubiera correspondido imputar dichas rentas en caso de no haberse producido la pérdida de la condición de contribuyente.

En el caso de fallecimiento del contribuyente todas las rentas pendientes de imputación deberán integrarse en la base imponible del último período impositivo que deba declararse.

La misma Sra. Urrutia anterior, empresaria de venta de muebles, vende una librería y un dormitorio a un matrimonio por 6.000,00 euros, estableciendo que la mitad la pagará en el año 20X0 y el resto en 20X1. Si fallece en noviembre de 20X0, los herederos deberían imputar esta cantidad: todo en el ejercicio 20X0, es decir, los 6.000,00 euros.

2. Clasificación e integración y compensación de rentas. Cálculo de la base imponible

2.1. Clases de rentas

El art. 44 LIRPF establece que las rentas se clasifican en renta general y renta del ahorro.

La **renta general** está formada por:

1. Los rendimientos del trabajo.

2. Los rendimientos del capital inmobiliario.

3. Los rendimientos del capital mobiliario obtenidos por la cesión a terceros de capitales propios (intereses) procedentes de entidades vinculadas, así como los que resulten del arrendamiento de bienes muebles, negocios y minas, cesión de derechos de imagen, propiedad intelectual e industrial no afecta a actividades económicas.

4. Los rendimientos de actividades económicas.

5.   Las imputaciones de renta.

6.   Las ganancias y pérdidas de patrimonio que no procedan de una transmisión.

La **renta del ahorro** está formada por:

a)   Los rendimientos del capital mobiliario

Procedentes de la participación en fondos propios (dividendos), cesión a terceros de capitales propios (intereses, salvo los de operaciones vinculadas) y operaciones de capitalización, seguros de vida o invalidez y rentas derivadas de la imposición de capitales.

No obstante, en virtud del art. 46.a) de la LIRPF, forman parte de la renta general los intereses y otros rendimientos previstos en el art. 25.2 LIRPF correspondientes al exceso del importe de los capitales propios cedidos a una entidad vinculada respecto del resultado de multiplicar por tres los fondos propios, en la parte que corresponda a la participación del contribuyente, de esta última.

A efectos de computar dicho exceso, se tendrá en consideración el importe de los fondos propios de la entidad vinculada reflejados en el balance correspondiente al último ejercicio cerrado con anterioridad a la fecha de devengo del Impuesto y el porcentaje de participación del contribuyente existente en esta fecha.

En los supuestos en los que la vinculación no se defina en función de la relación socios o partícipes-entidad, el porcentaje de participación a considerar será del 25%.

b)   Las ganancias y pérdidas patrimoniales

Procedentes de transmisiones de elementos patrimoniales.

2.2.   Integración y compensación de rentas

2.2.1.   Integración y compensación de rentas de la base imponible general

Atendiendo a la clasificación anterior, la base imponible se divide en dos partes:

1.   Base imponible general.

2.   Base imponible del ahorro.

Empezaremos estudiando la integración y compensación de rentas de la base imponible general.

La **base imponible general** será el resultado de sumar los siguientes saldos:

1. El saldo resultante de integrar y compensar entre sí, sin limitación alguna, en cada período impositivo, los rendimientos y las imputaciones de renta a que se refiere el artículo 45 de la LIRPF.

2. El saldo positivo resultante de integrar y compensar, exclusivamente entre sí, en cada período impositivo, las ganancias y pérdidas patrimoniales, excluidas las previstas el artículo 49 LIRPF y que formarán parte de la base imponible de ahorro.

    Si el resultado de la integración y compensación a que se refiere este párrafo arrojase saldo negativo, su importe se compensará con el saldo positivo de las rentas previstas en el párrafo a) del artículo 48 LIRPF, obtenido en el mismo período impositivo, con el límite del 25 por ciento de dicho saldo positivo.

El resto no compensado se compensará en los cuatro años siguientes, según el artículo 48 LIRPF, en el mismo orden establecido en los párrafos anteriores.

La compensación se efectuará en la cuantía máxima que permita cada uno de los ejercicios siguientes y en ningún caso se efectuará esta compensación fuera del plazo mediante acumulación a pérdidas patrimoniales de ejercicios posteriores.

2.2.2. Integración y compensación de rentas de la base imponible del ahorro

La **base imponible del ahorro** se divide también en dos subapartados, cuyos saldos positivos se suman:

1. El saldo positivo resultante de integrar y compensar, exclusivamente entre sí, en cada período impositivo, los **rendimientos** a que se refiere el artículo 46 de la LIRPF, que corresponden a los derivados de la participación en fondos propios de entidades, de la cesión a terceros de capitales propios, de las operaciones de capitalización, de los contratos de seguros de vida o invalidez y las rentas que tengan por causa la imposición de capitales.

    Si el resultado de la integración y compensación arrojase saldo negativo, su importe se compensará con el saldo positivo de las rentas previstas en el siguiente apartado 2, obtenido en el mismo período impositivo, con el límite del 25 por ciento de dicho saldo positivo.

    Si tras dicha compensación quedase saldo negativo, su importe se compensará en los cuatro años siguientes en el mismo orden establecido en los párrafos anteriores.

2. El saldo positivo resultante de integrar y compensar, exclusivamente entre sí, en cada período impositivo, las ganancias y pérdidas patrimoniales que se pongan de manifiesto con ocasión de transmisiones de elementos patrimoniales.

Si el resultado de la integración y compensación arrojase saldo negativo, su importe se compensará con el saldo positivo de las rentas previstas en el anterior apartado 1 la letra, obtenido en el mismo período impositivo, con el límite del 25 por ciento de dicho saldo positivo.

Si tras dicha compensación quedase saldo negativo, su importe se compensará en los cuatro años siguientes en el mismo orden establecido en los párrafos anteriores.

Las compensaciones previstas en el apartado anterior deberán efectuarse en la cuantía máxima que permita cada uno de los ejercicios siguientes y sin que puedan practicarse fuera del plazo a que se refiere el apartado anterior mediante la acumulación a rentas negativas de ejercicios posteriores.

2.3. Conceptos generales sobre base imponible

 La **base imponible** es la magnitud dineraria o de otra naturaleza que resulta de la medición o valoración del hecho imponible.

Se trata del primer paso para la cuantificación de la deuda tributaria, estando integrada por la suma de los rendimientos netos de las diferentes fuentes de renta. De este modo, en las siguientes páginas estableceremos las reglas de determinación de los rendimientos netos de cada una de esas fuentes de renta (trabajo, capital, actividades económicas, ganancias y pérdidas de patrimonio e imputaciones de rentas) que con posterioridad tendrán que ser integrados en alguna de las dos bases imponibles (general o del ahorro) que se establecen en la Ley del IRPF.

Para la cuantificación de la base imponible se procederá del siguiente modo:

1. **Calificación de las rentas obtenidas.** La calificación de las rentas (por ejemplo si son rendimientos del trabajo o de actividades económicas) es determinante a la hora de calcular el rendimiento neto puesto que no todas las fuentes de renta admiten los mismos gastos deducibles.

2. **Cuantificación de las rentas obtenidas.** La cuantificación de las rentas difiere dependiendo de que nos encontremos ante rendimientos o ante ganancias y pérdidas de patrimonio:

- Los rendimientos a incluir en la base imponible deben ser netos y éstos se obtendrán por diferencia entre los ingresos computables y los gastos deducibles.

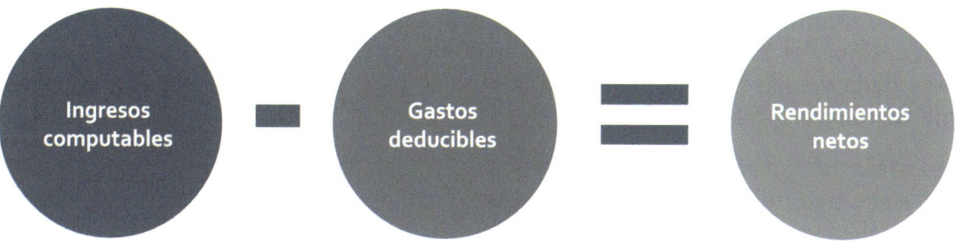

- Las ganancias y pérdidas patrimoniales se determinarán, con carácter general, por diferencia entre los valores de transmisión y de adquisición.

3. **Aplicación de reducciones sobre el rendimiento íntegro o neto** (dependiendo de las fuentes de renta).

4. **Integración y compensación de las diferentes rentas.** Para ello se tendrá en cuenta el origen de la renta y su clasificación como renta general o del ahorro.

Finalizadas estas operaciones se obtendrán dos bases imponibles, la general y la del ahorro.

Para la **cuantificación de la base liquidable** se practicará sobre la base imponible las siguientes reducciones:

⇨ Por atención a situaciones de dependencia y envejecimiento (recogidas en el Título IV Capítulo I LIRPF).

⇨ Por pensiones compensatorias (recogidas en el Capítulo II del mismo Título), lo que dará lugar a las bases liquidables general y del ahorro.

No se someterán a tributación las rentas que no excedan del importe del mínimo personal y familiar que resulte de aplicación.

2.4. Rendimientos de Trabajo Personal

2.4.1. Introducción

Los **Rendimientos del trabajo** se atribuirán a quien haya generado el derecho a su percepción, Por tanto, las rentas del trabajo nunca podrán dividirse entre los miembros de la unidad familiar, debiendo imputarse en cualquier caso a **quien efectivamente realiza el trabajo**.

Para la integración de los rendimientos del trabajo en la base imponible del IRPF es necesario determinar previamente cuál es su rendimiento neto reducido. El esquema de su cálculo es el siguiente:

RENDIMIENTO DE TRABAJO

INGRESOS ÍNTEGROS

- Reducciones (por rendimientos irregulares y generados en más de 2 años)
- Gastos deducibles

(=) RENDIMIENTO NETO DE TRABAJO

- Reducciones (por trabajar por cuenta ajena)

(=) RENDIMIENTO NETO REDUCIDO DE TRABAJO

Pasamos al estudio detallado de cada uno de los apartados del esquema de liquidación.

2.4.2. Ingresos íntegros

A) Introducción

 Son **rendimientos íntegros del trabajo** todas las contraprestaciones o utilidades, cualquiera que sea su denominación o naturaleza, dinerarias o en especie, que deriven, directa o indirectamente, del trabajo personal o de la relación laboral o estatutaria y no tengan el carácter de rendimientos de actividades económicas.

Como estudiaremos más adelante en la Unidad 2, son **rendimientos del trabajo** los siguientes:

1. Los sueldos y salarios.

2. Las prestaciones por desempleo.

3. Las remuneraciones en concepto de gastos de representación.

4. Las dietas y asignaciones para gastos de viaje y estancia en establecimientos de hostelería, sin perjuicio de que determinadas cantidades, que trataremos en la unidad 2.

5. Las contribuciones o aportaciones satisfechas por los promotores de planes de pensiones previstos en el Texto Refundido de la Ley de Regulación de los Planes y Fondos de Pensiones aprobado por el Real Decreto Legislativo 1/2002, de 29 de noviembre.

6. Las contribuciones o aportaciones satisfechas por los empresarios para hacer frente a los compromisos por pensiones en los términos previstos por la disposición adicional primera del Texto Refundido de la Ley de Regulación de los Planes y Fondos de Pensiones, cuando aquellas sean imputadas a las personas a quienes se vinculen las prestaciones.

   Cuando los contratos de seguro cubran conjuntamente las contingencias de jubilación y de fallecimiento o incapacidad, será obligatoria la imputación fiscal de la parte de las primas satisfechas que corresponda al capital en riesgo por fallecimiento o incapacidad, siempre que el importe de dicha parte exceda de 50 euros anuales. A estos efectos se considera capital en riesgo la diferencia entre el capital asegurado para fallecimiento o incapacidad y la provisión matemática.

   No obstante lo previsto en el párrafo anterior, en todo caso, la imputación fiscal de primas de los contratos de seguro antes señalados será obligatoria por el importe que exceda de 100.000 euros anuales por contribuyente y respecto del mismo empresario, salvo en los seguros colectivos contratados a consecuencia de despidos colectivos realizados de conformidad con lo dispuesto en el artículo 51 del Estatuto de los Trabajadores.

7. Las pensiones y haberes pasivos percibidos de los regímenes públicos de la Seguridad Social y clases pasivas y demás prestaciones públicas por situaciones de incapacidad, jubilación, accidente, enfermedad, viudedad o similares, salvo que estuvieran exentas.

8. Las prestaciones percibidas por los beneficiarios de mutualidades generales obligatorias de funcionarios, colegios de huérfanos y otras entidades similares.

9. Las prestaciones percibidas por los beneficiarios de planes de pensiones y las percibidas de los planes de pensiones regulados en la Directiva (UE) 2016/2341 del Parlamento Europeo y del Consejo, de 14 de diciembre de 2016, relativa a las actividades y la supervisión de fondos de pensiones de empleo.

Asimismo, las cantidades percibidas en los supuestos contemplados en el artículo 8.8 del texto refundido de la Ley de Regulación de los Planes y Fondos de Pensiones, aprobado por el Real Decreto Legislativo 1/2002, de 29 de noviembre, tendrán el mismo tratamiento fiscal que las prestaciones de los planes de pensiones.

10. Las prestaciones percibidas por los beneficiarios de contratos de seguros concertados con mutualidades de previsión social, cuyas aportaciones hayan podido ser, al menos en parte, gasto deducible para la determinación del rendimiento neto de actividades económicas, u objeto de reducción en la base imponible del Impuesto.

11. Las prestaciones percibidas por los beneficiarios de los planes de previsión social empresarial.

12. Las prestaciones percibidas por los beneficiarios de los planes de previsión asegurados.

13. Las prestaciones percibidas por los beneficiarios de los seguros de dependencia conforme a lo dispuesto en la Ley de Promoción de la Autonomía Personal y Atención a las Personas en Situación de Dependencia.

14. Las cantidades que se abonen, por razón de su cargo, a los diputados españoles en el Parlamento Europeo, a los diputados y senadores de las Cortes Generales, a los miembros de las asambleas legislativas autonómicas, concejales de ayuntamiento y miembros de las diputaciones provinciales, cabildos insulares u otras entidades locales, con exclusión, en todo caso, de la parte de aquellas que dichas instituciones asignen para gastos de viaje y desplazamiento.

15. Los rendimientos derivados de impartir cursos, conferencias, coloquios, seminarios y similares.

16. Los rendimientos derivados de la elaboración de obras literarias, artísticas o científicas, siempre que se ceda el derecho a su explotación.

Desde el 1 de enero del 2025, cuando los rendimientos íntegros del trabajo obtenidos en el período impositivo a los que no les resulte de aplicación la reducción prevista en el artículo 18.2 LIRPF derivados de elaboración de obras literarias, artísticas o científicas a los que se refiere el artículo 17.2 d) de LIRPF y de la relación laboral especial de las personas artistas que desarrollan su actividad en las artes escénicas, audiovisuales y musicales, así como de las personas que realizan actividades técnicas o auxiliares necesarias para el desarrollo de dicha actividad, excedan del 130 por ciento de la cuantía media de los referidos rendimientos imputados en los tres períodos impositivos anteriores, se reducirá en un 30 por ciento el citado exceso.

La cuantía sobre la que se aplicará esta reducción no podrá superar los 150.000 euros anuales.

17. Las retribuciones de los administradores y miembros de los Consejos de Administración, de las Juntas que hagan sus veces y demás miembros de otros órganos representativos.

    Desde el 1 de enero del 2025, cuando los rendimientos íntegros del trabajo obtenidos en el período impositivo a los que no les resulte de aplicación la reducción prevista en el artículo 18.2 LIRPF derivados de elaboración de obras literarias, artísticas o científicas a los que se refiere el artículo 17.2 d) de LIRPF y de la relación laboral especial de las personas artistas que desarrollan su actividad en las artes escénicas, audiovisuales y musicales, así como de las personas que realizan actividades técnicas o auxiliares necesarias para el desarrollo de dicha actividad, excedan del 130 por ciento de la cuantía media de los referidos rendimientos imputados en los tres períodos impositivos anteriores, se reducirá en un 30 por ciento el citado exceso.

    La cuantía sobre la que se aplicará esta reducción no podrá superar los 150.000 euros anuales.

18. Las pensiones compensatorias recibidas del cónyuge y las anualidades por alimentos, sin perjuicio de que pudieran estar exentas (como las percibidas por los hijos de sus progenitores).

19. Los derechos especiales de contenido económico que se reserven los fundadores o promotores de una sociedad como remuneración de servicios personales.

20. Las becas, sin perjuicio de que pudieran estar exentas.

21. Las retribuciones percibidas por quienes colaboren en actividades humanitarias o de asistencia social promovidas por entidades sin ánimo de lucro.

22. Las retribuciones derivadas de relaciones laborales de carácter especial.

23. Las aportaciones realizadas al patrimonio protegido de las personas con discapacidad en los términos previstos en la disposición adicional decimoctava de la LIRPF.

24. Las retribuciones en especie.

La percepción de las prestaciones derivadas de la disposición anticipada de planes de previsión social tendrán la consideración de rendimientos del trabajo de acuerdo con el artículo 17.2.a) LIRPF. Con el fin de facilitar que los afectados por la Depresión Aislada en Niveles Altos (DANA) puedan atender las necesidades sobrevenidas de liquidez, el artículo 51 del Real Decreto-ley 7/2024, de 11 de noviembre, por el que se adoptan medidas urgentes para el impulso del Plan de respuesta inmediata, reconstrucción y relanzamiento frente a los daños causados por la Depresión Aislada en Niveles Altos (DANA) en diferentes municipios entre el 28 de octubre y el 4 de noviembre de 2024 (BOE de 12 de noviembre), ha establecido, con carácter excepcional y exclusivamente durante el periodo comprendido entre el 13 de noviembre de 2024 y el 12 de mayo de 2025, la posibilidad de que los partícipes de planes de pensiones, así como los asegurados de los planes de previsión asegurados y planes de previsión social empresarial y los mutualistas de mutualidades de previsión social puedan disponer anticipadamente en determinados supuestos de sus derechos consolidados, fijando las condiciones y un importe máximo de disposición.

B) Retribuciones en especie

Constituyen **rentas en especie del trabajo** la utilización, consumo u obtención para fines particulares de bienes, derechos o servicios de forma gratuita o por precio inferior al normal de mercado, aun cuando no supongan un gasto real para quien las conceda.

Cuando el pagador de las rentas entregue al contribuyente importes en metálico para que éste adquiera los bienes, derechos o servicios, la renta tendrá la consideración de dineraria.

La regla de **valoración general** de las rentas en especie es el **valor normal en el mercado.** No obstante, se establecen determinadas especialidades en los siguientes supuestos de rendimientos del trabajo en especie:

1. Utilización de vivienda

El importe de la retribución en especie será en caso de que la vivienda sea propiedad del pagador:

▶ Con carácter general: el 10 por 100 del valor catastral.

▶ Inmuebles localizados en municipios en los que los valores catastrales hayan sido revisados en el período impositivo o en el plazo de los diez períodos impositivos anteriores: el 5 por 100 del valor catastral.

▶ Si a la fecha de devengo del impuesto los inmuebles carecieran de valor catastral o este no hubiera sido notificado al titular, el porcentaje será del 5 por ciento y se aplicará sobre el 50 por ciento del mayor de los siguientes valores: el comprobado por la Administración a efectos de otros tributos o el precio, contraprestación o valor de la adquisición.

La Ley del IRPF establece un límite en la valoración de la retribución en especie que no podrá exceder del 10 por 100 de las restantes contraprestaciones del trabajo.

2. **Utilización o entrega de vehículos automóviles**

El importe de la retribución en especie será:

▶ En el supuesto de entrega, el coste de adquisición para el pagador, incluidos los tributos que graven la operación.

▶ En el supuesto de uso, el 20 por 100 anual del coste a que se refiere el párrafo anterior. En caso de que el vehículo no sea propiedad del pagador, dicho porcentaje se aplicará sobre el valor de mercado que correspondería al vehículo si fuese nuevo.

Según la interpretación de la DGT, no hay límite temporal para la imputación del 20%, de forma que a partir del quinto año si el trabajador continúa haciendo uso del vehículo, se le continuará imputando.

▶ En el supuesto de uso y posterior entrega, la valoración de esta última se efectuará teniendo en cuenta la valoración resultante del uso anterior.

La valoración resultante de lo previsto en los párrafos anteriores se podrá reducir hasta en un 30 por ciento cuando se trate de vehículos considerados eficientes energéticamente, en los términos y condiciones que se determinen reglamentariamente.

3. **Préstamos con tipos de interés inferiores al legal del dinero**

El importe de la retribución en especie será la diferencia entre el interés pagado y el interés legal del dinero vigente en el período.

4. **Otras retribuciones en especie que se valoran por el coste para el pagador**

Existen otras retribuciones en especie que se valoran por el coste para el pagador, incluidos los tributos que graven la operación. Estas rentas son las siguientes:

▶ Las prestaciones en concepto de manutención, hospedaje, viajes y similares.

▶ La utilización de una vivienda que no sea propiedad del pagador. La valoración resultante no podrá ser inferior a la que hubiera correspondido de haber aplicado lo dispuesto para el supuesto de que la vivienda sea propiedad del pagador.

▶ Las primas o cuotas satisfechas en virtud de contrato de seguro u otro similar (salvo las que no tuvieran carácter de retribución en especie).

▶ Las cantidades destinadas a satisfacer gastos de estudios y manutención del contribuyente o de otras personas ligadas al mismo por vínculo de parentesco, incluidos los afines, hasta el cuarto grado inclusive (salvo las que no tuvieran carácter de retribución en especie).

49

5. **Se valorarán por su importe las siguientes retribuciones en especie**

▶ Las contribuciones satisfechas por los promotores de planes de pensiones (no existe ingreso a cuenta en este caso).

▶ Las cantidades satisfechas por empresarios a los seguros de dependencia.

6. En el caso de **entrega de acciones o participaciones concedidas a los trabajadores de una empresa emergente a las que se refiere el segundo párrafo de la letra f) del apartado 3 del artículo 42 de la LIRPF**, por el valor de las acciones o participaciones sociales suscritas por un tercero independiente en la última ampliación de capital realizada en el año anterior a aquel en que se entreguen las acciones o participaciones sociales. De no haberse producido la referida ampliación, se valorarán por el valor de mercado que tuvieran las acciones o participaciones sociales en el momento de la entrega al trabajador.

C) Rentas que no tienen la consideración de retribuciones en especie

No tienen la consideración de rendimientos del trabajo en especie y, por tanto, no tributarán en el contribuyente:

1. Las cantidades destinadas a la actualización, capacitación o reciclaje del personal empleado, cuando vengan exigidos por el desarrollo de sus actividades o las características de los puestos de trabajo.

2. Las primas o cuotas satisfechas por la empresa en virtud de contrato de seguro de accidente laboral o de responsabilidad civil del trabajador.

D) Rendimientos en especie exentos

En cuanto a los rendimientos del trabajo en especie que estarán exentos son:

1. Las entregas a empleados de productos a precios rebajados que se realicen en cantinas o comedores de empresa o economatos de carácter social.

   También tendrán la consideración de entrega de productos a precios rebajados que se realicen en comedores de empresa las fórmulas indirectas de prestación del servicio cuya cuantía no supere la cantidad que reglamentariamente se determine, con independencia de que el servicio se preste en el propio local del establecimiento de hostelería o fuera de este, previa recogida por el empleado o mediante su entrega en su centro de trabajo o en el lugar elegido por aquel para desarrollar su trabajo en los días en que este se realice a distancia o mediante teletrabajo.

2. La utilización de los bienes destinados a los servicios sociales y culturales del personal empleado. Tendrán esta consideración, entre otros, los espacios y

locales, debidamente homologados por la Administración Pública competente, destinados por las empresas o empleadores a prestar el servicio de primer ciclo de educación infantil a los hijos de sus trabajadores, así como la contratación, directa o indirectamente, de este servicio con terceros debidamente.

3. Las primas o cuotas satisfechas a entidades aseguradoras para la cobertura de enfermedad cuando se cumplan los siguientes requisitos y límites:

    a) Que la cobertura de enfermedad alcance al trabajador o a su cónyuge y descendientes.

    b) Que las primas o cuotas satisfechas no excedan de 500 euros anuales por cada una de las personas señaladas en el párrafo anterior o de 1.500 euros para cada una de ellas con discapacidad. El exceso sobre dicha cuantía constituirá retribución en especie.

4. La prestación del servicio de educación preescolar, infantil, primaria, secundaria obligatoria, bachillerato y formación profesional por centros educativos autorizados, a los hijos de sus empleados, con carácter gratuito o por precio inferior al normal de mercado.

5. Las cantidades satisfechas a las entidades encargadas de prestar el servicio público de transporte colectivo de viajeros con la finalidad de favorecer el desplazamiento de los empleados entre su lugar de residencia y el centro de trabajo, con el límite de 1.500,00 euros anuales para cada trabajador. También tendrán la consideración de cantidades satisfechas a las entidades encargadas de prestar el citado servicio público, las fórmulas indirectas de pago.

6. La entrega a los trabajadores en activo, de forma gratuita o por precio inferior al normal de mercado, de acciones o participaciones de la propia empresa o de otras empresas a cada trabajador, de 12.000,00 euros anuales, siempre que la oferta se realice en las mismas condiciones para todos los trabajadores de la empresa, grupo o subgrupos de empresa.

7. La exención prevista en el párrafo anterior será de 50.000 euros anuales en el caso de entrega de acciones o participaciones concedidas a los trabajadores de una empresa emergente a las que se refiere la Ley 28/2022, de 21 de diciembre, de fomento del ecosistema de las empresas emergentes. En este supuesto, no será necesario que la oferta se realice en las condiciones señaladas en el párrafo anterior, debiendo efectuarse la misma dentro de la política retributiva general de la empresa y contribuir a la participación de los trabajadores en esta última. En el caso de que la entrega de acciones o participaciones sociales a que se refiere este párrafo derive del ejercicio de opciones de compra sobre acciones o participaciones previamente concedidas a los trabajadores por la empresa emergente, los requisitos para la consideración como empresa emergente deberán cumplirse en el momento de la concesión de la opción.

2.4.3. Reducciones aplicables al rendimiento íntegro del trabajo

Los supuestos en los que sería aplicable una reducción son los siguientes:

1. **Rendimientos íntegros que tengan un período de generación superior a dos años** y que **no se obtengan de forma periódica o recurrente**, así como aquellos que se califiquen reglamentariamente como obtenidos de forma notoriamente irregular en el tiempo, cuando se imputen en un único período impositivo. La reducción aplicable sería del 30 por 100.

   Para que pueda ser aplicable el régimen de previsto para los rendimientos irregulares deben cumplirse las siguientes premisas:

   • Período de generación > 2 años.

   • Que no se obtenga de forma periódica o recurrente.

   No obstante, esta reducción del 30% tiene varios límites:

   ⇨ No resultará de aplicación a los rendimientos que tengan un período de generación superior a dos años cuando, en el plazo de los cinco períodos impositivos anteriores a aquel en el que resulten exigibles, el contribuyente hubiera obtenido otros rendimientos con período de generación superior a dos años, a los que hubiera aplicado esta reducción.

   ⇨ La cuantía del rendimiento íntegro sobre la que se aplicará la citada reducción no podrá superar el importe de 300.000 euros anuales.

   Tratándose de rendimientos derivados de la extinción de una relación laboral, común o especial, se considerará como período de generación el número de años de servicio del trabajador.

   En el caso de rendimientos del trabajo cuya cuantía esté comprendida entre 700.000,01 euros y 1.000.000 de euros y deriven de la extinción de la relación laboral, común o especial, o de la relación mercantil a que se refiere el artículo 17.2 e) de la LIRPF, o de ambas, la cuantía del rendimiento sobre la que se aplicará la reducción no podrá superar el importe que resulte de minorar 300.000 euros en la diferencia entre la cuantía del rendimiento y 700.000 euros.

   Cuando la cuantía de tales rendimientos fuera igual o superior a 1.000.000 de euros, la cuantía de los rendimientos sobre la que se aplicará la reducción del 30 por ciento será cero.

   Aunque la norma no lo establece claramente, la inserción de esta regla en la normativa separadamente de la regulación de las rentas exentas, debería llevar a que este régimen de rentas irregulares se aplicara solo sobre la parte no exenta de las indemnizaciones.

2. **Pensiones y haberes pasivos de la Seguridad Social y clases pasivas** y demás prestaciones públicas por situaciones de incapacidad, jubilación, accidente, enfermedad, viudedad, o similares así como las prestaciones percibidas por los beneficiarios de mutualidades generales obligatorias de funcionarios, colegios de huérfanos y otras entidades similares. Para que proceda la aplicación de la reducción deben percibirse en forma de capital, siempre que hayan transcurrido más de dos años desde la primera aportación. La reducción aplicable sería del 30 por 100.

    No obstante, la disposición transitoria 12ª establece un régimen para aquellas prestaciones derivadas de contingencias acaecidas con anterioridad al 1 de enero del 2007, a las que se podrán aplicar el régimen fiscal existente el 31 de diciembre del 2006, y por tanto, aplicar una reducción del 40%.

    El plazo de dos años no resultará exigible en el caso de prestaciones por invalidez.

3. **Actividades artísticas**

    Como hemos indicado, desde el 1 de enero del 2025, cuando los rendimientos íntegros del trabajo obtenidos en el período impositivo a los que no les resulte de aplicación la reducción prevista en el artículo 18.2 LIRPF derivados de elaboración de obras literarias, artísticas o científicas a los que se refiere el artículo 17.2 d) de LIRPF y de la relación laboral especial de las personas artistas que desarrollan su actividad en las artes escénicas, audiovisuales y musicales, así como de las personas que realizan actividades técnicas o auxiliares necesarias para el desarrollo de dicha actividad, excedan del 130 por ciento de la cuantía media de los referidos rendimientos imputados en los tres períodos impositivos anteriores, se reducirá en un 30 por ciento el citado exceso.

    La cuantía sobre la que se aplicará esta reducción no podrá superar los 150.000 euros anuales.

2.4.4. Gastos deducibles de los rendimientos del trabajo

Como estudiaremos más adelante en la Unidad 2, para obtener el rendimiento neto del trabajo se deberá minorar el rendimiento íntegro en los siguientes gastos deducibles:

1. Las cotizaciones a la Seguridad Social o a mutualidades generales obligatorias de funcionarios.

    ▶ Las detracciones por derechos pasivos.

    ▶ Las cotizaciones a los colegios de huérfanos o entidades similares.

2. Las cuotas satisfechas a sindicatos y colegios profesionales, cuando la colegiación tenga carácter obligatorio, en la parte que corresponda a los fines esenciales de estas instituciones, y con el límite de 500 euros anuales.

3. Los gastos de defensa jurídica derivados directamente de litigios suscitados en la relación del contribuyente con la persona de la que percibe los rendimientos, con el límite de 300 euros anuales.

4. En concepto de otros gastos distintos de los anteriores, 2.000 euros anuales.

5. Para contribuyentes desempleados inscritos en la oficina de empleo que acepten un puesto de trabajo que exija el traslado de su residencia habitual a un nuevo municipio, se incrementará dicha cuantía, en el periodo impositivo en el que se produzca el cambio de residencia y en el siguiente, en 2.000 euros anuales adicionales.

6. Personas con discapacidad que obtengan rendimientos del trabajo como trabajadores activos, se incrementará dicha cuantía en 3.500 euros anuales. Dicho incremento será de 7.750 euros anuales, para las personas con discapacidad que siendo trabajadores activos acrediten necesitar ayuda de terceras personas o movilidad reducida, o un grado de discapacidad igual o superior al 65 por ciento.

2.4.5. Reducciones que minoran el rendimiento neto del trabajo

El Real Decreto-ley 4/2024, de 26 de junio, para el año 2024 ha modificado el artículo 20 de la Ley del IRPF para aumentar el importe máximo de la reducción por obtención de rendimientos del trabajo (que pasa de 6.498 euros anuales a 7.302 euros anuales), cuantía que irá decreciendo en dos tramos (tres en total) a medida que aumenten los citados rendimientos netos del trabajo.

Así, los contribuyentes con rendimientos netos del trabajo inferiores a 19.747,5 euros siempre que no tengan rentas, excluidas las exentas, distintas de las del trabajo superiores a 6.500 euros, minorarán el rendimiento neto del trabajo en las siguientes cuantías:

a) Contribuyentes con rendimientos netos del trabajo iguales o inferiores a 14.852 euros: 7.302 euros anuales.

b) Contribuyentes con rendimientos netos del trabajo superiores a 14.852 euros, pero iguales o inferiores a 17.673,52 euros: 7.302 euros menos el resultado de multiplicar por 1,75 la diferencia entre el rendimiento del trabajo y 14.852 euros anuales.

c) Contribuyentes con rendimientos netos del trabajo comprendidos entre 17.673,52 y 19.747,5 euros: 2.364,34 euros menos el resultado de multiplicar por 1,14 la diferencia entre el rendimiento del trabajo y 17.673,52 euros anuales.

Para el ejercicio 2023 las cantidades de esta reducción eran:

a) Contribuyentes con rendimientos netos del trabajo iguales o inferiores a 14.047,5 euros: 6.498 euros anuales.

b) Contribuyentes con rendimientos netos del trabajo comprendidos entre 14.047,5 y 19.747,5 euros: 6.498 euros menos el resultado de multiplicar por 1,14 la diferencia entre el rendimiento del trabajo y 14.047,5 euros anuales.

A estos efectos, el rendimiento neto del trabajo será el resultante de minorar el rendimiento íntegro en los gastos previstos en las letras a), b), c), d) y e) del artículo 19.2 de la LIRPF.

Como consecuencia de la aplicación de la reducción prevista en este artículo, el saldo resultante no podrá ser negativo.

La reducción en 2022 se establecía: aplicable a aquellos contribuyentes con rendimientos netos del trabajo inferiores a 16.825 euros siempre que no tengan rentas, excluidas las exentas, distintas de las del trabajo superiores a 6.500 euros, minorarán el rendimiento neto del trabajo en las siguientes cuantías:

⇨ Contribuyentes con rendimientos netos del trabajo iguales o inferiores a 13.115 euros: 5.565 euros anuales.

⇨ Contribuyentes con rendimientos netos del trabajo comprendidos entre 13.115 y 16.825 euros: 5.565 euros menos el resultado de multiplicar por 1,5 la diferencia entre el rendimiento del trabajo y 13.115 euros anuales.

Aunque ya no es aplicable, es interesante dejar constancia de ello, ya que nos encontramos dentro del período de prescripción.

2.4.6. Rendimientos del trabajo obtenidos por la gestión de fondos vinculados al emprendimiento, a la innovación y al desarrollo de la actividad económica

En virtud de la disposición adicional quincuagésima tercera LIRPF y con efectos de 1 de enero del 2023, tendrán la consideración de rendimientos del trabajo los derivados directa o indirectamente de participaciones, acciones u otros derechos, incluidas comisiones de éxito, que otorguen derechos económicos especiales en alguna de las entidades relacionadas en el apartado 2, obtenidos por las personas administradoras, gestoras o empleadas de dichas entidades o de sus entidades gestoras o entidades de su grupo.

Las entidades a que se refiere el apartado 1 son las siguientes:

a) Fondos de Inversión Alternativa de carácter cerrado definidos en la Directiva 2011/61/UE del Parlamento Europeo y del Consejo, de 8 de junio de 2011, relativa a los gestores de fondos de inversión alternativos y por la que se modifican las Directivas 2003/41/CE y 2009/65/CE y los Reglamentos (CE) n.º 1060/2009 y (UE) n.º 1095/2010 incluidos en alguna de las siguientes categorías:

1. Entidades definidas en el artículo 3 de la Ley 22/2014, de 12 de noviembre, por la que se regulan las entidades de capital riesgo, otras entidades de inversión colectiva de tipo cerrado y las sociedades gestoras de entidades de inversión colectiva de tipo cerrado, y por la que se modifica la Ley 35/2003, de 4 de noviembre, de Instituciones de Inversión Colectiva.

2. Fondos de capital riesgo europeos regulados en el Reglamento (UE) n.º 345/2013, del Parlamento Europeo y del Consejo, de 17 de abril de 2013, sobre los fondos de capital riesgo europeos.

3. Fondos de emprendimiento social europeos regulados en el Reglamento (UE) n.º 346/2013 del Parlamento Europeo y del Consejo, de 17 de abril de 2013, sobre los fondos de emprendimiento social europeos.

4. Fondos de inversión a largo plazo europeos regulados en el Reglamento (UE) 2015/760 del Parlamento Europeo y del Consejo, de 29 de abril de 2015, sobre los fondos de inversión a largo plazo europeos.

b) Otros organismos de inversión análogos a los anteriores.

Los rendimientos del trabajo a que se refiere el apartado 1 se integrarán en la base imponible en un 50 por ciento de su importe, sin que resulten de aplicación exención o reducción alguna, cuando se cumplan los siguientes requisitos:

a) Los derechos económicos especiales de dichas participaciones, acciones o derechos estén condicionados a que los restantes inversores en la entidad a la que se refiere el apartado 2 anterior, obtengan una rentabilidad mínima definida en el reglamento o estatuto de la misma.

b) Las participaciones, acciones o derechos se mantengan durante un período mínimo de cinco años, salvo que se produzca su transmisión mortis causa, o que se liquiden anticipadamente o queden sin efecto o se pierdan total o parcialmente como consecuencia del cambio de entidad gestora, en cuyo caso, deberán haberse mantenido ininterrumpidamente hasta que se produzcan dichas circunstancias.

Lo dispuesto en esta letra será exigible, en su caso, a las entidades titulares de las participaciones, acciones o derechos. No será de aplicación el tratamiento previsto en este apartado cuando los derechos económicos especiales procedan directa o indirectamente de una entidad residente en un país o territorio calificado como jurisdicción no cooperativa o con el que no exista normativa sobre asistencia mutua en materia de intercambio de información tributaria en los términos previstos en la Ley 58/2003, de 17 de diciembre, General Tributaria, que sea de aplicación.

2.5. Rendimientos de Capital

2.5.1. Introducción

Como ya veremos en profundidad en la Unidad 4, se consideran **rendimientos íntegros del capital** la totalidad de las utilidades o contraprestaciones, cualquiera que sea su denominación o naturaleza, dinerarias o en especie, que provengan, directa o indirectamente, de elementos patrimoniales, bienes o derechos, cuya titularidad corresponda al contribuyente y no se hallen afectos a actividades económicas realizadas por éste.

Estos rendimientos de capital **se atribuirán a los titulares** de los elementos patrimoniales, bienes o derechos, de que provengan dichos rendimientos.

Un matrimonio **casado en gananciales** en el que uno de los cónyuges tiene un **inmueble privativo** (bien porque lo adquirió antes del matrimonio o porque lo ha obtenido a título lucrativo por herencia o donación), en caso de que se obtuvieran rendimientos del capital inmobiliario por haberse arrendado el inmueble, deberán **imputarse a su titular** y nunca por mitades. Se aparta, por tanto, la Ley del IRPF de la normativa civil que establece que los frutos de bienes privativos tienen carácter ganancial.

Por tanto, la idea base que nos permite calificar legalmente a un rendimiento como del capital es el hecho imponible de que su fuente de procedencia son los bienes o derechos titularidad del contribuyente que no estén afectados a actividades económicas realizadas por el mismo.

Los rendimientos del capital se dividen en dos clases dependiendo de la naturaleza **mobiliaria** o **inmobiliaria** de los bienes de los cuales proceden los rendimientos.

Don José Martín, que es propietario de multitud de locales y viviendas, se dedica al arrendamiento de locales y viviendas en la ciudad de Palencia, estando dado de alta en los correspondientes epígrafes del IAE. Para gestionar los arrendamientos tiene una oficina abierta al público donde tiene cuatro personas contratadas con contrato indefinido y a jornada completa.

.../...

…/…

En este caso, el rendimiento derivado de los inmuebles no tendrá la naturaleza de rendimiento de capital inmobiliario, sino de rendimiento de actividad económica, al estar los inmuebles afectos a la actividad económica realizada por D. José Martín.

Los rendimientos del capital derivan de elementos patrimoniales, bienes o derechos, cuya titularidad corresponda al contribuyente.

No pueden estar afectos a actividades económicas realizadas por el contribuyente.

2.5.2. Rendimientos del capital inmobiliario

Los **rendimientos del capital inmobiliario** son la totalidad de las contraprestaciones o utilidades, cualquiera que sea su denominación o naturaleza, dinerarias o en especie, que provengan, directa o indirectamente, de **bienes inmuebles**, tanto rústicos como urbanos, o de derechos sobre ellos, cuya titularidad corresponda al contribuyente y no se hallen afectos a actividades económicas realizadas por el mismo.

El aspecto fundamental que nos permite calificar a un rendimiento como del capital inmobiliario es el de que su fuente de procedencia son los bienes inmuebles, rústicos o urbanos, o los derechos constituidos sobre ellos, de titularidad del contribuyente y que este **no los tenga afectos a actividades económicas** realizadas por el mismo.

De forma más concreta, la propia Ley sale al paso de un caso muy frecuente en la realidad: el arrendamiento de inmuebles. ¿Cuándo un contribuyente que arrienda uno o más inmuebles de su propiedad obtiene un rendimiento del capital inmobiliario o cuándo de la actividad económica? Según la Ley, para que el arrendamiento de inmuebles **constituya una actividad económica** es necesario que en el desarrollo de aquella actividad arrendaticia se utilice al menos una persona empleada con contrato laboral y a jornada completa.

No concurriendo este requisito el contribuyente que arriende uno o más inmuebles de su titularidad obtendrá rendimientos del capital inmobiliario, y como tales deberá integrarlos en su declaración por el IRPF.

Para la integración de los rendimientos del capital inmobiliario en la base imponible del IRPF es necesario determinar previamente cuál es su rendimiento neto reducido. El esquema de su cálculo es el siguiente:

RENDIMIENTO DE CAPITAL INMOBILIARIO

INGRESOS ÍNTEGROS

(–) Gastos deducibles

(=) RENDIMIENTO NETO DE CAPITAL INMOBILIARIO

(–) Reducciones (por arrendamientos destinados a vivienda)
(–) Reducciones (por rendimientos irregulares y generados en más de 2 años)

(=) RENDIMIENTO NETO REDUCIDO DE CAPITAL INMOBILIARIO

Pasamos al estudio detallado de cada uno de los apartados del esquema de liquidación.

 El artículo 22 de la LIRPF define los rendimientos del capital inmobiliario.

A) Rendimiento íntegro del capital inmobiliario

Tienen la calificación de rendimientos íntegros del capital inmobiliario los procedentes de la titularidad de bienes inmuebles rústicos y urbanos o de derechos reales que recaigan sobre ellos, siempre que se deriven:

1. Del arrendamiento.

2. De la constitución o cesión de derechos o facultades de uso o disfrute sobre los inmuebles.

Dentro de los rendimientos íntegros del capital inmobiliario se computan:

1. El importe que por todos los conceptos deba satisfacer el adquirente, cesionario, arrendatario o subarrendatario.

2. En caso de que se hubieran incluido bienes junto con el inmueble (por ejemplo mobiliario) también tendrá la calificación de rendimiento del capital inmobiliario la parte de contraprestación abonada por este concepto.

3. Se excluye del rendimiento íntegro el IVA o el IGIC.

 Los rendimientos del capital inmobiliario (regulados en el artículo 22 de la Ley) son los que el contribuyente obtiene de un tercero: bien a través del arrendamiento o del subarrendamiento, bien a través de la constitución o cesión de facultades de uso o disfrute sobre los inmuebles.

B) Gastos deducibles

Estos gastos deducibles son todos aquellos necesarios para la obtención de los rendimientos, así como el valor de la depreciación del inmueble. A modo de ejemplo, puesto que la lista recogida en la Ley del IRPF no es cerrada, se consideran gastos necesarios, entre otros, los siguientes:

1. Intereses y gastos de conservación y reparación

Serán deducibles:

⇨ Los intereses de los capitales ajenos invertidos en la adquisición o mejora del bien, derecho o facultad de uso y disfrute del que procedan los rendimientos, y demás gastos de financiación (por ejemplo un préstamo hipotecario para la adquisición de un inmueble que se destina al arrendamiento).

⇨ Los gastos de reparación y conservación del inmueble. La distinción entre los gastos de conservación y reparación (deducibles como gasto) y los de ampliación y mejora (que no serían deducibles) ha dado lugar a una numerosa doctrina administrativa que ha venido interpretando estos conceptos.

El importe total a deducir por estos gastos no podrá exceder, para cada bien o derecho, de la cuantía de los rendimientos íntegros obtenidos. El exceso se podrá deducir en los cuatro años siguientes.

2. Tributos y recargos no estatales, así como las tasas y recargos estatales

Para que estos tributos y recargos tengan carácter deducible es indiferente su denominación. No obstante, los tributos y recargos:

▶ Deben incidir sobre los rendimientos computados o sobre el bien o derecho productor de aquellos.

▶ No pueden tener carácter sancionador.

Un particular arrienda en Madrid una vivienda y establece en el contrato de arrendamiento que el arrendatario-inquilino debe pagar el IBI conforme a lo establecido en la Ley de Arrendamientos Urbanos. En este caso, el IBI repercutido por el propietario al arrendatario constituirá ingresos del capital inmobiliario, y el IBI pagado por el propietario constituirá gasto en el rendimiento.

3. **Los saldos de dudoso cobro: en las condiciones establecidas reglamentariamente**

Se admite la deducibilidad de los saldos de dudoso cobro siempre que esta circunstancia quede suficientemente justificada. Se entenderá cumplido este requisito:

▶ Cuando el deudor se halle en situación de suspensión de pagos, quiebra u otras análogas (hoy en día denominadas situaciones de concurso de acreedores).

▶ Cuando entre el momento de la primera gestión de cobro realizada por el contribuyente y el de la finalización del período impositivo hubiesen transcurrido más de seis meses, y no se hubiese producido una renovación de crédito. Se reduce a tres meses, en los ejercicios de 2020 y 2021, el plazo de seis meses a que se refiere el número 2º de la letra e), por el art. 15 del Real Decreto-ley 35/2020.

Un particular arrienda una vivienda por 1.000 € mensuales. Durante el presente ejercicio el arrendatario-inquilino no le ha pagado desde enero hasta agosto, mes en el que el día 31 consigue judicialmente desahuciarlo de su finca. En este caso el arrendador se habrá tenido que imputar como ingresos 8.000 €, pero en concepto de saldos de dudoso cobro se va a poder deducir 6.000 €, correspondientes a los meses de enero a junio, no julio ni agosto, porque entre la primera gestión de cobro (los primeros días de mes) y el final del período impositivo (31 de diciembre) en los meses de enero a junio si han transcurrido mas de seis meses, pero no así en las mensualidades de julio y agosto.

4. **Los pagos por servicios personales**

Se consideran deducibles las cantidades devengadas por terceros en contra-prestación directa o indirecta o como consecuencia de servicios personales, tales como los de administración, vigilancia, portería o similares y siempre que sean a cargo del titular de los rendimientos computados.

5. **Los ocasionados por la formalización del arrendamiento, subarriendo, cesión o constitución de derechos**

Son ejemplos de estos gastos los ocasionados por la formalización de los contratos de arrendamiento, subarrendamiento, etc.

6. **Defensa jurídica**

Los de defensa de carácter jurídico relativos a los bienes, derechos o rendimientos.

7. **Seguros**

También por vía reglamentaria se recoge como gasto el importe de las primas de contratos de seguro, bien sean de responsabilidad civil, incendio, robo, rotura de cristales u otros de naturaleza análoga, sobre los bienes o derechos productores de los rendimientos.

En este caso, el Reglamento establece que deben ir efectivamente a cargo del propietario o de usufructuario para tener derecho a la deducción.

8. **Suministros**

En este concepto podemos encontrar los pagos de los recibos del agua, luz, gas, etc.

El arrendador no puede deducir ningún gasto que no haya soportado. Si es el arrendatario el que paga directamente los servicios y suministros propios del inmueble, no podrá deducir nada el propietario por este concepto.

Sin embargo, en los casos en que el importe de estas partidas se soporte de forma efectiva por el arrendador, en virtud del contrato de arrendamiento, son deducibles aquellos gastos repercutidos al inquilino. Sin perjuicio de la imputación a rendimientos íntegros del capital inmobiliario.

9. **Amortizaciones**

En cuanto a las amortizaciones, podrán deducirse las cantidades destinadas a la amortización del inmueble y de los demás bienes cedidos con éste, siempre que respondan a su depreciación efectiva, en las condiciones reglamentariamente establecidas.

1. En el caso de inmuebles se emplea un coeficiente máximo del 3 por 100 sobre el mayor de los siguientes valores:

    • Coste de adquisición satisfecho.

    • Valor catastral.

    En estos costes no se incluye el valor del suelo puesto que por definición el suelo no sufre depreciación, no pudiendo amortizarse.

> Un particular que ha arrendado durante todo este año quiere saber qué cantidad puede deducirse por amortización de a misma sabiendo que su precio de adquisición fue de 200.000 € (140.000 € valor de la construcción y 60.000 € valor de suelo) y que su valor catastral es de 68.000 € (40.000 € valor de la construcción y 28.000 € valor de suelo).
>
> En el presente caso se podrá amortizar el 3% del mayor valor de la construcción, el de adquisición o el catastral, que en este caso es el de adquisición:
>
> 140.000 € x 3% = 4.200 €.

2. Cuando se trate de rendimientos derivados de la titularidad de un derecho o facultad de uso o disfrute, será deducible en concepto de depreciación la parte proporcional del valor de adquisición satisfecho, en las condiciones reglamentariamente determinadas. Se mantiene como límite el importe de los rendimientos íntegros percibidos.

C) Reducciones

El rendimiento neto del capital inmobiliario se obtiene de minorar el rendimiento íntegro en los gastos deducibles y en las amortizaciones. Asimismo, podrán aplicarse determinadas reducciones que minoran este rendimiento. Estas son:

a) Reducción en arrendamiento de inmuebles destinados a vivienda habitual

Desde el 1 de enero del 2024 y con efecto para aquellos contratos de arrendamiento de vivienda celebrados a partir de dicha fecha, se aplicará la siguiente reducción sobre el rendimiento neto positivo:

⇨ **En un 90 por ciento** cuando se hubiera formalizado por el mismo arrendador un nuevo contrato de arrendamiento sobre una vivienda situada en una zona de mercado residencial tensionado, en el que la renta inicial se hubiera rebajado en más de un 5 por ciento en relación con la última renta del anterior contrato de arrendamiento de la misma vivienda, una vez aplicada, en su caso, la cláusula de actualización anual del contrato anterior.

⇨ **En un 70 por ciento** cuando no cumpliéndose los requisitos señalados en la letra a) anterior, se produzca alguna de las circunstancias siguientes:

▶ Que el contribuyente hubiera alquilado por primera vez la vivienda, siempre que esta se encuentre situada en una zona de mercado residencial tensionado y el arrendatario tenga una edad comprendida entre 18 y 35 años. Cuando existan varios arrendatarios de una misma vivienda, esta reducción se aplicará sobre la parte del rendimiento neto que proporcionalmente corresponda a los arrendatarios que cumplan los requisitos previstos en esta letra.

▶ Cuando el arrendatario sea una Administración Pública o entidad sin fines lucrativos a las que sea de aplicación el régimen especial regulado en el título II de la Ley 49/2002, de 23 de diciembre, de régimen fiscal de las entidades sin fines lucrativos y de los incentivos fiscales al mecenazgo, que destine la vivienda al alquiler social con una renta mensual inferior a la establecida en el programa de ayudas al alquiler del plan estatal de vivienda, o al alojamiento de personas en situación de vulnerabilidad económica a que se refiere la Ley 19/2021, de 20 de diciembre, por la que se establece el ingreso mínimo vital, o cuando la vivienda esté acogida a algún programa público de vivienda o calificación en virtud del cual la Administración competente establezca una limitación en la renta del alquiler.

⇨ **En un 60 por ciento** cuando, no cumpliéndose los requisitos de las letras anteriores, la vivienda hubiera sido objeto de una actuación de rehabilitación en los términos previstos en el apartado 1 del artículo 41 del Reglamento del Impuesto que hubiera finalizado en los dos años anteriores a la fecha de la celebración del contrato de arrendamiento.

⇨ **En un 50 por ciento**, en cualquier otro caso.

Los requisitos señalados deberán cumplirse en el momento de celebrar el contrato de arrendamiento, siendo la reducción aplicable mientras se sigan cumpliendo los mismos.

Estas reducciones sólo resultarán aplicables sobre los rendimientos netos positivos que hayan sido calculados por el contribuyente en una autoliquidación presentada antes de que se haya iniciado un procedimiento de verificación de datos, de comprobación limitada o de inspección que incluya en su objeto la comprobación de tales rendimientos.

En ningún caso resultarán de aplicación las reducciones respecto de la parte de los rendimientos netos positivos derivada de ingresos no incluidos o de gastos indebidamente deducidos en la autoliquidación del contribuyente y que se regularicen en alguno de los procedimientos citados en el párrafo anterior, incluso cuando esas circunstancias hayan sido declaradas o aceptadas por el contribuyente durante la tramitación del procedimiento. Tampoco resultarán de aplicación las reducciones en relación con aquellos contratos de arrendamiento que incumplan lo dispuesto en el apartado 6 del artículo 17 de la Ley de Arrendamientos Urbanos.

Las zonas de mercado residencial tensionado a las que podrá resultar de aplicación lo previsto en este apartado serán las recogidas en la resolución que, de acuerdo con lo dispuesto en la legislación estatal en materia de vivienda, apruebe el Ministerio de Vivienda y Agenda Urbana.

b) **Reducciones por rendimientos generados en más de dos años o de forma notoriamente irregular en el tiempo**

A diferencia de lo que ocurría en los rendimientos de trabajo, en los de capital esta reducción se aplica sobre el **rendimiento neto** y no sobre el íntegro.

En los dos siguientes supuestos se puede reducir el rendimiento neto en un 30%.

Cuando el periodo de generación de los rendimientos netos es superior a dos años. Ejemplo[1]	Cuando se trate de rendimientos que reglamentariamente se califiquen como obtenidos de forma notoriamente irregular en el tiempo

Según el IRPF, se consideran obtenidos de forma notoriamente irregular en el tiempo los siguientes rendimientos, cuando lo imputen en un único período impositivo
Los importes que se obtienen por el traspaso o la cesión del contrato de arrendamiento de locales de negocio
Las indemnizaciones percibidas del arrendamiento o subarrendamiento por daños o desperfectos en el inmueble
Los importes obtenidos por la constitución o cesión de derechos de uso y disfrute, cuando los mismos tengan carácter vitalicio

 Un particular arrienda una nave industrial pactándose que pague los cinco años contratados de una sola vez. Vemos, así, que el período de generación de la renta (cinco años) excede de los más de dos años (dos años y un día) que marca la Ley; por consiguiente, procederá la reducción del rendimiento neto de dichos rendimientos irregulares.

Es muy importante advertir que el artículo 23.3 de la LIRPF establece una cautela para el caso de que los ingresos o rendimientos **se cobren de forma fraccionada**: el cómputo del período de generación deberá tener en cuenta el número de años de fraccionamiento, también en los términos que reglamentariamente se establezcan.

La cuantía del rendimiento neto a que se refiere la Ley sobre el que se aplicará la citada reducción del 30% no podrá superar el importe de 300.000 euros anuales.

c) **Rendimiento neto reducido del capital inmobiliario**

El rendimiento neto reducido del capital inmobiliario se obtiene de minorar el rendimiento neto en las dos reducciones anteriormente expuestas.

d) **Rendimiento en caso de parentesco**

La Ley del IRPF establece una imputación mínima para rendimientos abonados por determinados familiares.

Objetivamente, el artículo 24 se aplica en los casos de inmuebles arrendados, subarrendados o cuyo uso o disfrute (por ejemplo, un usufructo) haya sido cedido por el contribuyente a su cónyuge o determinados parientes de uno u otro.

Subjetivamente, dichos parientes pueden ser consanguíneos en línea recta o colateral, e incluso afines (por razón de matrimonio) hasta el tercer grado inclusive; es decir:

1. El cónyuge del contribuyente.

2. Los bisabuelos, abuelos, padres, hijos, nietos y bisnietos. Y tanto de contribuyente como de su cónyuge.

3. Hermanos, tíos carnales y sobrinos carnales, y tanto del contribuyente como de su cónyuge.

Si el arrendamiento, subarrendamiento, etc., tiene lugar entre el contribuyente y su cónyuge, o entre el contribuyente y sus parientes o los de su cónyuge que antes hemos explicitado, se aplicarán las reglas de imputación de rentas inmobiliarias.

Un particular ha adquirido un inmueble, que tiene un valor catastral de 90.000 €, como inversión, solicitando para el pago un préstamo hipotecario de 120.000 €. Una vez adquirido lo ha arrendado a una tía suya, habiendo cobrado durante el año 7.000 € en concepto de alquiler. Los gastos incurridos en ese período han sido: 9.000 € de intereses en el préstamo hipotecario, 4.800 € de amortización de capital del préstamo hipotecario, 700 € por los servicios prestados por un API para la gestión del alquiler y 1.400 € en concepto de amortización e IBI.

En este caso, si aplicamos los criterios generales para la determinación del rendimiento del capital inmobiliario obtenemos que:

Los 4.800 € correspondientes a amortización del capital no son en ningún caso gasto.

Por tanto, el rendimiento del capital inmobiliario es:

Conceptos	Rendimiento Capital inmobiliario
Ingresos	7.000
Gastos financieros	-7.000 operará el límite para los intereses. El exceso se podrá deducir en los próximos 4 años
API	-700
Amortización e IBI	-1.400
Total rendimientos	-2.100

Sin embargo, al haberse constituido el arrendamiento con una tía, se tiene que aplicar la normativa contenida en el artículo 24 de la LIRPF.

Por tanto el rendimiento del capital inmobiliario será:

RCI = Valor catastral x 2% = 90.000 x 2% = 1.800 €

Por tanto, el rendimiento que se declarará es de 1.800 € y no 0, que es el valor que hubiese dado aplicando el procedimiento general de determinación del beneficio.

2.5.3. Rendimientos del capital mobiliario

Se clasifican los rendimientos íntegros del capital mobiliario en cuatro grupos:

1. **Rendimientos obtenidos por la participación en los fondos propios de cualquier tipo de entidad.**

   Por ejemplo: los dividendos percibidos por un contribuyente como consecuencia de ser accionista de Telefónica.

2. **Rendimientos obtenidos por la cesión a terceros de capitales propios.**

   Por ejemplo: los intereses percibidos por un contribuyente derivados de una imposición a plazo fijo en un banco.

3. **Rendimientos procedentes de operaciones de capitalización, de contratos de seguro de vida o invalidez y de rentas derivadas de la imposición de capitales.**

   Por ejemplo: las cantidades percibidas por un seguro de accidentes cuando el tomador y el beneficiario son la misma persona.

4. **Otros rendimientos del capital mobiliario.**

   Por ejemplo: rendimientos procedentes del arrendamiento de negocios, minas o de la propiedad intelectual cuando el contribuyente no sea el autor.

El esquema de liquidación de los rendimientos del capital mobiliario es el siguiente:

RENDIMIENTO DE CAPITAL MOBILIARIO

INGRESOS ÍNTEGROS

   (–) Gastos deducibles

(=) RENDIMIENTO NETO DE CAPITAL MOBILIARIO

   (–) Reducciones (por rendimientos irregulares y generados en más de 2 años)

(=) RENDIMIENTO NETO REDUCIDO DE CAPITAL MOBILIARIO

Pasamos al estudio detallado de cada uno de estos apartados.

A) Rendimientos obtenidos por la participación en los fondos propios de cualquier tipo de entidad

Esta primera clase de rendimientos del capital mobiliario tiene como denominador común el que los obtiene el contribuyente como consecuencia de **su condición de socio, accionista, asociado o partícipe de una entidad.**

Estamos en este capítulo en el ámbito de los dividendos y participaciones en beneficios que obtienen los propietarios del capital de las entidades (sociedades anónimas, de responsabilidad limitada, etc.). Aunque se incluyen aquí también los rendimientos de ciertos títulos o activos que, como los bonos de disfrute, aún no dando participación en el capital de la entidad, sí dan derecho a participar en sus beneficios.

Se encuentran en este grupo de rendimientos, como los más característicos, los **dividendos percibidos por los propietarios de acciones de sociedades:** son rentas que se obtienen por el hecho de participar en el capital de la sociedad y, consecuentemente, en sus beneficios.

Así, dentro de esta categoría quedarían comprendidos:

1. Los dividendos, primas de asistencia a juntas y participaciones en los beneficios de cualquier tipo de entidad.

    ⇨ **Dividendos**: son la remuneración típica del accionista por su participación en el capital social de una sociedad anónima. Los dividendos, de acuerdo con las normas mercantiles que regulan las S.A., pueden provenir de los resultados del ejercicio o de reservas de libre disposición. Es indiferente que los dividendos sean a cuenta o definitivos o que sean los denominados dividendos mínimos que retribuyen a las acciones sin voto. Tienen la consideración de dividendo:

    - Dividendo. Está circunscrito a las Sociedades Anónimas; de emisión de acciones que no está sujeta a retención.

    - Distribución del excedente cooperativo. Está regulado en los artículos 20, 28 y 29 de la Ley 20/1990 del Régimen Fiscal de Cooperativas.

    - Las cooperativas son sociedades a las que no anima un espíritu capitalista. En caso de que exista beneficio, este se denomina excedente cooperativo.

    - Derramas activas en mutuas de seguros. A grandes rasgos, es el equivalente al dividendo activo, pero en mutuas de seguros.

    - El resultado se destina a:

        ▶ Reservas.

        ▶ Derrama activa.

    ⇨ **Primas de asistencia a juntas**: son las cantidades que, por acción, pueden abonarse a los titulares por asistir a las convocatorias de las juntas ordinarias o extraordinarias.

⇨ **Participaciones en beneficios de cualquier tipo de entidad**: engloba, entre otros, los resultados obtenidos por los socios de las Sociedades de Responsabilidad Limitada, Colectivas, Comanditarias, etc.

2. Los rendimientos procedentes de cualquier clase de activos, excepto la entrega de acciones liberadas que, estatutariamente o por decisión de los órganos sociales, faculten para participar en los beneficios, ventas, operaciones, ingresos o conceptos análogos de una entidad por causa distinta de la remuneración del trabajo personal.

   Las formas más comunes dentro de estos rendimientos son los percibidos por las "cédulas o partes de fundador" y por los "bonos de disfrute". No obstante, la norma deja abierta la puerta a otros activos o títulos similares a los anteriores.

3. Los rendimientos que se deriven de la constitución o cesión de derechos o facultades de uso o disfrute, cualquiera que sea su denominación o naturaleza, sobre los valores o participaciones que representen la participación en los fondos propios de la entidad.

   Pensemos en el siguiente caso: el propietario de una acción vende por precio el usufructo de la misma, esto es, la facultad o derecho a cobrar los dividendos. En este caso, de acuerdo con el precepto que comentamos, el precio así obtenido por el propietario de la acción (ahora nudo propietario) tendrá en él la consideración de un rendimiento obtenido por la participación en fondos propios de entidades.

4. Cualquier otra utilidad, distinta de las anteriores, procedente de una entidad por la condición de socio, accionista, asociado o partícipe.

   Este precepto constituye una norma cautelar y de cierre en la clase de rendimiento que analizamos. Cualquier utilidad que obtenga un contribuyente por su condición de socio, accionista, asociado o partícipe de cualquier tipo de entidad, si no está incluida en alguno de los números 1, 2 y 3 que hemos visto, en todo caso se integrará en el IRPF como un rendimiento obtenido por la participación en fondos propios de entidades a través de este número 4.

5. La distribución de la prima de emisión de acciones o participaciones. El importe obtenido minorará, hasta su anulación, el valor de adquisición de las acciones o participaciones afectadas y el exceso que pudiera resultar tributará como rendimiento del capital mobiliario.

 Los rendimientos obtenidos por la participación en los fondos propios de cualquier tipo de entidad se regula en el artículo 25.2 de la LIRPF.

B) Rendimientos obtenidos por la cesión a terceros de capitales propios

La definición general de este tipo de rendimientos engloba:

1. Las contraprestaciones de todo tipo, dinerarias o en especie, cualquiera que sea su denominación, obtenidas por la **cesión a terceros de capitales propios**.

Préstamos.

Deuda pública.

Cuentas corrientes, a plazo, libretas de ahorro.

Rendimientos de créditos participativos.

Contraprestaciones por imposiciones de capitales a plazo.

Rendimientos de cuentas en participación, etc.

2. Las rentas derivadas de la **transmisión, reembolso, amortización, canje o conversión** de cualquier clase de **activos financieros**.

Letras de cambio.

Pagarés.

Bonos.

Obligaciones con prima.

Cédulas, etc.

El cálculo del rendimiento íntegro de cada una de las contraprestaciones, dinerarias o en especie, se realiza del siguiente modo:

▶ **Intereses:**

Los intereses y cualquier otra forma de retribución pactada como remuneración por la cesión a terceros de capitales propios (intereses y cupones). El cálculo del rendimiento íntegro se realiza del siguiente modo: se computan por su **importe íntegro**, sin necesidad de realizar ningún cálculo adicional.

 Un particular ha obtenido 1.000 € brutos de intereses de cuentas bancarias y 4.000 € brutos de depósitos bancarios, habiéndole retenido la entidad financiera el 19% de dichos importes (190 y 760 € respectivamente). Los rendimientos son 1.000 € y 4.000 €.

▶ **Transmisión, reembolso, amortización, canje o conversión de cualquier clase de activos:**

Las derivadas de la transmisión, reembolso, amortización, canje o conversión de cualquier clase de activos representativos de la captación y utilización de capitales ajenos (como serían las obligaciones o bonos).

Los rendimientos obtenidos por la cesión a terceros de capitales propios pueden ser dinerarios o en especie, ya que es bastante habitual que las entidades de crédito por determinadas imposiciones, obsequien equipos de música, cuberterías, libros, etc. Todas las retribuciones, dinerarias o en especie, siempre que remuneren o sean contraprestación de la cesión de un capital propio de quien las percibe, constituyen para él un rendimiento del capital mobiliario del tipo o clase que nos ocupa.

▶ **Transmisión de activos financieros:**

En el caso de transmisión de activos financieros, el rendimiento se determina por la diferencia entre el valor de adquisición y el valor de transmisión, teniendo en cuenta tanto los gastos tanto de la operación de compra como de la operación de venta, siempre que estén debidamente justificados.

 Un particular ha comprado obligaciones del Estado por 12.000 €, pagando además 300 € en concepto de gastos de adquisición. Al cabo de tres meses vende las mismas obligaciones por 14.000 €, descontándole 200 € en concepto de gastos de transmisión.

En este caso, el rendimiento obtenido por el particular es:

Rendimiento = (Valor de transmisión – Costes de transmisión) – (Valor de adquisición+ Costes de adquisición) = (14.000 – 200) – (12.000 + 300) = 13.800 – 12.300 = 1.500 €

▶ **Amortización del activo financiero:**

En el supuesto de reembolso o amortización del activo financiero, el rendimiento se obtiene por la diferencia entre el valor de amortización o reembolso y el valor de adquisición corregido con los gastos de adquisición y reembolso.

Un particular ha comprado obligaciones del Estado por 12.000 €, pagando además 300 € en concepto de gastos de adquisición. Al cabo de tres meses las obligaciones son amortizadas, cobrando 13.000 €, sin coste alguno de amortización.

En este caso, el rendimiento obtenido por el particular es:

Rendimiento = (Valor de transmisión – Costes de transmisión) – (Valor de adquisición + Costes de adquisición) = (13.000 – 0) – (12.000 + 300) = 13.000 – 12.300 = 700 €.

▶ **Canje:**

En el caso de canje, se toma como valor de transmisión el que corresponda a los valores que se reciban.

Un particular ha comprado 1.000 obligaciones de Telefónica, a 60 €/ obligación, convertibles en acciones de la misma Sociedad. En la escritura de emisión del empréstito se ha establecido que la conversión será el día 5 de mayo de 2000 y que la conversión será de una obligación por una acción, completándose la diferencia en dinero. La conversión se hará al 90% de la cotización de la acción en el día anterior a la conversión.

Llegado el vencimiento, el particular decide convertir todas sus obligaciones en acciones. La cotización de las acciones de Telefónica en el día anterior a la conversión ha sido de 90 €/acción.

Como la conversión se realiza al 90%, eso significa que las acciones para la conversión se valorarán a 81 € = 90 x 90%.

Ello lleva a que el particular entregue por cada acción de valor en el mercado de 90 una obligación de 60 € más 21 € en metálico. Por tanto, tendrá un rendimiento del capital mobiliario de 9 € en la conversión de cada obligación.

.../...

.../...

Por tanto, como va a recibir 1.000 acciones con un valor de 90€/acción:

Valor recibido = 1.000 acciones x 90 €/acción = 90.000 €

Pero, por otro lado, entregará 1.000 obligaciones de 60 €/obligación más 21.000 € en metálico, es decir, 81.000 €.

Rendimiento del capital mobiliario = 90.000 – 81.000 = 9.000 €

Los rendimientos pueden ser **dinerarios o en especie**, ya que es bastante habitual que las entidades de crédito por determinadas imposiciones, obsequien equipos de música, cuberterías, libros, etc. Todas las retribuciones, dinerarias o en especie, siempre que remuneren o sean contraprestación de la cesión de un capital propio de quien las percibe, constituyen para él un **rendimiento del capital mobiliario** del tipo o clase que nos ocupa.

C) Rendimientos procedentes de operaciones de capitalización, de contratos de seguro de vida o invalidez y de rentas derivadas de la imposición de capitales

Se regulan, entre otros, los siguientes tipos:

a) **Rendimientos dinerarios o en especie procedentes de operaciones de capitalización.**

Tienen esta consideración las operaciones que, basadas en técnica actuarial, consisten en obtener compromisos determinados en cuanto a su duración e importe a cambio de desembolsos únicos o periódicos previamente fijados.

b) **Contratos de seguro de vida o invalidez.**

En el marco de la Ley de ordenación y supervisión de los seguros privados (LCS), existen:

1. **Seguros de personas.**

Según la LCS se distingue entre:

a. Seguros sobre la vida.

b. Seguros de accidentes.

c. Seguros de enfermedad y asistencia sanitaria.

Desde nuestro punto de vista, solo nos interesan los dos primeros.

2. **Seguros de vida.**

a. Supervivencia (de ahorro). Se asegura el sobrevivir a una determinada edad.

b. Muerte (de riesgo). Se asegura el morir antes de una determinada fecha.

c. Mixtos. Combina los dos hechos. La compañía de seguros paga tanto si vive como si muere en una determinada fecha.

3. **Seguros de accidentes.**

Cubren lesiones corporales que produzcan la invalidez o la muerte del asegurado.

4. **Elementos comunes a los seguros de vida y a los de accidentes.**

Las prestaciones pueden ser en forma de renta, en forma de capital o mixtos.

a. Elementos personales:

b. Asegurador: la compañía de seguros.

c. Tomador: el que se obliga a pagar la prima.

d. Asegurado: la persona cuya supervivencia o muerte se asegura.

e. Beneficiario: titular de los derechos económicos del seguro.

5. **Criterios que determinan que un seguro tribute por el IRPF o por el ISD.**

La regla general está en el análisis de quién ha pagado las primas y quién es el beneficiario.

a. Si el beneficiario es la persona que ha pagado las primas, entonces las prestaciones del seguro tributarán por el IRPF.

b. Si el beneficiario es una persona distinta de la que ha pagado las primas, se tributará por el Impuesto sobre Sucesiones (seguro de muerte) o sobre Donaciones (seguro de supervivencia).

c) Cuantificación del rendimiento

Rendimientos dinerarios o en especie procedentes de operaciones de capitalización y de contratos de seguro de vida o invalidez (excepto que tributen como rendimientos del trabajo ex artículo 17.2.a LIPRF).

Para el cálculo del rendimiento íntegro se aplicarán las siguientes reglas:

1. **Capital diferido:** cuando se perciba un capital diferido, el rendimiento del capital mobiliario vendrá determinado por la diferencia entre el capital percibido y el importe de las primas satisfechas.

2. **Rentas vitalicias inmediatas:** que no hayan sido adquiridas por herencia, legado o cualquier otro título sucesorio.

   En este caso el rendimiento del capital mobiliario se obtendrá aplicando a cada anualidad un porcentaje que dependerá de la edad del rentista en el momento de constitución de la renta y que permanecerá constante durante toda su vigencia. Estos porcentajes han variado si los comparamos con la normativa anterior y son los siguientes:

Edad del perceptor	Porcentaje
Menor de 40 años	40%
Entre 40 y 49 años	35%
Entre 50 y 59 años	28%
Entre 60 y 65 años	24%
Entre 66 y 69 años	20%
Más de 70 años	8%

Un particular que tiene 67 años de edad realiza un contrato de seguro por el cual, mediante el pago de una prima única de 12.000 €, le va a dar derecho al cobro de una renta vitalicia inmediata y mensual de 1.200 €.

En este caso, sobre los 1.200 € mensuales que percibirá el rentista hasta el fin de sus días, serán rendimiento del capital mobiliario el 20%.

Rendimientos del capital mobiliario = 1.200 x 20% = 240 € mensual.

Además, la compañía de seguros estará obligada a practicar retención sobre esas cantidades.

3. **Rentas temporales inmediatas:** que no hayan sido adquiridas por herencia, legado o cualquier otro título sucesorio.

El rendimiento del capital mobiliario también se obtiene mediante la aplicación de un porcentaje a cada anualidad percibida por el contribuyente. Dicho porcentaje dependerá de la duración de la renta temporal, son los siguientes:

Edad del perceptor	Porcentaje
Inferior o igual a 5 años	12%
Superior a 5 e inferior o igual a 10 años	16%
Superior a 10 e inferior o igual a 15 años	20%
Superior a 15 años	25%

Un particular que tiene 27 años de edad realiza un contrato de seguro por el cual, mediante el pago de una prima única de 12.000 €, le va a dar derecho al cobro de una renta temporal inmediata y mensual de 1.200 € durante 20 años.

En este caso, sobre los 1.200 € mensuales que percibirá el rentista durante los 20 años de duración de la misma, serán rendimiento del capital mobiliario el 25% de la misma.

Rendimientos del capital mobiliario = 1.200 x 25% = 300 € mensual.

Además, la compañía de seguros estará obligada a practicar retención sobre esas cantidades.

4. **Rentas diferidas, vitalicias o temporales:** que no hayan sido adquiridas por herencia, legado o cualquier otro título sucesorio.

Un particular que tiene 40 años impone 300.000 € en forma de prima única para percibir, cuando se jubile a los 65 años, una renta vitalicia de 3.000 € mensuales.

El rendimiento del capital mobiliario se determina aplicando a cada anualidad el porcentaje que corresponda de los previstos para las rentas vitalicias y temporales inmediatas (números 2 y 3 anteriores), incrementado en la rentabilidad obtenida hasta la constitución de la renta, en la forma que reglamentariamente se determine. Sin embargo, este incremento no

77

se aplicará en el caso de rentas adquiridas por donación o cualquier otro negocio jurídico a título gratuito e inter vivos.

Un padre ha hecho un contrato de seguro mediante el pago de una prima única declarando beneficiario a un hijo suyo disminuido físico, de forma tal que cuando el padre se jubile el hijo percibirá una renta mensual de 3.000 € hasta su fallecimiento.

En este caso, cuando se produzca la jubilación del padre, el hijo se verá obligado a tributar por el Impuesto sobre Sucesiones y Donaciones, en base al valor actual actuarial de las rentas futuras que va a percibir.

Luego a medida que vaya percibiendo las rentas se aplicará los porcentajes señalados anteriormente para la determinación de la cuantía del rendimiento del capital mobiliario.

5. **Extinción de las rentas temporales o vitalicias:** que no hayan sido adquiridas por herencia, legado o cualquier otro título sucesorio, cuando la extinción de la renta tenga su origen en el ejercicio del derecho de rescate:

   El rendimiento del capital mobiliario será el resultado de sumar al importe del rescate las rentas satisfechas hasta dicho momento y de restar las primas satisfechas y las cuantías que, de acuerdo con los párrafos anteriores, hayan tributado como rendimientos del capital mobiliario. Cuando las rentas hayan sido adquiridas por donación o cualquier otro negocio jurídico a título gratuito e «inter vivos», se restará, adicionalmente, la rentabilidad acumulada hasta la constitución de las rentas.

6. **Seguros de vida o invalidez que prevean prestaciones en forma de capital:** y dicho capital se destine a la constitución de rentas vitalicias o temporales, siempre que esta posibilidad de conversión se recoja en el contrato de seguro.

   Estas rentas tributarán de acuerdo con lo establecido en el primer párrafo del número 4° anterior. En ningún caso, resultará de aplicación lo dispuesto en este número cuando el capital se ponga a disposición del contribuyente por cualquier medio.

7. **Rentas vitalicias u otras temporales que tengan por causa la imposición de capitales** (salvo cuando hayan sido adquiridas por herencia, legado o cualquier otro título sucesorio). Cálculo del rendimiento: se considerará rendimiento del capital mobiliario el resultado de aplicar a cada anualidad

los porcentajes previstos para las rentas vitalicias y temporales inmediatas de contratos de seguro de vida.

Un particular que tiene 55 años hace una imposición en un banco de 240.000 €. A cambio percibe una renta vitalicia de 3.000 €.

En este caso el Banco, cada vez que pague la renta vitalicia de 3.000 €, deberá considerar rendimiento del capital mobiliario.

Rendimiento del capital mobiliario = 3.000 x 0,28 = 840 €

Sobre esta cantidad tendrá que retener la cantidad correspondiente.

D) Otros rendimientos del capital mobiliario

Dentro de este apartado se incluyen diversos rendimientos de muy variada naturaleza que tienen la calificación de rendimientos del capital mobiliario, ya sean dinerarios o en especie:

- **Rendimientos procedentes de la propiedad intelectual**

  Cuando el contribuyente no sea el autor.

Don José Luis Pérez Martínez, que es heredero del insigne escritor de novela histórica D. Arturo Pérez Moliner, ha percibido 60.000 € procedentes de derechos de autor de las obras de su padre.

En este caso, el rendimiento percibido por D. José Luis Pérez es rendimiento del capital mobiliario al no ser el autor de las obras, debiendo las editoriales que pagan a D. José Luis efectuar la correspondiente retención.

- **Rendimientos de la propiedad industrial**

  Que no se encuentre afecta a actividades económicas realizadas por el contribuyente. En caso de estar afectos a estas actividades tributarían por el concepto rendimientos de actividades económicas.

- **Rendimientos derivados de la prestación de asistencia técnica**

  Salvo que dicha prestación tenga lugar en el ámbito de una actividad económica.

- **Rendimientos procedentes del arrendamiento de bienes muebles, negocios o minas**

  Siempre que no constituyan actividades económicas.

> Una persona física que explota una cantera de caliza de gran calidad ante una buena oferta de una cementera, decide alquilar la cantera a la citada empresa por 240.000 € anuales más IVA.
>
> En este caso estamos ante el arrendamiento de una mina; por tanto, se trata de un rendimiento del capital mobiliario y la empresa cementera, cada vez que pague a la persona física, deberá retener sobre el importe a pagar la cantidad correspondiente.

- **Rendimientos procedentes del subarrendamiento**

  Percibidos por el subarrendador, que no constituyan actividades económicas. Conviene precisar que cuando se produce un subarrendamiento, el subarrendador puede abonar cantidades tanto al propietario del inmueble como al arrendatario (que lo subarrienda). En este caso, los rendimientos percibidos por el propietario del inmueble tendrán la calificación fiscal de rendimientos del capital inmobiliario (dado que es el propietario del inmueble), mientras que los que percibe el subarrendatario tendrán la calificación de rendimientos del capital mobiliario y nunca inmobiliario puesto que no es propietario del inmueble.

- **Rendimientos por la cesión del derecho a la explotación de la imagen o del consentimiento o autorización para su utilización**

  Salvo que dicha cesión tenga lugar en el ámbito de una actividad económica.

- **Plan de ahorro a largo plazo**

  Con el ánimo de fomentar fiscalmente el ahorro a largo plazo y con inspiración en el Derecho comparado, la Ley 26/2014 crea un nuevo instrumento dirigido a los pequeños inversores denominado Plan de Ahorro a Largo Plazo (PALP) cuya regulación se encuentra en la nueva letra ñ) del artículo 7, la nueva letra e) de la disposición adicional decimotercera y la nueva disposición adicional vigésima sexta de la Ley del IRPF.

  Los PALP se configuran como instrumentos de ahorro en los que el contribuyente puede aportar hasta un máximo de 5.000 euros anuales con la ventaja fiscal de que los rendimientos del capital mobiliario que se generen estarán exentos de gravamen siempre que el importe del capital y la rentabilidad acumulada se perciba en forma de capital y el contribuyente no realice disposición alguna de su inversión, total o parcialmente, durante un plazo de al menos 5 años desde la fecha de contratación.

E) Gastos deducibles y reducciones

a) Gastos deducibles

El rendimiento neto del capital mobiliario se obtiene de minorar el rendimiento íntegro en los gastos deducibles, que son exclusivamente los siguientes:

⇨ Los gastos de administración y depósito de valores negociables.

⇨ Gastos necesarios para la obtención de los ingresos y, en su caso, la amortización, cuando se trate de los siguientes rendimientos:

▶ Asistencia técnica.

▶ Arrendamiento de bienes muebles, negocios o minas.

▶ Subarrendamientos.

b) Supuestos en los que no existe rendimiento del capital mobiliario

No tendrá la consideración de rendimiento de capital mobiliario, sin perjuicio de su tributación por el concepto que corresponda, la contraprestación obtenida por el contribuyente por el aplazamiento o fraccionamiento del precio de las operaciones realizadas en desarrollo de su actividad económica habitual.

No se computarán los rendimientos del capital mobiliario negativos generados por la transmisión lucrativa por actos inter vivos de los activos representativos de la captación y utilización de capitales ajenos. En relación a éstos se estimará que no existe rendimiento del capital mobiliario en las transmisiones lucrativas de los mismos, por causa de muerte del contribuyente.

c) Reducciones

La Ley del IRPF limita la aplicación de reducciones a los rendimientos que vienen recogidos en el cuarto grupo de los anteriormente vistos.

De este modo, con la normativa únicamente se establecen reducciones para los rendimientos netos previstos en el artículo 25.4 LIRPF con un período de generación superior a dos años o que se califiquen reglamentariamente como obtenidos de forma notoriamente irregular en el tiempo. Estos rendimientos se reducirán en un 30 por 100 cuando, en ambos casos, se imputen en un único período impositivo.

La cuantía del rendimiento neto a que se refiere este apartado sobre la que se aplicará la citada reducción no podrá superar el importe de 300.000 euros anuales.

Por la disminución que sufrió esta reducción, la DT 25ª establece un régimen transitorio aplicable a los rendimientos que se vinieran percibiendo de forma fraccionada con anterioridad al 1 de enero de 2015 y que tuvieran derecho a la aplicación de la reducción. En estos casos, se podrá aplicar a cada una de las fracciones que se imputen a partir del 1 de enero de 2015 la reducción prevista, siempre que el cociente resultante de dividir el número de años de generación entre el número de periodos impositivos de fraccionamiento, sea superior a dos. El porcentaje de reducción será del 30% en lugar del 40%.

Cuando se trate de compromisos adquiridos antes del 1-1-2015 cuya percepción de forma fraccionada estuviese prevista a partir de dicha fecha, si se sustituye la forma de percepción acordándose el cobro en un único periodo impositivo, no se verá alterado el inicio del periodo de generación.

2.6. Rendimientos de Actividades Económicas

2.6.1. Conceptos básicos y elementos patrimoniales afectos

Se considerarán rendimientos íntegros de actividades económicas aquellos que, procediendo del trabajo personal y del capital conjuntamente, o de uno solo de estos factores, supongan por parte del contribuyente la ordenación por cuenta propia de medios de producción y de recursos humanos o de uno de ambos, con la finalidad de intervenir en la producción o distribución de bienes o servicios.

En particular, tienen esta consideración los rendimientos de las actividades extractivas, de fabricación, comercio o prestación de servicios, incluidas las de artesanía, agrícolas, forestales, ganaderas, pesqueras, de construcción, mineras, y el ejercicio de profesiones liberales, artísticas y deportivas.

No obstante, tratándose de rendimientos obtenidos por el contribuyente procedentes de una entidad en cuyo capital participe derivados de la realización de actividades profesionales (actividades incluidas en la Sección Segunda de las Tarifas del Impuesto sobre Actividades Económicas), tendrán esta consideración cuando el contribuyente esté incluido en el régimen especial de la Seguridad Social de los trabajadores por cuenta propia o autónomos, o en una mutualidad de previsión social que actúe como alternativa al citado régimen especial.

Se entenderá que el arrendamiento de inmuebles se realiza como actividad económica, únicamente cuando para la ordenación de esta se utilice, al menos, una persona empleada con contrato laboral y a jornada completa.

Los rendimientos de actividades económicas pueden determinarse por 3 métodos:

Estimación directa. Este régimen es de aplicación general y tiene dos modalidades:	Estimación objetiva

Normal	Simplificada

Como **obligaciones formales** tienen las siguientes:

a) Los contribuyentes que desarrollen **actividades económicas**:

    1. Si determinan sus rendimientos en régimen de **estimación directa normal:**

        • Deberán llevar una contabilidad ajustada al Código de Comercio.

    2. Si aplican la **estimación directa simplificada**, sin embargo, limitarán sus obligaciones contables a la llevanza de los siguientes libros:

        • Libro registro de ventas e ingresos.

        • Libro registro de compras y gastos.

        • Libro registro de bienes de inversión.

b) Si el contribuyente desarrolla **actividades profesionales**, y con independencia de que utilice la estimación directa normal o la simplificada, deberá llevar los siguientes libros:

    1. Libro registro de ingresos.

    2. Libro registro de gastos.

Se considerarán **elementos patrimoniales afectos a una actividad económica**, con independencia de que su titularidad, en caso de matrimonio:

a) Los bienes inmuebles en los que se desarrolla la actividad del contribuyente.

b) Los bienes destinados a los servicios económicos y socioculturales del personal al servicio de la actividad. No se consideran afectos los bienes de esparcimiento y recreo o, en general, de uso particular del titular de la actividad económica.

c) Cualesquiera otros elementos patrimoniales que sean necesarios para la obtención de los respectivos rendimientos. En ningún caso tendrán esta consideración los activos representativos de la participación en fondos propios de una entidad y de la cesión de capitales a terceros.

Cuando se trate de elementos patrimoniales que sirvan solo parcialmente al objeto de la actividad económica, la afectación se entenderá limitada a aquella parte de los mismos que realmente se utilice en la actividad de que se trate.

En ningún caso serán susceptibles de afectación parcial elementos patrimoniales indivisibles.

No se entenderán afectados:

1. Aquellos que se utilicen simultáneamente para actividades económicas y para necesidades privadas, salvo que la utilización para estas últimas sea accesoria y notoriamente irrelevante.

2. Aquellos que, siendo de la titularidad del contribuyente, no figuren en la contabilidad o registros oficiales de la actividad económica que esté obligado a llevar el contribuyente, salvo prueba en contrario.

Cuando se trate de elementos patrimoniales que sirvan solo parcialmente al objeto de la actividad, la afectación se entenderá limitada a aquella parte de los mismos que realmente se utilice en la actividad de que se trate.

En este sentido, solo se considerarán afectadas aquellas partes de los elementos patrimoniales que sean susceptibles de un aprovechamiento separado e independiente del resto. En ningún caso serán susceptibles de afectación parcial elementos patrimoniales indivisibles.

Se considerarán utilizados para necesidades privadas de forma accesoria y notoriamente irrelevante los bienes del inmovilizado adquiridos y utilizados para el desarrollo de la actividad económica que se destinen al uso personal del contribuyente en días u horas inhábiles durante los cuales se interrumpa el ejercicio de dicha actividad.

Lo dispuesto en el párrafo anterior no será de aplicación a los automóviles de turismo y sus remolques, ciclomotores, motocicletas, aeronaves o embarcaciones deportivas o de recreo, salvo los siguientes supuestos:

*   Los vehículos mixtos destinados al transporte de mercancías.

*   Los destinados a la prestación de servicios de transporte de viajeros mediante contraprestación.

*   Los destinados a la prestación de servicios de enseñanza de conductores o pilotos mediante contraprestación.

- Los destinados a los desplazamientos profesionales de los representantes o agentes comerciales.

- Los destinados a ser objeto de cesión de uso con habitualidad y onerosidad.

A estos efectos, se considerarán automóviles de turismo, remolques, ciclomotores y motocicletas los definidos como tales en el anexo del Real Decreto Legislativo 339/1990, de 2 de marzo, por el que se aprueba el texto articulado de la Ley sobre Tráfico, Circulación de Vehículos a Motor y Seguridad Vial, así como los definidos como vehículos mixtos en dicho anexo y, en todo caso, los denominados vehículos todo terreno o tipo «jeep» (entiéndase hecha la referencia al Real Decreto Legislativo 6/2015, de 30 de octubre, por el que se aprueba el texto refundido de la Ley sobre Tráfico, Circulación de Vehículos a Motor y Seguridad Vial).

2.6.2. Estimación directa

A) Introducción

 En el régimen de **estimación directa** la tributación se efectúa por la **diferencia entre los ingresos obtenidos y los gastos** realizados para obtenerlos según las normas del Impuesto sobre Sociedades, sin perjuicio de las reglas especiales contenidas en la LIRPF y en el RIRPF.

Existen dos modalidades de estimación directa: la normal y la simplificada. Los contribuyentes que pueden tributar por una u otra modalidad son los siguientes:

| En el ejercicio anterior, o en el de inicio de la actividad:
• Volumen de ingresos > 600.000 €

ESTIMACIÓN DIRECTA NORMAL | | **ESTIMACIÓN DIRECTA SIMPLIFICADA**

En el ejercicio anterior, o en el de inicio de la actividad:
• Volumen de ingresos < 600.000 € |

 Se puede **renunciar** a la aplicación del método de estimación directa simplificada y tributar por estimación directa normal, si bien, no se podrá volver a tributar por la modalidad simplificada hasta que transcurran **tres ejercicios**.

Sus **esquemas de liquidación** son muy similares y son los siguientes:

- **Estimación directa normal**

ESTIMACIÓN DIRECTA NORMAL

INGRESOS ÍNTEGROS

(-) GASTOS FISCALMENTE DEDUCIBLES

(=) RENDIMIENTO NETO ESTIMACIÓN DIRECTA NORMAL () REDUCCIONES DEL 30%

Por haber obtenido rendimientos de la actividad económica con un período de generación superior a 2 años o notoriamente irregular

(-) REDUCCIÓN POR SER AUTÓNOMO ECONÓMICAMENTE DEPENDIENTE

(=) RENDIMIENTO NETO REDUCIDO ESTIMACIÓN DIRECTA NORMAL

- **Estimación directa simplificada**

ESTIMACIÓN DIRECTA SIMPLIFICADA

INGRESOS ÍNTEGROS

(-) GASTOS FISCALMENTE DEDUCIBLES

(=) RENDIMIENTO NETO ESTIMACIÓN DIRECTA SIMPLIFICADA

(-) 7% s/rendimiento neto con un máximo de 2.000 euros (el 7% se estableció para el 2023, aún no se ha prorrogado para el 2024)

Esta cuantía se minora en concepto de provisiones, deterioros de valor y gastos de difícil justificación

(-) REDUCCIONES DEL 30%

Por haber obtenido rendimientos de la actividad económica con un período de generación superior a 2 años o notoriamente irregular

(-) REDUCCIÓN POR SER AUTÓNOMO ECONÓMICAMENTE DEPENDIENTE

(=) RENDIMIENTO NETO REDUCIDO ESTIMACIÓN DIRECTA SIMPLIFICADA

Las únicas variaciones estriban en los ingresos por reversión y en una serie de gastos que solo son fiscalmente deducibles en la estimación directa normal como las provisiones y las pérdidas por deterioro de valor, ya que han de llevar contabilidad, y por ello la modalidad simplificada tiene como compensación de esos gastos una reducción del 7% del rendimiento neto.

Pasamos a continuación a estudiar conjuntamente los ingresos y gastos que les son imputables, haciendo las oportunas matizaciones y diferencias entre unos y otros.

B) Ingresos íntegros

Tienen la consideración de ingresos íntegros computables derivados del ejercicio de actividades económicas los siguientes:

⇨ **Ingresos de explotación**

Se incluyen dentro de este concepto la totalidad de los ingresos íntegros derivados de la **venta de bienes o prestaciones de servicios** que constituyan el objeto propio de la actividad, incluidos, en su caso los procedentes de servicios accesorios a la actividad principal.

⇨ **Autoconsumo de bienes y servicios**

Dentro de estos se comprenden las entregas de bienes y prestaciones de servicios cuyo destino sea el **patrimonio privado** del titular de la actividad y también las entregas de bienes o prestaciones de servicios realizadas a otras personas **de forma gratuita** o por un precio notoriamente inferior al normal del mercado.

⇨ **Subvenciones**

Hay dos tipos: de capital y corrientes.

Las **subvenciones de capital** son aquellas que tienen como finalidad primordial la de favorecer la instalación o inicio de la actividad, así como la realización de inversiones en inmovilizado (edificios, maquinaria, instalaciones, etc.), o gastos de proyección plurianual y se imputan como ingreso en la misma medida en que se amorticen las inversiones o los gastos realizados con cargo a las mismas.

Las **subvenciones corrientes** son aquellas que se conceden normalmente para garantizar una rentabilidad mínima o compensar pérdidas ocasionadas en la actividad, se computan en su totalidad como un ingreso más del período en que se devengan. Es decir, cuando se reconozca en firme la concesión de la subvención y se cuantifique la misma.

⇨ **Indemnizaciones**

Percibidas de las compañías aseguradoras en casos de siniestros.

⇨ **Reversiones de los deterioros de valor**

Únicamente estimación directa normal.

 No se computarán como ingresos el IVA repercutido, ni tampoco las prestaciones por incapacidad temporal, riesgo durante el embarazo y riesgo durante la lactancia natural, que van a tributar como rendimientos del trabajo.

Aquellas empresas que tributen por el régimen del recargo de equivalencia o recargo de agricultura, ganadería y pesca incorporarán el IVA repercutido incrementando el importe de los ingresos.

C) Gastos fiscalmente deducibles

Los gastos que tienen la consideración de fiscalmente deducibles se pueden agrupar fundamentalmente en las siguientes rúbricas:

▶ **Consumos de explotación**

Son los gastos en los que incurre el titular de la actividad económica cuando adquiere mercaderías, materias primas, combustibles, envases, embalajes, material de oficina, etc., consumidos en el ejercicio.

▶ **Gastos de personal**

Entre los mismos se incluyen los sueldos y salarios del personal, las cotizaciones a la Seguridad Social (tanto para el empresario o profesional como para sus trabajadores), pagas extraordinarias, dietas retribuciones en especie etc. No se computan como gasto las aportaciones a mutualidades alternativas al sistema de Seguridad Social que van a minorar la base imponible general del impuesto.

Se podrán incluir las retribuciones satisfechas a miembros de la unidad familiar siempre que trabajen habitualmente y con continuidad en la actividad económica, convivan con el titular, que exista contrato, que estén afiliados a la Seguridad Social y que la retribución no sea superior a las normales.

En relación a los profesionales no integrados en el régimen especial de la Seguridad Social de los trabajadores por cuenta propia o autónomos, únicamente tendrán la consideración de gasto deducible las cantidades abonadas en virtud de contrato de seguro concertado con mutualidades de previsión social que no superen la cuota máxima que esté establecida, en cada ejercicio económico en el citado régimen especial de la Seguridad Social de los trabajadores por cuenta propia o autónomos según las normas del Impuesto sobre Sociedades, sin perjuicio de las reglas especiales contenidas.

▶ **Gastos del titular de la actividad a la Seguridad Social y por aportaciones a mutualidades alternativas a la Seguridad Social**

A falta de aprobación de la Ley de Presupuestos Generales del Estado para 2024, se mantiene la cuota máxima por contingencias comunes, que opera como límite para gastos deducibles en concepto de mutualidad alternativa al régimen especial de la Seguridad Social de los trabajadores por cuenta propia o autónomos (RETA), en 15.266,72 euros. [0,283 x (4.495,50 x 12)].

▶ **Primas de seguros de enfermedad**

Las primas que pague el empresario por su propia cobertura y por la del cónyuge e hijos menores de 25 años este será gasto deducible con un límite de 500 euros por persona o de 1.500 euros por cada una de ellas con discapacidad.

▶ **Arrendamientos y cánones**

El canon arrendaticio que pague el titular por el inmueble o negocio donde se encuentre ubicada su actividad será un gasto deducible.

▶ **Reparación y conservación**

Se consideran como tal aquellos destinados a mantener el uso normal de los bienes. También podemos incluir los gastos de sustitución. Nunca los de ampliación o mejora.

▶ **Servicios de profesionales independientes**

Comprende los honorarios de economistas, abogados, auditores, notorios. Por lo tanto, son los importes que se satisfacen a los profesionales por los servicios prestados para la actividad. Estos no deben ser trabajadores por cuenta ajena de la empresa.

▶ **Suministros**

Electricidad y cualquier otro abastecimiento no almacenable.

▶ **Otros servicios exteriores**

Se incluyen los gastos de investigación y desarrollo, transportes, primas de seguros, servicios bancarios, publicidad, propaganda, relaciones públicas y los gastos de oficinas no incluidos en las rúbricas anteriores.

▶ **Tributos fiscalmente deducibles**

Tributos no estatales. IBI, IAE...

▶ **Gastos financieros**

Los intereses, gastos de apertura y cancelación de préstamos.

▶ **Otros gastos deducibles**

Pueden citarse: adquisición de libros, suscripción de revistas profesionales, adquisición de instrumentos no amortizables, gastos de asistencia a cursos, conferencias, congresos y cuotas satisfechas a corporaciones, cámaras y asociaciones empresariales legalmente constituidas.

▶ **Suministros de la vivienda habitual**

En los casos en que el contribuyente afecte parcialmente su vivienda habitual al desarrollo de la actividad económica, los gastos de suministros de dicha vivienda, tales como agua, gas, electricidad, telefonía e Internet, en el porcentaje resultante de aplicar el 30 por ciento a la proporción existente entre los metros cuadrados de la vivienda destinados a la actividad respecto a su superficie total, salvo que se pruebe un porcentaje superior o inferior.

▶ **Gastos de manutención**

Incurridos en el desarrollo de la actividad económica, siempre que se produzcan en establecimientos de restauración y hostelería y se abonen utilizando cualquier medio electrónico de pago, con los límites cuantitativos establecidos reglamentariamente para las dietas y asignaciones para gastos normales de manutención de los trabajadores.

▶ **Amortizaciones**

La modalidad normal aplica las tablas existentes en el Reglamento del Impuesto sobre Sociedades, a las que nos remitimos.

Por su parte la modalidad simplificada tiene una tabla de amortización, aprobada por Orden de 27 de marzo de 1998, que es la siguiente:

Grupo	Elementos patrimoniales	Coeficiente lineal máximo (%)	Período máximo (años)
1	Edificios y otras construcciones	3	68
2	Instalaciones, mobiliario, enseres y resto de inmovilizado material	10	20
3	Maquinaria	12	18
4	Elementos de transporte	16	14
5	Equipos para tratamiento de la información y sistemas y programas informáticos	26	10
6	Útiles y herramientas	30	8

Grupo	Elementos patrimoniales	Coeficiente lineal máximo (%)	Período máximo (años)
7	Ganado vacuno, porcino, ovino y caprino	16	14
8	Ganado equino y frutales no críticos	8	25
9	Frutales cítricos y viñedos	4	50
10	Olivar	2	100

Incentivos de las **empresas de reducida dimensión**:

1. Libertad de amortización para inversiones generadoras de empleo.

2. Libertad de amortización para inversiones de escaso valor.

3. Amortización acelerada de elementos del inmovilizado material e intangible.

4. Pérdidas por deterioro de créditos de insolvencias de deudores.

5. Ampliación del límite de la deducibilidad de la cuotas satisfechas en los contratos de arrendamiento financiero.

 No se computa como gasto el IVA soportado.

▶ **Amortización de determinados vehículos y de nuevas infraestructuras**

Con efectos desde el 1 de enero de 2024, el Real Decreto-ley 4/2024, de 26 de junio (BOE de 27 de junio), añadió la disposición adicional quincuagésima novena a la Ley del IRPF y modificó la disposición adicional decimoctava de la LIS sustituyendo el existente sistema de amortización acelerada, consistente en aplicar el duplo del coeficiente de amortización lineal máximo según tablas oficialmente aprobadas, por un sistema de amortización libre, siempre que se trate de inversiones nuevas que entren en funcionamiento en los períodos impositivos iniciados en 2024 y 2025, y se cumplan los restantes requisitos exigidos.

91

Así, se podrán amortizar libremente los vehículos eléctricos e infraestructuras de recarga que entren en funcionamiento en 2024 y 2025, siempre que en el primer caso el contribuyente no haya fallecido antes del 28 de junio de 2024.

En caso contrario, resultará de aplicación el sistema de amortización acelerada.

▶ **Libertad de amortización en inversiones que utilicen energía procedente de fuente renovables**

El artículo 18 del Real Decreto-ley 8/2023, de 27 de diciembre, modificó la disposición adicional decimoséptima de la Ley 27/2014, del Impuesto sobre Sociedades, para prorrogar un año más (hasta 2024) este incentivo fiscal. De este modo, se podrán amortizar libremente en el período impositivo 2024 las inversiones en instalaciones destinadas a:

- Autoconsumo de energía eléctrica que utilicen energía procedente de fuentes renovables de acuerdo con lo definido en el Real Decreto 244/2019, de 5 de abril.

- Uso térmico de consumo propio que utilicen energía procedente de fuentes renovables, que sustituyan instalaciones que utilicen energía procedente de fuentes no renovables fósiles.

- Este incentivo fiscal, inicialmente previsto para las inversiones realizadas en 2023, exclusivamente resultará de aplicación a aquellas inversiones cuya entrada en funcionamiento se haya producido en el ejercicio 2023 y 2024.

▶ **Gastos de difícil justificación**

El conjunto de las provisiones deducibles y los gastos de difícil justificación se cuantificará aplicando el porcentaje del 5% (7% en 2023) sobre el rendimiento neto, excluido este concepto, sin que la cuantía resultante pueda superar 2.000 euros anuales. No obstante, no resultará de aplicación dicho porcentaje de deducción cuando el contribuyente opte por la aplicación de la reducción prevista en el artículo 26.1 del Reglamento del IRPF.

 Con efectos única y exclusivamente para el ejercicio 2023, se estableció medio disposición adicional quincuagésima sexta, el porcentaje del 7% en calidad de gastos de difícil justificación. Actualmente no ha aparecido ninguna norma que establezca este mismo porcentaje para el ejercicio 2024.

El rendimiento neto resultante de las actividades económicas se calcula del siguiente modo:

RENDIMIENTO NETO

(-) Reducción rendimientos con período de generación superior a dos años u obtenidos de forma notoriamente irregular cuando se imputen en un solo ejercicio (30%). Base reducción máxima: 300.000 euros.

(=) RENDIMIENTO NETO REDUCIDO

(-) Reducción para trabajadores autónomos económicamente dependientes o con un único cliente no vinculado.

• Reducción general.

• Incremento adicional para contribuyentes con rendimiento neto de la actividad inferior a 19.747,50 euros y rentas distintas de las anteriores, excluidas las exentas, inferiores a 6.500 euros.

• Incremento adicional por discapacidad.

(-) Reducción para contribuyentes con rentas totales inferiores a 12.000 euros, incluidas las de actividad económica (incompatible con la reducción anterior).

(-) Reducción por inicio de actividad.

(=) RENDIMIENTO NETO REDUCIDO TOTAL.

Cuando se cumplan los requisitos previstos, los contribuyentes podrán reducir el rendimiento neto de las actividades económicas en 2.000 euros. Adicionalmente, para el ejercicio 2023 y siguientes, el rendimiento neto de estas actividades económicas se minorará en las siguientes cuantías:

a) **Cuando los rendimientos netos de actividades económicas sean inferiores a 19.747,5 euros, siempre que no tengan rentas, excluidas las exentas, distintas de las de actividades económicas superiores a 6.500 euros:**

   • Contribuyentes con rendimientos netos de actividades económicas iguales o inferiores a 14.047,5 euros: 6.498 euros anuales.

   • Contribuyentes con rendimientos netos de actividades económicas comprendidos entre 14.047,5 y 19.747,5 euros: 6.498 euros menos el resultado de multiplicar por 1,14 la diferencia entre el rendimiento de actividades económicas y 14.047,5 euros anuales.

b) **Cuando se trate de personas con discapacidad que obtengan rendimientos netos derivados del ejercicio efectivo de estas actividades económicas, 3.500 euros anuales:**

Dicha reducción será de 7.750 euros anuales, para las personas con discapacidad que ejerzan de forma efectiva estas actividades económicas y acrediten necesitar ayuda de terceras personas o movilidad reducida, o un grado de discapacidad igual o superior al 65 por ciento.

Para la aplicación de esta reducción del apartado a) será necesario el cumplimiento de los siguientes requisitos:

a) El rendimiento neto de la actividad económica deberá determinarse con arreglo al método de estimación directa. No obstante, si se determina con arreglo a la modalidad simplificada del método de estimación directa, la reducción será incompatible con 2.000,00 €.

b) La totalidad de sus entregas de bienes o prestaciones de servicios deben efectuarse a una única persona, física o jurídica, no vinculada en los términos del artículo 18 de la Ley 27/2014, de 27 de noviembre, del Impuesto sobre Sociedades, o que el contribuyente tenga la consideración de trabajador autónomo económicamente dependiente conforme a lo dispuesto en el Capítulo III del Título II de la Ley 20/2007, de 11 de julio, del Estatuto del trabajo autónomo y el cliente del que dependa económicamente no sea una entidad vinculada en los términos del artículo 18 de la Ley del Impuesto sobre Sociedades.

c) El conjunto de gastos deducibles correspondientes a todas sus actividades económicas no puede exceder del 30 por ciento de sus rendimientos íntegros declarados.

d) Deberán cumplirse durante el período impositivo todas las obligaciones formales y de información, control y verificación que reglamentariamente se determinen.

e) Que no perciban rendimientos del trabajo en el período impositivo. No obstante, no se entenderá que se incumple este requisito cuando se perciban durante el período impositivo prestaciones por desempleo o cualesquiera de las prestaciones previstas en la letra a) del artículo 17.2 de la LIRPF, siempre que su importe no sea superior a 4.000 euros anuales.

f) Que al menos el 70 por ciento de los ingresos del período impositivo estén sujetos a retención o ingreso a cuenta.

g) Que no realice actividad económica alguna a través de entidades en régimen de atribución de rentas.

Cuando no se cumplan los requisitos que acabamos de ver, los contribuyentes con rentas no exentas inferiores a 12.000 euros, incluidas las de la propia actividad económica, podrán reducir el rendimiento neto de las actividades económicas en las siguientes cuantías:

a) Cuando la suma de las citadas rentas sea igual o inferior a 8.000 euros anuales: 1.620 euros anuales.

b) Cuando la suma de las citadas rentas esté comprendida entre 8.000,01 y 12.000 euros anuales: 1.620 euros menos el resultado de multiplicar por 0,405 la diferencia entre las citadas rentas y 8.000 euros anuales.

c) Esta reducción conjuntamente con la reducción prevista en el artículo 20 de la LIRPF por obtención de rendimientos del trabajo inferiores a 14.450 no podrá exceder de 3.700 euros.

Los contribuyentes que inicien el ejercicio de una actividad económica y determinen el rendimiento neto de la misma con arreglo al método de estimación directa, podrán reducir en un 20 por ciento el rendimiento neto positivo declarado con arreglo a dicho método, minorado en su caso por las reducciones previstas en los apartados anteriores, en el primer período impositivo en que el mismo sea positivo y en el período impositivo siguiente.

La cuantía de los rendimientos netos a que se refiere este apartado sobre la que se aplicará la citada reducción no podrá superar el importe de 100.000 euros anuales.

No resultará de aplicación la reducción prevista en este apartado en el período impositivo en el que más del 50 por ciento de los ingresos del mismo procedan de una persona o entidad de la que el contribuyente hubiera obtenido rendimientos del trabajo en el año anterior a la fecha de inicio de la actividad.

Con vigencia desde el 1 de enero del 2025, se aplicará a los rendimiento netos de actividades económicas obtenidas en el período impositivo a los que no les resulte de aplicación la reducción prevista en el artículo 32.1 de la LIRPF derivados de:

⇨ Actividades incluidas en los grupos 851, 852, 853, 861, 862, 864 y 869 de la sección segunda y en las agrupaciones 01, 02, 03 y 05 de la sección terceras de las Tarifas del Impuesto sobre Actividades Económicas.

⇨ La prestación de servicios profesionales que por su naturaleza, si se realizase por cuenta ajena, quedaría incluida en el ámbito de aplicación de la relación laboral especial de las personas artistas que desarrollan su actividad en las artes escénicas, audiovisuales y musicales, así como de las personas que realizan actividades técnicas o auxiliares necesarias para el desarrollo de dicha actividad.

En el caso de que excedan del 130 por ciento de la cuantía media de los rendimientos netos imputados en los tres períodos impositivos anteriores, se reducirá el 30 por ciento el citado exceso.

Para el cálculo de los rendimientos netos de actividades económicas de los tres períodos impositivos anteriores:

⇨ Los gastos deducibles que sean comunes a otros rendimientos de actividades económicas se prorratearán los mismos de forma proporcional en función de la cuantía de los distintos rendimientos íntegros de actividades económicas computadas en dichos ejercicios.

⇨ En caso de que, en alguno de los tres ejercicios anteriores el rendimiento neto fuera negativo se computará como 0 a efectos del cálculo de dicha media.

La cuantía sobre la la que se aplicará esta reducción no podrá superar los 150.000 euros anuales.

Esta reducción será de aplicación con posterioridad a las reducciones previstas en los apartados 2 y 3 del artículo 32 LIRPF.

D) Pagos fraccionados en estimación directa

Los contribuyentes en estimación directa, normal, deberán realizar **cuatro pagos trimestrales en el modelo 130** a cuenta del Impuesto sobre la Renta de las Personas Físicas en los plazos siguientes: los tres primeros trimestres, entre el 1 y el 20 de los meses de abril, julio y octubre, y el cuarto trimestre entre el 1 y el 30 del mes de enero del año siguiente.

El importe de cada uno de los pagos fraccionados se calculará como se expone a continuación.

1. **Actividades empresariales:** en general, el 20 por 100 del rendimiento neto obtenido desde el inicio del año hasta el último día del trimestre al que se refiera el pago. De la cantidad resultante se deducirán los pagos fraccionados ingresados por los trimestres anteriores del mismo año, así como, las retenciones soportadas si se trata de una actividad empresarial de arrendamiento de inmuebles.

2. **Actividades agrícolas, ganaderas, forestales y pesqueras:** el 2 por 100 del volumen de ingresos del trimestre, excluidas las subvenciones de capital y las indemnizaciones. De la cantidad resultante se deducirán las retenciones y los ingresos a cuenta correspondientes al trimestre.

3. **Actividades profesionales:** el 20 por 100 del rendimiento neto, desde el inicio del año hasta el último del trimestre al que se refiere el pago. De la cantidad resultante se deducirán los pagos fraccionados ingresados por los trimestres anteriores del mismo año y las retenciones y los ingresos a cuenta que les hayan practicado desde el inicio del año hasta el último día del trimestre al que se refiere el pago.

Los contribuyentes cuyos ingresos están sujetos retención en al menos el 70 por 100 de los mismos, no están obligados a realizar pagos fraccionados.

Suponemos que la contribuyente, Eva Duquesa Marquesa, ha tenido desde el primer día del año o de inicio de actividad hasta el día 30 de junio (final del segundo trimestre) unos ingresos de 11.850 €, y unos gastos de 2.950 €. Además sabemos que en el primer trimestre ingresó como pago fraccionado la cantidad de 780 €. Cantidad que, para evitar duplicidad de pagos, se minora del pago fraccionado de este segundo trimestre.

La contribuyente tributa por el régimen de estimación directa normal.

Se adjunta el modelo 130 correspondiente al 2o trimestre del ejercicio 2024, correspondiente a esta contribuyente:

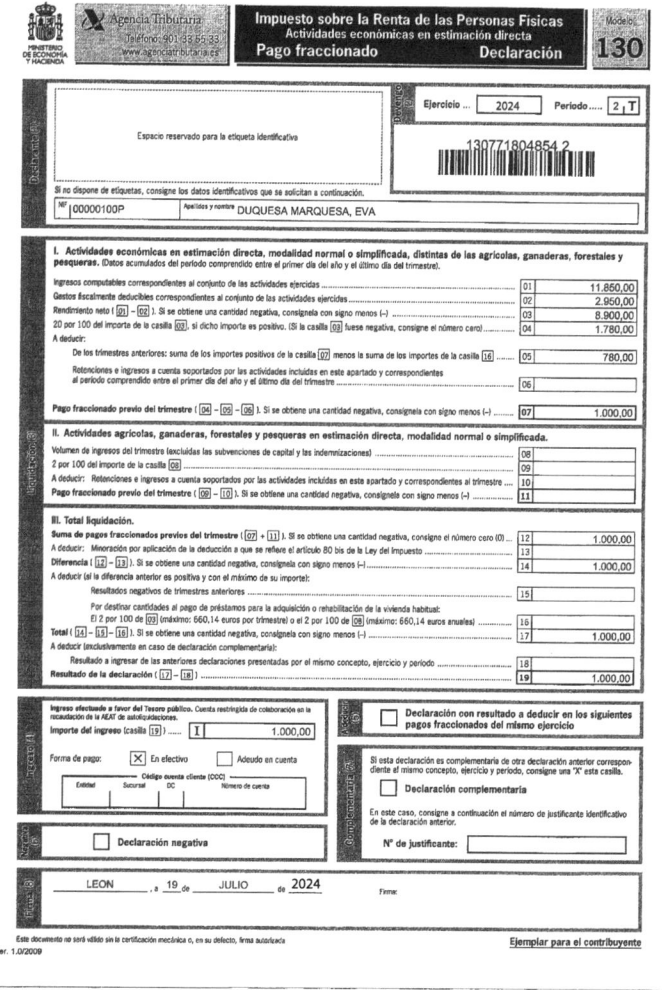

 El **rendimiento neto,** en la modalidad de estimación directa, se calcula por diferencia entre los ingresos computables y los gastos deducibles, aplicando, con algunas matizaciones, la normativa del Impuesto sobre Sociedades y son de aplicación los incentivos y estímulos a la inversión del Impuesto sobre Sociedades.

2.6.3. Estimación objetiva

A) Introducción

El método de estimación objetiva es aplicable a determinadas actividades que cumplan las siguientes normas:

- **Orden de Módulos**

  Cuando una actividad se encuentra entre la Orden de Módulos (Orden HAC/1347/2024, de 28 de noviembre, por la que se desarrollan para el año 2025) el método de estimación objetiva será de aplicación preferente salvo que se renuncie a su aplicación.

- **Regímenes especiales en el IVA**

  El método de estimación objetiva se aplicará conjuntamente con los regímenes especiales establecidos en el **IVA o en el IGIC**.

- **Método de estimación en otra actividad**

  Este método **no podrá aplicarse** por los contribuyentes cuando apliquen el método de estimación directa en otra actividad.

- **Límites en relación al volumen de ingresos**

  Este método **no podrá aplicarse** por los contribuyentes cuando el volumen de **rendimientos íntegros** en el año inmediato anterior supere cualquiera de los siguientes importes:

  Desde 2016 hasta el 2025:

  ⇨ 250.000 €/año para el conjunto de actividades económicas, excepto las agrícolas, ganaderas, y forestales. También se aplicará la EO cuando el volumen de los rendimientos íntegros en el año anterior computando solo las operaciones por las que estén obligados a expedir factura cuando el destinatario sea un empresario o profesional no supere 125.000 €/año.

  ⇨ 250.000 €/año para el conjunto de sus actividades agrícolas, ganaderas, y forestales.

Se mantienen en 2025 los límites para la aplicación del método de estimación objetiva vigentes en los ejercicios 2016 a 2024. En este sentido la DGT establece que:

"Entre los días 1 de enero y 22 de enero de 2025 la disposición transitoria 32ª de la LIRPF, en su redacción dada por el Real Decreto-ley 9/2024,estuvo plenamente vigente siendo las magnitudes excluyentes las fijadas por dicha disposición, por lo que los contribuyentes del IRPF, en base a sus ingresos y gastos de 2024, han iniciado el periodo impositivo con la certeza de poder determinar su rendimiento con arreglo al método de estimación objetiva en 2025. Sin embargo, a raíz de la no convalidación del Real Decreto-ley, pueden verse a partir del 23 de enero de 2025, y ante una circunstancia sobrevenida, excluidos automáticamente del método de estimación objetiva pasando a tener que determinar su rendimiento en estimación directa.

Al respecto, dado que el artículo 34.1 del Real Decreto 439/2007, de 30 de marzo, por el que se aprueba el Reglamento del Impuesto sobre la Renta de las Personas Físicas y se modifica el Reglamento de Planes y Fondos de Pensiones, aprobado por Real Decreto 304/2004, de 20 de febrero (BOE del día 31), establece que "la exclusión producirá efectos desde el inicio del año inmediato posterior a aquel en que se produzca dicha circunstancia", en aras del principio de seguridad jurídica, y dado que la causa de exclusión se ha producido de forma sobrevenida como consecuencia de la derogación del Real Decreto-ley 9/2024 el 22 de enero de 2025, podemos entender que los efectos de la exclusión se producirán para el periodo impositivo 2026, pudiendo seguir tales contribuyentes determinando su rendimiento neto en 2025 conforme al método de estimación objetiva."

Para la determinación de estos límites solo se computarán las siguientes operaciones:

⇨ Las que deban anotarse en los libros registro de ventas o ingresos y las operaciones por las que estén obligados a emitir y conservar facturas, de acuerdo con lo dispuesto en el Reglamento por el que se regulan las obligaciones de facturación.

⇨ Las operaciones correspondientes a las actividades desarrolladas por el cónyuge, descendientes y ascendientes, así como por entidades en régimen de atribución de rentas en las que participen cualquiera de los anteriores, en las que concurran las siguientes circunstancias:

▶ Que las actividades económicas desarrolladas sean idénticas o similares, entendiendo por tales las que tengan el mismo epígrafe del IAE.

▶ Que exista una dirección común de tales actividades, compartiéndose medios personales o materiales.

Cuando en el año inmediato anterior se hubiese iniciado una actividad, el volumen de ingresos se elevará al año.

- **Límite volumen de gastos**

    En relación con los gastos, la exclusión de este régimen se produce en los siguientes casos:

    ⇨ Del mismo modo que sucede con el volumen de ventas e ingresos, respecto las compras en bienes y servicios, excluidas las adquisiciones de inmovilizado, desde el ejercicio 2016 y vigente en 2025, la magnitud de 150.000 euros, que se establece en la ley, queda fijada en 250.000 euros, en aplicación de la disposición transitoria trigésima segunda.

    ⇨ Se incluye en este límite el importe de las obras o servicios subcontratados.

    ⇨ Dentro de este límite quedan excluidas las adquisiciones de inmovilizado.

    ⇨ También quedará incluido en este límite el volumen de compras correspondientes a las actividades económicas desarrolladas por el cónyuge, descendientes y ascendientes, así como por entidades en régimen de atribución de rentas en las que participen cualquiera de los anteriores, en las que concurran las siguientes circunstancias:

        ▶ Que las actividades económicas desarrolladas sean idénticas o similares, entendiendo por tales las que tengan el mismo epígrafe del IAE.

        ▶ Que exista una dirección común de tales actividades, compartiéndose medios personales o materiales.

        ▶ Cuando en el año inmediato anterior se hubiese iniciado una actividad, el volumen de compras se elevará al año.

- **Lugar de realización de las actividades**

    Este método **no podrá aplicarse** por los contribuyentes cuando las actividades económicas sean desarrolladas, total o parcialmente, **fuera del territorio español**.

 Si el contribuyente **no cumple** alguna de estas normas o **renuncia** a la aplicación de este régimen, pasará a determinar el rendimiento de todas sus actividades económicas por el régimen de estimación directa durante los **tres ejercicios siguientes**.

La **exclusión** del régimen de estimación objetiva en el IRPF provoca que el sujeto pasivo también quede **excluido del régimen simplificado** o del **régimen especial de agricultura, ganadería y pesca** en el **IVA**.

B) Aplicación del sistema de módulos

La determinación del rendimiento neto por el régimen de estimación objetiva tiene un amplio desarrollo reglamentario que se ajustará a las siguientes reglas:

En el cálculo del rendimiento neto de las actividades económicas en estimación objetiva, se utilizarán los **signos, índices o módulos** establecidos por el Ministro de Hacienda. El ámbito de actividades a los que les es de aplicación el sistema se contiene en la **Orden Ministerial (Orden HAC/1347/2024, de 28 de noviembre, por la que se desarrollan para el año 2025)**. En ella:

1. Se relacionan, en primer lugar, las actividades que quedan sujetas tanto al método de **estimación objetiva en el IRPF como al régimen simplificado en el IVA**.

2. En segundo lugar, se añade otra lista de actividades a las que también les es de aplicación el **sistema de módulos en IRPF**, pero que en el IVA tributan de acuerdo con el **régimen especial del comercio minorista de recargo de equivalencia**.

3. Para el caso de las concretas **actividades de naturaleza agraria** que pueden acogerse al método de estimación objetiva por módulos, se determina que este no será aplicable cuando el volumen de ingresos que se obtiene en las citadas actividades (sin computar subvenciones ni indemnizaciones), sea superior a 250.000 €.

4. Para las demás actividades la Orden Ministerial indica unas **magnitudes específicas** que deben tenerse en cuenta: **número de personas empleadas** o el **número de vehículos utilizados.** En el caso de superar estas magnitudes no es posible acogerse al sistema de módulos.

El dueño de una cafetería que tenga en la actividad más de ocho personas empleadas no podrá aplicar este sistema.

Tampoco podría hacerlo el titular de una actividad de transporte por auto-taxi cuando supere, en cualquier día del año, un máximo de tres vehículos.

La aplicación concreta del método de estimación objetiva por signos, índices o módulos se desarrolla específicamente en la Orden HAC/1347/2024, de 28 de noviembre, por la que se desarrollan para el año 2025 y con efectos del 2024, la Orden HFP/1359/2023, de 19 de diciembre.

C)   Cómputo del personal empleado

En cuanto al cómputo del personal empleado a los efectos de constatar **si se supera o no** el máximo permitido para que se pueda estar dentro del **régimen de estimación objetiva**, se debe tener en cuenta que:

- El personal empleado se determina por la media ponderada del año inmediato anterior.

- Se computa tanto el personal **asalariado** como el **no asalariado**, comprendiendo este concepto al empresario, su cónyuge y los hijos menores que convivan con el titular y trabajen efectivamente en la actividad, cuando no medie un contrato laboral, pues en tal caso se considerarían personal asalariado.

Se computa como una **no persona asalariada** la que trabaje en la actividad 1.800 horas al año.	Se computa como una persona **asalariada** la que trabaje el número de horas anuales fijado por convenio colectivo o, en su defecto, 1.800 horas al año.

Cuando el número de horas de trabajo al año sea inferior a 1.800, se estimará como cuantía de la persona no asalariada la proporción existente entre número de horas efectivamente trabajadas en el año y 1.800.	Cuando el número de horas sea mayor o menor, se estima como cuantía de la persona asalariada la proporción existente entre las horas efectivamente trabajadas y las 1.800 indicadas o las fijadas en el convenio.

- En el caso de que el **empresario**, por motivos tales como jubilación, incapacidad, pluralidad de actividades o cierre temporal, pueda acreditar una dedicación inferior a las 1.800 horas/año, se computará como 0,25 personas/año, salvo que pueda probarse una dedicación superior o inferior.

Si en un año natural **se supera el número de personas empleadas** (o el de vehículos utilizados en cualquier día del año) que marca la Orden Ministerial, el sujeto pasivo queda **excluido del régimen** de módulos a partir del año inmediato siguiente.

La exclusión del régimen de estimación objetiva del IRPF provoca que el sujeto pasivo también quede excluido del régimen simplificado o del régimen especial de agricultura, ganadería y pesca en el **IVA**.

Número máximo de vehículos que puede tener un transportista de mercancías por carretera para poder acogerse al método de estimación objetiva en IRPF: 5 vehículos en cualquier día del año.

El Sr. C adquiere su vehículo número seis en octubre del año X. En tal supuesto, será en X+1 cuando no podrá utilizar los módulos para calcular el rendimiento de su actividad.

En una determinada actividad en régimen de módulos trabaja el empresario titular de la misma. Asimismo, cuenta con tres trabajadores:

- Uno de ellos ha trabajado el año entero el número de horas pactadas en convenio colectivo.

- Otro ha trabajado solamente durante media jornada.

- El tercero fue contratado durante julio y agosto, a jornada completa.

Personas empleadas: 1 (el empresario) + 1 (trabajador uno) + 0,5 (trabajador dos) + 2/12 (trabajador tres).

D) Fases para el cálculo del rendimiento neto de la actividad en el sistema de módulos

De acuerdo con lo establecido en la Orden HAC/1347/2024, de 28 de noviembre, por la que se desarrollan para el año 2025 y con efectos del 2024, la Orden HFP/1359/2023, de 19 de diciembre, la aplicación del sistema de módulos se descompone en fases separadas con las siguientes denominaciones:

1. **Fase 1:** cálculo del rendimiento neto previo. Supone la aplicación más elemental del modelo, pues se trata de multiplicar el valor de cada módulo por el número de estos que se hayan computado en la actividad (es decir, multiplicar el número de mesas, de kilowatios consumidos o de plazas por la cantidad asignada a cada unidad de dichos módulos).

2. **Fase 2:** cálculo del rendimiento neto minorado. El rendimiento neto previo se minorará en el importe de los incentivos al empleo y la inversión, en concepto de amortización del inmovilizado material e intangible correspondan a la depreciación efectiva que sufran los distintos elementos por funcionamiento, uso, disfrute u obsolescencia.

3. **Fase 3:** Sobre el rendimiento neto minorado se aplicarán, cuando corresponda, índices correctores, obteniéndose el rendimiento neto de módulos.

4. **Fase 4:** rendimiento neto de la actividad calculado por estimación objetiva. En esta fase aplicaremos la reducción general del rendimiento neto y detraeremos los gastos extraordinarios por circunstancias excepcionales.

5. **Fase 5:** rendimiento neto reducido. Aplicaremos la reducción a las rentas irregulares del 30%.

Al igual que en 2022 y 2023, para las actividades agrícolas y ganaderas, se establece la posibilidad de aplicar sobre el rendimiento neto previo, antes de la amortización del inmovilizado material e intangible, las siguientes reducciones:

▶ En el 35 por 100 del precio de adquisición del gasóleo agrícola necesario para el desarrollo de dichas actividades que aparezca debidamente documentado en las facturas expedidas con motivo de dicha adquisición que cumplan los requisitos previstos en el artículo 6.1 del Reglamento por el que se regulan las obligaciones de facturación, aprobado por el Real Decreto 1619/2012, de 30 de noviembre.

▶ En el 15 por 100 del precio de adquisición de los fertilizantes necesarios para el desarrollo de dichas actividades que aparezca debidamente documentado en las facturas expedidas con motivo de dicha adquisición que cumplan los requisitos previstos en el artículo 6.1 del Reglamento por el que se regulan las obligaciones de facturación, aprobado por el Real Decreto 1619/2012, de 30 de noviembre.

Ambas reducciones únicamente procederán cuando se trate de adquisiciones, documentadas en facturas emitidas en dichos períodos.

Como nos encontramos en período de prescripción es importante, también, tener en cuenta que para el ejercicio 2020 y 2021, debido a la situación económica derivada de la crisis sanitaria, la reducción será del 20% o del 35% para aquellas actividades reguladas en el artículo 9 del Real Decreto Ley 35/2020, de 22 de diciembre.

Podrán aplicar también una reducción en 2024 del rendimiento neto para actividades económicas desarrolladas en el término municipal de Lorca en las siguientes condiciones:

1. Los contribuyentes del Impuesto sobre la Renta de las Personas Físicas que desarrollen actividades económicas incluidas en el anexo II de la Orden en el término municipal de Lorca y determinen el rendimiento neto por el método de estimación objetiva, podrán reducir el rendimiento neto de módulos de 2024 correspondiente a tales actividades en un 20 por ciento.

    La reducción prevista en el apartado 1 anterior se aplicará sobre el rendimiento neto de módulos resultante después de aplicar la reducción prevista en el apartado 1 de la disposición adicional primera de la Orden HFP/1359/2023, de 19 de diciembre.

Esta reducción se tendrá en cuenta para cuantificar el rendimiento neto a efectos de los pagos fraccionados correspondientes a 2024.

2. Los sujetos pasivos del Impuesto sobre el Valor Añadido que desarrollen actividades empresariales o profesionales incluidas en el anexo II de esta orden en el término municipal de Lorca y estén acogidos al régimen especial simplificado, podrán reducir en un 20 por ciento el importe de las cuotas devengadas por operaciones corrientes correspondiente a tales actividades en el año 2024.

Esta reducción se tendrá en cuenta para el cálculo tanto de la cuota trimestral como de la cuota anual del régimen especial simplificado correspondiente a dichos ejercicios.

Esquema liquidación estimación objetiva IRPF

Fase 1	Unidades de módulo empleadas, utilizadas o instaladas (x) Rendimiento anual por unidad de módulo **= RENDIMIENTO NETO PREVIO**
Fase 2	Minoraciones: (-) INCENTIVOS AL EMPLEO (-) INCENTIVOS A LA INVERSIÓN (amortizaciones) **= RENDIMIENTO NETO MINORADO**
Fase 3	(x) índices correctores (en función del tipo de actividad y determinadas circunstancias) **= RENDIMIENTO NETO DE MÓDULOS – REDUCCIÓN DEL 10% DEL RENDIMIENTO NETO DE MÓDULOS = RENDIMIENTO NETO DE MÓDULOS REDUCIDO**
Fase 4	(-) Gastos extraordinarios por circunstancias excepcionales
Fase 5	(+) Otras percepciones empresariales (subvenciones) **= RENDIMIENTO NETO DE LA ACTIVIDAD**
Fase 6	(-) Reducción rentas irregulares: 30% **= RENDIMIENTO NETO DE LA REDUCIDO DE LA ACTIVIDAD**

A continuación, realizaremos un análisis pormenorizado de cada una de estas fases:

a) **Fase 1: Cálculo del Rendimiento neto previo**

Para el cálculo del rendimiento en esta fase deben tenerse en cuenta los diferentes módulos que existen y la manera en que han de computarse. A estos efectos, la relación que contempla el sistema es la siguiente:

1. **Personal no asalariado:** es el **empresario**, así como su **cónyuge e hijos menores** cuando convivan con él y trabajen efectivamente en la actividad, pero no exista contrato laboral. El empresario habrá de computarse como una persona completa, con carácter general.

Excepción

Solo en aquellos supuestos en que el **empresario** que pueda acreditar una **dedicación inferior a 1800 horas/año** por causas objetivas, tales como jubilación, incapacidad, pluralidad de actividades o cierre temporal de la explotación, se computará el tiempo efectivo dedicado a la actividad. En estos supuestos, para la cuantificación de las tareas de dirección, organización y planificación de la actividad, y, en general, las inherentes a la titularidad de la misma, se computará al empresario en 0,25 persona/año salvo que se acredite una dedicación efectiva inferior o superior.

Es importante destacar, sobre todo para el ámbito de los pequeños negocios familiares, que el cónyuge o los hijos menores, cuando sean no asalariados (es decir, que trabajan habitualmente en la actividad sin que exista contrato laboral y afiliación a la Seguridad Social), se computan **al 50 por 100** si el empresario se computa por entero y no hay más de una persona asalariada en la actividad. Esta reducción se practicará después de haber aplicado, en su caso, la correspondiente por grado de discapacidad igual o superior al 33 %.

Para el resto de personas no asalariadas se computa como una la que trabaje en la actividad al menos 1.800 horas al año. Cuando el número de horas sea inferior a 1.800, se estimará como cuantía de la persona no asalariada la proporción existente entre el número de horas efectivamente trabajadas y 1.800 horas.

El personal no asalariado con un grado de discapacidad igual o superior al 33% se computará al 75 por 100.

2. **Personal asalariado:** es cualquier otra persona que trabaje en la actividad. Este módulo también engloba al cónyuge y a los hijos menores, que convivan con él, cuando trabajan habitualmente y con continuidad en la actividad, y existe contrato laboral y afiliación al régimen general de la Seguridad Social. Se computa como una persona entera la que trabaje las horas anuales que se fijen en convenio colectivo o, en su defecto, 1.800 horas al año. Si se hubiera trabajado en mayor o menor cuantía, se toma la proporción correspondiente.

Se computará en un 60% al personal asalariado menor de 19 años y al que preste sus servicios bajo contrato de aprendizaje o para formación.

Cuando el personal asalariado sea una persona con discapacidad, con grado de minusvalía igual o mayor al 33% se computará al 40%.

3. **Superficie del local:** se toma la que se define como tal con las reglas del IAE.

4. **Local independiente y no independiente:** el primero es el que dispone de sala de ventas para atención al público. El segundo carece de dicha sala por estar situado en el interior de otro local, galería o mercado.

5. **Consumo de energía eléctrica:** ss la que aparece en la factura de la empresa suministradora.

6. **Potencia eléctrica:** ss la contratada con el suministrador.

7. **Superficie del horno:** será la que corresponda según las características técnicas del bien.

8. **Mesas:** se computa como una mesa la que puede ser ocupada por cuatro personas. La capacidad superior o inferior aumentará o disminuirá el módulo en la proporción correspondiente.

9. **Número de habitantes:** se refiere a la población del municipio que consta en el padrón municipal de habitantes.

10. **Carga del vehículo:** es la diferencia entre el peso máximo autorizado y la tara del vehículo portante (es decir, su peso en vacío).

11. **Plazas:** es el número de unidades de capacidad de alojamiento del establecimiento.

12. **Asientos:** son los que corresponden al vehículo, según la tarjeta de inspección técnica. No incluye ni el del conductor ni el del guía.

13. **Máquinas recreativas:** tanto las tipo "A" como las tipo "B". Es importante precisar que estas máquinas no se computarán cuando sean propiedad del titular de la actividad.

14. **Potencia fiscal del vehículo:** es la que figura en la tarjeta de inspección técnica.

15. **Longitud de la barra:** se computan los metros de la barra principal (sin contar la reservada a camareros) y los de las auxiliares que pudieran estar pegados a paredes, pilares, etc.

b) **Fase 2: Cálculo del Rendimiento neto minorado**

Después de calcular el rendimiento neto, pasamos a la fase 2, en la que se practican dos tipos de minoraciones:

1. **Minoración por incentivos al empleo**

   Para calcularla se obtendrá la diferencia entre el número de unidades de "personal asalariado" correspondientes al año y el obtenido en el año anterior.

   Si la diferencia es positiva (lo que sería expresiva de una creación de empleo), dicha diferencia se la multiplicará por 0,40. El resultado es el coeficiente por incremento del número de personas asalariadas.

   Al coeficiente anterior se añadirá otro coeficiente que se obtiene de la siguiente tabla. La tabla se aplicará multiplicando los siguientes coeficientes por los distintos tramos en que debe descomponerse el número de unidades de módulo de la actividad (sin incluir la citada diferencia):

Tramo	Coeficientes
Hasta 1,00	0,10
Entre 1,01 a 3,00	0,15
Entre 3,01 a 5,00	0,20
Entre 5,01 a 8,00	0,25
Más de 8,00	0,30

   El llamado coeficiente de minoración se obtiene por la suma de los dos anteriores, es decir, el coeficiente por incremento (si lo ha habido) más el que se obtiene de la tabla. Este coeficiente de minoración se multiplicará por el "Rendimiento anual por unidad antes de amortización" que corresponde al personal asalariado. La cantidad que se obtenga se restará de la cifra obtenida en la Fase 1.

Personal asalariado en el año X: 2,8

Personal asalariado en X+1: 3,1

Diferencia: 3,1 - 2,8 = 0,3

El personal asalariado en X+1 se descompone en los siguientes tramos:

- 1 x 0,1 = 0,1
- 1,8 x 0,15 = 0,27
- Total = 0,37
- 0,3 x 0,4 = 0,12

Y adicionalmente se tiene que 0,37 + 0,12 = 0,49

Para el epígrafe 673.1 el "Rendimiento neto anual por unidad" en el módulo personal asalariado, antes de amortizaciones es de 4.056,30 €.

Por ello, la reducción será: 4.056,30 x 0,49 = 1.987,59 a minorar.

2. **Minoración por la amortización del inmovilizado material o intangible**

Para su cálculo se aplicará al precio de adquisición o coste de producción del elemento el coeficiente máximo, o el mínimo, o uno comprendido entre ambos, que se deriva de la siguiente tabla, sin que quepa amortizar el valor residual:

Elemento	Coeficiente máximo	Período máximo
Edificios y otras construcciones	5%	40 años
Útiles, herramientas, equipos para procesos de información y programas informáticos	40%	5 años
Elementos de transporte y resto de inmovilizado material	25%	8 años
Inmovilizado intangible	15%	10 años
Batea	10%	12 años
Barco	10 %	25 años

La amortización ha de practicarse elemento a elemento. Si estos se han adquirido usados, podrá aplicarse hasta el doble del coeficiente máximo. Por su parte, en el caso de cesión de uso de bienes con opción de compra o renovación, cuando por las condiciones económicas no existan dudas razonables de que se va a ejercitar una u otra opción, el cesionario (que es quien utiliza el bien sin ser propietario del mismo) podrá deducir, en concepto de amortización, el importe que corresponda por aplicación de la tabla al precio de adquisición o coste de producción del bien.

Se adquiere en leasing un elemento de transporte, exclusivamente afecto a la actividad (destinados al transporte de mercancías, viajeros, enseñanza de conductores y desplazamiento de agentes comerciales). La cuota anual satisfecha es de 12.020,24 €, de los que 3.606,07 € corresponden a intereses y el resto a recuperación del coste del bien.

El precio de venta del elemento es de 36.060,73 €.

Suponiendo que efectivamente se va a ejercitar la opción de compra, y dado que el coeficiente máximo contemplado en las tablas es de un 25% para los elementos de transporte, la cuantía a restar en concepto de amortización será como máximo de: 36.060,73 x 0,25 = 9.015,18 €.

Gozan de **libertad de amortización** los inmovilizados materiales nuevos cuyo valor unitario no exceda de 601,01 €, si bien las amortizaciones dotadas por esta vía no podrán exceder de 3.005,06 € anuales.

c) **Fase 3: Cálculo del Rendimiento neto de módulos**

Sobre el rendimiento neto minorado se aplicarán, cuando corresponda, los índices correctores que se establecen a continuación, obteniéndose el rendimiento neto de módulos.

Incompatibilidades entre los índices correctores:

▶ En ningún caso será aplicable el índice corrector para empresas de pequeña dimensión (b.1) a las actividades para las que están previstos los índices correctores especiales enumerados en las letras a.2), a.3), a.4) y a.5).

► Cuando resulte aplicable el índice corrector para empresas de pequeña dimensión (b.1) no se aplicará el índice corrector de exceso (b.3).

► Cuando resulte aplicable el índice corrector de temporada (b.2) no se aplicará el índice corrector por inicio de nuevas actividades (b.4).

Los índices correctores se aplicarán según el orden que aparecen enumerados a continuación, siempre que no resulten incompatibles, sobre el rendimiento neto minorado o, en su caso, sobre el rectificado por aplicación de los mismos.

Los **índices correctores especiales** solo se aplicarán en aquellas actividades concretas que se citan a continuación:

1. **Actividad de comercio al por menor de prensa, revistas y libros en quioscos situados en la vía pública**.

   • Ubicación de los quioscos índice.

   • Madrid y Barcelona 1,00.

   • Municipios de más de 100.000 habitantes 0,95.

   • Resto de municipios 0,80.

   • Cuando, por ejercerse la actividad en varios municipios, exista la posibilidad de aplicar más de uno de los índices anteriores, se aplicará un único índice: el correspondiente al municipio de mayor población.

2. **Actividad de transporte por auto-taxi**. El coeficiente depende de la población del municipio donde se ejerza la actividad. Si se ejerce en más de un municipio se aplica el coeficiente del municipio de mayor población.

   • Hasta 2.000 habitantes: 0,75.

   • Más de 2.000 hasta 10.000 habitantes: 0,80.

   • Más de 10.000 hasta 50.000 habitantes: 0,85.

   • Más de 50.000 hasta 100.000 habitantes: 0,90.

   • Más de 100.000 habitantes: 1,00.

3. **Actividad de transporte urbano colectivo y de viajeros por carretera**. Se aplicará el 0,8 cuando se tenga un solo vehículo.

4. **Actividad de transporte de mercancías por carretera y servicio de mudanza**. Se aplica el 0,8 cuando se tenga un solo vehículo.

111

Se aplicará el índice 0,90 cuando la actividad se realice con tractocamiones y el titular carezca de semirremolques. Cuando la actividad se desarrolle con un único tractocamión y sin semirremolques, se aplicará, exclusivamente, el índice 0,75.

5. **Actividad de producción de mejillón en batea**. Se aplica el 0,75 cuando se tenga una sola batea y sin barco auxiliar.

A continuación, se aplican los índices identificados con la letra "b" a cualquier actividad que reúna las circunstancias exigidas:

1. **Índice para empresas de pequeña dimensión**. El titular debe ser persona física, ejercer la actividad en un solo local, no disponer de más de un vehículo, que además no supere los 1.000 kg de capacidad de carga, y no deberá contarse con personal asalariado. El índice depende de la población del municipio. Si la actividad se ejerce en varios municipios, se toma el índice del que tenga mayor población.

   • Hasta 2.000 habitantes: 0,70.

   • De 2.001 a 5.000 habitantes: 0,75.

   • Más de 5.000 habitantes: 0,80.

   • Cuando se cumplan los tres primeros requisitos y se ejerza la actividad con personal asalariado, hasta dos trabajadores, se aplicará el índice de 0,90, cualquiera que sea la población del municipio en el que se desarrolla la actividad.

2. **Índice corrector de temporada**. Son actividades de temporada las que se ejercen durante ciertos días, continuados o alternos, pero sin exceder de los 180. En estos casos, se aplicará el índice en función de la duración de la temporada:

   • Hasta 60 días: 1,50.

   • De 61 a 120 días: 1,35.

   • De 121 a 180 días: 1,25.

3. **Índice corrector de exceso**. Se aplica cuando el rendimiento neto, aplicados ya los coeficientes anteriores si eran procedentes, resulta superior a unas cuantías que, para cada actividad, se establecen en la OM. Al exceso se le aplica entonces el índice 1,30. Se trata, en definitiva, de un índice de incremento.

Actividad en el epígrafe 673.1. Su rendimiento neto minorado asciende a 35.586,03 euros. La Orden ministerial que desarrolla módulos establece una cuantía para aplicar el índice corrector de exceso a esta actividad económica de 30.586,03 euros. El rendimiento neto minorado excede de la cuantía establecida en la Orden en 5.000 euros. El rendimiento neto corregido sería:

Hasta 30.586,03_____30.586,03

Exceso 5.000 x 1,30____6.500,00

Rendimiento neto corregido 37.086,03 euros por índice de exceso.

El rendimiento pasaría de 35.586,03 a 37.086,03 euros por aplicación del índice corrector de exceso.

4. **Índice por inicio de nuevas actividades**. Para actividades iniciadas a partir de 1 de enero, no de temporada, y que se no se hayan ejercido antes bajo otra titularidad y se realicen en un local o establecimiento exclusivamente dedicado a dichas actividades, se aplican los siguientes índices:

- 0,8 en el primer ejercicio.

- 0,9 en el segundo ejercicio.

No obstante, cuando el contribuyente sea una persona con discapacidad, con una minusvalía igual o superior al 33% los índices serán:

- 0,6 en el primer ejercicio.

- 0,7 en el segundo ejercicio.

d) **Fase 4: Cálculo del Rendimiento neto de la actividad**

En esta fase se aplicarán reducciones vinculadas a acontecimientos extraordinarias. Para 2024 se aplicarán las siguientes reducciones:

⇨ **Reducción en 2024 del rendimiento neto calculado por el método de estimación objetiva del Impuesto sobre la Renta de las Personas Físicas y de la cuota devengada por operaciones corrientes del régimen especial simplificado del Impuesto sobre el Valor Añadido para actividades económicas desarrolladas en el término municipal de Lorca.**

Los contribuyentes del Impuesto sobre la Renta de las Personas Físicas que desarrollen actividades económicas incluidas en el anexo II de la Orden Ministerial en el término municipal de Lorca y determinen el rendimiento

113

neto por el método de estimación objetiva, podrán reducir el rendimiento neto de módulos de 2024 correspondiente a tales actividades en un 20 por ciento.

⇨ **Reducción en 2024 del rendimiento neto calculado por el método de estimación objetiva del Impuesto sobre la Renta de las Personas Físicas para actividades económicas desarrolladas en la Isla de la Palma.**

Los contribuyentes del Impuesto sobre la Renta de las Personas Físicas que desarrollen actividades económicas en la Isla de La Palma y determinen el rendimiento neto por el método de estimación objetiva, podrán reducir el rendimiento neto de módulos de 2024 correspondiente a tales actividades en un 20 por ciento.

⇨ **Medidas excepcionales en el Impuesto sobre la Renta de las Personas Físicas para paliar el efecto producido por el precio de los insumos de explotación en las actividades agrícolas y ganaderas el ejercicio 2024.**

Las actividades agrícolas y ganaderas que determinen su rendimiento neto en el ejercicio 2024, por el método de estimación objetiva podrán aplicar las siguientes medidas excepcionales:

1. El rendimiento neto previo, calculado conforme a lo previsto en la Instrucción 2.1 para la aplicación de los signos, índices o módulos en el Impuesto sobre la Renta de las Personas Físicas del anexo I de la HAC/1347/2024, de 28 de noviembre, por la que se desarrollan para el año 2025 y con efectos del 2024, la Orden HFP/1359/2023, de 19 de diciembre, el método de estimación objetiva del Impuesto sobre la Renta de las Personas Físicas y el régimen especial simplificado del Impuesto sobre el Valor Añadido, podrá reducirse:

    • En el 35 por 100 del precio de adquisición del gasóleo agrícola necesario para el desarrollo de dichas actividades que aparezca debidamente documentado en las facturas expedidas con motivo de dicha adquisición que cumplan los requisitos previstos en el artículo 6.1 del Reglamento por el que se regulan las obligaciones de facturación, aprobado por el Real Decreto 1619/2012, de 30 de noviembre.

    • En el 15 por 100 del precio de adquisición de los fertilizantes necesarios para el desarrollo de dichas actividades que aparezca debidamente documentado en las facturas expedidas con motivo de dicha adquisición que cumplan los requisitos previstos en el artículo 6.1 del Reglamento por el que se regulan las obligaciones de facturación, aprobado por el Real Decreto 1619/2012, de 30 de noviembre.

Ambas reducciones únicamente procederán cuanto se trate de adquisiciones efectuadas en el ejercicio 2024, documentadas en facturas emitidas en dicho período.

Como consecuencia del elevado impacto que ha tenido la sequía, así como por el incremento de precios se mantienen para 2024 los siguientes índices correctores aplicables sobre el rendimiento neto minorado, que ya fueron objeto de modificación para 2023:

▶ El índice corrector por piensos adquiridos a terceros se fija en el 0,50 por 100.

▶ El índice por cultivos en tierras de regadío que utilicen, a tal efecto, energía eléctrica se fija en el 0,75 sobre el rendimiento procedente de los cultivos realizados en tierras de regadío por energía eléctrica.

⇨ **Reducción en 2024 y 2025 del rendimiento neto calculado por el método de estimación objetiva en todas las actividades económicas.**

Los contribuyentes que determinen el rendimiento neto de sus actividades económicas por el método de estimación objetiva, podrán reducir el rendimiento neto de módulos obtenido en 2024 o 2025 en un 5 por ciento.

Esta reducción se tendrá en cuenta para cuantificar el rendimiento neto a efectos del pago fraccionado correspondientes a cada uno de los ejercicios.

⇨ **Reducción en 2024 por daños causados por la DANA.**

Los contribuyentes del Impuesto sobre la Renta de las Personas Físicas que desarrollen actividades económicas en los términos municipales citados en el anexo del Real Decreto-ley 6/2024, de 5 de noviembre, por el que se adoptan medidas urgentes de respuesta ante los daños causados por la Depresión Aislada en Niveles Altos (DANA) en diferentes municipios entre el 28 de octubre y el 4 de noviembre de 2024, y determinen el rendimiento neto por el método de estimación objetiva, podrán reducir el rendimiento neto de módulos de 2024 correspondiente a tales actividades en un 25 por ciento.

La reducción prevista en el párrafo anterior se aplicará sobre el rendimiento neto de módulos resultante después de aplicar la reducción prevista en el apartado 1 de la disposición adicional primera de la Orden HFP/1359/2023, de 19 de diciembre, por la que se desarrollan para el año 2024 el método de estimación objetiva del Impuesto sobre la Renta de las Personas Físicas y el régimen especial simplificado del Impuesto sobre el Valor Añadido.

Para la determinación de la cuantía del pago fraccionado correspondiente al último trimestre de 2024, el rendimiento neto a efectos del pago fraccionado se reducirá en la parte proporcional del mismo que corresponda a las actividades económicas desarrolladas en los términos municipales afectados por la Depresión Aislada en Niveles Altos (DANA) a que se refiere el primer párrafo de este apartado.

Esta reducción se aplica tanto a las actividades agrícolas, ganaderas y forestales como a las distintas de estas.

e) **Fase 5: Cálculo del Rendimiento neto reducido de la actividad**

Reducción del 30% por haber obtenido rendimientos de la actividad económica con un período de generación **superior a 2 años** o notoriamente irregular.

Se consideran obtenidos de forma notoriamente irregular: subvenciones de capital cuando sean para la adquisición de bienes que no se puedan amortizar, indemnizaciones y ayudas por cese de la actividad, o indemnizaciones percibidas en sustitución de derechos económicos de duración indefinida.

La cuantía del rendimiento neto a que se refiere este apartado sobre la que se aplicará la citada reducción no podrá superar el importe de 300.000 euros anuales.

E)   Pagos fraccionados en el sistema de módulos

Para el cálculo del pago fraccionado se tiene en cuenta:

a) **Datos para el cálculo:**

En el cálculo del pago fraccionado se toman:

⇨ Los **datos-base** de la actividad el día **1 de enero.** Es decir, el número de personas asalariadas, de mesas o de metros cuadrados de local que exista en ese momento.

⇨ Si no se pueden determinar, se toma el que ha correspondido **el año anterior** (así, por ejemplo, debe tomarse el consumo de energía eléctrica del año pasado por no haberse facturado toda la que corresponde al presente).

⇨ Si en el año anterior no se ha ejercido la actividad, se toman los **datos-base del día de inicio.**

⇨ El pago fraccionado se ve afectado por **las amortizaciones**. Así, el rendimiento neto a computar a efectos de este pago a cuenta deberá calcularse teniendo en cuenta las amortizaciones calculadas aplicando el coeficiente máximo de la tabla que corresponda a cada uno de los bienes.

b) **Porcentaje del pago fraccionado**

El pago será igual al **4 por 100 del citado rendimiento**.

⇨ Si solo hay una persona asalariada, será del 3 por 100.

⇨ Si no hay asalariados, será del 2 por 100.

⇨ Si no se ha podido determinar ningún dato-base y, por tanto, no se ha podido obtener el rendimiento neto sobre el que aplicar los porcentajes indicados, la cuantía de los pagos será igual al 2 por 100 de las ventas o ingresos del trimestre.

c) **Periodicidad**

Como se señala, el pago fraccionado es trimestral y se efectúa entre los días 1 y 20 de abril, julio y octubre. El del cuarto trimestre se efectúa entre el 1 y el 30 de enero. El sujeto pasivo deberá presentarlos incluso aunque no resulte cuota a ingresar.

Si la actividad se ha iniciado ese mismo año, o se ha concluido antes del 31 de diciembre, por el trimestre incompleto se ingresa la parte proporcional correspondiente a los días que en se ejerció la actividad.

Actividad iniciada el día 1 de mayo del año X. Tomando los datos-base el día de inicio resulta un rendimiento neto de 24.000 €

En tal caso, se tendrán los pagos fraccionados siguientes:

- Trimestre 1: 0 €

- Trimestre 2: 4% sobre 24.000 x [2 (mayo-junio)/3 (abril-mayo-junio)]

- Trimestre 3: 4% sobre 24.000

- Trimestre 4: 4% sobre 24.000

d) **Modelo**

El modelo que se utiliza para ello es el 131.

117

En caso de **actividades de temporada** se debe obtener el llamado "rendimiento diario", que resulta de dividir el total calculado a partir de los datos-base (que no son los que existan el día de comienzo, sino los que hubiesen correspondido en el año anterior), entre el número de días de ejercicio de la actividad el año anterior. Puede observarse, por consiguiente, que para las actividades de temporada la información básica es la que corresponde a los datos del año previo, supuesto que se hubiese ejercido en él la actividad (recuérdese que, en otro caso, se toman los datos-base del día de inicio). Para calcular el pago fraccionado se multiplica el porcentaje que corresponda por el rendimiento diario y por el número de días del trimestre durante los que se ejerza la actividad.

Posteriormente, al finalizar el año, cesar la actividad o terminar la temporada, se calculará el promedio de los módulos relativos al período durante el que se ejerció la actividad, obteniendo entonces el rendimiento neto del período.

2.6.4. Rendimientos de actividades económicas por la DANA

Con motivo de las consecuencias acaecidas tras la DANA, se aprueban las siguientes ayudas a titulares de actividades económicas, que tendrán la consideración de subvenciones corrientes:

1. Las ayudas directas por destrucción o reparación de elementos patrimoniales a las que se refiere el artículo 11 de Real Decreto-ley 6/2024, exentas en virtud del apartado 1 c) de la disposición adicional quinta de la LIRPF.

2. Una ayuda extraordinaria y temporal, de carácter complementario a la del artículo 11 del Real Decreto-ley 6/2024 referida en el punto anterior, para compensar la pérdida de renta en las explotaciones agrarias que hayan sufrido daños como consecuencia de la DANA, en los municipios incluidos tanto en el anexo del Real Decreto-ley 6/2024, de 5 de noviembre como en el del anexo del Real Decreto-ley 7/2024, de 11 de noviembre, regulada por el artículo 24 de este último. Dichas ayudas no se integrarán en la base imponible del IRPF por aplicación de la disposición adicional quinta de la LIRPF, en virtud de la disposición adicional decimosexta del Real Decreto-ley 8/2024, de 28 de noviembre.

2.7. Variaciones patrimoniales

2.7.1. Concepto

> Se entiende por **variación patrimonial** cualquier variación en la composición del patrimonio del contribuyente que se ponga de manifiesto con ocasión de la alteración en la composición de aquel, y siempre que no tenga la previa consideración de rendimiento.

No hay alteración en la composición del patrimonio en los siguientes casos:

▶ División de la cosa común.

▶ Disolución de la sociedad de gananciales.

▶ Extinción del régimen de participación.

▶ Disolución de comunidades de bienes y separación de comuneros.

La ley especifica que en estos casos, si bien no existe ganancia o pérdida de patrimonio gravable, tampoco puede tener lugar una **actualización de los valores** de los bienes o derechos recibidos, que conservan su valor de adquisición original.

En los siguientes supuestos no existe ganancia o pérdida de patrimonio:

• Reducciones de capital.

• Transmisiones lucrativas por causa de muerte: es la denominada plusvalía del muerto, que queda exenta de tributación.

• Transmisiones lucrativas de participaciones de empresas familiares: se refiere este precepto a las donaciones de acciones o participaciones en empresas o negocios profesionales de carácter familiar (art. 20.6 de la Ley del 29/1987, de 18 de diciembre, del Impuesto de Sucesiones y Donaciones). En estos casos, la eventual ganancia patrimonial resultante de la donación no tributa en el IRPF del donante.

• En la extinción del régimen económico matrimonial de separación de bienes, cuando por imposición legal o resolución judicial se produzcan compensaciones, dinerarias o mediante la adjudicación de bienes, por causa distinta de la pensión compensatoria entre cónyuges.

• Estas compensaciones no darán derecho a reducir la base imponible del pagador ni constituirá renta para el perceptor.

- No existe ganancia o pérdida de patrimonio cuando se produce una aportación a patrimonios protegidos constituidos a favor de personas con discapacidad.

Existen cuatro supuestos en los que se producen ganancias patrimoniales exentas:

⇨ Las que se producen como consecuencia de donaciones a entidades sin ánimo de lucro (concretamente, a las que se refiere el artículo 68.3 de la Ley, que regula la deducción en cuota por donativos: Iglesia Católica, Cruz Roja, ONGs, fundaciones que cumplen determinados requisitos, etc.).

⇨ Las que se producen con ocasión de la transmisión de su vivienda habitual por mayores de 65 años. También alcanza la exención a las personas en situación de dependencia severa o de gran dependencia (de conformidad con la Ley de promoción de la autonomía personal y atención a las personas en situación de dependencia).

⇨ Las producidas con ocasión del pago previsto en el artículo 97.3 de la Ley (antiguo 98.3) y de las deudas tributarias a que se refiere el artículo 73 de la Ley 16/1985, de 25 de junio, del Patrimonio Histórico Español.

⇨ Las que se produzcan con ocasión de la dación en pago de la vivienda habitual del deudor o garante del deudor, para la cancelación de deudas garantizadas con hipoteca que recaiga sobre la misma, contraídas con entidades de crédito o de cualquier otra entidad que, de manera profesional, realice la actividad de concesión de préstamos o créditos hipotecarios.

    Asimismo estarán exentas las ganancias patrimoniales que se pongan de manifiesto con ocasión de la transmisión de la vivienda en que concurran los requisitos anteriores, realizada en ejecuciones hipotecarias judiciales o notariales.

    En todo caso será necesario que el propietario de la vivienda habitual no disponga de otros bienes o derechos en cuantía suficiente para satisfacer la totalidad de la deuda y evitar la enajenación de la vivienda.

Los supuestos en los que no pueden declararse pérdidas patrimoniales son:

▶ Las no justificadas.

▶ Las debidas al consumo (por ejemplo, por la venta de automóviles).

▶ Las donaciones o regalos.

▶ Las pérdidas en el juego.

▶ Las derivadas de la transmisión de determinados elementos patrimoniales, cuando se vuelven a adquirir en un determinado periodo de tiempo.

No se computa la pérdida patrimonial cuando volvemos a adquirir el elemento en un determinado periodo de tiempo. A este respecto, la ley distingue tres supuestos:

- **Elementos patrimoniales, en general:** la pérdida no se computa si se vuelven a adquirir dentro del año siguiente a su transmisión.

- **Acciones cotizadas:** cuando se adquieran valores homogéneos dentro de los dos meses anteriores o posteriores a dichas transmisiones.

- **Acciones no cotizadas:** cuando se adquieran valores homogéneos en el año anterior o posterior a dichas transmisiones. Como en el caso anterior, la pérdida se computará cuando se transmitan definitivamente las acciones.

Las ganancias y pérdidas patrimoniales se considerarán obtenidas por los **titulares de los bienes**, derechos que generen la ganancia patrimonial. Las **no justificadas** se atribuirán en función de la titularidad de los bienes o derechos en que se manifiesten. Las que provengan del juego (o no se deriven de una transmisión previa) se imputarán a quien las haya ganado directamente.

En el supuesto de dos cónyuges casados en régimen de ganancias que hubiesen enajenado su vivienda (siendo esta ganancial), la ganancia patrimonial obtenida, al margen de su posible exención, se atribuirá por mitad a cada uno de ellos.

Asimismo, si tres hermanos venden unas acciones de las que son copropietarios por partes iguales, la ganancia o pérdida obtenida se dividirá entre los tres.

Las variaciones patrimoniales se regulan en el artículo 33 LIRPF.

Serán ganancias patrimoniales imputables a 2024 los intereses de demora.

La declaración de esta ganancia se debe efectuar en el epígrafe F1 (Ganancias y pérdidas patrimoniales que no derivan de la transmisión de elementos patrimoniales), en la casilla [0304] dentro de apartado correspondiente a "Otras ganancias y/o pérdidas patrimoniales imputables a 2024", y se corresponderá con el importe que se perciba por este concepto.

Los intereses de demora abonados al contribuyente por la Agencia Tributaria al efectuar una devolución de ingresos indebidos, están sujetos y no exentos al IRPF, conforme al criterio fijado por la Sentencia del Tribunal Supremo núm. 24/2023, de 12 de enero.

El Tribunal Supremo en dicha sentencia ha cambiado el criterio anterior fijando como doctrina que: "los intereses de demora abonados por la Agencia Tributaria al efectuar una devolución de ingresos indebidos se encuentran sujetos y no exentos del IRPF, constituyendo una ganancia patrimonial que constituye renta general, de conformidad con lo dispuesto en el artículo 46.b) de la Ley del IRPF, interpretado a sensu contrario".

2.7.2. Importe de las garantías o pérdidas de patrimonio

A) Introducción

ESQUEMA GENÉRICO DE LAS GANANCIAS O PÉRDIDAS PATRIMONIALES

VALOR DE TRANSMISIÓN (minorado en gastos y tributos)

(-) VALOR DE ADQUISICIÓN (*incrementado en gastos y tributos y mejoras*)

(=) GANANCIA O PÉRDIDA PATRIMONIAL

La ganancia o pérdida de patrimonio se calcula por diferencia entre el valor de transmisión y el valor de adquisición del bien o derecho transmitido, ya lo haya sido a título oneroso o a título lucrativo.

Si la ganancia o la pérdida **no procede de una previa transmisión** (onerosa o lucrativa), habrá que tomar como ganancia o pérdida el valor de mercado del elemento patrimonial (o la parte proporcional del mismo, en su caso).

En el caso de que el elemento patrimonial transmitido hubiese sido objeto de alguna **mejora**, se calcula por separado la ganancia o pérdida patrimonial del bien y la correspondiente a la mejora. Dicho en los términos legales, se distingue la parte del valor de enajenación que corresponda a cada componente del mismo.

De acuerdo con la estructura del texto refundido anterior, los siguientes artículos desarrollan el cálculo de la ganancia o pérdida patrimonial según proceda de una transmisión a **título oneroso** (cuando se obtiene algo a cambio de algo; por ejemplo, en compraventas, permutas, etc), o de una **transmisión lucrativa** (si se recibe algo a cambio de nada; sería el caso de las donaciones).

 Este capítulo se encuentra regulado en los artículos 35, 36 y 37 LIRPF.

B) Valor de adquisición

En transmisiones **a título oneroso** el valor de adquisición está compuesto por la suma de:

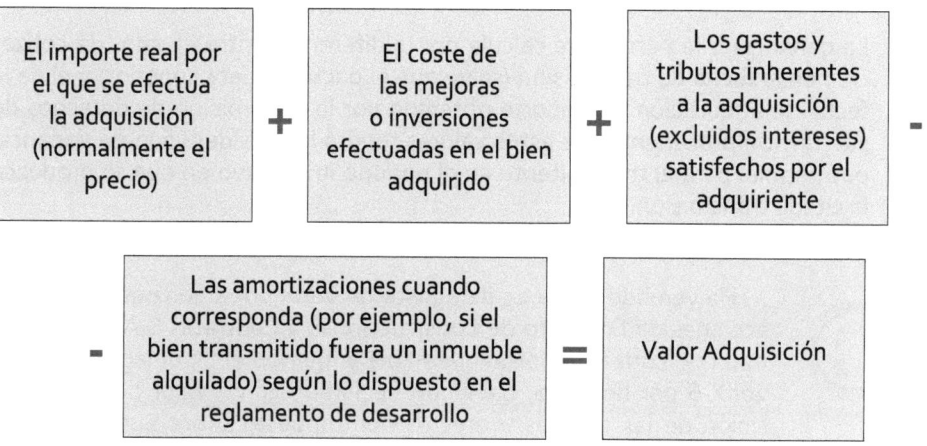

| El importe real por el que se efectúa la adquisición (normalmente el precio) | + | El coste de las mejoras o inversiones efectuadas en el bien adquirido | + | Los gastos y tributos inherentes a la adquisición (excluidos intereses) satisfechos por el adquiriente | - |

- Las amortizaciones cuando corresponda (por ejemplo, si el bien transmitido fuera un inmueble alquilado) según lo dispuesto en el reglamento de desarrollo = Valor Adquisición

C) Valor de transmisión

Está formado por la diferencia de:

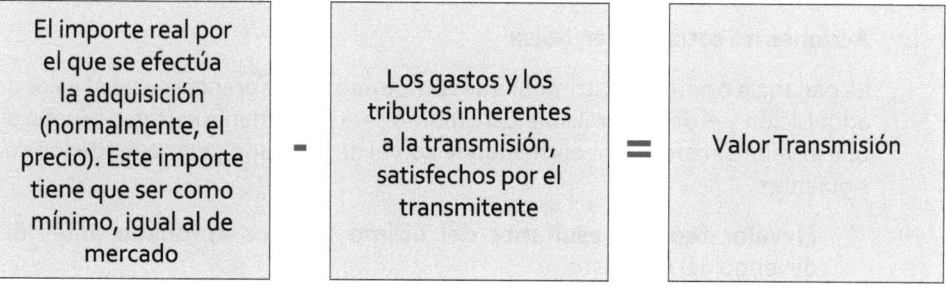

| El importe real por el que se efectúa la adquisición (normalmente, el precio). Este importe tiene que ser como mínimo, igual al de mercado | - | Los gastos y los tributos inherentes a la transmisión, satisfechos por el transmitente | = | Valor Transmisión |

En **transmisiones o adquisiciones a título lucrativo** se aplican las reglas anteriores, considerando como valor real el que proceda según las normas del ISyD (por ejemplo, en un bien adquirido por herencia, que posteriormente se transmite, se tomaría como valor de adquisición del bien, el valor consignado en la escritura de partición, al que habría que añadir la parte proporcional del Impuesto sobre Sucesiones correspondiente a dicho bien), sin que pueda exceder el valor de mercado.

Cuando la ganancia proceda de la donación de acciones de la empresa familiar [art. 33.3.c) total IRPF], el donatario se subroga en la posición del donante en lo que se refiere a la fecha y el valor de adquisición de los valores donados.

D) Reglas especiales

Como ya estudiaremos en su Unidad correspondiente, la Unidad 5, la LIRPF, en su artículo 37, contiene las reglas especiales, para supuestos específicos:

a) Acciones cotizadas en bolsa

La ganancia o la pérdida se calcula por la diferencia entre el valor de cotización en la fecha de transmisión (salvo que el pactado fuera superior) y el de la fecha de adquisición. El importe obtenido por la transmisión de derechos de suscripción procedentes de estos valores tendrá la consideración de ganancia patrimonial para el transmitente en el período impositivo en que se produzca la citada transmisión.

Ha vendido el día 25 de agosto de 200X por 1.200.000 € unas acciones de Fomento de Construcciones y Contratas S.A., sociedad que cotiza en Bolsa, que había adquirido el 25 de agosto de 200X-6 por herencia, habiendo declarado como valor de adquisición de las mismas a efectos del Impuesto sobre Sucesiones 300.000 €.

Valor de transmisión - valor de adquisición = 900.000 € de ganancia patrimonial.

b) Acciones no cotizadas en bolsa

La ganancia o pérdida patrimonial se computará por diferencia entre el valor de adquisición y el de transmisión. Este último será como mínimo (salvo prueba de que el valor satisfecho se corresponde con el de mercado), el mayor de los dos siguientes:

⇨ El **valor teórico resultante del último balance aprobado** antes del devengo del impuesto.

⇨ El que resulte de **capitalizar al 20%** (es decir, de dividir entre 0,20) el **promedio de resultados de los tres últimos ejercicios** anteriores al devengo. A estos efectos, se computan como beneficios los dividendos distribuidos y las asignaciones a reservas, excluidas las de regularización o de actualización de balances.

El Sr. XX es socio único de una Sociedad cuyo capital social consta de 10.000 acciones y un valor nominal de 20€. Las ha vendido en 200X a razón de 24€/acción. La citada empresa, que no cotiza en bolsa, ha tenido durante los tres últimos ejercicios los siguientes resultados:

▶ *200X-3: 22.000 €; 200X-2: 27.000 €; 200X-1: 17.000 €.*

▶ *El valor teórico resultante del último balance aprobado es de 25 €/acción.*

Para determinar el valor de transmisión cotejamos los tres siguientes:

1. Valor de transmisión: 24 €/acción.
2. Valor teórico: 25 €/acción.
3. Valor resultante de capitalizar: sumamos los resultados de los 3 últimos ejercicios y hallamos su promedio: 22.000 € + 27.000 € + 17.000 € = 66.000 €/3 = 22.000 €.

Acto seguido lo capitalizamos al tipo del 20%, que no es otra cosa que dividir dicho promedio entre 0,20: 22.000/0,20 = 110.000 y el resultado lo dividimos entre el número de acciones de la sociedad, esto es, 10.000 acciones, y así obtenemos su valoración unitaria: 110.000/10.000 = 11 €/acción.

Por lo tanto, tomamos el mayor, el valor teórico:

• Valor transmisión: 10.000 acciones X 25 €/acción = 250.000 €.

• Valor adquisición: 10.000 acciones X 20 €/acción = 200.000 €.

Existe por tanto una ganancia patrimonial de 50.000 €.

c) **Reembolso de participaciones en instituciones de inversión colectiva**

La ganancia o pérdida se computa por la diferencia entre el valor liquidativo en la fecha del reembolso y el de la fecha de la adquisición. Si no existiera valor liquidativo se tomará el valor teórico resultante del balance correspondiente al último ejercicio cerrado con anterioridad a la fecha del devengo del Impuesto.

En supuesto distinto del reembolso, el valor de transmisión será el mayor de los dos siguientes: el precio efectivo o el valor de cotización en la fecha de la transmisión.

d) **Aportaciones no dinerarias a sociedades**

La ganancia o pérdida se calcula por la diferencia entre el valor de adquisición de los bienes aportados y el mayor de los siguientes:

⇨ El nominal de las acciones recibidas (sumada las primas de emisión).

⇨ El valor de cotización en la fecha en que se reciben o el inmediato anterior.

⇨ El valor de mercado del bien aportado.

Ha realizado el día 7 de julio una aportación no dineraria a una sociedad anónima que no cotiza en Bolsa consistente en un solar que adquirió el 2 de enero de ese año por 480.000 €, recibiendo a cambio acciones de 300.000 € de nominal y una prima de emisión de otros 300.000 €. El perito que ha valorado la aportación ha indicado en su informe que esta, en el momento en que se ha efectuado, tiene un valor de mercado de 720.000 €.

En el caso de la aportación no dineraria, la ganancia o pérdida se determinará por la diferencia entre el valor de adquisición de los bienes o derechos aportados y la cantidad mayor de las siguientes:

1. El valor nominal de las acciones o participaciones sociales recibidas por la aportación o, en su caso, la parte correspondiente del mismo. A este valor se añadirá el importe de las primas de emisión.

2. El valor de cotización de los títulos recibidos en el día en que se formalice la aportación o el inmediato anterior.

3. El valor de mercado del bien o derecho aportado.

En este caso, solo contamos con dos valores, ya que la sociedad no cotiza en Bolsa y, por tanto, se tiene que coger como valor de transmisión el mayor de los dos, que es el de mercado, es decir, los 720.000 que ha fijado el perito de la Administración.

Ganancia patrimonial = Valor de transmisión – Valor de adquisición = 720.000 – 480.000 = 240.000 €.

e) **Separación de socios y disolución de sociedades**

La ganancia o pérdida del socio, sin perjuicio de la que corresponda a la sociedad, se calcula por la diferencia entre la cuota de liquidación recibida (o el valor de mercado) y el valor de adquisición de los títulos.

En los casos de escisión, fusión o absorción de sociedades, la ganancia o pérdida del contribuyente se computa por la diferencia entre el valor de adquisición de los títulos representativos de la participación del socio. Como valor de transmisión, el mayor de los dos siguientes: el valor de mercado de los títulos recibidos de la sociedad absorbente (o de la resultante de la fusión o absorción) o el valor de mercado de los entregados.

f) **Traspasos**

La ganancia patrimonial se computará al cedente en el importe del que le corresponda en el traspaso. Si el derecho de traspaso se ha adquirido por precio, este será el valor de adquisición.

Don Juan transmite el traspaso de un restaurante por 100.000 que había adquirido en el año 2005 por 40.000 €. En este caso, de la diferencia entre el valor de transmisión y el de adquisición resulta una ganancia patrimonial de 60.000 €.

g) **Indemnizaciones por pérdidas o siniestros de elementos patrimoniales**

La ganancia o pérdida se calcula por la diferencia entre la cantidad percibida y la parte proporcional del valor de adquisición que corresponda al daño. Si la indemnización no fuera en metálico, se calculará por la diferencia entre el valor de mercado del bien recibido y la parte proporcional del valor de adquisición que corresponda al daño. Solo se computa la ganancia cuando de la indemnización se derive un aumento del patrimonio del contribuyente.

Don Jacinto adquirió un local en 2007 por 200.000 €, correspondiendo 110.000 € a la construcción y el resto al suelo. En el presente ejercicio sufrió un incendio total en el mismo, habiendo percibido de la compañía de seguros la cantidad de 90.000 €.

En este caso la ganancia o la pérdida se calcula por la diferencia entre la cantidad percibida y la parte proporcional del valor de adquisición que corresponde al daño. La parte proporcional que corresponde al daño es la construcción (porque el suelo no se deprecia), esto es 110.000 € y como ha recibido 90.000 € de indemnización, el resultado es una pérdida patrimonial de 20.000 €.

127

h) **Permutas**

En las permutas (incluido el canje de valores), la ganancia o pérdida se determina por diferencia entre el valor de adquisición del bien que se cede y el mayor de los dos siguientes:

▶ El de mercado del bien entregado.

▶ El de mercado del bien que se recibe a cambio.

i) **Extinción de rentas vitalicias**

La ganancia o pérdida está constituida por la diferencia entre el valor de adquisición del capital recibido y la suma de las rentas efectivamente satisfechas.

j) **Transmisiones de elementos patrimoniales a cambio de una renta temporal o vitalicia**

La ganancia o pérdida se determina por diferencia entre el valor actual financiero actuarial de la renta y el valor de adquisición de los elementos patrimoniales transmitidos.

k) **Transmisión o extinción de derechos reales de goce o disfrute sobre inmuebles**

Para el cálculo de la ganancia o pérdida patrimonial, el titular del derecho minorará el importe real de forma proporcional al tiempo durante el cual no hubiese percibido rendimientos del capital inmobiliario.

l) **Incorporaciones de bienes o derechos que no deriven de una transmisión**

La ganancia patrimonial es el valor de mercado del bien incorporado al patrimonio del contribuyente.

m) **Futuros y opciones**

Se considera ganancia o pérdida patrimonial el rendimiento obtenido cuando la operación no suponga la cobertura de una operación principal concertada en el desarrollo de las actividades económicas realizadas por el contribuyente, en cuyo caso tributarán como rendimiento de actividades económicas.

n) **Transmisiones de elementos patrimoniales afectos a actividades económicas**

Se considera valor de adquisición el valor contable, teniendo en cuenta las especialidades que se establezcan reglamentariamente en cuanto a las amortizaciones que minoren dicho valor.

A los efectos de las reglas descritas, en lo que respecta a la **transmisión de valores**, se aplica el criterio **FIFO** (first in, first out), es decir, cuando existan valores homogéneos se considera que los transmitidos por el contribuyente son aquellos que adquirió en primer lugar. Cuando se trate de **acciones totalmente liberadas**, se considera como antigüedad de las mismas la que corresponda a las acciones de las cuales procedan.

Lo establecido respecto de las aportaciones no dinerarias, separación de socios, disolución de sociedades, escisión, fusión, absorción y canjes de valores se entenderá sin perjuicio de lo que dispone la Ley del Impuesto sobre Sociedades.

2.7.3. Ganancias excluidas de gravamen en supuestos de reinversión

A) Reinversión en vivienda habitual

Se establece la exención de la ganancia de patrimonio puesta de manifiesto con ocasión de la transmisión de la vivienda habitual siempre que el importe total obtenido en dicha transmisión **se reinvierta en la adquisición de una nueva vivienda habitual**, en las condiciones que reglamentariamente se determinen.

En el caso de que el importe reinvertido fuera inferior al total de lo percibido en la transmisión, solo se excluirá de gravamen la parte proporcional de la ganancia patrimonial correspondiente a la cantidad reinvertida.

Don Juan adquirió por 100.000 euros (cantidad ya actualizada) una vivienda que pasó a ser su vivienda habitual. Años más tarde la vendió por 300.000 euros, obteniendo una plusvalía de 200.000 euros empleando dicho importe para la adquisición de una nueva vivienda habitual. El coste de esta nueva vivienda fue de 450.000 euros. Al haberse reinvertido la totalidad del importe obtenido por la venta de la primera vivienda la ganancia de patrimonio estaría exenta por reinversión.

El mismo ejemplo anterior, pero suponiendo que D. Juan destina solamente 250.000 € a la adquisición de la nueva vivienda habitual.

En este caso como hay una reinversión parcial también habrá una exención parcial. Con una simple regla de tres calculamos la exención: Si hubiera reinvertido 300.000 € estaría exento ese beneficio de 200.000, como solo ha reinvertido 250.000:

$$300.000 \underline{\hspace{3cm}} 200.000$$

$$250.000 \underline{\hspace{3cm}} X$$

$$X = 166.666,67 €$$

Luego tendrá que tributar como ganancia patrimonial por 33.333,33 €.

 El artículo 38 reproduce en relación con la reinversión en vivienda habitual las mismas previsiones que contenía el antiguo art. 36.

B) Por inversión en empresas de nueva o reciente creación

Podrán excluirse de gravamen las ganancias patrimoniales que se pongan de manifiesto con ocasión de la transmisión de acciones o participaciones por las que se hubiera practicado la deducción prevista en el artículo 68.1 de la LIRPF, por inversión en empresas de nueva o reciente creación, siempre que el importe total obtenido por la transmisión de las mismas se reinvierta en la adquisición de acciones o participaciones de las citadas entidades.

Cuando el importe reinvertido sea inferior al total percibido en la transmisión, únicamente se excluirá de tributación la parte proporcional de la ganancia patrimonial obtenida que corresponda a la cantidad reinvertida.

No resultará de aplicación lo dispuesto en este apartado en los siguientes supuestos:

1. Cuando el contribuyente hubiera adquirido valores homogéneos en el año anterior o posterior a la transmisión de las acciones o participaciones. En este caso, la exención no procederá respecto de los valores que como consecuencia de dicha adquisición permanezcan en el patrimonio del contribuyente.

2. Cuando las acciones o participaciones se transmitan a su cónyuge, a cualquier persona unida al contribuyente por parentesco, en línea recta o colateral, por consanguinidad o afinidad, hasta el segundo grado incluido, a una entidad respecto de la que se produzca, con el contribuyente o con cualquiera de las personas anteriormente citadas, alguna de las circunstancias establecidas en el artículo 42 del Código de Comercio, con independencia de la residencia y de la obligación de formular cuentas anuales consolidadas, distinta de la propia entidad cuyas participaciones se transmiten.

C) Para mayores de 65 años que constituyan una renta vitalicia

Podrán excluirse de gravamen las ganancias patrimoniales que se pongan de manifiesto con ocasión de la transmisión de elementos patrimoniales por contribuyentes mayores de 65 años, siempre que el importe total obtenido por la transmisión se destine en el plazo de seis meses a constituir una renta vitalicia asegurada a su favor, en las condiciones que reglamentariamente se determinen. La cantidad máxima total que a tal efecto podrá destinarse a constituir rentas vitalicias será de 240.000 euros.

Cuando el importe reinvertido sea inferior al total de lo percibido en la transmisión, únicamente se excluirá de tributación la parte proporcional de la ganancia patrimonial obtenida que corresponda a la cantidad reinvertida.

La anticipación, total o parcial, de los derechos económicos derivados de la renta vitalicia constituida, determinará el sometimiento a gravamen de la ganancia patrimonial correspondiente.

2.7.4. Ganancias patrimoniales no justificadas

Se consideran ganancias injustificadas los bienes o derechos cuya tenencia, declaración o adquisición no se corresponda con la renta o patrimonio declarado por el contribuyente, así como la inclusión de deudas inexistentes en cualquier declaración por este impuesto o por el Impuesto sobre el Patrimonio, o su registro en los libros o registros oficiales.

Las ganancias no justificadas se integran en la base liquidable general del periodo impositivo respecto del que se descubran, salvo que el contribuyente pruebe suficientemente que ha sido titular de los bienes o derechos correspondientes desde una fecha anterior a la del periodo de prescripción.

2.7.5. Régimen transitorio de las ganancias y pérdidas de patrimonio procedentes de bienes adquiridos antes del 31 de diciembre de 1994

A) Introducción

Al igual que ocurría en el Texto Refundido de 2004, la Ley de IRPF mantiene el régimen transitorio previsto para las ganancias de patrimonio procedentes de la transmisión de bienes adquiridos antes del 31 de diciembre de 1994, en consideración a los derechos adquiridos por los contribuyentes que efectuaron sus inversiones según una certeza legal que posteriormente fue radicalmente alterada.

Sin embargo, el régimen transitorio actual es más complejo que el anterior, ya que solo se aplican los coeficientes reductores a las ganancias patrimoniales procedentes de bienes no afectos anteriores a 1994, generadas antes del 20 de enero de 2006.

Concretamente, se distinguen dos reglas diferentes:

1. **Regla general:** para todo tipo de bienes.

2. **Regla especial:** aplicable a las acciones cotizadas en bolsa y participaciones en instituciones de inversión colectiva.

B) Regla general

En primer lugar, se calcula la ganancia patrimonial de acuerdo con las reglas del impuesto. Una vez calculada la ganancia, hay que distinguir la parte de la misma que proporcionalmente corresponda a:

1. Ganancia generada desde la fecha de adquisición del bien y el 19 de enero de 2006, ambos inclusive.

    Ganancia generada antes de 20-01-2006 = (Ganancia total x Nº días desde la adquisición hasta el 19-01-2006) ÷ Nº de días desde la adquisición hasta la transmisión.

2. Ganancia generada desde el 20 de enero de 2006 hasta la fecha de la transmisión.

    Ganancia generada a partir del 20-01-2006 = (Ganancia total x Nº días desde 20-01-2006 hasta la transmisión) ÷ Nº de días desde la adquisición hasta la transmisión.

La parte de la ganancia **generada hasta el 19 de enero de 2006** se reduce del siguiente modo:

1. Se calcula la **antigüedad del bien**, computando los años transcurridos desde la fecha de adquisición hasta el 31 de diciembre de 1996, redondeando por exceso y descontando los dos primeros años (en caso de que lo que se transmitan sean derechos de suscripción, se toma como periodo de permanencia el que corresponda a los valores de los cuales procedan; el cómputo de la antigüedad de las mejoras se efectúa separadamente del resto del bien).

    Únicamente se aplicarán las deducciones previstas en la Disposición transitoria novena cuando la suma del valor de todas las transmisiones de elementos patrimoniales a los que se aplique resulte inferior a 400.000 euros.

2. La ganancia patrimonial generada con anterioridad a 20 de enero de 2006, se reduce en un determinado porcentaje, establecido en función de la naturaleza del bien transmitido, multiplicado por el número de años de antigüedad calculado en el punto primero cuando sea inferior a 400.000 euros la suma del valor de transmisión del elemento patrimonial y la cuantía de todas las transmisiones de todos los elementos patrimoniales a cuya ganancia patrimonial le hubiera resultado de aplicación lo señalado en esta disposición, transmitidos desde 1 de enero de 2015 hasta la fecha de transmisión del elemento patrimonial. Cuando la suma de los valores de transmisión de todos los elementos patrimoniales y a cuyas ganancias patrimoniales le hubiesen resultado de aplicación los coeficientes reductores, sumado al valor de transmisión del elemento patrimonial que se pretende transmitir arrojase un resultado superior a 400.000 euros, se podrá reducir únicamente la parte de la ganancia patrimonial generada con anterioridad al 20 de enero de 2006 que proporcionalmente corresponda a la

parte del valor de transmisión hasta alcanzar el límite de 400.000 euros. Los porcentajes son los siguientes:

- 11,11%, si fuese inmueble, derechos sobre los mismos o valores de las entidades a que se refiere el artículo 108 de la Ley del Mercado de Valores (salvo las acciones representativas de Sociedades o Fondos de Inversión Inmobiliaria).

- 25%, si fuesen acciones cotizadas en alguno de los mercados oficiales de valores definidos en la Directiva 2004/39/CE del Parlamento Europeo y del consejo de 21 de abril de 2004 (salvo acciones representativas de Sociedades de Inversión Mobiliaria e Inmobiliaria).

- 14,28%, en los demás casos.

Como consecuencia de estas reglas, queda no sujeta la parte de la ganancia patrimonial generada antes del 20 de enero de 2006 que proceda de elementos patrimoniales que, a 31 de diciembre de 1996, tuviesen una antigüedad (recordemos que se deben descontar los dos primeros años) de más de 10, 5 u 8 años, según se trate de inmuebles, acciones cotizadas o demás clases de bienes.

Ganancia de patrimonio generada: 336.400 euros

Paquete accionarial (acciones no cotizadas):
- Fecha de adquisición: 19.10.1992
- Fecha de transmisión: 07.01.2021

Días transcurridos hasta la venta: 10.308 días.

Días transcurridos hasta el 19.01.2006: 4.841 días.

Proporción de ganancia sujeta a reducción: 46,96% (4.841/10.308 x 100).

Ganancia de patrimonio reducible (336.400 x 46,96%): 157.973,44 euros.

Ganancia de patrimonio no reducible: 178.426,56 euros.

Esta parte debemos integrarla en la base imponible del ahorro y tributará al tipo que corresponda a la renta del ahorro.

Tributación de la ganancia reducible: 157.973,44 euros. Años transcurridos desde 19-10-1992 hasta 31-12-1996:

4 años + 2 meses = 5 años.

Reducción: 5 - 2 = 3; 3 x 14,28% = 42,84% exento (67.675,82 euros).

El resto (100 - 42,84 = 57,16%) 90.297,62 deberemos integrar en la base imponible del ahorro.

C) Regla especial

En caso de **acciones cotizadas** en alguno de los mercados regulados y acciones o **participaciones en instituciones de inversión colectiva**, la ganancia patrimonial, se aplicará la reducción que proceda entre las siguientes:

1. Si el valor de transmisión es igual o superior al que correspondiera a efectos del Impuesto sobre el Patrimonio 2005 (cotización media del último trimestre del año 2005), la parte de la ganancia patrimonial generada antes del 20 de enero de 2006 se reduce según la regla general, explicada anteriormente. A estos efectos, la ganancia patrimonial generada antes de 20 de enero de 2006 será la parte de la ganancia patrimonial resultante de tomar como valor de transmisión el que corresponda a efectos del Impuesto sobre el Patrimonio 2005.

2. Si el valor de transmisión fuera inferior al correspondiente al Impuesto sobre el Patrimonio 2005, se entenderá que toda la ganancia se ha generado antes del 20 de enero de 2006 y se reduce según lo previsto en la regla general anterior.

Para finalizar el análisis de esta Disposición Adicional novena, solo queda hacer un par de precisiones:

1. El cálculo de la ganancia patrimonial correspondiente a las **mejoras**, si las hubiera, se hará separadamente del resto del bien.

2. Este régimen transitorio solo es aplicable a elementos patrimoniales **no afectos a actividades económicas**, considerándose como tales aquellos en los que la desafectación de tales actividades se haya producido con más de tres años de antelación a la fecha de transmisión.

2.7.6. Ganancias patrimoniales por cambio de residencia

La Ley 26/2014 introdujo un nuevo régimen por el que se someterán a tributación en el IRPF las plusvalías latentes procedentes de cualquier tipo de acciones o participaciones de personas físicas que trasladen su residencia fiscal fuera de España. Esta medida es comúnmente conocida como la introducción de un "exit tax" o "impuesto de salida".

Este se regula en el art. 95 bis de la LIRPF bajo el encabezamiento "Ganancias patrimoniales por cambio de residencia" establece un nuevo supuesto de tributación sobre las teóricas ganancias patrimoniales por las diferencias positivas entre el valor de mercado de las acciones o participaciones en cualquier tipo de entidad, incluidas instituciones de inversión colectiva, y el valor de adquisición, cuando un contribuyente pierda su residencia fiscal en España.

Así en los supuestos en los que el contribuyente pierda su condición por cambio de residencia, deberán integrarse en la renta del ahorro del último periodo impositivo que deba declararse, las ganancias patrimoniales consideradas por diferencia entre el valor de mercado de las acciones o participaciones de cualquier tipo de entidad cuya titularidad corresponda al contribuyente, y su valor de adquisición.

Para la aplicación de este régimen es necesario que el contribuyente hubiese tenido la condición de residente en España durante al menos 10 de los 15 periodos impositivos anteriores al último que deba declararse, y concurran determinadas circunstancias. Para aquellos contribuyentes que hubieran optado por el régimen fiscal especial de impatriados, este plazo comenzará a computarse desde el primer periodo impositivo en el que no resulte de aplicación el citado régimen especial.

La regulación limita estos supuestos de tributación a aquellos casos en los que la participación del contribuyente en la entidad fuese significativa, esto es:

⇨ Que el valor de mercado de las acciones o participaciones exceda, conjuntamente, de 4.000.000 de euros.

⇨ Si no se cumple el límite anterior si el porcentaje de participación en la entidad es superior al 25% y el valor de mercado de las participaciones en la entidad exceda de 1.000.000 de euros.

La valoración de las participaciones será:

1. Valores admitidos a negociación el de su cotización.

2. Valores no admitidos a negociación el mayor de los establecidos en el artículo 37 1 b) de la LIRPF (Patrimonio neto de los valores según balance del último ejercicio cerrado con anterioridad a la fecha de devengo o bien, el que resulte de capitalizar al 20 por ciento el promedio de los resultados de los 3 ejercicios sociales cerrados con anterioridad a la fecha de devengo).

3. Acciones o participaciones en instituciones de inversión colectiva, el valor liquidativo y si no existiera este el valor del patrimonio neto, conforme a lo previsto en el articulo 37 1 c) de la LIRPF.

En los casos en los que se adquiriese de nuevo la condición de contribuyente sin haber transmitido la titularidad de las acciones o participaciones, se podrá solicitar la rectificación de la autoliquidación al objeto de obtener la devolución de las cantidades ingresadas correspondientes a estas ganancias patrimoniales. En este caso, se devengarán intereses de demora desde la fecha en que se hubiese realizado el ingreso hasta la fecha en que se ordene el pago de la devolución.

Normas especiales para la aplicación de este régimen en función del destino del contribuyente

1. **Cambio de residencia como consecuencia de un desplazamiento temporal**:

   La norma prevé la posibilidad de aplazar el pago de la deuda tributaria derivada de estas ganancias patrimoniales en los siguientes casos:

▶ Cuando el cambio de residencia se produzca como consecuencia de un desplazamiento temporal por motivos laborales a un país o territorio que no tenga la consideración de paraíso fiscal.

▶ Cuando el cambio de residencia se produzca como consecuencia de un desplazamiento temporal por cualquier otro motivo siempre que en este caso el desplazamiento temporal se produzca a un país o territorio que tenga suscrito con España un convenio para evitar la doble imposición internacional que contenga cláusula de intercambio de información.

Dicho aplazamiento deberá ser solicitado por el contribuyente y se aplicará la normativa sobre aplazamientos prevista en la LGT.

El plazo máximo de concesión de este aplazamiento será de 5 ejercicios. El contribuyente puede solicitar una ampliación del citado plazo de 5 ejercicios cuando se trate de desplazamientos por motivos laborales si existen circunstancias que justifiquen un desplazamiento temporal más prolongado, sin que la ampliación pueda exceder de 5 ejercicios adicionales.

Si dentro del plazo de los 5 primeros ejercicios siguientes al último declarado por el IRPF (o bien dentro de los 5 ejercicios adicionales) se adquiere de nuevo la condición de contribuyente sin haber transmitido la titularidad de las acciones o participaciones la deuda tributaria más los intereses quedara extinguida.

2. **Cambio de residencia a otro Estado miembro de la UE:**

Cuando el cambio de residencia se produzca a otro Estado miembro de la Unión Europea, o del Espacio Económico Europeo con el que exista un efectivo intercambio de información tributaria, se exceptúa del pago pero se establece un sistema de seguimiento a través de una comunicación a la Administración tributaria del mantenimiento de las condiciones durante un periodo de 10 ejercicios.

La ganancia patrimonial únicamente deberá ser objeto de autoliquidación cuando en el plazo de los diez ejercicios siguientes al último que deba declararse por este impuesto se produzca alguna de las siguientes circunstancias:

a) Que se transmitan inter vivos las acciones o participaciones.

b) Que el contribuyente pierda la condición de residente en un Estado miembro de la Unión Europea o del Espacio Económico Europeo.

c) Que se incumpla la obligación de comunicación a la Administración tributaria la opción por la aplicación de las especialidades, la ganancia patrimonial puesta de manifiesto, el Estado al que se traslade el domicilio, las posteriores variaciones y el mantenimiento de la titularidad de las acciones o participaciones.

3. **Cambio de residencia a un país o territorio considerado como paraíso fiscal:**

Se aplicarán las siguientes especialidades:

a) Las ganancias patrimoniales se imputarán al último período impositivo en que el contribuyente tenga su residencia habitual en territorio español, y para su cómputo se tomará el valor de mercado de las acciones o participaciones en la fecha de devengo de dicho período impositivo.

b) En caso de que se transmitan las acciones o participaciones en un periodo impositivo en que el contribuyente mantenga tal condición, para el cálculo de la ganancia o pérdida patrimonial correspondiente a la transmisión se tomará como valor de adquisición el valor de mercado de las acciones o participaciones que se hubiera tenido en cuenta para determinar la ganancia patrimonial prevista en el artículo 95 LIRPF.

2.8. Imputaciones de rentas

A modo previo, antes de su estudio en la Unidad 11, junto a los rendimientos anteriores, también se establecen en la Ley una serie de imputaciones de renta que tienen por objeto la mejor determinación entre la base imponible del impuesto y la capacidad económica del contribuyente. Son las siguientes:

A) Imputación de rentas inmobiliarias

Tendrá la consideración de renta imputada el **2% del valor catastral** del inmueble, debiéndose por consiguiente añadir esta cuantía a la base imponible como una renta más.

El porcentaje anterior, según precisa la Ley del Impuesto, se reduce al **1,1%** en el caso de inmuebles cuyos valores catastrales hayan sido **revisados o modificados en el período impositivo o en el plazo de los diez períodos impositivos anteriores**. Si a la fecha de devengo del tributo los inmuebles carecen de valor catastral (o bien este no ha sido notificado), el contribuyente deberá aplicar este mismo porcentaje al 50 por 100 del mayor de los siguientes valores: el comprobado por la Administración a efectos de otros tributos o el precio, contraprestación o valor de la adquisición. Se mantiene para el ejercicio 2024, siempre que los valores catastrales revisados, modificados o determinados hayan entrado en vigor a partir del 1 de enero del 2012.

Finalmente, la norma introduce dos precisiones:

- Primera: cuando existan **derechos reales de disfrute**, la renta computable para el titular del derecho será precisamente la que corresponda al propietario.

- Segunda: en los supuestos de **derechos de aprovechamiento por turno de bienes inmuebles**, la imputación de la renta se hará a quien sea titular del citado derecho, prorrateándose entonces la base liquidable del IBI en función de la duración anual del período de aprovechamiento. Si esta base liquidable no puede determinarse, se tomará como base de imputación el precio de adquisición del derecho de aprovechamiento por turno.

En esta segunda precisión debe tenerse en cuenta que no se imputará ninguna renta en el caso de que el aprovechamiento por turno tenga una duración inferior a dos semanas por año.

B)   Otras imputaciones de renta

La LIRPF indica otros tres supuestos en los que el contribuyente viene obligado a imputarse una renta. Son los siguientes:

1.   **Transparencia fiscal internacional.**

En este régimen los contribuyentes imputarán la renta positiva obtenida por una entidad no residente en territorio español. Las condiciones que deben darse para que se aplique este régimen son los siguientes:

⇨   Que los contribuyentes por sí solos o conjuntamente con entidades vinculadas o con otros contribuyentes unidos por vínculos de parentesco, incluido el cónyuge, en línea directa o colateral, consanguínea o por afinidad hasta el segundo grado inclusive, tengan una participación igual o superior al 50% en el capital, los fondos propios, los resultados o los derechos de voto de la entidad no residente en territorio español, en la fecha del cierre del ejercicio social de esta última.

⇨   Que el importe satisfecho por la entidad no residente en territorio español, imputable a alguna de las clases de rentas previstas en la Ley, por razón de gravamen de naturaleza idéntica o análoga al Impuesto sobre Sociedades sea inferior al 75% del que hubiere correspondido de acuerdo con las normas del citado Impuesto.

Los contribuyentes imputarán, también, la renta total obtenida por la entidad no residente en territorio español, cuando esta no disponga de la correspondiente organización de medios materiales y personales para su obtención, incluso si las operaciones tienen carácter recurrente.

Este apartado no resultará de aplicación cuando el contribuyente acredite que las referidas operaciones se realizan con los medios materiales y personales existentes en una entidad no residente en territorio español perteneciente al mismo grupo, en el sentido del artículo 42 del Código de Comercio, con independencia de su residencia y de la obligación de formular cuentas anuales consolidadas, o bien que su constitución y operativa responde a motivos económicos válidos.

⇨ En el supuesto de no aplicarse lo establecido en el apartado anterior, se imputará únicamente la renta positiva que provenga de las fuentes que se detallan en el artíuclo 91 LIRPF: titularidad de inmuebles no afectos a una actividad empresarial, participación en fondos de propios de cualquier entidad, cesión a terceros de capitales propios, actividades crediticias, financieras, aseguradoras y de prestación de servicios, transmisiones de bienes y derechos que generen ganancias o pérdidas patrimoniales.

2. **Cesión de derechos de imagen.**

Este régimen afecta a todos aquellos contribuyentes sujetos por obligación personal de contribuir en el IRPF que:

▶ Cedan el derecho a la explotación de su imagen o hubiesen consentido o autorizado a otra persona o entidad.

▶ Presten sus servicios a una persona o entidad en el ámbito de una relación laboral.

▶ La entidad o persona con la que se mantenga la relación laboral, o cualquier otra vinculada con ellas, haya obtenido, mediante actos concertados con personas o entidades residentes o no residentes, la cesión del derecho a la explotación o el consentimiento o autorización para la utilización de la imagen de la persona física.

La cantidad a imputar será el valor de la contraprestación que haya satisfecho con anterioridad a la contratación de los servicios laborales de la persona física o que deba satisface la persona o entidad a que hace referencia el párrafo anterior.

3. **Instituciones de Inversión colectiva.**

Los contribuyentes que sean socios o partícipes de Instituciones de Inversión Colectiva en paraísos fiscales deben imputar en la parte general de la base imponible la diferencia positiva entre el valor liquidativo de la participación al día de cierre del periodo impositivo y su valor de adquisición. La cantidad imputada se considerará mayor valor de adquisición. Los beneficios distribuidos por la IIC no se imputarán y minorarán el valor de adquisición de la participación. Estos beneficios no darán derecho a deducción por doble imposición.

Las rentas del IRPF se clasifican en **renta general y renta del ahorro**. Atendiendo a esta clasificación, la base imponible se divide en dos partes:

a) Base imponible general.

b) Base imponible del ahorro.

La base liquidable igualmente se clasifica en base liquidable general y del ahorro.

Dentro de la reducciones, que conoceremos en la unidad 6, encontramos los siguientes supuestos:

- Reducción por aportaciones y contribuciones a sistemas de previsión social.

- Reducción por aportaciones y contribuciones a sistemas de previsión social constituidos a favor de personas con discapacidad.

- Reducciones por aportaciones a patrimonios protegidos de las personas con discapacidad.

- Reducciones por pensiones compensatorias.

- Reducción por cuotas y aportaciones a partidos políticos.

También conoceremos en la unidad 6 el **mínimo personal y familiar que** constituye la parte de la base liquidable que, por destinarse a satisfacer las necesidades básicas personales y familiares del contribuyente, no se somete a tributación por este Impuesto.

La determinación de la deuda tributaria en el IRPF pasa por el cálculo de las siguientes cuotas:

⇨ Cuotas íntegras.

⇨ Cuotas líquidas.

⇨ Cuota diferencial.

.../...

.../...

En ningún caso tendrán que declarar los contribuyentes que obtengan exclusivamente rendimientos íntegros del trabajo, de capital o de actividades económicas, así como ganancias patrimoniales, con el límite conjunto de 1.000 euros anuales y pérdidas patrimoniales de cuantía inferior a 500 euros.

Sin embargo, **estarán obligados a declarar en todo caso** los contribuyentes que tengan derecho a deducción por inversión en vivienda, por cuenta ahorro-empresa, por doble imposición internacional o que realicen aportaciones a patrimonios protegidos de las personas con discapacidad, planes de pensiones, planes de previsión asegurados o mutualidades de previsión social, planes de previsión social empresarial y seguros de dependencia que reduzcan la base imponible, en las condiciones que se establezcan reglamentariamente.

UNIDAD DIDÁCTICA 2

Rendimientos del trabajo

Contenido & Objetivos

Introducción

1. Concepto y naturaleza. Rendimiento neto del trabajo

2. Gastos y reducciones sobre los rendimientos netos del trabajo

3. Retribuciones en especie: modalidades y valoración

4. Dietas y asignaciones para gastos

5. Trabajadores expatriados, impatriados y transfronterizos

6. Tratamiento de los rendimientos irregulares

7. Rendimientos del trabajo obtenidos por la gestión de fondos vinculados al emprendimiento, a la innovación y al desarrollo de la actividad económica

Los **objetivos** de esta unidad son:

1. Precisar los rendimientos del trabajo sometidos a tributación.

2. Diferenciar los porcentajes de reducción aplicables a determinados rendimientos del trabajo.

3. Determinar el rendimiento neto del trabajo.

4. Identificar las reducciones por obtención de rendimientos del trabajo.

Introducción

A lo largo de la presente unidad expondremos los conceptos fundamentales para la determinación de las rentas del trabajo sujetas a tributación. Desarrollaremos: los rendimientos íntegros del trabajo, los porcentajes de deducción, la cuantificación del rendimiento neto y las reducciones aplicables en cada caso.

Aunque la ley del IRPF continúa utilizando la nomenclatura de "paraíso fiscal" la disposición adicional primera de la Ley 36/2006 desde el 2021 las denomina "jurisdicción no cooperativa".

Para facilitar la comprensión del manual hemos mantenido el concepto "paraíso fiscal".

1. Concepto y naturaleza. Rendimiento neto del trabajo

1.1. Definición y naturaleza

 Son **rendimientos íntegros del trabajo** todas las contraprestaciones o utilidades, cualquiera que sea su denominación o naturaleza, dinerarias o en especie, que deriven, directa o indirectamente, del trabajo personal o de la relación laboral o estatutaria y no tengan el carácter de rendimientos de actividades económicas.

De esta definición se desprende que, para considerar unos rendimientos como rendimientos del trabajo, se tienen que dar las siguientes circunstancias:

1. Han de ser **contraprestación directa o indirecta del trabajo.**

2. Han de tener su **origen en el trabajo por cuenta ajena**, pues en el caso de que se trabaje por cuenta propia estaremos ante rendimientos de actividades profesionales o empresariales.

3. Han de tener su **origen en una relación laboral o estatutaria.**

En estas contraprestaciones o utilidades deben incluirse:

*   **Las retribuciones normales dinerarias o en especie:**

    Por ejemplo: que la empresa se haga cargo del colegio de los niños o la cesión del uso de un vehículo de empresa.

- **Las retribuciones que se perciben con continuidad:**

  Por ejemplo, salarios mensuales.

- **Las retribuciones excepcionales que se perciben una única vez:**

  Por ejemplo, las indemnizaciones por despido.

- **Las de forma irregular:**

  Por ejemplo, un premio por 25 años de permanencia en la empresa.

1.2. Tipos de rendimientos íntegros del trabajo

1.2.1. Conceptos previos

La LIRPF, al igual que hacía su predecesora, establece que, en particular, son rendimientos del trabajo los siguientes:

⇨ Los sueldos y salarios.

⇨ Las prestaciones por desempleo.

⇨ Las remuneraciones en concepto de gastos de representación.

⇨ Las dietas y asignaciones para gastos de viaje, excepto los de locomoción y los normales de manutención y estancia en establecimientos de hostelería con los límites que reglamentariamente se establezcan.

⇨ Las contribuciones o aportaciones satisfechas por los promotores de planes de pensiones previstos en el Texto Refundido de la Ley de Regulación de los Planes y Fondos de Pensiones, aprobado por el **Real Decreto Legislativo 1/2002, de 29 de noviembre,** o por las empresas promotoras previstas en la Directiva 2003/41/CE del Parlamento Europeo y del Consejo, de 3 de junio de 2003, relativa a las actividades y la supervisión de fondos de pensiones de empleo.

⇨ Las contribuciones o aportaciones satisfechas por los empresarios para hacer frente a los compromisos por pensiones en los términos previstos por la disposición adicional primera del texto refundido de la Ley de regulación de los planes y fondos de pensiones, y en su normativa de desarrollo, cuando aquellas sean imputadas a las personas a quienes se vinculen las prestaciones.

Esta imputación fiscal tendrá carácter voluntario en los contratos de seguro colectivo distintos de los planes de previsión social empresarial, debiendo mantenerse la decisión que se adopte respecto del resto de primas que se satisfagan hasta la extinción del contrato de seguro. No obstante, la imputación fiscal tendrá carácter obligatorio en los contratos de seguro de riesgo y cuando los contratos de seguro cubran conjuntamente las contingencias de jubilación y de fallecimiento o incapacidad, en la parte de las primas satisfechas que corresponda al capital en riesgo por fallecimiento o incapacidad, siempre que el importe de dicha parte exceda de 50 euros anuales.

A estos efectos se considera capital en riesgo la diferencia entre el capital asegurado para fallecimiento o incapacidad y la provisión matemática.

No obstante, lo previsto en el párrafo anterior, en todo caso, la imputación fiscal de primas de los contratos de seguro antes señalados será obligatoria por el importe que exceda de 100.000 euros anuales por contribuyente y respecto del mismo empresario, salvo en los seguros colectivos contratados a consecuencia de despidos colectivos realizados de conformidad con lo dispuesto en el artículo 51 del TRET.

⇨ Recordamos en este punto, porque es de importante relevancia que la **disposición adicional tercera de la Ley 7/2024, de 20 de diciembre** ha declarado exentas, con sujeción a determinados requisitos, las cantidades satisfechas entre el 29 de octubre de 2024 y el 31 de diciembre de 2024 con carácter extraordinario por los empleadores a sus empleados y/o familiares que vayan destinadas a sufragar los daños personales y daños materiales en vivienda, enseres y vehículos que hayan sufrido los empleados y/o sus familiares con ocasión de la Depresión Aislada en Niveles Altos (DANA) acaecida en 2024.

1.2.2. Percepción de las prestaciones derivadas de la disponibilidad anticipada de derechos consolidados para contribuyentes afectados por la Depresión Aislada en Niveles Altos (DANA)

Con el objeto de facilitar que **los afectados por la Depresión Aislada en Niveles Altos (DANA)** puedan atender las necesidades sobrevenidas de liquidez, el artículo 51 del Real Decreto-ley 7/2024, de 11 de noviembre, por el que se adoptan medidas urgentes para el impulso del Plan de respuesta inmediata, reconstrucción y relanzamiento frente a los daños causados por la Depresión Aislada en Niveles Altos (DANA) en diferentes municipios entre el 28 de octubre y el 4 de noviembre de 2024 (BOE de 12 de noviembre), ha establecido, con carácter excepcional y exclusivamente durante el periodo comprendido entre el 13 de noviembre de 2024 y el 12 de mayo de 2025, la posibilidad de que los partícipes de planes de pensiones, así como los asegurados de los planes de previsión asegurados y planes de previsión social empresarial y los mutualistas de mutualidades de previsión social puedan disponer anticipadamente en determinados supuestos de sus derechos consolidados, fijando las condiciones y un importe máximo de disposición.

La percepción de tales prestaciones tendrá la consideración de rendimientos del trabajo de acuerdo con el artículo 17.2.a) de la Ley del IRPF.

1.2.3. Prestaciones que tendrán consideración de rendimientos del trabajo

En todo caso, tendrán la consideración de rendimientos del trabajo las siguientes prestaciones:

1. **Las pensiones y haberes pasivos percibidos de los regímenes públicos de la Seguridad Social y clases pasivas y demás prestaciones públicas por situaciones de incapacidad, jubilación, accidente, enfermedad, viudedad, o similares, salvo que estuvieran exentas.**

Dª. Matilde Martínez, que no ha trabajado nunca, recibe una pensión de viudedad de 360 €/mes como consecuencia del fallecimiento de su esposo, D. Félix Benito.

En este caso, la pensión de viudedad que recibe Dª. Matilde es un rendimiento íntegro del trabajo.

2. **Las prestaciones percibidas por los beneficiarios de mutualidades generales obligatorias de funcionarios, colegios de huérfanos y otras entidades similares.**

3. **Las prestaciones percibidas por los beneficiarios de planes de pensiones y las percibidas de los planes de pensiones** regulados en la Directiva (UE) 2016/2341 del Parlamento Europeo y del Consejo, de 14 de diciembre de 2016, relativa a las actividades y la supervisión de fondos de pensiones de empleo.

Asimismo, las cantidades percibidas en los supuestos contemplados en el artículo 8.8 del texto refundido de la Ley de Regulación de los Planes y Fondos de Pensiones, aprobado por el Real Decreto Legislativo 1/2002, de 29 de noviembre, tendrán el mismo tratamiento fiscal que las prestaciones de los planes de pensiones.

Se trata de las rentas percibidas al llegar a la edad de jubilación o en el caso de muerte o de incapacidad permanente. La prestación recibida puede ser de tres tipos:

a) Percepción única en forma de capital.

b) Percepción de una renta temporal o vitalicia.

c) Percepción de una parte en forma de capital y otra como renta temporal o vitalicia.

Por tanto, vemos que los planes de pensiones, cuando se están constituyendo, pueden reducirse en la base imponible, mientras que, por el contrario, cuando se cobran han de declararse como rendimientos del trabajo.

D. José Muro tiene un capital acumulado de 57.096,15 € en un fondo de pensiones, como consecuencia de haber ido haciendo aportaciones a un fondo de pensiones.

Cuando llega su jubilación, D. José decide rescatar ese capital en forma de capital, es decir, recibiendo en un pago único esos 57.096,15 €.

En este caso, este pago recibido del fondo de pensiones tiene la calificación fiscal de rendimiento íntegro del trabajo.

4. **Las prestaciones percibidas por los beneficiarios de contratos de seguros concertados con mutualidades de previsión social,** cuyas aportaciones hayan podido ser, al menos en parte, gasto deducible para la determinación del rendimiento neto de actividades económicas, u objeto de reducción en la base imponible del Impuesto.

En el supuesto de prestaciones por jubilación e invalidez derivadas de dichos contratos, se integrarán en la base imponible en el importe de la cuantía percibida que exceda de las aportaciones que no hayan podido ser objeto de reducción o minoración en la base imponible del Impuesto, por incumplir los requisitos subjetivos previstos en el párrafo a) del apartado 2 del artículo 51 o en la disposición adicional novena de la LIRPF.

5. **Las prestaciones percibidas por los beneficiarios de los planes de previsión social empresarial.**

Asimismo, las prestaciones por jubilación e invalidez percibidas por los beneficiarios de contratos de seguro colectivo, distintos de los planes de previsión social empresarial, que instrumenten los compromisos por pensiones asumidos por las empresas, en los términos previstos en la disposición adicional primera del Texto Refundido de la Ley de Regulación de los Planes y Fondos de Pensiones, y en su normativa de desarrollo, en la medida en que su cuantía exceda de las contribuciones imputadas fiscalmente y de las aportaciones directamente realizadas por el trabajador.

6. **Las prestaciones percibidas por los beneficiarios de los planes de previsión asegurados.**

7. **Las prestaciones percibidas por los beneficiarios de los seguros de dependencia conforme a lo dispuesto en la Ley de Promoción de la Autonomía Personal y Atención a las Personas en Situación de Dependencia.**

1.2.4. Otros rendimientos del trabajo

También tienen la consideración de rendimientos del trabajo:

1. Las cantidades que se abonen, por razón de su cargo, a los diputados españoles en el Parlamento Europeo, a los diputados y senadores de las Cortes Generales, a los miembros de las asambleas legislativas autonómicas, concejales de ayuntamiento y miembros de las diputaciones provinciales, cabildos insulares u otras entidades locales, con exclusión, en todo caso, de la parte de aquellas que dichas instituciones asignen para gastos de viaje y desplazamiento.

2. Los rendimientos derivados de impartir cursos, conferencias, coloquios, seminarios y similares.

3. Los rendimientos derivados de la elaboración de obras literarias, artísticas o científicas, siempre que se ceda el derecho a su explotación.

   Desde el 1 de enero del 2025, cuando los rendimientos íntegros del trabajo obtenidos en el período impositivo a los que no les resulte de aplicación la reducción prevista en el artículo 18.2 LIRPF derivados de elaboración de obras literarias, artísticas o científicas a los que se refiere el artículo 17.2 d) de LIRPF y de la relación laboral especial de las personas artistas que desarrollan su actividad en las artes escénicas, audiovisuales y musicales, así como de las personas que realizan actividades técnicas o auxiliares necesarias para el desarrollo de dicha actividad, excedan del 130 por ciento de la cuantía media de los referidos rendimientos imputados en los tres períodos impositivos anteriores, se reducirá en un 30 por ciento el citado exceso.

   La cuantía sobre la que se aplicará esta reducción no podrá superar los 150.000 euros anuales.

4. Las retribuciones de los administradores y miembros de los Consejos de Administración, de las Juntas que hagan sus veces y demás miembros de otros órganos representativos.

5. Las pensiones compensatorias recibidas del cónyuge y las anualidades por alimentos, sin perjuicio de que pudieran estar exentas.

6. Los derechos especiales de contenido económico que se reserven los fundadores o promotores de una sociedad como remuneración de servicios personales.

7. Las becas, sin perjuicio de que pudieran estar exentas.

8. Las retribuciones percibidas por quienes colaboren en actividades humanitarias o de asistencia social promovidas por entidades sin ánimo de lucro.

9. Las retribuciones derivadas de relaciones laborales de carácter especial.

10. Las aportaciones realizadas al patrimonio protegido de las personas con discapacidad en los términos previstos en la disposición adicional decimoctava de la LIRPF.

No obstante, cuando para la obtención de determinados rendimientos se realice la ordenación por cuenta propia de medios de producción y de recursos humanos o de uno de ambos, con la finalidad de intervenir en la producción o distribución de bienes o servicios, tendrán la calificación de rendimientos de actividades económicas.

Estos rendimientos son los siguientes:

▶ Rendimientos procedan de impartir cursos, conferencias, coloquios, seminarios y similares.

▶ Elaboración de obras literarias, artísticas o científicas, siempre que se ceda el derecho a su explotación.

▶ Los derivados de la relación laboral especial de los artistas en espectáculos públicos y de la relación laboral especial de las personas que intervengan en operaciones mercantiles por cuenta de uno o más empresarios sin asumir el riesgo y ventura de aquellas.

2. Gastos y reducciones sobre los rendimientos netos del trabajo

La ley en sus artículos 18, 19 y 20 establece una serie de gastos y reducciones que se aplicarán sobre los rendimientos netos del trabajo.

Tendrán la consideración de gastos deducibles exclusivamente los siguientes:

a) Las cotizaciones a la Seguridad Social o a mutualidades generales obligatorias de funcionarios.

b) Las detracciones por derechos pasivos.

c) Las cotizaciones a los colegios de huérfanos o entidades similares.

d) Las cuotas satisfechas a sindicatos y colegios profesionales, cuando la colegiación tenga carácter obligatorio, en la parte que corresponda a los fines esenciales de estas instituciones, y con el límite de 500 euros anuales.

e) Los gastos de defensa jurídica derivados directamente de litigios suscitados en la relación del contribuyente con la persona de la que percibe los rendimientos, con el límite de 300 euros anuales.

f) En concepto de otros gastos distintos de los anteriores, 2.000 euros anuales, que se aplica a todos los trabajadores.

Tratándose de contribuyentes desempleados inscritos en la oficina de empleo que acepten un puesto de trabajo que exija el traslado de su residencia habitual a un nuevo municipio, siempre que el nuevo puesto de trabajo exija el cambio de dicha residencia, se incrementará dicha cuantía, en el periodo impositivo en el que se produzca el cambio de residencia y en el siguiente, en 2.000 euros anuales adicionales.

Tratándose de personas con discapacidad que obtengan rendimientos del trabajo como trabajadores activos, se incrementará dicha cuantía en 3.500 euros anuales. Dicho incremento será de 7.750 euros anuales, para las personas con discapacidad que siendo trabajadores activos acrediten necesitar ayuda de terceras personas o movilidad reducida, o un grado de discapacidad igual o superior al 65 por ciento.

Los gastos deducibles a que se refiere esta letra f) tendrán como límite el rendimiento íntegro del trabajo una vez minorado por el resto de gastos deducibles previstos en este apartado.

Para el ejercicio 2024 la ley establece una reducción por obtención de rendimientos del trabajo en las siguientes cantidades:

Los contribuyentes con rendimientos netos del trabajo inferiores a 19.747,5 euros siempre que no tengan rentas, excluidas las exentas, distintas de las del trabajo superiores a 6.500 euros, minorarán el rendimiento neto del trabajo en las siguientes cuantías:

a) Contribuyentes con rendimientos netos del trabajo iguales o inferiores a 14.852 euros: 7.302 euros anuales.

b) Contribuyentes con rendimientos netos del trabajo superiores a 14.852 euros, pero iguales o inferiores a 17.673,52 euros: 7.302 euros menos el resultado de multiplicar por 1,75 la diferencia entre el rendimiento del trabajo y 14.852 euros anuales.

c) Contribuyentes con rendimientos netos del trabajo comprendidos entre 17.673,52 y 19.747,5 euros: 2.364,34 euros menos el resultado de multiplicar por 1,14 la diferencia entre el rendimiento del trabajo y 17.673,52 euros anuales.

Para el ejercicio 2023 las cantidades de esta reducción eran:

a) Contribuyentes con rendimientos netos del trabajo iguales o inferiores a 14.047,5 euros: 6.498 euros anuales.

b) Contribuyentes con rendimientos netos del trabajo comprendidos entre 14.047,5 y 19.747,5 euros: 6.498 euros menos el resultado de multiplicar por 1,14 la diferencia entre el rendimiento del trabajo y 14.047,5 euros anuales.

A estos efectos, el rendimiento neto del trabajo será el resultante de minorar el rendimiento íntegro en los gastos previstos en las letras a), b), c), d) y e) del artículo 19.2 de la LIRPF.

Como consecuencia de la aplicación de la reducción prevista en este artículo, el saldo resultante no podrá ser negativo.

La reducción en 2022 se establecía: aplicable a aquellos contribuyentes con rendimientos netos del trabajo inferiores a 16.825 euros siempre que no tengan rentas, excluidas las exentas, distintas de las del trabajo superiores a 6.500 euros, minorarán el rendimiento neto del trabajo en las siguientes cuantías: Contribuyentes con rendimientos netos del trabajo iguales o inferiores a 13.115 euros: 5.565 euros anuales.

Contribuyentes con rendimientos netos del trabajo comprendidos entre 13.115 y 16.825 euros: 5.565 euros menos el resultado de multiplicar por 1,5 la diferencia entre el rendimiento del trabajo y 13.115 euros anuales.

Como hemos indicado anteriormente, desde el 1 de enero del 2025, cuando los rendimientos íntegros del trabajo obtenidos en el período impositivo a los que no les resulte de aplicación la reducción prevista en el artículo 18.2 LIRPF derivados de elaboración de obras literarias, artísticas o científicas a los que se refiere el artículo 17.2 d) de LIRPF y de la relación laboral especial de las personas artistas que desarrollan su actividad en las artes escénicas, audiovisuales y musicales, así como de las personas que realizan actividades técnicas o auxiliares necesarias para el desarrollo de dicha actividad, excedan del 130 por ciento de la cuantía media de los referidos rendimientos imputados en los tres períodos impositivos anteriores, se reducirá en un 30 por ciento el citado exceso.

La cuantía sobre la que se aplicará esta reducción no podrá superar los 150.000 euros anuales.

3. Retribuciones en especie: modalidades y valoración

3.1. Concepto de retribuciones en especie

 Constituyen **rentas en especie del trabajo la utilización, consumo u obtención para fines particulares de bienes, derechos o servicios de forma gratuita** o por precio inferior al normal de mercado, aun cuando no supongan un gasto real para quien las concede.

No obstante, cuando el pagador de las rentas entregue al contribuyente importes en metálico para que este adquiera los bienes, derechos o servicios, la renta tendrá la consideración de dineraria.

3.2. Rentas que no tienen la consideración de retribuciones en especie

Repasando conceptos vistos en la Unidad 1, no tendrán la consideración de rendimientos del trabajo en especie:

a) Las cantidades destinadas a la actualización, capacitación o reciclaje del personal empleado, cuando vengan exigidos por el desarrollo de sus actividades o las características de los puestos de trabajo.

b) Las primas o cuotas satisfechas por la empresa en virtud de contrato de seguro de accidente laboral o de responsabilidad civil del trabajador.

Estarán exentos los siguientes rendimientos del trabajo en especie:

a) Las entregas a empleados de productos a precios rebajados que se realicen en cantinas o comedores de empresa o economatos de carácter social. Tendrán la consideración de entrega de productos a precios rebajados que se realicen en comedores de empresa las fórmulas indirectas de prestación del servicio cuya cuantía no supere la cantidad que reglamentariamente se determine, con independencia de que el servicio se preste en el propio local del establecimiento de hostelería o fuera de éste, previa recogida por el empleado o mediante su entrega en su centro de trabajo o en el lugar elegido por aquel para desarrollar su trabajo en los días en que este se realice a distancia o mediante teletrabajo, cuya cuantía no supere la cantidad que reglamentariamente se determine, actualmente 11 €/día.

La prestación del servicio deberá tener lugar durante días hábiles para el empleado o trabajador. Y no tendrán lugar durante los días que el empleado o trabajador devengue dietas por manutención exceptuadas de gravamen.

b) La utilización de los bienes destinados a los servicios sociales y culturales del personal empleado.

Tendrán esta consideración, entre otros, los espacios y locales, debidamente homologados por la Administración Pública competente, destinados por las empresas o empleadores a prestar el servicio de primer ciclo de educación infantil a los hijos de sus trabajadores, así como la contratación, directa o indirectamente, de este servicio con terceros debidamente autorizados.

c) Las primas o cuotas satisfechas a entidades aseguradoras para la cobertura de enfermedad, cuando se cumplan los siguientes requisitos y límites:

   1. Que la cobertura de enfermedad alcance al propio trabajador, pudiendo también alcanzar a su cónyuge y descendientes.

2. Que las primas o cuotas satisfechas no excedan de 500 euros anuales por cada una de las personas señaladas en el párrafo anterior. El exceso sobre dicha cuantía constituirá retribución en especie. La cuantía no podrá exceder de 1.500 euros si el trabajador, cónyuge o descendiente fuera discapacitado.

d) La prestación del servicio de educación preescolar, infantil, primaria, secundaria obligatoria, bachillerato y formación profesional por centros educativos autorizados, a los hijos de sus empleados, con carácter gratuito o por precio inferior al normal de mercado.

e) Las cantidades satisfechas a las entidades encargadas de prestar el servicio público de transporte colectivo de viajeros con la finalidad de favorecer el desplazamiento de los empleados entre su lugar de residencia y el centro de trabajo, no podrá exceder de 136,36 euros mensuales por trabajador, con el límite de 1.500 euros anuales para cada trabajador. También tendrán la consideración de cantidades satisfechas a las entidades encargadas de prestar el citado servicio público, las fórmulas indirectas de pago.

f) La entrega a los trabajadores en activo, de forma gratuita o por precio inferior al normal de mercado, de acciones o participaciones de la propia empresa o de otras empresas del grupo de sociedades, en la parte que no exceda, para el conjunto de las entregadas a cada trabajador, de 12.000 euros anuales, siempre que la oferta se realice en las mismas condiciones para todos los trabajadores de la empresa, grupo o subgrupos de empresa.

La exención prevista en el párrafo anterior será de 50.000 euros anuales en el caso de entrega de acciones o participaciones concedidas a los trabajadores de una empresa emergente a las que se refiere la Ley 28/2022, de 21 de diciembre, de fomento del ecosistema de las empresas emergentes. En este supuesto, no será necesario que la oferta se realice en las condiciones señaladas en el párrafo anterior, debiendo efectuarse la misma dentro de la política retributiva general de la empresa y contribuir a la participación de los trabajadores en esta última. En el caso de que la entrega de acciones o participaciones sociales a que se refiere este párrafo derive del ejercicio de opciones de compra sobre acciones o participaciones previamente concedidas a los trabajadores por la empresa emergente, los requisitos para la consideración como empresa emergente deberán cumplirse en el momento de la concesión de la opción.

3.3. Valoración de las rentas en especie

 La regla de valoración general de las rentas en especie es el **valor normal en el mercado.**

No obstante, se establecen determinadas especialidades en los siguientes supuestos de rendimientos del trabajo en especie:

A) Utilización de vivienda

El importe de la retribución en especie será:

- Con **carácter general**: el 10% del valor catastral.

- En el caso de inmuebles localizados en municipios en los que los valores catastrales hayan sido revisados o modificados, o determinados mediante un procedimiento de valoración colectiva de carácter general, de conformidad con la normativa catastral, y hayan entrado en vigor en el período impositivo o en el plazo de los diez períodos impositivos anteriores, el 5 por ciento del valor catastral.

- Si a la fecha de devengo del impuesto los inmuebles carecieran de valor catastral o este no hubiera sido notificado al titular, el porcentaje será del 5 por ciento y se aplicará sobre el 50 por ciento del mayor de los siguientes valores: el comprobado por la Administración a efectos de otros tributos o el precio, contraprestación o valor de la adquisición.

- La valoración resultante no podrá exceder del 10 por ciento de las restantes contraprestaciones del trabajo.

Un directivo de una gran empresa tiene una retribución de 60.000 € anuales y, además, ocupa una vivienda de propiedad de la empresa cuyo valor catastral es de 90.000 €.

En este caso, el trabajador tiene una retribución en especie que se valora de la siguiente forma:

Retribución en especie = 10% x 90.000 = 9.000 €

Pero, por otro lado, no podrá exceder del 10% de las restantes contraprestaciones del trabajo y, como estas son de 60.000 €, el valor de la retribución en especie derivada de la utilización de la vivienda de la empresa es de 6.000 €.

B) Utilización o entrega de vehículos automóviles

El importe de la retribución en especie será:

1. En el supuesto de entrega, el coste de adquisición para el pagador, incluidos los tributos que graven la operación.

2. En el supuesto de uso, el 20% anual del coste a que se refiere el párrafo anterior. En caso de que el vehículo no sea propiedad del pagador, dicho porcentaje se aplicará sobre el valor de mercado que correspondería al vehículo si fuese nuevo.

    La valoración resultante de lo previsto en el párrafo anterior se podrá reducir hasta en un 30% cuando se trate de vehículos considerados eficientes energéticamente, en los términos y condiciones que se determinen reglamentariamente.

3. En el supuesto de uso y posterior entrega, la valoración de esta última se efectuará teniendo en cuenta la valoración resultante del uso anterior.

C) Préstamos con tipos de interés inferiores al legal del dinero

El importe de la retribución en especie será la diferencia entre el interés pagado y el interés legal del dinero vigente en el período.

D) Otras retribuciones en especie se valoran por el coste para el pagador, incluidos los tributos que graven la operación

Estas rentas son las siguientes:

1. Las prestaciones en concepto de manutención, hospedaje, viajes y similares.

2. Las primas o cuotas satisfechas en virtud de contrato de seguro u otro similar (salvo las que no tuvieran carácter de retribución en especie).

3. Las cantidades destinadas a satisfacer gastos de estudios y manutención del contribuyente o de otras personas ligadas al mismo por vínculo de parentesco, incluidos los afines, hasta el cuarto grado inclusive (salvo las que no tuvieran carácter de retribución en especie).

4. La utilización de vivienda que no sea propiedad del pagador. El resultado no podrá ser inferior al valor que se obtenga de las reglas de valoración en función del valor catastral que han sido explicadas en la letra a).

E) Valoración por su importe

Se valorarán **por su importe** las siguientes retribuciones en especie:

⇨ Las contribuciones satisfechas por los promotores de planes de pensiones y las contribuciones satisfechas por las empresas promotoras reguladas en la Directiva 2003/41/CE del Parlamento Europeo y del Consejo, de 3 de junio de 2003.

⇨ Las cantidades satisfechas por empresarios para hacer frente a los compromisos por pensiones (Disposición Adicional primera del texto refundido de la Ley de Regulación de los Planes y Fondos de Pensiones).

⇨ Las cantidades satisfechas por empresarios a los seguros de dependencia.

F) Precio ofertado al público

Cuando el rendimiento de trabajo en especie sea satisfecho por empresas que tengan como actividad habitual la realización de las actividades que dan lugar al mismo, la valoración no podrá ser inferior al **precio ofertado al público** del bien, derecho o servicio de que se trate.

Se considerará precio ofertado al público:

▶ El previsto en el artículo 60 del Real Decreto Legislativo 1/2007, de 16 de noviembre, por el que se aprueba el Texto Refundido de la Ley General para la Defensa de los Consumidores y usuarios.

▶ De este precio se deducirán los descuentos ordinarios o comunes, entendiendo por tales los descuentos que sean ofertados a otros colectivos de similares características a los trabajadores de la empresa, así como los descuentos promocionales que tengan carácter general y se encuentren en vigor en el momento de satisfacer la retribución en especie o que, en otro caso, no excedan del 15% ni de 1.000 euros anuales.

A un miembro del Consejo de Administración de una multinacional le ha sido entregado al formar parte del citado Consejo un automóvil Mercedes de 60.000 € de valor (impuestos y matriculación incluida).

En este caso, el miembro del Consejo de Administración deberá declarar como rendimiento del trabajo el valor del automóvil más el ingreso a cuenta correspondiente.

Es decir, 60.000 (valor del coche) + 21.000 (ingreso a cuenta).

G) Reducción de la valoración en especie de la cesión de uso de vehículos automóviles eficientes energéticamente

En el caso de cesión del uso de vehículos considerados eficientes energéticamente, la valoración resultante se podrá reducir hasta en un 30 por ciento, en los términos y condiciones que se determinen reglamentariamente.

Al valor de las retribuciones en especie se adicionará el ingreso a cuenta, salvo que su importe hubiera sido repercutido al perceptor de la renta (por ejemplo porque el ingreso a cuenta se haya detraído de la nómina del trabajador).

H) Acciones o participaciones concedidas a los trabajadores de una empresa emergente

En el caso de entrega de acciones o participaciones concedidas a los trabajadores de una empresa emergente a las que se refiere el segundo párrafo de la letra f) del apartado 3 del artículo 42 de la LIRPF, por el valor de las acciones o participaciones sociales suscritas por un tercero independiente en la última ampliación de capital realizada en el año anterior a aquel en que se entreguen las acciones o participaciones sociales. De no haberse producido la referida ampliación, se valorarán por el valor de mercado que tuvieran las acciones o participaciones sociales en el momento de la entrega al trabajador.

4. Dietas y asignaciones para gastos

4.1. Gastos de locomoción, manutención y estancia

El desarrollo reglamentario de las dietas para gastos de viaje y estancia parte de la base de exención al Impuesto de las siguientes cuantías:

A) Asignaciones para gastos de locomoción

Se exceptúan de gravamen las cantidades destinadas por la empresa a compensar los gastos de locomoción del empleado o trabajador que se desplace fuera de la fábrica, taller, oficina, o centro de trabajo, para realizar su trabajo en lugar distinto, en las siguientes condiciones e importes:

Cuando el empleado o trabajador utilice **medios de transporte público**: el importe del gasto que se justifique mediante factura o documento equivalente.

En otro caso, por ejemplo que el trabajador utilice su propio vehículo, la cantidad que resulte de computar **0,26 euros por kilómetro recorrido**, siempre que se justifique la realidad del desplazamiento, más los gastos de peaje y aparcamiento que se justifiquen.

B) Asignación para gastos de manutención y estancia

 Se exceptúan de gravamen las cantidades destinadas por la empresa a compensar los gastos normales de manutención y estancia en restaurantes, hoteles y demás establecimientos de hostelería, devengadas por gastos en municipio distinto del lugar del trabajo habitual del perceptor y del que constituya su residencia.

159

Salvo en los casos que analizaremos más adelante como otras dietas exceptuadas de gravamen (epígrafe 4.3), cuando se trate de desplazamiento y permanencia por un período continuado superior a nueve meses, no se exceptuarán de gravamen dichas asignaciones.

A estos efectos, **no se descontará el tiempo de vacaciones, enfermedad u otras circunstancias que no impliquen alteración del destino.**

4.2. Gastos normales de manutención y estancia en hoteles

Se considerará como asignaciones para **gastos normales de manutención y estancia en hoteles, restaurantes** y demás establecimientos de hostelería, exclusivamente las siguientes:

1. Cuando se haya pernoctado en municipio distinto del lugar de trabajo habitual y del que constituya la residencia del perceptor, las siguientes:

    a) Por **gastos de estancia**, los importes que se justifiquen.

    b) En el caso de **conductores de vehículos dedicados al transporte de mercancías por carretera**, no precisarán justificación en cuanto a su importe los gastos de estancia que no excedan de 15 euros diarios, si se producen por desplazamiento dentro del territorio español, o de 25 euros diarios, si corresponden a desplazamientos a territorio extranjero.

    c) Por **gastos de manutención** 53,34 euros diarios, si corresponden a desplazamiento dentro del territorio español, o 91,35 euros diarios, si corresponden a desplazamientos a territorio extranjero.

2. Cuando no se haya pernoctado en municipio distinto del lugar de trabajo habitual y del que constituya la residencia del perceptor, las asignaciones para gastos de manutención que no excedan de 26,67 o 48,08 euros diarios, según se trate de desplazamiento dentro del territorio español o al extranjero, respectivamente.

En el caso del **personal de vuelo** de las compañías aéreas:

*   Se considerarán como asignaciones para gastos normales de manutención las **cuantías que no excedan de 36,06 euros diarios, si corresponden a desplazamiento dentro del territorio español o 66,11 euros diarios si corresponden a desplazamiento a territorio extranjero.**

*   Si en un mismo día se produjeran ambas circunstancias, la cuantía aplicable será la que corresponda según el mayor número de vuelos realizados.

El pagador deberá acreditar el **día y lugar del desplazamiento**, así como su razón o motivo.

4.3. Otras dietas exceptuadas de gravamen

Respecto las asignaciones para gastos de manutención y, el Reglamento, en su artículo 9.A.3 b) recoge unos supuestos aplicables a retribuciones obtenidas en el extranjero:

"El exceso que perciban los funcionarios públicos españoles con destino en el extranjero sobre las retribuciones totales que obtendrían en el supuesto de hallarse destinados en España, como consecuencia de la aplicación de los módulos y de la percepción de las indemnizaciones previstas en los artículos 4, 5 y 6 del Real Decreto 6/1995, de 13 de enero, por el que se regula el régimen de retribuciones de los funcionarios destinados en el extranjero, y calculando dicho exceso en la forma prevista en dicho Real Decreto, y la indemnización prevista en el artículo 25.1 y 2 del Real Decreto 462/2002, de 24 de mayo, sobre indemnizaciones por razón del servicio.

El exceso que perciba el personal al servicio de la Administración del Estado con destino en el extranjero sobre las retribuciones totales que obtendría por sueldos, trienios, complementos o incentivos, en el supuesto de hallarse destinado en España. A estos efectos, el órgano competente en materia retributiva acordará las equiparaciones retributivas que puedan corresponder a dicho personal si estuviese destinado en España.

El exceso percibido por los funcionarios y el personal al servicio de otras Administraciones Públicas, en la medida que tengan la misma finalidad que los contemplados en los artículos 4, 5 y 6 del Real Decreto 6/1995, de 13 de enero, por el que se regula el régimen de retribuciones de los funcionarios destinados en el extranjero o no exceda de las equiparaciones retributivas, respectivamente.

El exceso que perciban los empleados de empresas, con destino en el extranjero, sobre las retribuciones totales que obtendrían por sueldos, jornales, antigüedad, pagas extraordinarias, incluso la de beneficios, ayuda familiar o cualquier otro concepto, por razón de cargo, empleo, categoría o profesión en el supuesto de hallarse destinados en España.

Lo previsto en esta letra será incompatible con la exención prevista en el artículo 6 de este Reglamento."

El régimen previsto en los apartados anteriores será también aplicable a las asignaciones para gastos de locomoción, manutención y estancia que perciban los trabajadores contratados específicamente para prestar sus servicios en empresas con centros de trabajo móviles o itinerantes, siempre que aquellas asignaciones correspondan a **desplazamientos a municipio distinto del que constituya la residencia habitual del trabajador.**

4.4. Reglas especiales con el régimen de dietas

Además de las reglas explicadas con anterioridad, el Reglamento determina unas reglas especiales aplicables a las dietas que perciban o que generen determinados colectivos:

a) **Trabajadores con relación laboral de carácter especial**

Cuando los gastos de locomoción y manutención no les sean resarcidos específicamente por las empresas a quienes presten sus servicios, los contribuyentes que obtengan rendimientos del trabajo que se deriven de relaciones laborales especiales de carácter dependiente podrán minorar sus ingresos, para la determinación de sus rendimientos netos, en las siguientes cantidades, siempre que justifiquen la realidad de sus desplazamientos:

⇨ Por gastos de locomoción, los importes que se justifiquen mediante factura o el importe que resulte de multiplicar por 0,26 euros los kilómetros recorridos.

⇨ Por gastos de manutención, 26,67 euros (48,08 euros si es en el extranjero).

⇨ Los gastos de estancia deberán estar en todo caso resarcidos por la empresa y se regulará según lo expuesto anteriormente.

b) **Traslado de puesto de trabajo a un municipio distinto**

Se exceptúan de gravamen las cantidades que se abonen al contribuyente en concepto de gasto de locomoción y manutención de él y de sus familiares (en este caso, el RIRPF no señala cantidades limitadas, pero en todo caso deberán estar justificadas), así como los importes que se le satisfagan por el traslado de mobiliario y enseres. En todo caso, se exige que el traslado conlleve un cambio de residencia.

c) **Cumplimiento de deberes públicos**

Están también exceptuadas de gravamen las cantidades que se perciban por los candidatos a jurado y por los jurados titulares y suplentes como consecuencia del cumplimiento de sus funciones, así como las percibidas por los miembros de Mesas Electorales.

d) **Dietas de Miembros de Consejo de Administración**

La jurisprudencia del Tribunal Supremo de 20 de junio del 2022 y Resoluciones del TEAC 1475/2024, de 30 de enero de 2025 y 8417/2022, de 19 de junio de 2024 analizan la distinción tradicional entre el artículo 17.1 LIRPF (rendimientos del trabajo por naturaleza) y el 17.2 LIRPF (rendimientos del trabajo por expresa disposición legal) determinando que no es absoluta o excluyente, pudiendo existir rentas que, calificadas como rendimientos del trabajo por el artículo 17.2 cumplan con la definición genérica del 17.1 en el sentido de que procedan del trabajo personal o de una relación laboral o estatutaria en las que, por definición, concurren las notas de alteridad, ajenidad y dependencia.

En este sentido, la LIRPF califica, en su artículo 17.2.e), como rendimientos del trabajo las retribuciones a administradores y miembros de Consejos de Administración incluyendo tanto las derivadas de su la su relación mercantil con la entidad como las que derivan de su relación laboral.

En estos casos, el régimen de dietas exceptuadas de gravamen previsto en el artículo 9 del RIRPF se aplica exclusivamente a las asignaciones realizadas dentro de una relación laboral o estatutaria en la que se den las notas de dependencia, ajenidad y alteridad.

Por el contrario, los administradores o miembros del Consejo de Administración no tendrán derecho a aplicar el régimen previsto en dicho artículo por las dietas que perciban en atención al desempeño de las funciones que les corresponden en virtud de su relación mercantil. Se deberá, a tal fin, analizar el origen o causa de las dietas.

Analicemos un poco más este tipo de compensaciones:

- La LIRPF califica, en su artículo 17.2.e), como rendimientos del trabajo las retribuciones a administradores y miembros de Consejos de Administración incluyendo tanto las derivadas de su la su relación mercantil con la entidad como las que derivan de su relación laboral. El régimen de dietas exceptuadas de gravamen previsto en el artículo 9 RIRPF se aplica exclusivamente a las asignaciones realizadas dentro de una relación laboral o estatutaria en la que se den las notas de dependencia, ajenidad y alteridad.

- No obstante, podría tratarse de un gasto por cuenta de un tercero. En ese caso si la entidad pone a su disposición los medios para que acudan al lugar en el que deben realizar sus funciones, es decir, proporciona el medio de transporte y, en su caso, el alojamiento, no existirá renta para los mismos, pues no existe ningún beneficio particular para ellos.

- Si la entidad reembolsa a los miembros del Consejo de Administración los gastos en los que han incurrido para desplazarse hasta el lugar donde van a prestar sus servicios y estos no acreditan que estrictamente vienen a compensar dichos gastos, o les abona una cantidad para que estos decidan libremente cómo acudir, estamos en presencia de una renta dineraria sujeta al impuesto, así como a retención.

De forma esquemática, el tratamiento fiscal de las dietas y asignaciones para gastos de viaje serán los siguientes (art. 9 RIRPF):

Cuando se pernocta en municipio distinto	Dentro del territorio español	En el extranjero
Estancia	Importe justificado (*)	Importe justificado (*)
Manutención (€/día)	53,34	91,35
Cuando no se pernocta en municipio distinto	Dentro del territorio español	En el extranjero
Manutención en general (€/día)	26,67	48,08
Manutención del personal de vuelo de las compañías aéreas (€/día)	36,06	66,11

(*) En el caso de conductores de vehículos dedicados al transporte de mercancías por carretera, no precisarán justificación en cuanto a su importe los gastos de estancia que no excedan de 15 €/día, si se producen por desplazamiento dentro del territorio español, o de 25 €/día, si corresponden a desplazamientos a territorio extranjero.

5. Trabajadores expatriados, impatriados y transfronterizos

5.1. Expatriados

La globalización, las necesidades empresariales de ampliar las dimensiones territoriales de los negocios y otras circunstancias generan la movilidad de trabajadores con consecuencias en su régimen fiscal.

La LIRPF en su artículo 7 p) exime de tributación los rendimientos percibidos por trabajos efectivamente realizados en el extranjero cuando cumplan determinados requisitos:

1º　Que dichos trabajos se realicen para una empresa o entidad no residente en España o un establecimiento permanente radicado en el extranjero en las condiciones que reglamentariamente se establezcan. En particular, cuando la entidad destinataria de los trabajos esté vinculada con la entidad empleadora del trabajador o con aquella en la que preste sus servicios, deberán cumplirse los requisitos previstos en el apartado 5 del artículo 16 del texto refundido de la Ley del Impuesto sobre Sociedades, aprobado por el Real Decreto Legislativo 4/2004, de 5 de marzo. Aunque la LIRPF no ha actualizado la vinculación, a partir del 2015 deberemos remitirnos a la Ley 27/2014, vigente Ley de Impuesto sobre Sociedades.

2º Que en el territorio en que se realicen los trabajos se aplique un impuesto de naturaleza idéntica o análoga a la de este impuesto y no se trate de un país o territorio considerado como paraíso fiscal. Se considerará cumplido este requisito cuando el país o territorio en el que se realicen los trabajos tenga suscrito con España un convenio para evitar la doble imposición internacional que contenga cláusula de intercambio de información.

 En este sentido hay que tener en cuenta que lo que es preciso es que el impuesto exista, no es necesario que se pague.

La exención se aplicará a las retribuciones devengadas durante los días de estancia en el extranjero, con el límite máximo de 60.100 euros anuales.

Para el cálculo de la retribución correspondiente a los trabajos realizados en el extranjero, deberán tomarse en consideración los días que efectivamente el trabajador ha estado desplazado en el extranjero, así como las retribuciones específicas correspondientes a los servicios prestados en el extranjero.

Para el cálculo del importe de los rendimientos devengados cada día por los trabajos realizados en el extranjero, al margen de las retribuciones específicas correspondientes a los citados trabajos, se aplicará un criterio de reparto proporcional teniendo en cuenta el número total de días del año.

Esta exención será incompatible, para los contribuyentes destinados en el extranjero, con el **régimen de excesos** excluidos de tributación previsto en el reglamento de este impuesto, cualquiera que sea su importe. El contribuyente podrá optar por la aplicación del régimen de excesos en sustitución de esta exención.

 Este **régimen de excesos** se establece en el artículo 9.A.3.B) del Reglamento 439/2007, de 30 de marzo, por el que se aprueba el Reglamento del Impuesto sobre la Renta de las Personas Físicas:

"El exceso que perciban los empleados de empresas, con destino en el extranjero, sobre las retribuciones totales que obtendrían por sueldos, jornales, antigüedad, pagas extraordinarias, incluso la de beneficios, ayuda familiar o cualquier otro concepto, por razón de cargo, empleo, categoría o profesión en el supuesto de hallarse destinados en España."

5.2. Impatriados o régimen especial para trabajadores desplazados

La regulación de este régimen se recoge en el artículo 93 de la LIRPF.

Las personas físicas que adquieran su residencia fiscal en España como consecuencia de su desplazamiento a territorio español podrán optar por tributar por el Impuesto sobre la Renta de no Residentes, con las reglas especiales previstas en la norma, manteniendo la condición de contribuyentes por el Impuesto sobre la Renta de las Personas Físicas, durante el período impositivo en que se efectúe el cambio de residencia y durante los cinco períodos impositivos siguientes, cuando, en los términos que se establezcan reglamentariamente, se cumplan las siguientes condiciones:

a) Que no hayan sido residentes en España durante los cinco períodos impositivos anteriores a aquel en el que se produzca su desplazamiento a territorio español.

b) Que el desplazamiento a territorio español se produzca, ya sea en el primer año de aplicación del régimen o en el año anterior, como consecuencia de alguna de las siguientes circunstancias:

1. Como consecuencia de un contrato de trabajo, con excepción de la relación laboral especial de los deportistas profesionales regulada por el Real Decreto 1006/1985, de 26 de junio.

   Se entenderá cumplida esta condición cuando se inicie una relación laboral, ordinaria o especial distinta de la anteriormente indicada, o estatutaria con un empleador en España, o cuando el desplazamiento sea ordenado por el empleador y exista una carta de desplazamiento de este o cuando, sin ser ordenado por el empleador, la actividad laboral se preste a distancia, mediante el uso exclusivo de medios y sistemas informáticos, telemáticos y de telecomunicación. En particular, se entenderá cumplida esta circunstancia en el caso de trabajadores por cuenta ajena que cuenten con el visado para el teletrabajo de carácter internacional previsto en la Ley 14/2013, de apoyo a los emprendedores y su internacionalización.

2. Como consecuencia de la adquisición de la condición de administrador de una entidad en cuyo capital no participe o, en caso contrario, cuando la participación en la misma no determine la consideración de entidad vinculada en los términos previstos en el artículo 18 de la Ley del Impuesto sobre Sociedades.

3. Como consecuencia de la realización en España de una actividad económica calificada como actividad emprendedora, de acuerdo con el procedimiento descrito en el artículo 70 de la Ley 14/2013.

A efectos de lo dispuesto en el artículo 93.1.b).3.º de la LIRPF, se califi-cará como actividad emprendedora aquella que sea innovadora y/o tenga especial interés económico para España y a tal efecto cuente con un informe favorable emitido por la Empresa Nacional de Innovación, SME (ENISA), en los términos establecidos en el artículo 70 de la Ley 14/2013, de 27 de septiembre, de apoyo a los emprendedores y su internacionaliza-ción, siendo necesario disponer de la autorización de residencia para acti-vidad empresarial prevista en el artículo 69 de la Ley 14/2013, con carácter previo a su desplazamiento a territorio español. En el caso de ciudadanos de la Unión Europea y en el de aquellos extranjeros a los que les sea de aplicación el derecho de la Unión Europea por ser beneficiarios de los derechos de libre circulación y residencia deberán disponer de un informe favorable emitido por la Empresa Nacional de Innovación, SME (ENISA), calificando tal actividad como emprendedora, el cual será solicitado por el contribuyente a ENISA, a través de la Dirección General de Industria y de la Pequeña y Mediana Empresa, con carácter previo a su desplazamiento a territorio español. Este informe, de carácter preceptivo, será evacuado en el plazo de diez días hábiles desde que ENISA reciba la correspondiente solicitud.

4. Como consecuencia de la realización en España de una actividad econó-mica por parte de un profesional altamente cualificado que preste servicios a empresas emergentes en el sentido del artículo 3 de la Ley 28/2022 de fomento del ecosistema de empresas emergentes o que lleve a cabo activi-dades de formación, investigación, desarrollo e innovación, percibiendo por ello una remuneración que represente en conjunto más del 40% de la totali-dad de los rendimientos empresariales, profesionales y del trabajo personal. Reglamentariamente se determinará la forma de acreditar la condición de profesional altamente cualificado, así como la determinación de los requi-sitos para calificar las actividades como de formación, investigación, desa-rrollo e innovación.

c) Que no obtenga rentas que se calificarían como obtenidas mediante un esta-blecimiento permanente situado en territorio español.

El contribuyente que opte por la tributación por el Impuesto sobre la Renta de no Residentes quedará sujeto por obligación real en el Impuesto sobre el Patrimonio.

El ejercicio de la opción de tributar por este régimen especial deberá realizarse mediante una comunicación individual de cada contribuyente dirigida a la Adminis-tración tributaria:

a) En el caso del contribuyente a que se refiere el apartado 1 del artículo 93 de la LIRPF, en el plazo máximo de seis meses desde la fecha de inicio de la actividad que conste en el alta en la Seguridad Social en España o en la documentación que le permita, en su caso, el mantenimiento de la legislación de Seguridad

Social de origen o, en caso de que no fuera obligatoria el alta en la Seguridad Social, en el documento justificativo de la fecha de inicio de la actividad.

b) En el caso de los contribuyentes a los que se refiere el apartado 3 del artículo 93 de la Ley del Impuesto, en el plazo máximo de seis meses desde la fecha de su entrada en territorio español o en el plazo previsto en la letra a) anterior para el contribuyente a que se refiere el apartado 1 del artículo 93 de la LIRPF, si fuera mayor.

La determinación de la vinculación de estos contribuyentes con el contribuyente a que se refiere el citado apartado 1 del artículo 93 de la Ley del Impuesto, así como de la edad y situación de discapacidad de estos, se realizará atendiendo a la situación existente en el momento de ejercitar su opción por el régimen especial.

La opción se ejercitará mediante la presentación del modelo de comunicación a que se refiere el artículo 119 del RIRPF.

No podrán ejercitar esta opción los contribuyentes que se hubieran acogido al procedimiento especial para determinar las retenciones o ingresos a cuenta sobre los rendimientos del trabajo previsto en el artículo 89.B) del RIRPF.

 La aplicación de este régimen especial implicará, en los términos que se establezcan reglamentariamente, la determinación de la deuda tributaria del Impuesto sobre la Renta de las Personas Físicas con arreglo a las normas establecidas en el texto refundido de la Ley del Impuesto sobre la Renta de no Residentes, aprobado por el Real Decreto Legislativo 5/2004, de 5 de marzo, para las rentas obtenidas sin mediación de establecimiento permanente con las siguientes especialidades:

a) No resultará de aplicación lo dispuesto en los artículos 5, 6, 8, 9, 10, 11 y 14 del Capítulo I del citado texto refundido.

b) La totalidad de los rendimientos de actividades económicas calificadas como una actividad emprendedora o de los rendimientos del trabajo obtenidos por el contribuyente durante la aplicación del régimen especial se entenderán obtenidos en territorio español.

c) A efectos de la liquidación del impuesto, se gravarán acumuladamente las rentas obtenidas por el contribuyente en territorio español durante el año natural, sin que sea posible compensación alguna entre aquellas.

d) La base liquidable estará formada por la totalidad de las rentas a que se refiere la letra c) anterior, distinguiéndose entre las rentas a que se refiere el artículo 25.1. f) del texto refundido de la Ley del Impuesto sobre la Renta de no Residentes, y el resto de rentas.

e) Para la determinación de la cuota íntegra:

1. A la base liquidable, salvo la parte de la misma correspondiente a las rentas a que se refiere el artículo 25.1.f) del texto refundido de la Ley del Impuesto sobre la Renta de no Residentes, se le aplicarán los tipos que se indican en la siguiente escala:

Base liquidable – Euros	Tipo aplicable – Porcentaje
Hasta 600.000 euros.	24
Desde 600.000,01 euros en adelante.	47

2. A la parte de la base liquidable correspondiente a las rentas a que se refiere el artículo 25.1.f) del texto refundido de la Ley del Impuesto sobre la Renta de no Residentes, se le aplicarán los tipos que se indican en la siguiente escala:

Parte la base liquidable – Hasta euros	Cuota íntegra – Euros	Resto base liquidable – Hasta euros	Tipo aplicable – Porcentaje
0	0	6.000	19
6.000,00	1.140	44.000	21
50.000,00	10.380	150.000	23
200.000,00	44.880	100.000	27
300.000,00	71.880	En adelante	30

f) Las retenciones e ingresos a cuenta en concepto de pagos a cuenta del impuesto se practicarán, en los términos que se establezcan reglamentariamente, de acuerdo con la normativa del Impuesto de la Renta de no Residentes.

No obstante, el porcentaje de retención o ingreso a cuenta sobre rendimientos del trabajo será el 24 por ciento. Cuando las retribuciones satisfechas por un mismo pagador de rendimientos del trabajo durante el año natural excedan de 600.000 euros, el porcentaje de retención aplicable al exceso será el 47 por ciento.

También podrán optar por tributar por el Impuesto sobre la Renta de no Residentes, con las reglas especiales previstas en el apartado 2 de este artículo, manteniendo la condición de contribuyentes por el Impuesto sobre la Renta de las Personas Físicas, el cónyuge del contribuyente a que se refiere el apartado 1 anterior y sus hijos, menores de veinticinco años o cualquiera que sea su edad en caso de discapacidad, o en el supuesto de inexistencia de vínculo matrimonial, el progenitor de estos, siempre que se cumplan las siguientes condiciones:

a) Que se desplacen a territorio español con el contribuyente a que se refiere el apartado 1 anterior o en un momento posterior, siempre que no hubiera finalizado el primer período impositivo en el que a este le resulte de aplicación el régimen especial.

b) Que adquieran su residencia fiscal en España.

c) Que cumplan las condiciones a que se refieren las letras a) y c) del apartado 1 del artículo 93 LIRPF.

d) Que la suma de las bases liquidables, a que se refiere la letra d) del apartado 2 de este artículo, de los contribuyentes en cada uno de los períodos impositivos en los que les resulte de aplicación este régimen especial, sea inferior a la base liquidable del contribuyente a que se refiere el apartado 1 anterior.

El régimen especial resultará de aplicación durante los sucesivos períodos impositivos en los que, cumpliéndose tales condiciones, el mismo resulte también de aplicación al contribuyente previsto en el apartado anterior. Reglamentariamente se establecerán los términos y condiciones para la aplicación del presente régimen especial.

Los contribuyentes que hubieran optado por este régimen especial podrán renunciar a su aplicación durante los meses de noviembre y diciembre anteriores al inicio del año natural en que la renuncia deba surtir efectos, mediante el modelo de comunicación previsto en el artículo 119 de este RIRPF.

En el caso de trabajadores, la renuncia se efectuará de acuerdo con el siguiente procedimiento:

a) En primer lugar, presentará a su retenedor la comunicación de datos prevista en el artículo 88 de este reglamento, quien le devolverá una copia sellada de aquella.

b) En segundo lugar, presentará ante la Administración tributaria el modelo de comunicación previsto en el artículo 119 del RIPF y adjuntará la copia sellada de la comunicación a que se refiere el párrafo anterior.

En el caso de los contribuyentes a que se refiere el apartado 3 del artículo 93 de la LIRPF también podrán renunciar, de forma individual, a su aplicación, en el plazo y en los términos previstos en los apartados 1 y, en su caso, 2 anteriores.

Los contribuyentes que renuncien a este régimen especial no podrán volver a optar por su aplicación.

5.3. Transfronterizos

Aludiremos a los trabajadores que si bien son residentes en un estado, trabajan en otro distinto.

No existe regulación en la normativa del IRPF por lo que debemos estar a lo que recogen los Convenios de Doble Imposición celebrados entre el Estado español y otros Estados.

Se entenderá que el contribuyente tiene su **residencia habitual en territorio español** cuando se dé cualquiera de las siguientes circunstancias (art. 9 LIRPF):

a) Que permanezca más de 183 días, durante el año natural, en territorio español. Para determinar este período de permanencia en territorio español se computarán las ausencias esporádicas, salvo que el contribuyente acredite su residencia fiscal en otro país. En el supuesto de países o territorios considerados como paraíso fiscal, la Administración tributaria podrá exigir que se pruebe la permanencia en este durante 183 días en el año natural.

Para determinar el período de permanencia al que se refiere el párrafo anterior, no se computarán las estancias temporales en España que sean consecuencia de las obligaciones contraídas en acuerdos de colaboración cultural o humanitaria, a título gratuito, con las Administraciones Públicas españolas.

b) Que radique en España el núcleo principal o la base de sus actividades o intereses económicos, de forma directa o indirecta. Se presumirá, salvo prueba en contrario, que el contribuyente tiene su residencia habitual en territorio español cuando, de acuerdo con los criterios anteriores, resida habitualmente en España el cónyuge no separado legalmente y los hijos menores de edad que dependan de aquel.

No se considerarán contribuyentes, a título de reciprocidad, los nacionales extranjeros que tengan su residencia habitual en España, cuando esta circunstancia fuera consecuencia de alguno de los supuestos establecidos en el apartado 1 del artículo 10 de la LIRPF y no proceda la aplicación de normas específicas derivadas de los tratados internacionales en los que España sea parte.

6. Tratamiento de los rendimientos irregulares

Como ya expusimos, como regla general los rendimientos íntegros se computarán en su totalidad, salvo que les resulte de aplicación alguno de los porcentajes de reducción que en su momento también analizamos. Estos porcentajes no serán de aplicación cuando la prestación se perciba en forma de renta.

El RIRPF considera rendimientos del trabajo obtenidos de forma notoriamente irregular en el tiempo, exclusivamente, los siguientes:

a) Las cantidades satisfechas por la empresa a los empleados con motivo del traslado a otro centro de trabajo que excedan de los importes previstos en el artículo 9 de este Reglamento.

b) Las indemnizaciones derivadas de los regímenes públicos de Seguridad Social o Clases Pasivas, así como las prestaciones satisfechas por colegios de huérfanos e instituciones similares, en los supuestos de lesiones no invalidantes.

c) Las prestaciones satisfechas por lesiones no invalidantes o incapacidad permanente, en cualquiera de sus grados, por empresas y por entes públicos.

d) Las prestaciones por fallecimiento, y los gastos por sepelio o entierro que excedan del límite exento de acuerdo con el artículo 7.r) de la Ley del Impuesto, de trabajadores o funcionarios, tanto las de carácter público como las satisfechas por colegios de huérfanos e instituciones similares, empresas y por entes públicos.

e) Las cantidades satisfechas en compensación o reparación de complementos salariales, pensiones o anualidades de duración indefinida o por la modificación de las condiciones de trabajo.

f) Cantidades satisfechas por la empresa a los trabajadores por la resolución de mutuo acuerdo de la relación laboral.

g) Premios literarios, artísticos o científicos que no gocen de exención en este Impuesto. No se consideran premios, a estos efectos, las contraprestaciones económicas derivadas de la cesión de derechos de propiedad intelectual o industrial o que sustituyan a estas.

El 30 por ciento de reducción, en el caso de rendimientos íntegros distintos de los previstos en el artículo 17.2. a) de la LIRPF que tengan un período de generación superior a dos años, así como aquellos que se califiquen reglamentariamente como obtenidos de forma notoriamente irregular en el tiempo, cuando, en ambos casos, sin perjuicio de lo dispuesto en el párrafo siguiente, se imputen en un único período impositivo.

Tratándose de rendimientos derivados de la extinción de una relación laboral, común o especial, se considerará como período de generación el número de años de servicio del trabajador. En caso de que estos rendimientos se cobren de forma fraccionada, el cómputo del período de generación deberá tener en cuenta el número de años de fraccionamiento, en los términos que reglamentariamente se establezcan.

No obstante, esta reducción no resultará de aplicación a los rendimientos que tengan un período de generación superior a dos años cuando, en el plazo de los cinco períodos impositivos anteriores a aquel en el que resulten exigibles, el contribuyente hubiera obtenido otros rendimientos con período de generación superior a dos años, a los que hubiera aplicado la reducción prevista en este apartado.

La cuantía del rendimiento íntegro a que se refiere este apartado sobre la que se aplicará la citada reducción no podrá superar el importe de 300.000 euros anuales.

Sin perjuicio del límite previsto en el párrafo anterior, en el caso de rendimientos del trabajo cuya cuantía esté comprendida entre 700.000,01 euros y 1.000.000 de euros y deriven de la extinción de la relación laboral, común o especial, o de la relación mercantil a que se refiere el artículo 17.2 e) de la LIRPF, o de ambas, la cuantía del rendimiento sobre la que se aplicará la reducción no podrá superar el importe que resulte de minorar 300.000 euros en la diferencia entre la cuantía del rendimiento y 700.000 euros.

Cuando la cuantía de tales rendimientos fuera igual o superior a 1.000.000 de euros, la cuantía de los rendimientos sobre la que se aplicará la reducción del 30 por ciento será cero.

A estos efectos, la cuantía total del rendimiento del trabajo a computar vendrá determinada por la suma aritmética de los rendimientos del trabajo anteriormente indicados procedentes de la propia empresa o de otras empresas del grupo de sociedades en las que concurran las circunstancias previstas en el artículo 42 del Código de Comercio, con independencia del período impositivo al que se impute cada rendimiento.

El 30 por ciento de reducción, en el caso de las prestaciones establecidas en el artículo 17.2.a) 1.ª y 2.ª de la LIRPF que se perciban en forma de capital, siempre que hayan transcurrido más de dos años desde la primera aportación.

El artículo 17.2 a) de la Ley de IRPF se refiere a las siguientes prestaciones:

1ª Las pensiones y haberes pasivos percibidos de los regímenes públicos de la Seguridad Social y clases pasivas y demás prestaciones públicas por situaciones de incapacidad, jubilación, accidente, enfermedad, viudedad, o similares, sin perjuicio de lo dispuesto en el artículo 7 de la Ley.

2ª Las prestaciones percibidas por los beneficiarios de mutualidades generales obligatorias de funcionarios, colegios de huérfanos y otras entidades similares.

El plazo de dos años no resultará exigible en el caso de prestaciones por invalidez.

7. Rendimientos del trabajo obtenidos por la gestión de fondos vinculados al emprendimiento, a la innovación y al desarrollo de la actividad económica

Tendrán la consideración de **rendimientos del trabajo** los derivados directa o indirectamente de participaciones, acciones u otros derechos, incluidas comisiones de éxito, que otorguen derechos económicos especiales en alguna de las entidades relacionadas a continuación, obtenidos por las personas administradoras, gestoras o empleadas de dichas entidades o de sus entidades gestoras o entidades de su grupo.

Las **entidades** a que se refiere el párrafo anterior son las siguientes:

a) Fondos de Inversión Alternativa de carácter cerrado definidos en la Directiva 2011/61/UE del Parlamento Europeo y del Consejo, de 8 de junio de 2011, relativa a los gestores de fondos de inversión alternativos y por la que se modifican las Directivas 2003/41/CE y 2009/65/CE y los Reglamentos (CE) nº 1060/2009 y (UE) nº 1095/2010 incluidos en alguna de las siguientes categorías:

    1. Entidades definidas en el artículo 3 de la Ley 22/2014, de 12 de noviembre, por la que se regulan las entidades de capital riesgo, otras entidades de inversión colectiva de tipo cerrado y las sociedades gestoras de entidades de inversión colectiva de tipo cerrado, y por la que se modifica la Ley 35/2003, de 4 de noviembre, de Instituciones de Inversión Colectiva.

    2. Fondos de capital riesgo europeos regulados en el Reglamento (UE) nº 345/2013, del Parlamento Europeo y del Consejo, de 17 de abril de 2013, sobre los fondos de capital riesgo europeos.

    3. Fondos de emprendimiento social europeos regulados en el Reglamento (UE) nº 346/2013 del Parlamento Europeo y del Consejo, de 17 de abril de 2013, sobre los fondos de emprendimiento social europeos.

    4. Fondos de inversión a largo plazo europeos regulados en el Reglamento (UE) 2015/760 del Parlamento Europeo y del Consejo, de 29 de abril de 2015, sobre los fondos de inversión a largo plazo europeos.

b) Otros organismos de inversión análogos a los anteriores.

Los **rendimientos del trabajo** a los que se aludían en el primer párrafo se integrarán en la base imponible en un 50 por ciento de su importe, sin que resulten de aplicación exención o reducción alguna, cuando se cumplan los siguientes requisitos:

a) Los derechos económicos especiales de dichas participaciones, acciones o derechos estén condicionados a que los restantes inversores en la entidad, obtengan una rentabilidad mínima definida en el reglamento o estatuto de la misma.

b) Las participaciones, acciones o derechos se mantengan durante un período mínimo de cinco años, salvo que se produzca su transmisión mortis causa, o que se liquiden anticipadamente o queden sin efecto o se pierdan total o parcialmente como consecuencia del cambio de entidad gestora, en cuyo caso, deberán haberse mantenido ininterrumpidamente hasta que se produzcan dichas circunstancias.

Lo dispuesto en esta letra será exigible, en su caso, a las entidades titulares de las participaciones, acciones o derechos. No será de aplicación el tratamiento previsto en este apartado cuando los derechos económicos especiales procedan directa o indirectamente de una entidad residente en un país o territorio calificado como jurisdicción no cooperativa o con el que no exista normativa sobre asistencia mutua en materia de intercambio de información tributaria en los términos previstos en la Ley 58/2003, de 17 de diciembre, General Tributaria, que sea de aplicación.

Se considerarán rendimientos íntegros del trabajo todas las contraprestaciones o utilidades, cualquiera que sea su denominación o naturaleza, dinerarias o en especie, que deriven, directa o indirectamente, del trabajo personal o de la relación laboral o estatutaria y no tengan el carácter de rendimientos de actividades económicas.

Como regla general, los rendimientos íntegros se computarán en su totalidad, salvo que les resulte de aplicación alguno de los siguientes porcentajes de reducción:

▶ El 30 por ciento de reducción, en el caso de rendimientos que tengan un período de generación superior a dos años, así como aquellos que se califiquen reglamentariamente como obtenidos de forma notoriamente irregular en el tiempo.

▶ El 30 por ciento de reducción, en el caso de las prestaciones establecidas en el artículo 17.2.a) 1.ª y 2.ª de la LIRPF que se perciban en forma de capital, siempre que hayan transcurrido más de dos años desde la primera aportación.

El rendimiento neto del trabajo será el resultado de disminuir el rendimiento íntegro en el importe de los gastos deducibles.

.../...

175

…/…

Tendrán la consideración de gastos deducibles exclusivamente los siguientes:

1. Las cotizaciones a la Seguridad Social o a mutualidades generales obligatorias de funcionarios.

2. Las detracciones por derechos pasivos.

3. Las cotizaciones a los colegios de huérfanos o entidades similares.

4. Las cuotas satisfechas a sindicatos y colegios profesionales, cuando la colegiación tenga carácter obligatorio, en la parte que corresponda a los fines esenciales de estas instituciones, y con el límite que reglamentariamente se establezca.

5. Los gastos de defensa jurídica derivados directamente de litigios suscitados en la relación del contribuyente con la persona de la que percibe los rendimientos, con el límite de 300 euros anuales.

6. En concepto de otros gastos distintos de los anteriores, 2.000 euros anuales.

Los contribuyentes con rendimientos netos del trabajo inferiores a 19.747,50 euros siempre que no tengan rentas, excluidas las exentas, distintas de las del trabajo superiores a 6.500 euros, minorarán el rendimiento neto del trabajo en determinadas cuantías.

UNIDAD DIDÁCTICA **3**

Actividades económicas

Contenido & Objetivos

Introducción

1. **Rendimientos de actividades económicas**

2. **Régimen de estimación directa**

3. **Régimen de estimación objetiva**

4. **Libertad de amortización con mantenimiento de empleo**

5. **Reducciones**

Los **objetivos** de esta unidad son:

1. Determinar los rendimientos íntegros de actividades económicas.

2. Cuantificar el rendimiento neto en estimación directa, modalidad normal y modalidad simplificada.

3. Cuantificar el rendimiento neto en estimación objetiva.

4. Identificar los elementos patrimoniales afectos.

5. Diferenciar las reducciones aplicables en cada caso.

Introducción

A lo largo de la presente unidad estudiaremos los rendimientos de actividades económicas. Analizaremos los rendimientos íntegros de actividades económicas, las reglas generales para el cálculo del rendimiento neto y los elementos patrimoniales afectos. La unidad también desarrolla las normas para la determinación del rendimiento neto en estimación directa y en estimación objetiva; así como las reducciones aplicables.

Repasamos los conceptos básicos que estudiamos en la Unidad 1, ahora vistos más en profundidad:

1. Rendimientos de actividades económicas

1.1. Rendimientos íntegros de actividades económicas

Se considerarán rendimientos íntegros de actividades económicas aquellos que, procediendo del trabajo personal y del capital conjuntamente, o de uno solo de estos factores, supongan por parte del contribuyente la ordenación por cuenta propia de medios de producción y de recursos humanos o de uno de ambos, con la finalidad de intervenir en la producción o distribución de bienes o servicios.

En particular, tienen esta consideración los rendimientos de:

1. Actividades extractivas.

2. De fabricación.

3. Comercio.

4. Prestación de servicios, incluidas las de artesanía, agrícolas, forestales, ganaderas, pesqueras, de construcción, mineras.

5. El ejercicio de profesiones liberales, artísticas y deportivas.

En lo que respecta a la actividad de **arrendamiento de inmuebles** (ya no la compraventa de inmuebles, que también se incluía en la legislación anterior), la LIRPF establece que tendrá la calificación fiscal de actividad económica únicamente cuando para la ordenación de aquella se utilice, al menos, una persona empleada con contrato laboral y a jornada completa.

El rendimiento obtenido por el arrendamiento del inmueble tendría la calificación de rendimiento del capital inmobiliario si no se cumpliera el requisito.

De forma introductoria, debemos tener en cuenta que la LIRPF se remite a la Ley del Impuesto sobre Sociedades para determinar el rendimiento neto de las actividades económicas, y que sigue el siguiente esquema:

Esquema de cálculo de los rendimientos netos de actividades económicas

Rendimiento íntegro

- Gastos deducibles

- - - - - - - - - - - - - - - - - -

Rendimiento neto

- Reducciones (por rendimientos irregulares o generados en más de dos años)

- Reducciones (por obtención de rendimientos de actividades económicas)

- - - - - - - - - - - - - - - - - -

Rendimiento neto (reducido)

Aunque deberemos tener en cuenta la reglas especiales aplicables a la estimación directa y a la estimación objetiva, que conoceremos a lo largo de esta unidad.

1.2. Elementos patrimoniales afectos

1.2.1. Bienes afectos a la actividad económica

La LIRPF, en su artículo 29, establece que se considerarán **elementos patrimoniales afectos** a una actividad económica:

1. Los **bienes inmuebles** en los que se desarrolla la actividad.

2. Los bienes destinados a los **servicios económicos y socioculturales del personal al servicio de la actividad**. No se consideran afectos los bienes de esparcimiento y recreo o, en general, de uso particular del titular de la actividad económica.

3. Cualesquiera **otros elementos patrimoniales que sean necesarios para la obtención de los respectivos rendimientos.** En ningún caso tendrán esta consideración los activos representativos de la participación en fondos propios de una entidad y de la cesión de capitales a terceros.

Esta definición es fundamental para la clasificación del rendimiento, pues en el caso de que los elementos patrimoniales no estén afectos a una actividad económica el rendimiento que se obtendrá tendrá la calificación de rendimiento del capital mobiliario o inmobiliario. En caso que el bien se enajenara antes de transcurridos de los tres años de la afectación se considerara a todos los efectos que la afectación no se ha producido.

No se entenderán afectados:

1. Aquellos que se utilicen simultáneamente para actividades económicas y para necesidades privadas, salvo que la utilización para estas últimas sea accesoria y notoriamente irrelevante.

2. Aquellos que, siendo de la titularidad del contribuyente, no figuren en la contabilidad o registros oficiales de la actividad económica que esté obligado a llevar el contribuyente.

3. Los bienes afectados parcialmente en la parte que no se encuentre vinculada a la actividad económica.

Vemos, por tanto, que la Ley considera como **afectos a la actividad económica todos aquellos bienes que sean necesarios para la obtención de rendimientos derivados de la actividad económica,** admitiendo, incluso, los bienes destinados a los servicios económicos y socioculturales del personal al servicio de la actividad.

No considera en ningún caso afectos, ni los activos representativos de la participación en fondos propios de una entidad ni los activos representativos de la cesión de capitales a terceros, con lo cual está determinando que, incluso en los casos en que esté vinculada la compra de acciones o de obligaciones a la actividad económica, no se considerarán afectos a la actividad económica y, por tanto, los rendimientos derivados de estas acciones u obligaciones tendrán la calificación de rendimientos de capital mobiliario.

La consideración de elementos patrimoniales afectos lo será con independencia de que la titularidad de éstos, en caso de matrimonio, resulte común a ambos cónyuges. De este modo, un bien propiedad de un matrimonio pero que es utilizado en la actividad por uno de los cónyuges puede considerarse completamente afecto a la actividad.

1.2.2. Bienes parcialmente afectos a la actividad económica

En el supuesto de **bienes parcialmente afectos**, dicha afectación se entenderá limitada a aquella parte de los mismos que realmente se utilice en la actividad de que se trate.

181

Por vía reglamentaria se determinan las **condiciones en que los bienes pueden considerarse afectos a la actividad pese a producirse una utilización para necesidades privadas de forma accesoria y notoriamente irrelevante.**

Con esta regla, la ley permite la aceptación parcial de los elementos patrimoniales siempre que sean divisibles, no en aquellos casos en que sean indivisibles.

Un médico ha comprado un piso de 200 m², dividiendo el mismo en dos zonas: en una de ellas, de 80 m²· ha colocado la consulta destinándola exclusivamente a la atención de pacientes, y en la otra parte ha colocado su domicilio particular.

En este caso, la zona dedicada a consulta, al dedicarse exclusivamente a la actividad económica, se considera afecta a dicha actividad económica.

Un médico ha comprado un Ford Mondeo familiar con el fin de destinarlo a vehículo de trabajo durante la semana y a vehículo particular los fines de semana.

En este supuesto, el vehículo, al no ser divisible (no se puede afirmar que dos asientos están afectos a la actividad económica y los otros a fines particulares), no está afecto a la actividad económica, pues no se dedica exclusivamente a la actividad económica.

Debe señalarse que **el RIRPF establece a estos efectos las siguientes consideraciones:**

- **Solo se consideran elementos afectos los que se utilicen para los fines de la actividad:**

    No se entienden afectados los bienes que satisfacen simultáneamente necesidades de la citada actividad y necesidades privadas, salvo que estas últimas solo se atiendan de forma accesoria y notoriamente irrelevante, es decir, y siempre según la norma reglamentaria, cuando se usan durante días u horas inhábiles.

El Sr. Álvarez utiliza el ordenador que ha comprado para su tienda de ropa deportiva, y una vez que ha terminado el horario comercial de la tienda, para conectarse a una red informática en su tiempo de ocio.

Puede entonces afirmarse que el elemento patrimonial se utiliza tanto para necesidades privadas como para necesidades de la actividad económica, lo que podría conllevar la conclusión de que el bien no se encuentra afecto. No obstante, y como se ha señalado, al ser utilizado para fines privados durante horas inhábiles, resulta posible continuar considerándolo afectado a la actividad.

- **Supuesto de automóviles, ciclomotores, aeronaves o embarcaciones:**

En el supuesto de automóviles de turismo y sus remolques, ciclomotores, motocicletas, aeronaves o embarcaciones deportivas o de recreo, todos ellos habrán de estar exclusivamente afectos a la actividad, sin satisfacer nunca necesidades privadas, ni aún de forma accesoria o notoriamente irrelevante.

Solo **se consideran siempre plenamente afectos a la actividad** los vehículos destinados al transporte de mercancías, viajeros, enseñanza de conductores y desplazamiento de agentes comerciales, así como los que se destinen a ser cedidos para que un tercero los utilice a cambio de una contraprestación (por ejemplo, coches para alquiler).

En el caso de los **vehículos automóviles** no pueden amortizarse fiscalmente si se utilizan de forma parcial para la actividad y para uso privado, algo que no ocurre en el IVA en cuya normativa se prevé la posibilidad de una deducción automática del 50% del IVA soportado, salvo prueba de una mayor afectación. Esto provoca desequilibrios difícilmente comprensibles puesto que un mismo bien como es un vehículo automóvil puede no ser objeto de amortización en el IRPF o Impuesto sobre Sociedades y sin embargo el contribuyente puede deducir parte del IVA soportado en su adquisición.

De este modo, la prueba de la afectación exclusiva del bien a la actividad es un elemento esencial que determinará la posibilidad de deducir la amortización del vehículo, mientras que la susceptibilidad de uso alternativo, como requisito excluyente del citado beneficio fiscal (y de la deducción por adquisición de activos fijos nuevos hoy desaparecida), no es aplicable en la actualidad.

La principal consecuencia que produce la introducción de este requisito consiste en excluir la deducibilidad de las cuotas de leasing en aquellos casos en que se produce una afectación parcial de los bienes financiados de esta forma.

1.3. Rendimiento neto de actividades económicas. Reglas generales de cálculo

Los rendimientos de actividades económicas pueden determinarse por diversos métodos:

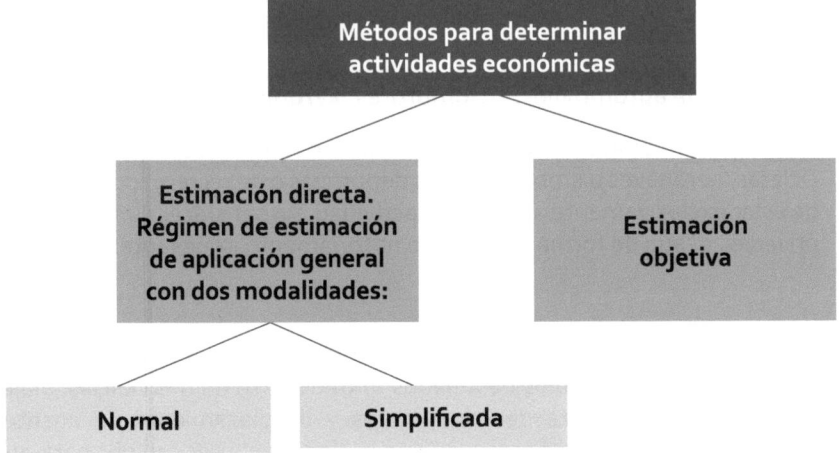

Existe una **remisión general a la normativa del Impuesto sobre Sociedades**, sin perjuicio de determinadas reglas especiales que analizaremos más adelante.

A los efectos de poder aplicar los beneficios establecidos en la Ley del Impuesto sobre Sociedades para las **empresas de reducida dimensión**, para determinar el importe neto de la cifra de negocios (que según la LIS no puede superar los diez millones de euros), se tendrá en cuenta el conjunto de actividades económicas ejercidas por el contribuyente.

 Dentro del rendimiento neto de actividades económicas no se incluyen las **ganancias o pérdidas patrimoniales derivadas de bienes afectos**, cuya forma de cálculo se realizará conforme a las normas establecidas para las ganancias y pérdidas de patrimonio.

Afectación y desafectación

El paso de bienes del patrimonio empresarial o profesional al particular y viceversa (en otras palabras, la **afectación** de elementos patrimoniales o la **desafectación** de activos fijos) no constituirá alteración patrimonial, siempre que los bienes o derechos continúen formando parte de su patrimonio.

La afectación o desafectación de bienes tiene repercusiones fiscales sobre todo en el momento de la transmisión de esos activos, puesto que el cálculo de las plusvalías puede diferir dependiendo de que el bien transmitido estuviera o no afecto a una actividad económica.

A modo de ejemplo, no procede la aplicación del régimen transitorio, regulado en la disposición transitoria 9 de la LIPRF, a las ganancias de patrimonio, con aplicación de coeficientes reductores, a los bienes que se encontraran afectos a una actividad económica. Por este motivo se establecen unos plazos temporales para que la afectación o desafectación de un bien tenga una repercusión fiscal. Así, la LIRPF establece que se entenderá que no ha existido afectación si se llevase a cabo la enajenación de los bienes o derechos antes de transcurridos tres años desde esta.

Adicionalmente a lo anterior, y en el supuesto de afectación, el RIRPF establece que los bienes entrarán en el patrimonio de la empresa por su valor de adquisición. Si hay desafectación, se entenderá que el bien entra en el patrimonio no empresarial por su valor neto contable.

El Sr. Rosell adquirió en 1995 un inmueble por 150.000 €. En el año 20XX ha decidido utilizarlo en su actividad de asesor de inversiones y, por tanto, lo afecta a su negocio haciendo el correspondiente apunte contable o registral.

En este supuesto, cuando en 200X+1 se ha producido la afectación, el bien habrá entrado en el patrimonio empresarial del Sr. Rosell por los 150.000 € que pagó en el momento en que lo adquirió.

La Sra. Álamo adquirió en 200X una furgoneta que utiliza en su actividad de fabricación textil. Le costó 21.000 € y, teniendo en cuenta las amortizaciones dotadas, en el año 200X+5 tiene un valor neto contable de 6.000 €.

En este año, la Sra. Álamo ha decidido desafectar el bien de su actividad, para poder utilizarlo como vehículo particular. En tal caso, el elemento patrimonial entrará en su patrimonio particular valorado en los 6.000 € que tiene como valor neto contable en el instante de la desafectación.

En este contexto conviene advertir que se consideran elementos no afectos a actividades económicas aquellos en los que la desafectación se haya producido con más de tres años de antelación. Se trata de una norma cautelar muy semejante a la que antes se ha comentado referida a las afectaciones, pero que en este caso pretende evitar las desafectaciones interesadas.

En el caso de que el contribuyente ceda o preste bienes a terceros de **forma gratuita** o los destine a uso o consumo propio se atenderá al valor normal en el mercado de los bienes o servicios objeto de la actividad. También se atenderá al valor de mercado si hubiera contraprestación pero fuera notoriamente **inferior al valor normal en el mercado** de los bienes y servicios.

2. Régimen de estimación directa

2.1. Régimen de estimación directa normal

En este **método de determinación del rendimiento neto de las actividades económicas** la Ley remite a las normas del Impuesto sobre Sociedades, sin perjuicio de las reglas especiales específicas del IRPF (las ganancias y pérdidas patrimoniales de elementos afectos a actividades económicas se incluyen en el apartado de ganancias y pérdidas patrimoniales).

Por otra parte, la Ley permite a los empresarios o profesionales que desarrollen actividades económicas acogerse a los incentivos fiscales establecidos para las empresas de reducida dimensión, pero con la peculiaridad de que la cifra de negocios que se tendrá en cuenta es la del conjunto de actividades económicas ejercidas por el contribuyente.

Para la determinación de la base imponible por el régimen de estimación directa (normal o simplificada) se aplicarán las siguientes **reglas especiales**:

a) **No tienen la consideración de gasto deducible las aportaciones a mutualidades de previsión social del propio empresario o profesional, sin perjuicio de lo previsto en el artículo 51 de la LIRPF.**

No obstante, tendrán la consideración de gasto deducible las cantidades abonadas en virtud de contratos de seguro, concertados con mutualidades de previsión social por profesionales no integrados en el RETA cuando actúen como alternativas dicho régimen, en la parte que tenga por objeto la cobertura de contingencias atendidas por la Seguridad Social, con el límite de la cuota máxima por contingencias comunes que esté establecida, en cada ejercicio económico, en el citado régimen especial.

A falta de aprobación de la Ley de Presupuestos Generales del Estado para 2024, se mantiene la cuota máxima por contingencias comunes, que opera como límite para gastos deducibles en concepto de mutualidad alternativa al régimen especial de la Seguridad Social de los trabajadores por cuenta propia o autónomos (RETA), en 15.266,72 euros. [0,283 x (4.495,50 x 12)].

b) **Retribuciones al cónyuge e hijos menores de edad**

La LIRPF permite la deducción de las retribuciones que por rendimientos del trabajo se satisfagan al cónyuge e hijos menores del contribuyente que convivan con él siempre que se cumplan y acrediten determinadas condiciones que tratan de evitar la imputación de gastos por retribuciones laborales ficticias o superiores a las de mercado:

⇨ Debe existir un contrato laboral y afiliación a la Seguridad Social.

⇨ Deben trabajar habitualmente y con continuidad en las actividades económicas.

⇨ Las retribuciones no deben ser superiores a las del mercado, correspondientes a su cualificación profesional y al trabajo desempeñado.

⇨ Las cantidades abonadas tendrán la calificación fiscal de rendimientos de trabajo.

c) **Cesiones de bienes o derechos por el cónyuge o hijos menores del contribuyente.**

De forma parecida a lo establecido para el supuesto de retribuciones al cónyuge e hijos del contribuyente, **la LIRPF también establece una cautela encaminada a evitar que se puedan imputar gastos superiores por contraprestaciones a cesiones de bienes o derechos que se afecten a la actividad por las personas antes referenciadas.**

De este modo, se permite la deducción de la contraprestación estipulada, siempre que no exceda del valor de mercado y, a falta de aquella, podrá deducirse la correspondiente a este último.

Para los cedentes de los bienes la contraprestación tendrá la calificación fiscal de rendimientos del capital.

 En el supuesto de que los bienes o derechos cedidos fueran comunes a ambos cónyuges no será aplicable esta regla de valoración.

187

d) **Primas de seguro de enfermedad.**

Podrán deducirse para el cálculo del rendimiento neto de la actividad las primas de seguro de enfermedad en la parte correspondiente a su propia cobertura y a la de su cónyuge e hijos menores de veinticinco años que convivan con él con el límite de 500 euros por cada una de esas personas o de 1.500 euros por cada una de ellas con discapacidad.

e) **Libertad de amortización en elementos nuevos del activo material fijo.**

Los contribuyentes por este Impuesto que ejerzan actividades económicas les serán de aplicación los incentivos y estímulos a la inversión empresarial establecidos o que se establezcan en la normativa del Impuesto sobre Sociedades con igualdad de porcentajes y límites de deducción.

Asimismo, los contribuyentes que cumplan los requisitos del artículo 101 de la LIS, podrán deducir los rendimientos netos de actividades económicas del período impositivo que se inviertan en elementos nuevos del inmovilizado material o inversiones inmobiliarias afectos a actividades económicas desarrolladas por el contribuyente.

f) **Suministros de la vivienda habitual.**

Desde el 1 de enero del 2018, en los casos en que el contribuyente afecte parcialmente su vivienda habitual al desarrollo de la actividad económica, los gastos de suministros de dicha vivienda, tales como agua, gas, electricidad, telefonía e Internet, en el porcentaje resultante de aplicar el 30 por ciento a la proporción existente entre los metros cuadrados de la vivienda destinados a la actividad respecto a su superficie total, salvo que se pruebe un porcentaje superior o inferior.

g) **Gastos de manutención.**

Desde 2018, los gastos de manutención del propio contribuyente incurridos en el desarrollo de la actividad económica, siempre que se produzcan en establecimientos de restauración y hostelería y se abonen utilizando cualquier medio electrónico de pago, con los límites cuantitativos establecidos reglamentariamente para las dietas y asignaciones para gastos normales de manutención de los trabajadores.

h) **Amortización.**

Tabla de amortización para los empresarios individuales que tributan en régimen de estimación directa normal:

Tipo de elemento	Coeficiente lineal máximo	Periodo de años máximo
Obra civil		
Obra civil general	2%	100
Pavimentos	6%	34
Infraestructuras y obras mineras	7%	30
Centrales		
Centrales hidráulicas	2%	100
Centrales nucleares	3%	60
Centrales de carbón	4%	50
Centrales renovables	7%	30
Otras centrales	5%	40
Edificios		
Edificios industriales	3%	68
Terrenos dedicados exclusivamente a escombreras	4%	50
Almacenes y depósitos (gaseosos, líquidos y sólidos)	7%	30
Edificios comerciales, administrativos, de servicios y viviendas	2%	100
Instalaciones		
Subestaciones. Redes de transporte y distribución de energía	5%	40
Cables	7%	30
Resto instalaciones	10%	20
Maquinaria	12%	18
Equipos médicos y asimilados	15%	14

Tipo de elemento	Coeficiente lineal máximo	Periodo de años máximo
Elementos de transporte		
Locomotoras, vagones y equipos de tracción	8%	25
Buques, aeronaves	10%	20
Elementos de transporte interno	10%	20
Elementos de transporte externo	16%	14
Autocamiones	20%	10
Mobiliario y enseres		
Mobiliario	10%	20
Lencería	25%	8
Cristalería	50%	4
Útiles y herramientas	25%	8
Moldes, matrices y modelos	33%	6
Otros enseres	15%	14
Equipos electrónicos e informáticos. Sistemas y programas		
Equipos electrónicos	20%	10
Equipos para procesos de información	25%	8
Sistemas y programas informáticos	33%	6
Producciones cinematográficas, fonográficas, videos y series audiovisuales	33%	6
Otros elementos	10%	20

i) **Amortización de determinados vehículos y de nuevas infraestructuras.**

Con efectos desde el 1 de enero de 2024, el Real Decreto-ley 4/2024, de 26 de junio (BOE de 27 de junio), añadió la disposición adicional quincuagésima novena a la Ley del IRPF y modificó la disposición adicional decimoctava de la LIS sustituyendo el existente sistema de amortización acelerada, consistente en aplicar el duplo del coeficiente de amortización lineal máximo según tablas oficialmente aprobadas, por un sistema de amortización libre, siempre que se trate de inversiones nuevas que entren en funcionamiento en los períodos impositivos iniciados en 2024 y 2025, y se cumplan los restantes requisitos exigidos.

Así, se podrán amortizar libremente los vehículos eléctricos e infraestructuras de recarga que entren en funcionamiento en 2024 y 2025, siempre que en el primer caso el contribuyente no haya fallecido antes del 28 de junio de 2024. En caso contrario, resultará de aplicación el sistema de amortización acelerada.

j) **Gastos del titular de la actividad a la Seguridad Social y por aportaciones a mutualidades alternativas a la Seguridad Social.**

A falta de aprobación de la Ley de Presupuestos Generales del Estado para 2024, se mantiene la cuota máxima por contingencias comunes, que opera como límite para gastos deducibles en concepto de mutualidad alternativa al régimen especial de la Seguridad Social de los trabajadores por cuenta propia o autónomos (RETA), en 15.266,72 euros. [0,283 x (4.495,50 x 12)].

k) **Libertad de amortización en inversiones que utilicen energía procedente de fuente renovables.**

El artículo 18 del Real Decreto-ley 8/2023, de 27 de diciembre, modificó la disposición adicional decimoséptima de la Ley 27/2014, del Impuesto sobre Sociedades, para prorrogar un año más (hasta 2024) este incentivo fiscal. De este modo, se podrán amortizar libremente en el período impositivo 2024 las inversiones en instalaciones destinadas a:

*   Autoconsumo de energía eléctrica que utilicen energía procedente de fuentes renovables de acuerdo con lo definido en el Real Decreto 244/2019, de 5 de abril.

*   Uso térmico de consumo propio que utilicen energía procedente de fuentes renovables, que sustituyan instalaciones que utilicen energía procedente de fuentes no renovables fósiles.

Este incentivo fiscal, inicialmente previsto para las inversiones realizadas en 2023, exclusivamente resultará de aplicación a aquellas inversiones cuya entrada en funcionamiento se haya producido en el ejercicio 2023 y 2024.

2.2.   Régimen de estimación directa simplificada

En este sistema es de aplicación las mismas reglas, tanto las generales como las especiales, que se ha visto anteriormente para el método de estimación directa ordinaria, pero **se ha introducido una serie de peculiaridades para la determinación del rendimiento neto**. Este método está desarrollado básicamente mediante normas de carácter reglamentario.

Sus características principales son las siguientes:

1.   **Ámbito de aplicación**

El régimen de estimación directa simplificada se podrá aplicar en determinadas actividades económicas siempre que se cumplan los siguientes requisitos:

- El importe neto de cifra de negocios no podrá superar los 600.000 euros para el conjunto de actividades desarrolladas por el contribuyente en el año inmediato anterior, salvo que renuncie a su aplicación.

- Si se renunciara a este régimen o el contribuyente fuera excluido de esta modalidad, se determinará el rendimiento neto por la modalidad normal durante los tres años siguientes.

En el **supuesto de renuncia o, en su caso, exclusión por superación del límite indicado**, el sujeto pasivo queda obligado a aplicar, por imperativo de la norma, la estimación directa normal, que en el caso de la exclusión produce efectos no en el año en el que se rebasa el límite, sino en el posterior.

El **método de la estimación directa** simplificada es incompatible con la estimación directa normal. Si el sujeto pasivo ejercita distintas actividades y en alguna aplica la modalidad normal, entonces vendrá obligado a aplicarlas a todas sin excepción.

Dado que la cifra de 600.000 € indicada se refiere al año anterior, en el caso de que fuera en éste en el que se hubiese iniciado la actividad, el importe neto de la cifra de negocios obtenida en el mismo se elevará al año. La norma permite, no obstante, que en el primer año de ejercicio de la actividad se pueda utilizar la estimación directa simplificada, salvo que se renuncie a la misma.

El empresario Sr. Gómez inició el 1 de octubre de 200X una actividad alcanzando en dicho año una cifra neta de negocios de 180.000 €.

Al obtenerse el importe señalado durante tres meses, si se eleva al año, dicha cifra se pasaría a un total de 720.000 €, por lo que para X+1 no será aplicable la estimación directa simplificada.

2. **Renuncia y exclusión**

La **renuncia a la aplicación de este régimen debe realizarse en el mes de diciembre anterior al año en que deba surtir efecto**, y se extenderá durante tres años. Transcurrido este plazo, se entenderá prorrogada tácitamente.

El concepto de renuncia es distinto de la exclusión, produciéndose esta, como se indicó, cuando se ha superado la cifra de 600.000 € en las condiciones indicadas. La exclusión tiene efectos a partir del año siguiente, por lo que en el propio ejercicio en que se superó esa cuantía es todavía aplicable la estimación simplificada.

El profesional Sr. García ha renunciado en diciembre del año X a la aplicación de la modalidad de estimación directa simplificada para el año X+1.

Al tratarse de una renuncia, la misma extiende sus efectos a los años X+1, X+2 y X+3. Se entiende también prorrogada para el año X+4 y siguientes, salvo que tal renuncia sea revocada.

El Sr. Álvarez, constructor, dada su cifra de negocios en X (670.000 €), no podrá aplicar la estimación directa simplificada en X+1. En este último año estará, por tanto, en situación de exclusión.

En base al art. 29 del RIRPF deberá tributar por estimación directa durante los tres años siguientes.

La renuncia o la exclusión de la modalidad supondrá que el contribuyente determinará durante los 3 años siguientes el rendimiento neto de todas sus actividades económicas por la modalidad normal de este régimen.

3. **Aplicación de la estimación directa simplificada**

El régimen presenta una aplicación igual a la estimación directa normal (debiendo aplicarse, por tanto, la normativa del Impuesto de Sociedades salvo en las escasas particularidades que contempla la LIRPF). Sin embargo, deberá tenerse en cuenta:

a) Que las amortizaciones del inmovilizado material se practican de forma lineal según la tabla específica que se aprueba a tales efectos por el Ministerio de Hacienda.

Sobre las cuantías de amortización que resulten de estas tablas serán de aplicación las normas del régimen especial de entidades de reducida dimensión previstas en la Ley del Impuesto sobre Sociedades que afecten a este concepto.

Grupo	Elementos patrimoniales	Coeficiente lineal máximo	Período máximo
		Años	Porcentaje
1	Edificios y otras construcciones	3	68
2	Instalaciones, mobiliario, enseres y resto del inmovilizado material	10	20
3	Maquinaria	12	18
4	Elementos de transporte	16	14
5	Equipos para tratamiento de la información y sistemas y programas informáticos	26	10
6	Útiles y herramientas	30	8
7	Ganado vacuno, porcino, ovino y caprino	16	14
8	Ganado equino y frutales no cítricos	8	25
9	Frutales cítricos y viñedos	4	50
10	Olivar	2	100

b) El conjunto de las provisiones deducibles y los gastos de difícil justificación se cuantificará aplicando el porcentaje del 5% (7% en 2023) sobre el rendimiento neto, excluido este concepto, sin que la cuantía resultante pueda superar 2.000 euros anuales. No obstante, no resultará de aplicación dicho porcentaje de deducción cuando el contribuyente opte por la aplicación de la reducción prevista en el artículo 26.1 del Reglamento del IRPF.

Se tienen los siguientes importes:

- Ingresos: 30.000 €.

- Gastos (incluidas amortizaciones, pero no provisiones): 12.000 €.

- Rendimiento neto previo: 18.000 €.

- Por gastos de difícil justificación y provisiones (5% sobre 18.000): 1.260 €.

- Rendimiento neto: 18.000 - 1.260 = 16.7400 €.

Con efectos única y exclusivamente para el ejercicio 2023, se estableció medio disposición adicional quincuagésima sexta, el porcentaje del 7% en calidad de gastos de difícil justificación. En la fecha de edición y revisión de este manual no ha aparecido ninguna norma que establezca este mismo porcentaje para el ejercicio 2024.

4. **Obligaciones contables y registrales**

Como se ha señalado, este método simplifica también las obligaciones de naturaleza contable y registral.

Los empresarios limitan sus obligaciones contables a la llevanza de tres Libros-Registro de ventas e ingresos, de compras y gastos y de bienes de inversión. Los profesionales llevarán además el libro-registro de provisiones de fondos y suplidos.

5. **Reducción en actividades artísticas**

Con vigencia desde el 1 de enero del 2025, se aplicará a los rendimiento netos de actividades económicas obtenidas en el período impositivo a los que no les resulte de aplicación la reducción prevista en el artículo 32.1 de la LIRPF derivados de:

a) Actividades incluidas en los grupos 851, 852, 853, 861, 862, 864 y 869 de la sección segunda y en las agrupaciones 01, 02, 03 y 05 de la sección terceras de las Tarifas del Impuesto sobre Actividades Económicas.

b) La prestación de servicios profesionales que por su naturaleza, si se realizase por cuenta ajena, quedaría incluida en el ámbito de aplicación de la relación laboral especial de las personas artistas que desarrollan su actividad en las artes escénicas, audiovisuales y musicales, así como de las personas que realizan actividades técnicas o auxiliares necesarias para el desarrollo de dicha actividad.

En el caso de que excedan del 130 por ciento de la cuantía media de los rendimientos netos imputados en los tres períodos impositivos anteriores, se reducirá el 30 por ciento el citado exceso.

Para el cálculo de los rendimientos netos de actividades económicas de los tres períodos impositivos anteriores:

a) Los gastos deducibles que sean comunes a otros rendimientos de actividades económicas se prorratearán los mismos de forma proporcional en

195

función de la cuantía de los distintos rendimientos íntegros de actividades económicas computadas en dichos ejercicios.

b) En caso de que, en alguno de los tres ejercicios anteriores el rendimiento neto fuera negativo se computará como 0 a efectos del cálculo de dicha media.

La cuantía sobre la que se aplicará esta reducción no podrá superar los 150.000 euros anuales.

Esta reducción será de aplicación con posterioridad a las reducciones previstas en los apartados 2 y 3 del artículo 32 LIRPF.

2.3. Pago fraccionado en estimación directa simplificada

Los contribuyentes que desarrollen actividades profesionales, agrícolas o ganaderas o forestales, no estarán obligados a efectuar pago fraccionado en relación con las mismas si, en el año natural anterior, al menos el 70 por ciento de los ingresos de la actividad fueron objeto de retención o ingreso a cuenta.

Los contribuyentes que no quedan excluidos de efectuar pago fraccionado, deberán ingresar el 20% del rendimiento neto correspondiente al período de tiempo transcurrido desde el primer día del año hasta el último día del trimestre a que se refiere el pago fraccionado.

 De la cantidad resultante se deducirán los pagos fraccionados ingresados en los trimestres anteriores y las retenciones que hubiera soportado en su facturación.

2.4. Rendimientos de actividades económicas por la DANA

Con motivo de las consecuencias acaecidas tras la DANA, se aprueban las siguientes ayudas a titulares de actividades económicas, que tendrán la consideración de subvenciones corrientes:

1. Las ayudas directas por destrucción o reparación de elementos patrimoniales a las que se refiere el artículo 11 de Real Decreto-ley 6/2024, exentas en virtud del apartado 1 c) de la disposición adicional quinta de la Ley del IRPF, y

2. Una ayuda extraordinaria y temporal, de carácter complementario a la del artículo 11 del Real Decreto-ley 6/2024 referida en el punto anterior, para compensar la pérdida de renta en las explotaciones agrarias que hayan sufrido daños como consecuencia de la DANA, en los municipios incluidos tanto en el anexo

del Real Decreto-ley 6/2024, de 5 de noviembre como en el del anexo del Real Decreto-ley 7/2024, de 11 de noviembre, regulada por el artículo 24 de este último. Dichas ayudas no se integrarán en la base imponible del IRPF por aplicación de la disposición adicional quinta de la Ley del IRPF, en virtud de la disposición adicional decimosexta del Real Decreto-ley 8/2024, de 28 de noviembre.

3. Régimen de estimación objetiva

3.1. Reglas generales

El cálculo de la base imponible por el método de estimación objetiva es aplicable a determinadas actividades de acuerdo con las **siguientes normas:**

1. Cuando una actividad se encuentra entre las recogidas en la **Orden HAC/1347/2024, de 28 de noviembre, por la que se desarrollan para el año 2023 y Orden HFP/1359/2023, de 19 de diciembre, por la que se desarrollan para el año 2025, que desarrolla el método de estimación objetiva del IRPF y el régimen especial simplificado del IVA, el método de estimación objetiva será de aplicación preferente salvo que se renuncie a su aplicación.** En caso de producirse esta renuncia (o por las magnitudes quede excluido) el contribuyente estará obligado a determinar la base imponible de todas sus actividades económicas por el régimen de estimación directa durante los tres ejercicios siguientes.

    Transcurrido este plazo se entenderá prorrogada tácitamente para cada uno de los años siguientes en que pudiera resultar aplicable el método de estimación objetiva, salvo que durante el mes de diciembre anterior al inicio del año natural en que deba surtir efecto, se revoque aquella.

    Para el ejercicio 2024 para los contribuyentes que desarrollen actividades económicas en los términos municipales afectados por la DANA y citados en el anexo del Real Decreto-ley 6/2024, de 5 de noviembre, que consideren que el método de estimación objetiva no va a reflejar adecuadamente su situación tributaria, se articula un nuevo plazo extraordinario de renuncias a dicho método, de manera que puedan determinar en el ejercicio 2024 el rendimiento neto de su actividad económica con arreglo al método de estimación directa sin que sea necesario el cumplimiento de las obligaciones formales previstas para dicho método.

    Se establece la posibilidad de renunciar a la aplicación del mismo en dicho período impositivo 2024 durante el mes de diciembre de dicho año o mediante la presentación en el plazo reglamentario de la declaración correspondiente al pago fraccionado del cuarto trimestre de 2024 en la forma dispuesta para el método de estimación directa (presentando, por tanto, el modelo 130 en lugar del 131), siempre que no hubieran cesado en el ejercicio de su actividad con anterioridad a 29 de octubre de 2024.

Para estos contribuyentes, se elimina la vinculación obligatoria que durante tres años se establece legalmente para la renuncia al método de estimación objetiva del IRPF, de modo que quienes renuncien a la aplicación del método de estimación objetiva para el ejercicio 2024 en el plazo extraordinario señalado anteriormente podrán volver a determinar el rendimiento neto de su actividad económica con arreglo al método de estimación objetiva en 2025 o 2026.

Para la campaña de la renta 2024 se ha establecido un nuevo plazo para ejercitar la renuncia o revocación de la renuncia a la aplicación del método de estimación objetiva que abarca desde el 29 de diciembre de 2023 hasta el 31 de enero de 2024. Ahora bien, las renuncias o revocaciones presentadas para el año 2023, durante el mes de diciembre de 2023, con anterioridad al inicio del plazo señalado previamente, se entendieron presentadas en período hábil. No obstante, los contribuyentes podrán modificar la opción ejercitada durante el mes de diciembre, en su caso, en el plazo comprendido entre el 29 de diciembre de 2023 y el 31 de enero de 2024.

2. El método de estimación objetiva se aplicará conjuntamente con los regímenes especiales establecidos en el **IVA o en el IGIC.**

3. Este método **no podrá aplicarse** por los contribuyentes cuando concurra cualquiera de las siguientes circunstancias:

   a) Que apliquen el método de estimación directa en otra actividad.

   b) En relación con los ingresos, que el volumen de rendimientos íntegros en el año inmediato anterior **supere cualquiera de los siguientes importes:**

   ⇨ Para el conjunto de sus actividades económicas, excepto las agrícolas, ganaderas y forestales, 150.000 euros anules. Aunque desde 2016, de forma transitoria y hasta 2025, el límite se encuentra en 250.000 euros.

   A estos efectos se computará la totalidad de las operaciones con independencia de que exista o no obligación de expedir factura de acuerdo con lo dispuesto en el Reglamento por el que se regulan las obligaciones de facturación, aprobado por el Real Decreto 1619/2012, de 30 de noviembre.

   Sin perjuicio del límite anterior, el método de estimación objetiva no podrá aplicarse cuando el volumen de los rendimientos íntegros del año inmediato anterior que corresponda a operaciones por las que estén obligados a expedir factura cuando el destinatario sea un empresario o profesional que actúe como tal, de acuerdo con lo dispuesto en el artículo 2.2.a) del Reglamento por el que se regulan las obligaciones de facturación, supere 75.000 euros anuales. Aunque desde 2016, y vigente en 2025, el límite se encuentra en 125.000 euros.

Se mantienen en 2025 los límites para la aplicación del método de estimación objetiva vigentes en los ejercicios 2016 a 2024. En este sentido la DGT establece que: "entre los días 1 de enero y 22 de enero de 2025 la disposición transitoria 32ª de la LIRPF, en su redacción dada por el Real Decreto-ley 9/2024, estuvo plenamente vigente siendo las magnitudes excluyentes las fijadas por dicha disposición, por lo que los contribuyentes del IRPF, en base a sus ingresos y gastos de 2024, han iniciado el periodo impositivo con la certeza de poder determinar su rendimiento con arreglo al método de estimación objetiva en 2025. Sin embargo, a raíz de la no convalidación del Real Decreto-ley, pueden verse a partir del 23 de enero de 2025, y ante una circunstancia sobrevenida, excluidos automáticamente del método de estimación objetiva pasando a tener que determinar su rendimiento en estimación directa.

Al respecto, dado que el artículo 34.1 del Real Decreto 439/2007, de 30 de marzo, por el que se aprueba el Reglamento del Impuesto sobre la Renta de las Personas Físicas y se modifica el Reglamento de Planes y Fondos de Pensiones, aprobado por Real Decreto 304/2004, de 20 de febrero (BOE del día 31), establece que "la exclusión producirá efectos desde el inicio del año inmediato posterior a aquel en que se produzca dicha circunstancia", en aras del principio de seguridad jurídica, y dado que la causa de exclusión se ha producido de forma sobrevenida como consecuencia de la derogación del Real Decreto-ley 9/2024 el 22 de enero de 2025, podemos entender que los efectos de la exclusión se producirán para el periodo impositivo 2026, pudiendo seguir tales contribuyentes determinando su rendimiento neto en 2025 conforme al método de estimación objetiva."

⇨ Para el conjunto de sus actividades agrícolas, ganaderas y forestales, 250.000 euros anuales.

A estos efectos, solo se computarán las operaciones que deban anotarse en el Libro registro de ventas o ingresos previsto en el artículo 68.7 del Reglamento de este Impuesto.

No obstante, a efectos de lo previsto en este apartado, deberán computarse no solo las operaciones correspondientes a las actividades económicas desarrolladas por el contribuyente, sino también las correspondientes a las desarrolladas por el cónyuge, descendientes y ascendientes, así como por entidades en régimen de atribución de rentas en las que participen cualquiera de los anteriores, en las que concurran las siguientes circunstancias:

1. Que las actividades económicas desarrolladas sean idénticas o similares. A estos efectos, se entenderán que son idénticas o similares las actividades económicas clasificadas en el mismo grupo en el Impuesto sobre Actividades Económicas.

2. Que exista una dirección común de tales actividades, compartiéndose medios personales o materiales.

Cuando en el año inmediato anterior se hubiese iniciado una actividad, el volumen de ingresos se elevará al año.

c) En relación con los gastos, la exclusión de este régimen se produce en los siguientes casos:

⇨ Que el volumen de las compras en bienes y servicios en el ejercicio anterior supere la cantidad de 150.000 euros anuales.

⇨ Del mismo modo que sucede en las magnitudes excluyentes e ingresos, desde el ejercicio 2016 vigente en 2025, la magnitud de 150.000 euros, que se establece en la ley, queda fijada en 250.000 euros, en aplicación de la disposición transitoria trigésima segunda.

⇨ Se incluye en este límite el importe de las obras o servicios subcontratados.

⇨ Dentro de este límite quedan excluidas las adquisiciones de inmovilizado.

⇨ También quedará incluido en este límite el volumen de compras correspondientes a las actividades económicas desarrolladas por el cónyuge, descendientes y ascendientes, así como por entidades en régimen de atribución de rentas en las que participen cualquiera de los anteriores, en las que concurran las siguientes circunstancias:

1. Que las actividades económicas desarrolladas sean idénticas o similares, entendiendo por tales las que tengan el mismo epígrafe del IAE.

2. Que exista una dirección común de tales actividades, compartiéndose medios personales o materiales.

3. Cuando en el año inmediato anterior se hubiese iniciado una actividad, el volumen de compras se elevará al año.

d) Que las actividades económicas sean desarrolladas, total o parcialmente, fuera del ámbito de aplicación del IRPF al que se refiere el artículo 4 de la LIRPF.

e) La determinación del rendimiento neto por el régimen de estimación objetiva tiene un amplio desarrollo reglamentario que se ajustará a las siguientes reglas:

i. En el cálculo del rendimiento neto de las actividades económicas en estimación objetiva, se utilizarán los signos, índices o módulos generales o referidos a determinados sectores de actividad que determine el Ministro competente en Hacienda, habida cuenta de las inversiones realizadas que sean necesarias para el desarrollo de la actividad.

ii. La aplicación del método de estimación objetiva nunca puede dar lugar al gravamen de las ganancias patrimoniales que pudieran producirse por las diferencias entre los rendimientos reales de la actividad y los derivados de la correcta aplicación de estos métodos.

3.2. Ganancias y pérdidas patrimoniales de bienes afectos

Este sistema no incluye a las ganancias y pérdidas patrimoniales como consecuencia de la regla general establecida en el art. 28.2 de la LIRPF según la cual, para la determinación del rendimiento neto de las actividades económicas, no se incluirán las ganancias o pérdidas patrimoniales derivadas de elementos patrimoniales afectos a las mismas, que se cuantificarán conforme a lo previsto en la sección de ganancias y pérdidas patrimoniales.

3.3. Incompatibilidad con el régimen de estimación directa (normal y simplificada) y relación con el régimen especial simplificado del IVA

En el caso de que el contribuyente ejerza **varias actividades económicas**, si para alguna de ellas determina el rendimiento mediante la estimación directa, en cualquiera de sus modalidades, no podrá utilizar para ninguna de las otras la estimación objetiva.

A su vez, si el contribuyente renuncia al régimen simplificado o al de agricultura, ganadería y pesca en el ámbito del IVA, ello supondrá la renuncia al sistema de módulos en el IRPF.

Por su parte, la exclusión del régimen simplificado del IVA (recuérdese que el concepto de exclusión es diferente al concepto de renuncia), supondrá directamente la exclusión del régimen de módulos en el IRPF.

3.4. Aplicación del sistema de módulos

3.4.1. Aspectos a tener en cuenta

La **aplicación concreta del método de estimación objetiva por signos, índices o módulos** se desarrolla específicamente en la Orden Ministerial que se aprueba cada año.

Previamente a su análisis, deben tenerse en cuenta **los siguientes aspectos:**

El ámbito de actividades a los que les es de aplicación el sistema se contiene en la **Orden HAC/1347/2024, de 28 de noviembre, por la que se desarrollan para el año 2025.**

▶ Se relacionan en primer lugar las actividades que quedan sujetas tanto al método de estimación objetiva en el IRPF como al régimen simplificado en el IVA.

▶ En segundo lugar, se añade otra lista de actividades a las que también les es de aplicación el sistema de módulos en IRPF, pero que en el IVA tributan de acuerdo con el régimen especial del comercio minorista de recargo de equivalencia.

Para el caso de las concretas actividades de naturaleza agraria que pueden acogerse al método de estimación objetiva por módulos, se determina que éste no será aplicable cuando el volumen de ingresos que se obtiene en las citadas actividades (sin computar subvenciones ni indemnizaciones), sea superior a 250.000 €.

Para las demás actividades ha de tenerse en cuenta el número de personas empleadas o el número de vehículos utilizados a partir del cual ya no es posible acogerse al sistema de módulos.

 El dueño de una cafetería que tenga en la actividad más de ocho personas empleadas no podrá aplicar este sistema. Tampoco podría hacerlo el titular de una actividad de transporte por autotaxi cuando supere, en cualquier día del año, un máximo de tres vehículos.

Número máximo de vehículos que puede tener un transportista de mercancías por carretera para poder acogerse al método de estimación objetiva en IRPF: 5 vehículos en cualquier día del año.

El Sr. C adquiere su vehículo número seis en octubre del año X. En tal supuesto, será en X+1 cuando no podrá utilizar los módulos para calcular el rendimiento de su actividad.

En cuanto al cómputo del personal empleado a los efectos de constatar si se supera o no el máximo permitido para que se pueda estar dentro del régimen de estimación objetiva, se debe tener en cuenta que:

- El personal empleado se determina por la media ponderada del año inmediato anterior.

- Se computa tanto el personal asalariado como el no asalariado, comprendiendo este último concepto (como se verá más adelante) al empresario, su cónyuge y los hijos menores que convivan con el titular y trabajen efectivamente en la actividad, cuando no medie un contrato laboral, pues en tal caso se considerarían personal asalariado.

- Se computa como una persona no asalariada la que trabaje en la actividad 1.800 horas al año, y como una persona asalariada la que trabaje el número de horas anuales fijado por convenio colectivo o, en su defecto, 1.800 horas al año. Cuando el número de horas sea mayor o menor, se estima como cuantía de la persona asalariada la proporción existente entre las horas efectivamente trabajadas y las 1.800 indicadas o las fijadas en el convenio.

- En el caso de que el empresario, por motivos tales como jubilación, incapacidad, pluralidad de actividades o cierre temporal, pueda acreditar una dedicación inferior a las 1.800 horas/año, se computará como 0,25 personas/año, salvo que pueda probarse una dedicación superior o inferior.

  Si en un año natural se supera el número de personas empleadas (o el de vehículos utilizados en cualquier día del año) que marca la Orden Ministerial, el sujeto pasivo queda excluido del régimen de módulos a partir del año inmediato siguiente.

En una determinada actividad en régimen de módulos trabaja el empresario titular de la misma. Asimismo, cuenta con tres trabajadores:

1. Uno de ellos ha trabajado el año entero el número de horas pactadas en convenio colectivo.

2. Otro ha trabajado solamente durante media jornada.

3. El tercero fue contratado durante julio y agosto, a jornada completa.

Personas no asalariada: 1 (el empresario). Personas asalariadas: 1 (trabajador uno) + 0,5 (trabajador dos) + 2/12 (trabajador tres).

La exclusión del régimen de estimación objetiva en el IRPF provoca que el sujeto pasivo también quede excluido del régimen simplificado o del régimen especial de agricultura, ganadería y pesca en el IVA.

3.4.2. Fases para el cálculo del rendimiento neto de la actividad en el sistema de módulo

De acuerdo con lo establecido en la Orden HAC/1347/2024, de 28 de noviembre, por la que se desarrollan para el año 2025 y con efectos del 2024, la Orden HFP/1359/2023, de 19 de diciembre, la aplicación del sistema de módulos se descompone en **fases separadas con las siguientes denominaciones:**

⇨ **Fase I. Cálculo del rendimiento neto previo.** Supone la aplicación más elemental del modelo, pues se trata de multiplicar el valor de cada módulo por el número de estos que se hayan computado en la actividad (es decir, multiplicar el número de mesas, de kilowatios consumidos o de plazas por la cantidad asignada a cada unidad de dichos módulos).

Sirva como ejemplo los módulos de la actividad de cafés y bares de categoría especial que a continuación se muestra.

⇨ **Fase II. Cálculo del rendimiento neto minorado.** El rendimiento neto previo se minorará en el importe de los incentivos al empleo y la inversión, en concepto de amortización del inmovilizado material e intangible correspondan a la depreciación efectiva que sufran los distintos elementos por funcionamiento, uso, disfrute u obsolescencia.

⇨ **Fase III. Cálculo del rendimiento neto de módulos**. Sobre el rendimiento neto minorado se aplicarán, cuando corresponda, índices correctores, obteniéndose el rendimiento neto de módulos.

⇨ **Fase IV. Rendimiento neto de la actividad.** Se aplicará la reducción con carácter general del 5% en el ejercicio 2024 y 2025, el 10% en el ejercicio 2023 y el 15% en el ejercicio 2022.

Podrá aplicar la reducción del 25 por ciento del rendimiento neto de módulos de 2024 obtenido por contribuyentes que desarrollen actividades con arreglo al método de estimación objetiva en los municipios afectados por la DANA.

⇨ **Fase V. Rendimiento neto reducido**

Aplicaremos la reducción a las rentas irregulares del 30%.

Al igual que en 2022 y 2023, para las actividades agrícolas y ganaderas, se establece la posibilidad de aplicar sobre el rendimiento neto previo, antes de la amortización del inmovilizado material e intangible, las siguientes reducciones:

- En el 35 por 100 del precio de adquisición del gasóleo agrícola necesario para el desarrollo de dichas actividades que aparezca debidamente documentado en las facturas expedidas con motivo de dicha adquisición que cumplan los requisitos previstos en el artículo 6.1 del Reglamento por el que se regulan las obligaciones de facturación, aprobado por el Real Decreto 1619/2012, de 30 de noviembre.

- En el 15 por 100 del precio de adquisición de los fertilizantes necesarios para el desarrollo de dichas actividades que aparezca debidamente documentado en las facturas expedidas con motivo de dicha adquisición que cumplan los requisitos previstos en el artículo 6.1 del Reglamento por el que se regulan las obligaciones de facturación, aprobado por el Real Decreto 1619/2012, de 30 de noviembre.

Ambas reducciones únicamente procederán cuando se trate de adquisiciones documentadas en facturas emitidas en dicho período.

Como nos encontramos en período de prescripción es importante, también, tener en cuenta que para el ejercicio 2020 y 2021, debido a la situación económica derivada de la crisis sanitaria, la reducción será del 20% o del 35% para aquellas actividades reguladas en el artículo 9 del Real Decreto Ley 35/2020, de 22 de diciembre.

.../...

.../...

Con efectos del 1 de enero del 2025 desaparecerán las minoraciones del rendimiento neto por la adquisición de gasóleo agrícola y de fertilizantes y para actividades económicas desarrolladas en la Isla de la Palma o en el término municipal de Lorca, pero la fecha de edición de este manual, coincide la campaña de la renta del 2024. Es por ello, que incorporamos estos beneficios fiscales en el manual.

Como consecuencia del elevado impacto que ha tenido la sequía, así como por el incremento de precios se mantienen para 2024 los siguientes índices correctores aplicables sobre el rendimiento neto minorado, que ya fueron objeto de modificación para 2023:

- El índice corrector por piensos adquiridos a terceros se fija en el 0,50 por 100, y

- El índice por cultivos en tierras de regadío que utilicen, a tal efecto, energía eléctrica se fija en el 0,75 sobre el rendimiento procedente de los cultivos realizados en tierras de regadío por energía eléctrica.

Podrán aplicar también una reducción en 2023 y 2024 del rendimiento neto para actividades económicas desarrolladas en el término municipal de Lorca en las siguientes condiciones:

1. Los contribuyentes del Impuesto sobre la Renta de las Personas Físicas que desarrollen actividades económicas incluidas en el anexo II de la Orden en el término municipal de Lorca y determinen el rendimiento neto por el método de estimación objetiva, podrán reducir el rendimiento neto de módulos de 2023 y 2024 correspondiente a tales actividades en un 20 por ciento.

2. La reducción prevista en el apartado 1 anterior se aplicará sobre el rendimiento neto de módulos resultante después de aplicar la reducción prevista en el apartado 1 de la disposición adicional primera de la orden.

3. Los contribuyentes del Impuesto sobre la Renta de las Personas Físicas que desarrollen actividades económicas en la Isla de La Palma y determinen el rendimiento neto por el método de estimación objetiva, podrán reducir el rendimiento neto de módulos de 2022, 2023 y 2024 correspondiente a tales actividades en un 20 por ciento.

3.4.3. Rendimiento neto previo (Fase 1)

Para el cálculo del rendimiento en esta fase deben tenerse en cuenta los diferentes módulos que existen y la manera en que han de computarse. A estos efectos, **la relación que contempla el sistema es la siguiente:**

▶ **Primero: personal no asalariado**

Es el empresario, así como su cónyuge e hijos menores cuando convivan con él y trabajen efectivamente en la actividad, pero no exista contrato laboral.

El empresario habrá de computarse como una persona completa, con carácter general. Solo en aquellos supuestos que pueda acreditar una dedicación inferior a 1.800 horas/año por causas objetivas, tales como jubilación, incapacidad, pluralidad de actividades o cierre temporal de la explotación, se computará el tiempo efectivo dedicado a la actividad. En estos supuestos, para la cuantificación de las tareas de dirección, organización y planificación de la actividad, y, en general, las inherentes a la titularidad de la misma, se computará al empresario en 0,25 persona/año salvo que se acredite una dedicación efectiva inferior o superior.

Para el resto de personas no asalariadas se computa como una la que trabaje en la actividad al menos 1.800 horas al año. Cuando el número de horas sea inferior a 1.800, se estimará como cuantía de la persona no asalariada la proporción existente entre el número de horas efectivamente trabajadas y 1.800 horas.

 Es importante destacar, sobre todo para el ámbito de los pequeños negocios familiares, que el cónyuge o los hijos menores, cuando sean no asalariados (es decir, que trabajan habitualmente en la actividad sin que exista contrato laboral y afiliación a la Seguridad Social), se computan al 50% si el empresario se computa por entero y no hay más de una persona asalariada en la actividad. El personal no asalariado con un grado de discapacidad igual o superior al 33% se computará al 75 por 100.

▶ **Segundo: personal asalariado**

Es cualquier otra persona que trabaje en la actividad. Este módulo también engloba al cónyuge y a los hijos menores, que convivan con él, cuando trabajan habitualmente y con continuidad en la actividad, y existe contrato laboral y afiliación al régimen general de la Seguridad Social.

1. Se computa como una persona entera la que trabaje las horas anuales que se fijen en convenio colectivo o, en su defecto, 1.800 horas al año. Si se hubiera trabajado en mayor o menor cuantía, se toma la proporción correspondiente.

2. Se computará en un 60% al personal asalariado menor de 19 años, al que preste sus servicios bajo contrato de aprendizaje o para formación, así como a los discapacitados con grados de minusvalía igual o mayor al 33% se les computará en un 40%.

▶ **Tercero: superficie del local**

Se toma la que se define como tal con las reglas del IAE.

▶ **Cuarto: local independiente y no independiente**

El primero es el que dispone de sala de ventas para atención al público. El segundo carece de dicha sala por estar situado en el interior de otro local, galería o mercado.

▶ **Quinto: consumo de energía eléctrica**

Es la que aparece en la factura de la empresa suministradora.

▶ **Sexto: potencia eléctrica**

Es la contratada con el suministrador.

▶ **Séptimo: superficie del horno**

Será la que corresponda según las características técnicas del bien.

▶ **Octavo: mesas**

Se computa como una mesa la que puede ser ocupada por cuatro personas. La capacidad superior o inferior aumentará o disminuirá el módulo en la proporción correspondiente.

▶ **Noveno: número de habitantes**

Se refiere a la población del municipio que consta en el padrón municipal de habitantes.

▶ **Décimo: carga del vehículo**

La capacidad de carga de un vehículo o conjunto de vehículos será igual a la diferencia entre la masa total máxima autorizada determinada teniendo en cuenta las posibles limitaciones administrativas, que en su caso, se reseñen en las Tarjetas de Inspección Técnica, con el límite de cuarenta toneladas, y la suma de las taras correspondientes a los vehículos portantes (peso en vacío del camión, remolque, semirremolque y cabeza tractora), expresada, según proceda, en kilogramos o toneladas, estas últimas con dos cifras decimales. En el caso de cabezas tractoras que utilicen distintos semirremolques su tara se evaluará en ocho toneladas como máximo. Cuando el transporte se realice exclusivamente con contenedores, la tara de estos se evaluará en tres toneladas.

▶ **Undécimo: plazas**

Es el número de unidades de capacidad de alojamiento del establecimiento.

▶ **Duodécimo: asientos**

Son los que corresponden al vehículo, según la Tarjeta de Inspección Técnica. No incluye ni el del conductor ni el del guía.

▶ **Decimotercero: máquinas recreativas**

Tanto las tipo "A" como las tipo "B". Es importante precisar que estas máquinas no se computarán cuando sean propiedad del titular de la actividad.

▶ **Decimocuarto: potencia fiscal del vehículo**

Es la que figura en la tarjeta de inspección técnica.

▶ **Decimoquinto: longitud de la barra**

Se computan los metros de la barra principal (sin contar la reservada a camareros) y los de las auxiliares que pudieran estar pegados a paredes, pilares, etc.

3.4.4. Rendimiento neto minorado (Fase 2)

1. **Existe en primer lugar una minoración por incentivos al empleo**. Para calcularla se obtendrá la diferencia entre el número de unidades de "personal asalariado" correspondientes al año y el obtenido en el año anterior. Si la diferencia es positiva (lo que sería expresiva de una creación de empleo), dicha diferencia se la multiplicará por 0,4. El resultado es el coeficiente por incremento del número de personas asalariadas.

   Posteriormente, debe aplicarse una tabla de coeficientes por tramos que, sin embargo, no se aplicará a la diferencia anterior (si es que existe). La tabla se aplicará multiplicando los siguientes coeficientes por los distintos tramos en que debe descomponerse el número de unidades de módulo de la actividad (sin incluir la citada diferencia):

Tramo	Coeficiente
Hasta 1,00	0,10
Entre 1,01 a 3,00	0,15
Entre 3,01 a 5,00	0,20
Entre 5,01 a 8,00	0,25
Más de 8,00	0,30

El llamado coeficiente de minoración se obtiene por la suma de los dos anteriores, es decir, el coeficiente por incremento (si lo ha habido) más el que se obtiene de la tabla. El resultado será el coeficiente de minoración. Este coeficiente de minoración se multiplicará por el "Rendimiento anual por unidad antes de amortización" que corresponde al personal asalariado. La cantidad que se obtenga se restará de la cifra obtenida en la Fase 1.

Personal asalariado en el año X: 2,8

Personal asalariado en X+1: 3,1

Diferencia: 3,1 - 2,8 = 0,3

El personal asalariado en X+1 se descompone en los siguientes tramos:

- 1 X 0,1 = 0,1
- 1,8 X 0,15 = 0,27
- 2,8   0,37
- 0,3 X 0,4 = 0,12
- 0,49
- Y adicionalmente se tiene que 0,37 + 0,12 = 0,49

Para el epígrafe 673.1 el "Rendimiento neto anual por unidad" en el módulo personal asalariado, antes de amortizaciones es de 4.056,30 €.

Por ello, la reducción será: 4.056,30 X 0,49 = 1.987,59 a minorar.

2. **En segundo lugar, procede restar la parte que corresponde con la amortización del inmovilizado material o intangible.** Para su cálculo se aplicará al precio de adquisición o coste producción del elemento el coeficiente máximo,

o el mínimo, o uno comprendido entre ambos, **que se deriva de la siguiente tabla, sin que quepa amortizar el valor residual:**

Elemento	Coeficiente máximo	Período máximo
Edificios y otras construcciones	5%	40 años
Útiles, herramientas, equipos para procesos de información y programas informáticos	40%	5 años
Elementos de transporte y resto de inmovilizado material	25%	8 años
Inmovilizado intangible	15%	10 años
Batea	10%	12 años
Barco	10%	25 años

La amortización ha de practicarse elemento a elemento. Si estos se han adquirido usados, podrá aplicarse hasta el doble del coeficiente máximo. Por su parte, en el caso de cesión de uso de bienes con opción de compra o renovación, cuando por las condiciones económicas no existan dudas razonables de que se va a ejercitar una u otra opción, el cesionario (que es quien utiliza el bien sin ser propietario del mismo) podrá deducir, en concepto de amortización, el importe que corresponda por aplicación de la tabla al precio de adquisición o coste de producción del bien.

Se adquiere en leasing un elemento de transporte, exclusivamente afecto a la actividad (destinados al transporte de mercancías, viajeros, enseñanza de conductores y desplazamiento de agentes comerciales). La cuota anual satisfecha es de 12.020,24 €, de los que 3.606,07 € corresponden a intereses y el resto a recuperación del coste del bien.

El precio de venta del elemento es de 36.060,73 €.

Suponiendo que efectivamente se va a ejercitar la opción de compra, y dado que el coeficiente máximo contemplado en las tablas es de un 25% para los elementos de transporte, la cuantía a restar en concepto de amortización será como máximo de:

36.060,73 x 0,25 = 9.015,18 €

Se establece finalmente que gozan de libertad de amortización los inmovilizados materiales nuevos cuyo valor unitario no exceda de 601,01 €, si bien las amortizaciones dotadas por esta vía no podrán exceder de 3.005,06 € anuales.

3.4.5.   Rendimiento neto de módulos (Fase 3)

Una vez practicadas las minoraciones anteriores, el rendimiento neto por módulos se obtendrá de aplicar al rendimiento de la fase 2 los siguientes índices correctores que se exponen de acuerdo con el desarrollo que se contempla en la Orden Ministerial, y respecto de los cuales debe tenerse en cuenta que:

a)   En ningún caso será aplicable el índice corrector para empresas de pequeña dimensión (a.1) a las actividades para las que están previstos los índices correctores especiales enumerados en las letras a.2), a.3), a.4) y a.5).

b)   Cuando resulte aplicable el índice corrector para empresas de pequeña dimensión (b.1) no se aplicará el índice corrector de exceso (b.3).

c)   Cuando resulte aplicable el índice corrector de temporada (b.2) no se aplicará el índice corrector por inicio de nuevas actividades (b.4).

Los índices correctores especiales han de aplicarse según el orden que se expone a continuación:

- **a.1) Actividad al por menor de prensa, revista y libros en quioscos**

Quioscos en Madrid y Barcelona	1,00
Quioscos en Municipios de más de 100.000 hab.	0,95
Quioscos en resto de municipios	0,80

Se utiliza cuando una capa va dentro de una lista y su contenido son párrafos. Utilizar este modelo en la medida de lo posible.

- **a.2) Actividad de transporte por autotaxi**

El coeficiente depende de la población del municipio donde se ejerza la actividad. Si se ejerce en más de un municipio se aplica el coeficiente del municipio de mayor población.

Hasta 2.000 hab.	0,75
Más de 2.000 hasta 10.000 hab.	0,80

Más de 10.000 hasta 50.000 hab.	0,85
Más de 50.000 hasta 100.000 hab.	0,90
Más de 100.000 hab.	1,00

- **a.3) Actividad de transporte urbano colectivo y de viajeros por carretera**

  Se aplicará el 0,8 cuando se tenga un solo vehículo.

- **a.4) Actividad de transporte de mercancías por carretera y servicio de mudanza**

  Se aplica el 0,8 cuando se tenga un solo vehículo.

  Se aplicará el índice 0,90 cuando la actividad se realice con tractocamiones y el titular carezca de semirremolques. Cuando la actividad se desarrolle con un único tractocamión y sin semirremolques, se aplicará, exclusivamente, el índice 0,75.

- **a.5) Actividad producción de mejillón en batea**

  Se aplicarán coeficientes en función de las características de la producción.

A continuación, se aplican los índices correctores generales identificados con la letra "b" a cualquier actividad que reúna las circunstancias exigidas (índices correctores generales):

- **b.1) Índice para empresas de pequeña dimensión**

  El titular debe ser persona física, ejercer la actividad en un solo local, no disponer de más de un vehículo, que además no supere los 1.000 kg. de capacidad de carga, y no deberá contarse con personal asalariado. El índice depende de la población del municipio. Si la actividad se ejerce en varios municipios, se toma el índice del que tenga mayor población.

Hasta 2.000 habitantes	0,70
De 2.001 a 5.000 hab.	0,75
Más de 5.000 hab.	0,80

Cuando se cumplan los tres primeros requisitos y se ejerza la actividad con personal asalariado, hasta 2 trabajadores, se aplicará el índice de 0,90, cualquiera que sea la población del municipio en el que se desarrolla la actividad.

- **b.2) Índice corrector de temporada**

  Son actividades de temporada las que se ejercen durante ciertos días, continuados o alternos, pero sin exceder de los 180 por año. En estos casos, se aplicará el índice en función de la duración de la temporada:

Hasta 60 días	1,50
De 61 a 120 días	1,35
De 121 a 180 días	1,25

- **b.3) Índice corrector de exceso**

  Se aplica cuando el rendimiento neto, aplicados ya los coeficientes anteriores si eran procedentes, resulta superior a unas cuantías que, para cada actividad, se establecen en la OM. Al exceso se le aplica entonces el índice 1,30. Se trata, en definitiva, de un índice de incremento.

Actividad en el epígrafe 673.1. Su rendimiento neto minorado asciende a 35.586,03 euros. La Orden Ministerial que desarrolla módulos establece una cuantía para aplicar el índice corrector de exceso a esta actividad económica de 30.586,03 euros. El rendimiento neto minorado excede de la cuantía establecida en la Orden en 5.000 euros. El rendimiento neto corregido sería:

Hasta 30.586,03 ------------- 30.586,03

Exceso 5.000 x 1,30 --------- 6.500,00

Rendimiento neto corregido 37.086,03 euros por índice de exceso.

El rendimiento pasaría de 35.586,03 a 37.086,03 euros por aplicación del índice corrector de exceso.

- **b.4) Índice por inicio de nuevas actividades**

  Para actividades iniciadas a partir de 1 de enero, no de temporada, y que se no se hayan ejercido antes bajo otra titularidad y se realicen en un local o establecimiento exclusivamente dedicado a dichas actividades, se aplican los siguientes índices:

  ⇨ 0,8 en el primer ejercicio.

  ⇨ 0,9 en el segundo ejercicio.

Cuando el contribuyente sea una persona con discapacidad, con grado de discapacidad igual o superior al 33%, los índices correctores aplicables serán:

⇨ 0,60 en el primer ejercicio.

⇨ 0,70 en el segundo ejercicio.

3.4.6. Rendimiento neto de la actividad (Fase 4)

Los contribuyentes del Impuesto sobre la Renta de las Personas Físicas que desarrollen actividades económicas incluidas en el anexo II de la Orden en el **término municipal de Lorca** y determinen el rendimiento neto por el método de estimación objetiva, podrán reducir el rendimiento neto de módulos de 2024 correspondiente a tales actividades en un 20 por ciento.

Asimismo, los contribuyentes del Impuesto sobre la Renta de las Personas Físicas que desarrollen **actividades económicas en la Isla de La Palma** y determinen el rendimiento neto por el método de estimación objetiva, podrán reducir el rendimiento neto de módulos de 2024 correspondiente a tales actividades en un 20 por ciento.

Los contribuyentes del Impuesto sobre la Renta de las Personas Físicas que desarrollen actividades económicas en los términos municipales citados en el anexo del Real Decreto-ley 6/2024, de 5 de noviembre, por el que se adoptan medidas urgentes de respuesta ante los daños causados por la Depresión Aislada en Niveles Altos (DANA) en diferentes municipios entre el 28 de octubre y el 4 de noviembre de 2024, y determinen el rendimiento neto por el método de estimación objetiva, podrán reducir el rendimiento neto de módulos de 2024 correspondiente a tales actividades en un 25 por ciento.

La reducción prevista en el párrafo anterior se aplicará sobre el rendimiento neto de módulos resultante después de aplicar la reducción prevista en el apartado 1 de la disposición adicional primera de la Orden HFP/1359/2023, de 19 de diciembre, por la que se desarrollan para el año 2024 el método de estimación objetiva del Impuesto sobre la Renta de las Personas Físicas y el régimen especial simplificado del Impuesto sobre el Valor Añadido.

Para la determinación de la cuantía del pago fraccionado correspondiente al último trimestre de 2024, el rendimiento neto a efectos del pago fraccionado se reducirá en la parte proporcional del mismo que corresponda a las actividades económicas desarrolladas en los términos municipales afectados por la Depresión Aislada en Niveles Altos (DANA) a que se refiere el primer párrafo de este apartado.

Esta reducción se aplica tanto a las actividades agrícolas, ganaderas y forestales como a las distintas de estas.

Por otro lado, se establecen medidas excepcionales en el Impuesto sobre la Renta de las Personas Físicas para paliar el efecto producido por el precio de los insumos de explotación en las actividades agrícolas y ganaderas el año 2024.

El rendimiento neto previo podrá reducirse:

- En el 35 por 100 del precio de adquisición del gasóleo agrícola necesario para el desarrollo de dichas actividades que aparezca debidamente documentado en las facturas expedidas con motivo de dicha adquisición que cumplan los requisitos previstos en el artículo 6.1 del Reglamento por el que se regulan las obligaciones de facturación, aprobado por el Real Decreto 1619/2012, de 30 de noviembre.

- En el 15 por 100 del precio de adquisición de los fertilizantes necesarios para el desarrollo de dichas actividades que aparezca debidamente documentado en las facturas expedidas con motivo de dicha adquisición que cumplan los requisitos previstos en el artículo 6.1 del Reglamento por el que se regulan las obligaciones de facturación, aprobado por el Real Decreto 1619/2012, de 30 de noviembre.

Ambas reducciones únicamente procederán cuanto se trate de adquisiciones efectuadas en el ejercicio 2024, documentadas en facturas emitidas en dichos períodos.

Como consecuencia del elevado impacto que ha tenido la sequía, así como por el incremento de precios se mantienen para 2024 los siguientes índices correctores aplicables sobre el rendimiento neto minorado, que ya fueron objeto de modificación para 2023:

⇨ El índice corrector por piensos adquiridos a terceros se fija en el 0,50 por 100, y

⇨ El índice por cultivos en tierras de regadío que utilicen, a tal efecto, energía eléctrica se fija en el 0,75 sobre el rendimiento procedente de los cultivos realizados en tierras de regadío por energía eléctrica.

 La reducción prevista en la disposición adicional primera de la Orden HFP/1335/2021, de 1 de diciembre, será del 15 por 100. Para el ejercicio 2024, la reducción será del 5%.

3.4.7. Rendimiento neto reducido de la actividad (Fase 5)

Reducción del 30% por haber obtenido rendimientos de la actividad económica con un período de generación superior a 2 años o notoriamente irregular.

Se consideran obtenidos de forma notoriamente irregular: subvenciones de capital cuando sean para la adquisición de bienes que no se puedan amortizar, indemnizaciones y ayudas por cese de la actividad, o indemnizaciones percibidas en sustitución de derechos económicos de duración indefinida.

 La cuantía del rendimiento neto a que se refiere este apartado sobre la que se aplicará la citada reducción no podrá superar el importe de 300.000 euros anuales.

3.5. Pagos fraccionados en el sistema de módulos

A efectos del pago fraccionado, **han de tomarse los datos-base de la actividad el día 1 de enero** (es decir, el número de personas asalariadas, de mesas o de metros cuadrados de local que exista en ese momento).

Si no se pueden determinar, se toma el que ha correspondido el año anterior (así, por ejemplo, debe tomarse el consumo de energía eléctrica del año pasado por no haberse facturado toda la que corresponde al presente).

Si en el año anterior no se ha ejercido la actividad, se toman los datos-base del día de inicio.

El pago fraccionado se ve afectado por las amortizaciones. Así, el rendimiento neto a computar a efectos de este pago a cuenta deberá calcularse teniendo en cuenta las amortizaciones calculadas aplicando el coeficiente máximo de la tabla que corresponda a cada uno de los bienes.

El pago será igual al 4% del citado rendimiento. Si solo hay una persona asalariada, será del 3% y, finalmente, del 2% si no hay asalariados. Si no se ha podido determinar ningún dato-base y, por tanto, no se ha podido obtener el rendimiento neto sobre el que aplicar los porcentajes indicados, la cuantía de los pagos será igual al 2% de las ventas o ingresos del trimestre.

Como se señala, el pago fraccionado es trimestral y se efectúa entre los días 1 y 20 de abril, julio y octubre. El del cuarto trimestre se efectúa entre el 1 y el 30 de enero. El sujeto pasivo deberá presentarlos incluso aunque no resulte cuota a ingresar.

Si la actividad se ha iniciado ese mismo año, o se ha concluido antes del 31 de diciembre, por el trimestre incompleto se ingresa la parte proporcional correspondiente a los días que en se ejerció la actividad.

Actividad iniciada el día 1 de mayo del año X. Tomando los datos-base el día de inicio resulta un rendimiento neto de 24.000 €.

En tal caso, se tendrán los pagos fraccionados siguientes:

- Trimestre 1: 0 €

- Trimestre 2: 4% sobre 24.000 x [2 (mayo-junio)/3 (abril-mayo-junio)]

- Trimestre 3: 4% sobre 24.000

- Trimestre 4: 4% sobre 24.000

Finalmente, en caso de **actividades de temporada** se debe obtener el llamado "rendimiento diario", que resulta de dividir el total calculado a partir de los datos-base (que no son los que existan el día de comienzo, sino los que hubiesen correspondido en el año anterior), entre el número de días de ejercicio de la actividad el año anterior. Puede observarse, por consiguiente, que para las actividades de temporada la información básica es la que corresponde a los datos del año previo, supuesto que se hubiese ejercido en él la actividad (recuérdese que, en otro caso, se toman los datos-base del día de inicio). Para calcular el pago fraccionado se multiplica el porcentaje que corresponda por el rendimiento diario y por el número de días del trimestre durante los que se ejerza la actividad.

Posteriormente, al finalizar el año, cesar la actividad o terminar la temporada, se calculará el promedio de los módulos relativos al período durante el que se ejerció la actividad, obteniendo entonces el rendimiento neto del período.

4. Libertad de amortización con mantenimiento de empleo

La Ley 4/2008, de 23 de diciembre, por la que se suprime el gravamen del Impuesto sobre el Patrimonio, se generaliza el sistema de devolución mensual en el Impuesto sobre el Valor Añadido, y se introducen otras modificaciones en la normativa tributaria, estableció la Disposición Adicional 11ª en el Texto Refundido de la Ley del Impuesto sobre Sociedades, que recogía la libertad de amortización con mantenimiento de empleo. Actualmente la libertad de amortización con mantenimiento de empleo se encuentra regulada en el artículo 102 de la Ley 27/2014.

Los elementos nuevos del inmovilizado material y de las inversiones inmobiliarias, afectos a actividades económicas, puestos a disposición del contribuyente en el período impositivo en el que se cumplan las condiciones del artículo anterior, podrán ser amortizados libremente siempre que, durante los 24 meses siguientes a la fecha del inicio del período impositivo en que los bienes adquiridos entren en funcionamiento, la plantilla media total de la empresa se incremente respecto de la plantilla media de los 12 meses anteriores, y dicho incremento se mantenga durante un período adicional de otros 24 meses.

La cuantía de la inversión que podrá beneficiarse del régimen de libertad de amortización será la que resulte de multiplicar la cifra de 120.000 euros por el referido incremento calculado con dos decimales.

Para el cálculo de la plantilla media total de la empresa y de su incremento se tomarán las personas empleadas, en los términos que disponga la legislación laboral, teniendo en cuenta la jornada contratada en relación a la jornada completa.

La libertad de amortización será aplicable desde la entrada en funcionamiento de los elementos que puedan acogerse a ella.

El régimen previsto en el apartado anterior también será de aplicación a los elementos encargados en virtud de un contrato de ejecución de obra suscrito en el período impositivo, siempre que su puesta a disposición sea dentro de los 12 meses siguientes a su conclusión.

Lo previsto en los dos apartados anteriores será igualmente de aplicación a los elementos del inmovilizado material y de las inversiones inmobiliarias construidos por la propia empresa.

En el supuesto de que se incumpliese la obligación de incrementar o mantener la plantilla se deberá proceder a ingresar la cuota íntegra que hubiere correspondido a la cantidad deducida en exceso más los intereses de demora correspondientes.

El ingreso de la cuota íntegra y de los intereses de demora se realizará conjuntamente con la autoliquidación correspondiente al período impositivo en el que se haya incumplido una u otra obligación.

Lo previsto en este artículo también será de aplicación a los elementos nuevos del inmovilizado material y de las inversiones inmobiliarias objeto de un contrato de arrendamiento financiero, a condición de que se ejercite la opción de compra.

Este contenido es equivalente al regulado anteriormente en los arts. 109 y 110 LIS.

5. Reducciones

5.1. Rendimientos irregulares

Los rendimientos netos con un período de generación superior a dos años, así como aquellos que se califiquen reglamentariamente como obtenidos de forma notoriamente irregular en el tiempo, se reducirán en un 30 por ciento, cuando, en ambos casos, se imputen en un único período impositivo.

La cuantía del rendimiento neto a que se refiere este apartado sobre la que se aplicará la citada reducción no podrá superar el importe de 300.000 euros anuales.

No resultará de aplicación esta reducción a aquellos rendimientos que, aun cuando individualmente pudieran derivar de actuaciones desarrolladas a lo largo de un período que cumpliera los requisitos anteriormente indicados, procedan del ejercicio de una actividad económica que de forma regular o habitual obtenga este tipo de rendimientos.

5.2. Otras Reducciones

5.2.1. Reducciones en el método de estimación directa

Los contribuyentes podrán reducir el rendimiento neto de las actividades económicas en 2.000 euros cuando cumplan los siguientes requisitos que se regulan en el artículo 32.2.2° de la LIRPF:

a) El rendimiento neto de la actividad económica deberá determinarse con arreglo al método de estimación directa. No obstante, si se determina con arreglo a la modalidad simplificada del método de estimación directa, la reducción será incompatible con lo previsto en la regla 4.ª del artículo 30.2 de la LIRPF.

b) La totalidad de sus entregas de bienes o prestaciones de servicios deben efectuarse a una única persona, física o jurídica, no vinculada en los términos del artículo 18 de la Ley 27/2014, de 27 de noviembre, del Impuesto sobre Sociedades, o que el contribuyente tenga la consideración de trabajador autónomo económicamente dependiente conforme a lo dispuesto en el Capítulo III del Título II de la Ley 20/2007, de 11 de julio, del Estatuto del trabajo autónomo y el cliente del que dependa económicamente no sea una entidad vinculada en los términos del artículo 18 de la Ley del Impuesto sobre Sociedades.

c) El conjunto de gastos deducibles correspondientes a todas sus actividades económicas no puede exceder del 30 por ciento de sus rendimientos íntegros declarados.

d) Deberán cumplirse durante el período impositivo todas las obligaciones formales y de información, control y verificación que reglamentariamente se determinen.

e) Que no perciban rendimientos del trabajo en el período impositivo. No obstante, no se entenderá que se incumple este requisito cuando se perciban durante el período impositivo prestaciones por desempleo o cualesquiera de las prestaciones previstas en la letra a) del artículo 17.2 de la LIRPF, siempre que su importe no sea superior a 4.000 euros anuales.

f) Que al menos el 70 por ciento de los ingresos del período impositivo estén sujetos a retención o ingreso a cuenta.

g) Que no realice actividad económica alguna a través de entidades en régimen de atribución de rentas.

5.2.2. Otras minoraciones adicionales al rendimiento neto

Adicionalmente, para el ejercicio 2023 y siguientes, el rendimiento neto de estas actividades económicas se minorará en las siguientes cuantías:

a) Cuando los rendimientos netos de actividades económicas sean inferiores a 19.747,5 euros, siempre que no tengan rentas, excluidas las exentas, distintas de las de actividades económicas superiores a 6.500 euros:

⇨ Contribuyentes con rendimientos netos de actividades económicas iguales o inferiores a 14.047,5 euros: 6.498 euros anuales.

⇨ Contribuyentes con rendimientos netos de actividades económicas comprendidos entre 14.047,5 y 19.747,5 euros: 6.498 euros menos el resultado de multiplicar por 1,14 la diferencia entre el rendimiento de actividades económicas y 14.047,5 euros anuales.

Para el ejercicio 2022 la minoración se establecía en las siguientes cantidades: cuando los rendimientos netos de actividades económicas sean inferiores a 14.450 euros, siempre que no tengan rentas, excluidas las exentas, distintas de las de actividades económicas superiores a 6.500 euros:

⇨ Contribuyentes con rendimientos netos de actividades económicas iguales o inferiores a 11.250 euros: 3.700 euros anuales.

⇨ Contribuyentes con rendimientos netos de actividades económicas comprendidos entre 11.250 y 14.450 euros: 3.700 euros menos el resultado de multiplicar por 1,15625 la diferencia entre el rendimiento de actividades económicas y 11.250 euros anuales.

b) Cuando se trate de personas con discapacidad que obtengan rendimientos netos derivados del ejercicio efectivo de estas actividades económicas, 3.500 euros anuales.

Dicha reducción será de 7.750 euros anuales, para las personas con discapacidad que ejerzan de forma efectiva estas actividades económicas y acrediten necesitar ayuda de terceras personas o movilidad reducida, o un grado de discapacidad igual o superior al 65 por ciento.

5.2.3. Reducción para las rentas inferiores a 12.000 euros

Cuando no se cumplan los requisitos previstos en el art. 3.2.2º LIRPF, los contribuyentes con rentas no exentas inferiores a 12.000 euros, incluidas las de la propia actividad económica, podrán reducir el rendimiento neto de las actividades económicas en las siguientes cuantías:

▶ Cuando la suma de las citadas rentas sea igual o inferior a 8.000 euros anuales: 1.620 euros anuales.

▶ Cuando la suma de las citadas rentas esté comprendida entre 8.000,01 y 12.000 euros anuales: 1.620 euros menos el resultado de multiplicar por 0,405 la diferencia entre las citadas rentas y 8.000 euros anuales.

Esta reducción prevista en el art. 3.2.3º LIRPF conjuntamente con la reducción prevista en el artículo 20 de la LIRPF no podrá exceder de 3.700 euros.

Como consecuencia de la aplicación de las reducciones comentadas en este apartado, el saldo resultante no podrá ser negativo.

5.2.4. Reducción por inicio de actividad

Los contribuyentes que inicien el ejercicio de una actividad económica y determinen el rendimiento neto de la misma con arreglo al método de estimación directa, podrán reducir en un 20 por ciento el rendimiento neto positivo declarado con arreglo a dicho método, minorado en su caso por las reducciones previstas en los apartados anteriores, en el primer período impositivo en que el mismo sea positivo y en el período impositivo siguiente.

A efectos de lo dispuesto en el párrafo anterior se entenderá que se inicia una actividad económica cuando no se hubiera ejercido actividad económica alguna en el año anterior a la fecha de inicio de la misma, sin tener en consideración aquellas actividades en cuyo ejercicio se hubiera cesado sin haber llegado a obtener rendimientos netos positivos desde su inicio.

Cuando con posterioridad al inicio de la actividad a que se refiere el párrafo primero anterior se inicie una nueva actividad sin haber cesado en el ejercicio de la primera, la reducción prevista en este apartado se aplicará sobre los rendimientos netos obtenidos en el primer período impositivo en que los mismos sean positivos y en el período impositivo siguiente, a contar desde el inicio de la primera actividad.

La cuantía de los rendimientos netos a que se refiere este apartado sobre la que se aplicará la citada reducción no podrá superar el importe de 100.000 euros anuales.

No resultará de aplicación la reducción prevista en este apartado en el período impositivo en el que más del 50 por ciento de los ingresos del mismo procedan de una persona o entidad de la que el contribuyente hubiera obtenido rendimientos del trabajo en el año anterior a la fecha de inicio de la actividad.

5.2.5. Rendimientos de actividades económicas por la DANA

Con motivo de las consecuencias acaecidas tras la DANA, se aprueban las siguientes ayudas a titulares de actividades económicas, que tendrán la consideración de subvenciones corrientes:

a) Las ayudas directas por destrucción o reparación de elementos patrimoniales a las que se refiere el artículo 11 de Real Decreto-ley 6/2024, exentas en virtud del apartado 1 c) de la disposición adicional quinta de la Ley del IRPF, y

b) Una ayuda extraordinaria y temporal, de carácter complementario a la del artículo 11 del Real Decreto-ley 6/2024 referida en el punto anterior, para compensar la pérdida de renta en las explotaciones agrarias que hayan sufrido daños como consecuencia de la DANA, en los municipios incluidos tanto en el anexo del Real Decreto-ley 6/2024, de 5 de noviembre, como en el del anexo del Real Decreto-ley 7/2024, de 11 de noviembre, regulada por el artículo 24 de este último. Dichas ayudas no se integrarán en la base imponible del IRPF por aplicación de la disposición adicional quinta de la Ley del IRPF, en virtud de la disposición adicional decimosexta del Real Decreto-ley 8/2024, de 28 de noviembre.

Son **rendimientos íntegros de actividades** económicas aquellos que, procediendo del trabajo personal y del capital conjuntamente, o de uno solo de estos factores, supongan por parte del contribuyente la ordenación por cuenta propia de medios de producción y de recursos humanos o de uno de ambos, con la finalidad de intervenir en la producción o distribución de bienes o servicios.

En lo que respecta a la actividad de **arrendamiento de inmuebles** (ya no la compraventa de inmuebles, que también se incluía en la legislación anterior), la LIRPF establece que tendrá la calificación fiscal de actividad económica únicamente cuando concurran las siguientes circunstancias:

1. Que en el desarrollo de la actividad se cuente, al menos, con un local exclusivamente destinado a llevar a cabo la gestión de la actividad.

2. Que para la ordenación de aquélla se utilice, al menos, una persona empleada con contrato laboral y a jornada completa.

.../...

223

.../...

La aplicación del sistema de módulos se descompone en fases separadas.

Respecto a la reducción por rendimientos irregulares o generados en más de dos años:

- **Se mantiene la reducción del 30%** para los rendimientos netos con un período de generación superior a dos años, así como aquellos que se califiquen como obtenidos de forma notoriamente irregular en el tiempo.

- El cómputo del período de generación, en el caso de que estos rendimientos se cobren de forma fraccionada, **deberá tener en cuenta el número de años de fraccionamiento**, en los términos que reglamentariamente se establezcan.

Se mantiene la reducción por inicio de actividad.

De este modo, los contribuyentes que inicien el ejercicio de una actividad económica y determinen el rendimiento neto de la misma con arreglo al método de estimación directa, podrán reducir en un 20 por ciento el rendimiento neto positivo declarado con arreglo a dicho método, minorado en su caso por las reducciones previstas en los dos epígrafes anteriores.

UNIDAD DIDÁCTICA 4

Rendimientos de capital

Introducción

Los **objetivos** de esta unidad son:

1. Precisar los rendimientos del capital sometidos a tributación.

2. Diferenciar los rendimientos del capital mobiliario y del capital inmobiliario.

3. Identificar los gastos deducibles y reducciones en los rendimientos del capital inmobiliario y en los rendimientos del capital mobiliario.

Introducción

A lo largo de la presente unidad expondremos las líneas fundamentales de tributación de los rendimientos del capital. Analizaremos, por un lado, los rendimientos del capital inmobiliario, sus gastos deducibles y sus reducciones; y, por otro lado, los rendimientos del capital mobiliario, sus gastos deducibles y sus reducciones.

1. Ideas previas. Rendimiento de capital

1.1. Definición

Se **consideran rendimientos íntegros del capital** la totalidad de las utilidades o contraprestaciones, cualquiera que sea su denominación o naturaleza, dinerarias o en especie, que provengan, directa o indirectamente, de elementos patrimoniales, bienes o derechos, cuya titularidad corresponda al contribuyente y no se hallen afectos a actividades económicas realizadas por éste.

Por tanto**, la idea base que nos permite calificar legalmente a un rendimiento como del capital** es el hecho imponible de que su fuente de procedencia son los bienes o derechos titularidad del contribuyente que no estén afectados a actividades económicas realizadas por el mismo.

Cuando los elementos patrimoniales de titularidad del contribuyente estén afectos a sus actividades económicas, los rendimientos nunca serán del capital sino de tales actividades económicas y, consecuentemente, a ellas imputables en los **términos establecidos en la LIRPF.**

Así, la Ley considera los rendimientos del capital como **"renta pura"**, esto es, obliga a que procedan de fuente única "el capital", sin anuencia de otro factor.

Si los **rendimientos proceden del trabajo personal y del capital conjuntamente**, o de uno solo de estos factores (por ejemplo, de solo el capital), suponiendo por parte del contribuyente la ordenación por cuenta propia de medios de producción y de recursos humanos, o de uno de ambos, con la finalidad de intervenir en la producción o distribución de bienes o servicios, estos rendimientos lo serán de actividades económicas.

Proceder de la titularidad de elementos patrimoniales no afectos a las actividades económicas del contribuyente es lo fundamental y sustantivo del concepto de rendimiento del capital, y precisamente porque solo eso es lo fundamental, la LIRPF señala que **los rendimientos del capital pueden consistir en contraprestaciones o utilidades**, cualquiera que sea su denominación o naturaleza, dinerarias o en especie, y ya sea su fuente de procedencia directa o indirecta.

1.2. Utilidades o contraprestaciones

El rendimiento sujeto al impuesto puede consistir en **"utilidades o contraprestaciones"**.

Con estas expresiones **el legislador quiere abarcar todo aquello que pueda derivarse de la tenencia del elemento patrimonial o de su puesta a disposición**. La expresión "contraprestación" sería insuficiente para abarcar todos los supuestos de hecho de la realidad económica que la Ley contempla y quiere someter a imposición. De aquí que también emplee la más amplia y genérica de "utilidades", en el sentido de fruto, provecho, ventaja económica.

 Sería un ejemplo de lo anterior el caso de que se realice una imposición en un banco y ofrezca al cliente una conexión gratis a Internet (utilidad) sin tener que pagar el servidor correspondiente y, además, un interés (contraprestación) que remunera dicha imposición.

A la amplitud del concepto de rendimiento (contraprestación o utilidad) une también la Ley la generalidad en cuanto:

1. A su origen: que provenga "directa o indirectamente" del capital.

2. La calificación que den o puedan dar los contribuyentes a sus negocios y operaciones: cualquiera que sea su denominación o naturaleza".

3. La materialización monetaria o no de las rentas: "dinerarias o en especie".

No obstante lo anterior, las rentas derivadas de la transmisión de la titularidad de elementos patrimoniales, aun cuando exista un pacto de reserva de dominio, **tributan como ganancias o pérdidas patrimoniales,** salvo que por la LIRPF se califiquen como rendimientos del capital mobiliario.

1.3. Elementos que se incluyen como rendimientos del capital

En todo caso, se incluyen como rendimientos del capital:

1. **Los provenientes de los bienes inmuebles, tanto rústicos como urbanos**, que no se hallen afectos a actividades económicas realizadas por el contribuyente.

2. **Los provenientes del capital mobiliario** y, en general, de los restantes bienes o derechos de que sea el titular el contribuyente y que no se encuentren afectos a actividades económicas realizadas por el mismo.

De la anterior descripción de rendimientos del capital se puede determinar como notas básicas:

a) Derivan de elementos patrimoniales, bienes o derechos, cuya titularidad corresponda al contribuyente.

b) No pueden estar afectos a actividades económicas realizadas por el contribuyente.

D. José Martín, que es propietario de multitud de locales y viviendas, se dedica al arrendamiento de locales y viviendas en la ciudad de Palencia, estando dado de alta en los correspondientes epígrafes del IAE. Para gestionar los arrendamientos tiene una oficina abierta al público donde tiene cuatro personas contratadas con contrato indefinido y a jornada completa.

En este caso, el rendimiento derivado de los inmuebles no tendrá la naturaleza de rendimiento de capital inmobiliario, sino de rendimiento de actividad económica, al estar los inmuebles afectos a la actividad económica realizada por D. José Martín.

Los rendimientos del capital se dividen en dos clases dependiendo de la naturaleza mobiliaria o inmobiliaria de los bienes de los cuales proceden los rendimientos.

La LIRPF incluye los rendimientos del capital mobiliario dentro de las llamadas **rentas del ahorro** mientras que los del capital inmobiliario quedan incardinados dentro de la **parte general de la base imponible.**

2. Rendimientos de capital inmobiliario. Imputación de rentas inmobiliarias

2.1. Cuestiones previas

 Con base en lo dispuesto en el **artículo 22 de la LIRPF**, se puede definir como la totalidad de las contraprestaciones o utilidades, cualquiera que sea su denominación o naturaleza, dinerarias o en especie, que provengan, directa o indirectamente, de bienes inmuebles, tanto rústicos como urbanos, o de derechos sobre ellos, cuya titularidad corresponda al contribuyente y no se hallen afectos a actividades económicas realizadas por el mismo.

Repasando conceptos, el aspecto fundamental que nos permite calificar a un rendimiento como del capital inmobiliario es el de que **su fuente de procedencia son los bienes inmuebles, rústicos o urbanos, o los derechos constituidos sobre ellos, de titularidad del contribuyente y que este no los tenga afectos a actividades económicas realizadas por el mismo.**

Surge así un problema no solo teórico sino también de una gran trascendencia práctica: delimitar en qué casos los inmuebles titularidad del contribuyente se encuentran afectados a sus actividades económicas, empresariales o profesionales, pues, mediando la afectación del inmueble, el rendimiento no lo será del capital inmobiliario sino que lo será de la actividad económica de que se trate.

Como hemos visto en general, los rendimientos del capital inmobiliario se configuran como **renta "pura",** sin anuencia de ningún otro factor.

Por consiguiente, si los inmuebles están afectos a actividades económicas realizadas por el titular de los mismos, **no producirán rendimientos del capital.**

Los ingresos y gastos que deriven de tales inmuebles **lo serán de la actividad económica, nunca del capital inmobiliario.**

2.2. Arrendamiento de inmuebles como actividad económica

Los rendimientos de actividades económicas se regulan en los **artículos 27 y siguientes de la Ley, y los hemos trabajado en la unidad anterior,** por lo que nos remitimos a sus contenidos y comentarios para una mejor y más matizada comprensión del problema que abordamos.

Como concepto general, y de acuerdo con el artículo 27.1 de la Ley, se consideran **rendimientos de actividades económicas** los que procediendo del trabajo personal y del capital (mobiliario o inmobiliario) conjuntamente, o de uno sólo de esos factores, suponen por parte del contribuyente la ordenación por cuenta propia de medios de producción y de recursos humanos o de uno de ambos, con la finalidad de intervenir en la producción o distribución de bienes o servicios.

La norma establece que para que el arrendamiento de inmuebles constituya una actividad económica basta con que en el desarrollo de aquella actividad arrendaticia se utilice al menos una persona empleada con contrato laboral y a jornada completa.

Para que los rendimientos derivados del alquiler se califiquen como rendimientos de capital inmobiliario, el alquiler se tiene que limitar a la mera puesta a disposición de un inmueble durante periodos de tiempo, sin que vaya acompañado de la prestación de servicios propios de la industria hotelera como pueden ser: servicios periódicos de limpieza, de cambio de ropa, de restauración, de ocio u otros de naturaleza análoga. Si va acompañado de este tipo de servicios complementarios estamos ante una actividad empresarial y los rendimientos derivados de la misma tendrán la consideración de rendimientos de actividades económicas, de acuerdo con lo previsto en el artículo 27.1 de la Ley del IRPF.

Por otro lado, como regla general, para que pueda hablarse de exclusión por afectación del inmueble a una actividad económica, es preciso que el titular del inmueble y el de la actividad económica al que esté afectado **sean una misma persona**, un mismo contribuyente. Sin embargo, esta regla general tiene una excepción: "la consideración de elementos patrimoniales afectos lo será con independencia de que la titularidad de estos, en caso de matrimonio, resulte común a ambos cónyuges" (29.3 LIRPF).

2.3. Rendimientos de capital inmobiliario

2.3.1. Rendimientos obtenidos de un tercero

De esta manera, vemos que los rendimientos del capital inmobiliario que regula el **artículo 22 de la Ley** son, por decirlo de alguna manera, **los que el contribuyente obtiene de un tercero:**

- A través del arrendamiento o del subarrendamiento

- A través de la constitución o cesión de facultades de uso o disfrute sobre los inmuebles.

Con relación a estos concretos supuestos acotados, aún hay que hacer ciertas exclusiones y matizaciones. Veámoslas:

Por lo que respecta a los **arrendamientos**, deben tenerse en cuenta las siguientes exclusiones:

a) Cuando los mismos recaigan sobre inmuebles que contengan una actividad empresarial en funcionamiento, o con todas las técnicas e instalaciones para el mismo, entonces el arrendamiento lo será de "negocios", y la calificación tributaria del rendimiento lo será del capital mobiliario (artículo 25.4.c).

b) Asimismo constituye rendimiento del capital mobiliario el procedente del arrendamiento de "minas" (artículo 25.4.c).

c) Y como hemos comentado, no constituye un rendimiento del capital inmobiliario, sino de la actividad empresarial, el procedente de arrendamientos de inmuebles en los que se utilice al menos a una persona con contrato laboral y a jornada completa (artículo 27.2).

Indemnización por resolución del contrato de arrendamiento

La indemnización satisfecha como consecuencia de la resolución anticipada del contrato de arrendamiento tiene para el propietario-arrendador la consideración de mejora y no la de gasto deducible para la determinación del rendimiento neto del capital inmobiliario. Para el arrendatario que la percibe constituye una ganancia patrimonial cuyo período de generación será el que corresponda en función de la antigüedad del contrato de arrendamiento

2.3.2. Subarrendamientos

En cuanto a los **subarrendamientos**, conviene matizar que, aunque de la letra del artículo 22 de la Ley pueda inferirse que obtiene un rendimiento del capital inmobiliario el subarrendador por lo que este percibe del subarrendatario, existen razones más que sobradas para pensar que tal solución acaso no sea la correcta, sino que en tal hipótesis lo que obtiene el subarrendador es un rendimiento del capital mobiliario.

En favor de este tratamiento juegan dos preceptos:

⇨ **El artículo 25.4. c) de la Ley**

Considera rendimientos del capital mobiliario "los procedentes del subarrendamiento percibidos por el subarrendador".

⇨ **El propio artículo 22.1 de la Ley**

Parece limitar los rendimientos del capital inmobiliario por él regulados a los procedentes de la propiedad sobre inmuebles o de derechos reales que recaigan sobre ellos, cuando, sin embargo, el subarrendador de un inmueble ni es su propietario ni tiene un derecho real sobre Él.

Su derecho arrendaticio es de naturaleza distinta, lo es "personal" y no "real".

Por tanto, y con base en lo arriba señalado, en caso de subarriendo de inmuebles se considerarán rendimiento íntegro del capital inmobiliario. Estos rendimientos los constituirán el importe lo que perciba el propietario del inmueble (o el usufructuario, en su caso) del subarriendo, sin que le sea aplicable la reducción en el rendimiento neto por arrendamientos destinados a vivienda, que más adelante, conoceremos.

2.3.3. Cesión de derechos o facultades de uso o disfrute

Por lo que respecta a los rendimientos procedentes de la **constitución o cesión de derechos o facultades de uso o disfrute sobre inmuebles**, también procede hacer una matización.

 Constituye un **rendimiento del capital inmobiliario**, por ejemplo, el que obtiene el propietario de un inmueble que constituye en favor de un tercero un usufructo sobre el mismo, obteniendo a cambio un precio (el rendimiento) del usufructuario.

Pero, por ejemplo, cuando **es el usufructuario de un inmueble quien transmite o cuando se produce la extinción de su derecho,** entonces no cabe hablar de rendimiento del capital inmobiliario, sino de ganancia o. pérdida de patrimonio, como lo pone expresamente de manifiesto el artículo 37.1.k) de la LIRPF, que establece una norma especial de valoración sobre el particular.

Así delimitados los rendimientos del capital inmobiliario que contempla el **artículo 22 de la Ley,** aún quedan por hacer ciertas precisiones comunes a todos ellos.

Los ingresos íntegros que deberá computar el contribuyente serán los importes que por todos los conceptos reciba del arrendatario, subarrendatario, adquirente, etc., excluido el Impuesto sobre el Valor Añadido.

El IVA, por tanto, no computa dentro de los rendimientos íntegros; consecuentemente, lo lógico es que tampoco quepa deducirlo dentro de los gastos, excepto en aquellos arrendamientos sujetos y exentos del IVA.

En el caso de bienes cedidos con el inmueble, computa asimismo como ingreso íntegro del capital inmobiliario el importe que corresponda a aquellos bienes, aunque no sean inmuebles.

Nuestro legislador afronta así **un supuesto muy frecuente en la realidad cotidiana**: el alquiler de pisos amueblados.

Dándose esta circunstancia no habrá que declarar dos tipos de rendimientos del capital, uno inmobiliario por el piso, otro mobiliario por la cesión de los muebles; uno y otro ingreso se declarará como rendimiento del capital inmobiliario. Pero siendo ese el caso más frecuente en la realidad, la norma cobija cualesquiera otros casos de bienes cedidos con los inmuebles (por ejemplo, aperos de una finca rústica).

- Un particular arrienda en Madrid la vivienda en la que habían vivido sus padres, ya fallecidos, con todo el mobiliario a un directivo de una multinacional. El alquiler lo satisface la multinacional directamente. El precio estipulado es 1.000 €/mes más el IVA correspondiente.

- En este caso estamos en presencia de un rendimiento del capital inmobiliario a pesar de que se ha alquilado conjuntamente el inmueble y los bienes muebles contenidos en el mismo.

2.3.4. Segundas residencias

Por otra parte, hay que señalar que existen más rendimientos que proceden de bienes inmuebles que los regulados en el artículo 22 de la Ley; tal es el caso de los rendimientos presuntos o estimados del capital inmobiliario que resultan del régimen especial regulado en el artículo 85 de la Ley:

▶ Segundas residencias de los contribuyentes.

▶ Viviendas desocupadas.

▶ Etc.

En este punto se ha de tener en cuenta la Ley 40/1998 estableció una importante novedad: la supresión del rendimiento estimado o imputación de rentas inmobiliarias de la vivienda habitual, que ha sido mantenida en la Ley 35/2006.

Como es sabido, en la **legislación precedente del IRPF (Ley 18/1991)** se distinguía entre:

- Bienes inmuebles cedidos en arriendo o subarriendo.

- Restantes inmuebles urbanos, excluido el suelo no edificado.

En el caso de los inmuebles cedidos en arriendo o subarriendo **se gravaban los rendimientos "reales" obtenidos.**

Por el contrario, en el caso de inmuebles no arrendados ni subarrendados, salvo alguna excepción (terrenos urbanos no edificados, inmuebles en construcción, etc.), aún no existiendo una renta real para el titular, la Ley 18/1991, hoy derogada, establecía unas reglas para la determinación o cuantificación de un rendimiento que recibía la denominación de **"presunto" o "estimado"** (precisamente por eso, porque no era real).

La cuantificación e integración en el IRPF de un rendimiento presunto o estimado operaba en casos tan frecuentes entre los contribuyentes como los siguientes: viviendas habituales a disposición de sus propietarios o usufructuarios, demás inmuebles urbanos a disposición de sus propietarios o usufructuarios (segundas residencias, viviendas desocupadas, etc.), aprovechamientos que el titular se reserve para sí en inmuebles arrendados, etc.

En la Ley del IRPF de 1998 se suprime el rendimiento estimado o imputación de rentas inmobiliarias únicamente a los supuestos de la vivienda habitual.

Fuera de la vivienda habitual, la imputación de rentas inmobiliarias se mantiene para el caso de los demás inmuebles urbanos a disposición de sus propietarios o usufructuarios (segundas residencias, viviendas desocupadas, etc.), pero la regulación legal de estos supuestos ya no la hace el legislador dentro de los rendimientos del capital inmobiliario, sino dentro de los regímenes especiales del impuesto, llevando por título el de **"imputación de rentas inmobiliarias".**

La renta imputada será la cantidad que resulte de aplicar el 2 por ciento al valor catastral, determinándose proporcionalmente al número de días que corresponda en cada período impositivo.

En el caso de inmuebles localizados en municipios en los que los valores catastrales hayan sido revisados, modificados o determinados mediante un procedimiento de valoración colectiva de carácter general, de conformidad con la normativa catastral, y hayan entrado en vigor en el período impositivo o en el plazo de los diez períodos impositivos anteriores, el porcentaje será el 1,1 por ciento, que se mantiene para el 2024, siempre que los valores catastrales revisados, modificados o determinados hayan entrado en vigor a partir del 1 de enero del 2012.

2.4. Rendimiento neto del capital inmobiliario

2.4.1. Gastos deducibles

A) Concepto

El **rendimiento neto del capital inmobiliario se obtiene de minorar el rendimiento íntegro en los gastos deducibles y en las amortizaciones.**

235

 Asimismo, podrán aplicarse determinadas reducciones que minoran este rendimiento.

Los gastos deducibles son todos aquellos necesarios para la obtención de los rendimientos.

A modo de ejemplo, puesto que la lista recogida en la Ley del IRPF no es cerrada, se consideran gastos necesarios los casos que vamos a estudiar en los siguientes epígrafes.

B)   Intereses y gastos de conservación y reparación

Recordando lo visto en la Unidad 1, serán deducibles:

⇨ **Los intereses de los capitales ajenos invertidos en la adquisición o mejora del bien**, derecho o facultad de uso y disfrute del que procedan los rendimientos, y demás gastos de financiación.

 Un préstamo hipotecario para la adquisición de un inmueble que se destina al arrendamiento.

⇨ **Los gastos de reparación y conservación del inmueble.** La distinción entre los gastos de conservación y reparación (deducibles como gasto) y los de ampliación y mejora (que no serían deducibles) ha dado lugar a una numerosa doctrina administrativa que ha venido interpretando estos conceptos.

A estos efectos tendrán esta consideración:

1. Los efectuados regularmente con la finalidad de mantener el uso normal de los bienes materiales, como el pintado, revoco o arreglo de instalaciones.

2. Los de sustitución de elementos, como instalaciones de calefacción, ascensor, puertas de seguridad u otros.

No serán deducibles por este concepto las cantidades destinadas a ampliación o mejora (seguridad, contraventana, enrejado) pues son **inversión.**

Tradicionalmente se suele distinguir entre "gastos" de conservación o reparación e "inversiones" en ampliación o mejora de bienes inmuebles.

La diferencia estriba en que mientras los primeros, es decir, los "gastos", son directamente deducibles de los ingresos, los segundos, esto es, "las inversiones", solo se deducen indirectamente y de forma escalonada en el tiempo a través de las "amortizaciones", partida esta última a la que luego aludiremos.

No siempre es del todo fácil discernir cuándo nos encontramos ante un **"gasto de conservación o reparación"** y cuándo ante una inversión que supone una **"inversión o mejora"** del inmueble. Existen terrenos fronterizos. No obstante, en la generalidad de los casos, no tiene porqué resultarnos difícil esa delimitación: salir al paso de una avería será un gasto de reparación; cerrar un balcón para ganar metros útiles constituirá una ampliación; poner un ascensor en un inmueble que carecía de él será una mejora del inmueble, mientras que arreglar una avería en el ascensor tendrá la calificación de reparación.

A partir de los anteriores ejemplos, y por abstracción, podemos dar la **siguiente fórmula general:**

▶ **Gasto**: serán gasto las cantidades destinadas a mantener la vida útil del inmueble o su capacidad productiva o de uso.

▶ **Inversión**: por el contrario, serán inversión las cantidades destinadas a la mejora o ampliación del inmueble, materializando bien un aumento de su capacidad o habitabilidad, bien un alargamiento de su vida útil. Este criterio de delimitación lo ha hecho suyo en numerosas ocasiones la Dirección General de Tributos.

La vigente LIRPF establece un **límite conjunto para estos dos tipos de gastos**, de tal modo que el importe total a deducir por estos gastos no podrá exceder, para cada bien o derecho, de la cuantía de los rendimientos íntegros obtenidos. El exceso se podrá deducir en los cuatro años siguientes.

En la anterior normativa se establecía un límite para todos los gastos deducibles que no podía exceder de los rendimientos íntegros, razón por la cual los rendimientos netos del capital inmobiliario no podían ser negativos.

C) Tributos y recargos estatales y no estatales

Para que estos tributos y recargos tengan carácter deducible es indiferente su denominación. No obstante, **los tributos y recargos:**

1. Deben incidir sobre los rendimientos computados o sobre el bien o derecho productor de aquellos.

2. No pueden tener carácter sancionador.

 Los tributos o recargos deberán recaer **sobre el titular de los rendimientos gravados**, esto es, sobre el contribuyente que integra los rendimientos.

Respecto de los tributos no estatales y las tasas, como las de limpieza, basuras, alumbrado, etc, ni la Ley ni el Reglamento prohíben su repercusión al inquilino, por lo que deberemos aplicar el mismo criterio que exponemos para los gastos repercutidos de suministros.

Respecto de los tributos que gravan la adquisición del inmueble, como sería el IVA o el ITP, no son gasto deducible, ya que forman parte del coste o valor de adquisición.

La contribución especial por costes de urbanización que afecten al inmueble arrendado será deducible por interpretación de la DGT, aunque también existe interpretación que lo considera mejora.

D)   Los saldos de dudoso cobro

Como los rendimientos íntegros del capital inmobiliario se deben imputar al período impositivo **"en que sean exigibles por el perceptor",** con independencia de si han sido cobrados o no, puede ocurrir que el contribuyente haya tenido que integrar en su declaración por el IRPF, y tributar por, unos ingresos que acaso nunca termine cobrando por insolvencia del obligado al pago.

De este modo, se admite la deducibilidad de los saldos de dudoso cobro siempre que esta circunstancia quede suficientemente justificada. **Se entenderá cumplido este requisito:**

1.   Cuando el deudor se halle en situación de concurso.

2.   Cuando entre el momento de la primera gestión de cobro realizada por el contribuyente y el de la finalización del período impositivo hubiesen transcurrido más de seis meses, y no se hubiese producido una renovación de crédito.

3.   Cuando un saldo dudoso fuese cobrado posteriormente a su deducción, se computará como ingreso en el ejercicio en que se produzca dicho cobro.

 Se reduce a tres meses, en los ejercicios de 2020 y 2021, el plazo de seis meses a que se refiere el número 2º de la letra e), por el art. 15 del Real Decreto-ley 35/2020.

E) Otros gastos deducibles

1. **Los pagos por servicios personales.**

   Se consideran deducibles las cantidades devengadas por terceros en contra-prestación directa o indirecta o como consecuencia de servicios personales, tales como los de administración, vigilancia, portería o similares y siempre que sean a cargo del titular de los rendimientos computados.

2. **Los ocasionados por la formalización del arrendamiento, subarriendo, cesión o constitución de derechos.**

   Este gasto ha sido introducido por vía reglamentaria.

   Son ejemplos de estos gastos los ocasionados por la formalización de los contratos de arrendamiento, subarrendamiento, etc. y los de defensa jurídica relativos a los bienes o derechos de los que los rendimientos proceden.

3. **Seguros.**

   También por vía reglamentaria se recoge como gasto deducible el importe de las primas de contratos de seguro, bien sean de responsabilidad civil, incendio, robo, rotura de cristales u otros de naturaleza análoga, sobre los bienes o dere-chos productores de los rendimientos.

4. **Suministros**

   Si bien la LIRPF solo menciona como deducibles los gastos de servicios perso-nales, el Reglamento amplía el concepto a servicios y suministros. En este concepto podemos encontrar los pagos de los recibos del agua, luz, gas, etc. Estos gastos, para que sean deducibles, deben ir a cargo del contribuyente y estar relacionados con los bienes y derechos productores de la renta.

   Dichos gastos solo serán deducibles en la medida en que sean soportados y paga-dos de forma efectiva por el arrendador, de tal forma que, si fuera el arrendatario el que los paga y soporta, el arrendador no podría deducirse ninguna cantidad. No obstante, hay que tener en cuenta que, si los importes de estos gastos se repercuten al inquilino, los mismos se computarán como rendimiento íntegro del capital inmobiliario, siendo a su vez, deducibles de dicho rendimiento.

2.4.2. Amortizaciones

En cuanto a las amortizaciones, podrán deducirse las **cantidades destinadas a la amor-tización del inmueble y de los demás bienes cedidos con éste**, siempre que respondan a su depreciación efectiva, en las condiciones reglamentariamente establecidas.

1. En el caso de inmuebles se emplea **un coeficiente máximo del 3% sobre el mayor de los siguientes valores:**

    a) Coste de adquisición satisfecho, incluidos los gastos y tributos inherentes a la adquisición (notaría, registro, IVA no deducible, Impuesto sobre Transmisiones Patrimoniales y Actos Jurídicos Documentados, gastos de agencia, etc.) sin incluir en el cómputo el valor del suelo, asi como el coste de las inversiones y mejoras efectuadas en los bienes adquiridos.

        En las adquisiciones de inmuebles por herencia o donación, solo tendrá la consideración de "coste de adquisición satisfecho" la parte de los gastos y tributos inherentes a la adquisición que corresponda a la construcción, y, en su caso, el coste de las inversiones y mejoras efectuadas.

    b) Valor catastral.

        En estos costes no se incluye el valor del suelo puesto que por definición el suelo no sufre depreciación, no pudiendo amortizarse.

2. Cuando no se conozca el valor del suelo, este se calculará prorrateando el coste de adquisición satisfecho entre los valores catastrales del suelo y de la construcción de cada año. Cuando se trate **de rendimientos derivados de la titularidad de un derecho o facultad de uso o disfrute**, podrá amortizarse, con el límite de los rendimientos íntegros de cada derecho, su coste de adquisición satisfecho.

    La amortización, en este supuesto, será el resultado de las reglas siguientes:

    a) Cuando el derecho o facultad tuviese plazo de duración determinado, el que resulte de dividir el coste de adquisición satisfecho entre el número de años de duración del mismo.

    b) Cuando el derecho o facultad fuese vitalicio, el resultado de aplicar al coste de adquisición satisfecho el porcentaje del 3 por ciento.

Aquellos bienes de naturaleza mobiliaria, susceptibles de ser utilizados por un período superior al año y cedidos conjuntamente con el inmueble, se amortizará según los coeficientes de amortización de acuerdo con la tabla recogida en el artículo 30.1 RIRPF. En el caso de instalaciones, mobiliario y enseres se aplicará un 10 por 100.

Durante el período impositivo 2021, los arrendadores distintos de los previstos en el apartado 1 del artículo 1 del Real Decreto-ley 35/2020, de 22 de diciembre, de medidas urgentes de apoyo al sector turístico, la hostelería y el comercio y en materia tributaria, que hubieran suscrito un contrato de arrendamiento para uso distinto del de vivienda, de conformidad con lo previsto en el artículo 3 de la Ley 29/1994, de 24 de noviembre, de Arrendamientos Urbanos, o de industria, con un arrendatario que destine el inmueble al desarrollo de una actividad económica clasificada en la división 6 o en los grupos 755, 969, 972 y 973 de la sección primera de las tarifas del Impuesto sobre Actividades Económicas aprobadas por el Real Decreto Legislativo 1175/1990, de 28 de septiembre, podrán computar en 2021 para el cálculo del rendimiento del capital inmobiliario como gasto deducible la cuantía de la rebaja en la renta arrendaticia que voluntariamente hubieran acordado a partir de 14 de marzo de 2020 correspondientes a las mensualidades devengadas en los meses de enero, febrero y marzo de 2021.

El arrendador debía informar separadamente en su declaración del Impuesto del importe del gasto deducible a que se refiere el párrafo anterior por este incentivo, consignando asimismo el número de identificación fiscal del arrendatario cuya renta se hubiese rebajado.

2.4.3. Reducción en arrendamiento de inmuebles destinados a vivienda

Desde el 1 de enero del 2024 y con efecto para aquellos contratos de arrendamiento de vivienda celebrados a partir de dicha fecha, se aplicará la siguiente reducción sobre el rendimiento neto positivo:

a) En un 90 por ciento cuando se hubiera formalizado por el mismo arrendador un nuevo contrato de arrendamiento sobre una vivienda situada en una zona de mercado residencial tensionado, en el que la renta inicial se hubiera rebajado en más de un 5 por ciento en relación con la última renta del anterior contrato de arrendamiento de la misma vivienda, una vez aplicada, en su caso, la cláusula de actualización anual del contrato anterior.

b) En un 70 por ciento cuando no cumpliéndose los requisitos señalados en la letra a) anterior, se produzca alguna de las circunstancias siguientes:

1. Que el contribuyente hubiera alquilado por primera vez la vivienda, siempre que ésta se encuentre situada en una zona de mercado residencial tensionado y el arrendatario tenga una edad comprendida entre 18 y 35

años. Cuando existan varios arrendatarios de una misma vivienda, esta reducción se aplicará sobre la parte del rendimiento neto que proporcionalmente corresponda a los arrendatarios que cumplan los requisitos previstos en esta letra.

2. Cuando el arrendatario sea una Administración Pública o entidad sin fines lucrativos a las que sea de aplicación el régimen especial regulado en el título II de la Ley 49/2002, de 23 de diciembre, de régimen fiscal de las entidades sin fines lucrativos y de los incentivos fiscales al mecenazgo, que destine la vivienda al alquiler social con una renta mensual inferior a la establecida en el programa de ayudas al alquiler del plan estatal de vivienda, o al alojamiento de personas en situación de vulnerabilidad económica a que se refiere la Ley 19/2021, de 20 de diciembre, por la que se establece el ingreso mínimo vital, o cuando la vivienda esté acogida a algún programa público de vivienda o calificación en virtud del cual la Administración competente establezca una limitación en la renta del alquiler.

c) En un 60 por ciento cuando, no cumpliéndose los requisitos de las letras anteriores, la vivienda hubiera sido objeto de una actuación de rehabilitación en los términos previstos en el apartado 1 del artículo 41 del Reglamento del Impuesto que hubiera finalizado en los dos años anteriores a la fecha de la celebración del contrato de arrendamiento.

d) En un 50 por ciento, en cualquier otro caso.

Los requisitos señalados deberán cumplirse en el momento de celebrar el contrato de arrendamiento, siendo la reducción aplicable mientras se sigan cumpliendo los mismos.

Estas reducciones solo resultarán aplicables sobre los rendimientos netos positivos que hayan sido calculados por el contribuyente en una autoliquidación presentada antes de que se haya iniciado un procedimiento de verificación de datos, de comprobación limitada o de inspección que incluya en su objeto la comprobación de tales rendimientos.

En ningún caso resultarán de aplicación las reducciones respecto de la parte de los rendimientos netos positivos derivada de ingresos no incluidos o de gastos indebidamente deducidos en la autoliquidación del contribuyente y que se regularicen en alguno de los procedimientos citados en el párrafo anterior, incluso cuando esas circunstancias hayan sido declaradas o aceptadas por el contribuyente durante la tramitación del procedimiento. Tampoco resultarán de aplicación las reducciones en relación con aquellos contratos de arrendamiento que incumplan lo dispuesto en el apartado 6 del artículo 17 de la Ley de Arrendamientos Urbanos.

Las zonas de mercado residencial tensionado a las que podrá resultar de aplicación lo previsto en este apartado serán las recogidas en la resolución que, de acuerdo con lo dispuesto en la legislación estatal en materia de vivienda, apruebe el Ministerio de Transportes, Movilidad y Agenda urbana.

La reducción aplicable a los rendimientos netos positivos procedentes de contratos de arrendamientos de inmuebles destinados a viviendas concertados antes del 1 de enero de 2024 se aplicará con los siguientes parámetros:

- **Reducción por arrendamiento de vivienda para los contratos de arrendamiento celebrados con anterioridad al 26 de mayo de 2023**.

  Se introduce una disposición transitoria trigésima octava en la LIRPF por el apartado Dos de la Disposición final segunda de la Ley 12/2023, de 24 de mayo, por el derecho a la vivienda.

  A los rendimientos netos positivos de capital inmobiliario derivados de contratos de arrendamiento de vivienda que se hubieran celebrado con anterioridad a la entrada en vigor de la Ley 12/2023, de 24 de mayo, por el derecho a la vivienda, les resultará de aplicación la reducción prevista en el apartado 2 del artículo 23 de esta ley en su redacción vigente a 31 de diciembre de 2021. Por lo tanto, seguirán aplicando en 2024 la reducción del 60% vigente hasta el 31 de diciembre de 2023.

- **Reducción por arrendamiento de vivienda para los contratos de arrendamiento celebrados desde el 26 de mayo de 2023 al 31 de diciembre de 2023**.

  En virtud de lo dispuesto en las disposiciones finales segunda y novena de la Ley 12/2023, de 24 de mayo, por el derecho a la vivienda, los arrendamientos destinados a vivienda aplicarán:

  ▶ Durante 2023, la reducción del 60% prevista en el apartado 2 del artículo 23 de la Ley del Impuesto, en su redacción vigente hasta 31 de diciembre de 2023.

  ▶ A partir del 1 de enero de 2024 la reducción del 90, 70, 60 o 50% que proceda en función de las circunstancias –señaladas anteriormente- que concurran en el contrato, de conformidad con la redacción vigente del apartado 2 del artículo 23 de la Ley de Impuesto a partir de dicha fecha.

2.4.4. Reducciones por rendimientos generados en más de dos años o de forma notoriamente irregular en el tiempo

A diferencia de lo que ocurría en los rendimientos del trabajo, en los del capital esta reducción se practica sobre el rendimiento neto y no sobre el íntegro.

En los dos siguientes supuestos se puede reducir el rendimiento neto en un 30%:

1. Cuando el **período de generación de los rendimientos netos es superior a dos años.**

Un particular arrienda una nave industrial pactándose que pague los cinco años contratados de una sola vez. Vemos, así, que el período de generación de la renta (cinco años) excede de los más de dos años (dos años y un día) que marca la Ley; por consiguiente, procederá la reducción del rendimiento neto en un 30%.

2. Cuando se trate de **rendimientos que reglamentariamente se califiquen como obtenidos de forma notoriamente irregular en el tiempo.**

Según el RIRPF, se consideran obtenidos de forma notoriamente irregular en el tiempo los siguientes rendimientos, cuando se imputen en un único período impositivo:

a) Los importes que se obtienen por el traspaso o la cesión del contrato de arrendamiento de locales de negocio.

b) Las indemnizaciones percibidas del arrendatario o subarrendatario por daños o desperfectos en el inmueble.

c) Los importes obtenidos por la constitución o cesión de derechos de uso y disfrute, cuando los mismos tengan carácter vitalicio.

Es muy importante advertir que **el artículo 23.3 de la LIRPF** establece que los rendimientos netos con un período de generación superior a dos años, así como los que se califiquen reglamentariamente como obtenidos de forma notoriamente irregular en el tiempo, se reducirán en un 30 por ciento, cuando, en ambos casos, se imputen en un único período impositivo.

La cuantía del rendimiento neto a que se refiere este apartado sobre la que se aplicará la citada reducción no podrá superar el importe de 300.000 euros anuales.

2.5. Rendimiento en caso de parentesco

> La LIRPF, al igual que hacía la anterior, establece una imputación mínima para rendimientos abonados por determinados familiares. Así, cuando el adquirente, cesionario, arrendatario o subarrendatario del bien inmueble o del derecho real que recaiga sobre el mismo sea el cónyuge o un pariente del contribuyente, hasta el tercer grado inclusive (tío-sobrino), o los afines, el rendimiento neto total no podrá ser inferior al que resulte de las reglas establecidas para la imputación de rentas inmobiliarias (aconsejamos la lectura de la unidad que trata la imputación de rentas).

Objetivamente, el artículo 24 se aplica en los casos de inmuebles arrendados, subarrendados o cuyo uso o disfrute (por ejemplo, un usufructo) haya sido cedido por el contribuyente a su cónyuge o determinados parientes de uno u otro.

Subjetivamente, dichos parientes pueden ser consanguíneos en línea recta o colateral, e incluso afines (por razón de matrimonio) hasta el tercer grado inclusive. Es decir:

▶ El cónyuge del contribuyente.

▶ Los bisabuelos, abuelos, padres, hijos, nietos y bisnietos. Y tanto del contribuyente como de su cónyuge.

▶ Hermanos, tíos carnales y sobrinos carnales, y tanto del contribuyente como de su cónyuge.

Si el arrendamiento, subarrendamiento, etc., tiene lugar entre el contribuyente y su cónyuge, o entre el contribuyente y sus parientes o los de su cónyuge que antes hemos explicitado, el rendimiento neto total no podrá ser inferior al que resulte de las reglas del artículo 85 de la LIRPF, y por tanto, no será inferior a la cantidad que resulte de aplicar el 2 por ciento al valor catastral, determinándose proporcionalmente al número de días que corresponda en cada período impositivo. Siendo el porcentaje del 1,1 por ciento cuando los valores catastrales hayan sido revisados en el plazo de los diez períodos impositivos anteriores.

3. Rendimientos del capital mobiliario

3.1. Instrumentos financieros y sus problemas de calificación tributaria

En la actualidad, existe un elevado número de instrumentos financieros en el mercado y de forma paralela al crecimiento de su número el legislador tributario ha tenido que regular su sistema de tributación.

De forma muy genérica y a título ejemplificativo, podríamos hacer una primera enumeración, no exhaustiva, que recoja los **principales instrumentos financieros**, dividiéndolos de la siguiente manera:

1. **Instrumentos financieros básicos**

   - Renta variable: acciones, índices bursátiles, etc.

   - Renta fija: deuda del Estado, bonos y obligaciones, etc.

   - Divisas.

   - Materias primas.

2. **Productos derivados básicos**

   - Opciones (*put* y *call*).

   - *Forward*.

   - Futuros.

   - *Swaps*.

A partir de estos productos pueden darse combinaciones o extensiones sobre los anteriores: Bonos bolsa, bonos convertibles, opciones sobre futuros, opciones sobre *swaps*, *warrants*, etc.

A la vista de esta multiplicidad de instrumentos financieros, la calificación a efectos fiscales de los rendimientos generados por estos productos no es siempre sencilla, lo que ha llevado a que la Dirección General de Tributos y los tribunales de justicia **hayan tenido que interpretar en diversas ocasiones su naturaleza y forma de tributar,** discutiéndose en la mayoría de los casos si nos hallábamos ante rendimientos del capital mobiliario o ante ganancias de patrimonio.

 La interpretación administrativa ha tendido en la mayoría de los casos a reconducir estos supuestos hacia los **rendimientos del capital mobiliario en detrimento de las ganancias de patrimonio.**

3.2. Rendimientos íntegros del capital mobiliario

3.2.1. Tipos de rendimientos del capital mobiliario

Se mantiene la clasificación de los rendimientos íntegros del capital mobiliario en cuatro grupos:

1. Rendimientos obtenidos por la participación en los **fondos propios de cualquier tipo de entidad.**

 Los dividendos percibidos por un contribuyente como consecuencia de ser accionista de Telefónica.

2. Rendimientos obtenidos por la **cesión a terceros de capitales propios.**

 Los intereses percibidos por un contribuyente derivados de una imposición a plazo fijo en un banco.

3. Rendimientos procedentes de operaciones de **capitalización, de contratos de seguro de vida o invalidez y de rentas derivadas de la imposición de capitales.**

 Las cantidades percibidas por un seguro de accidentes cuando el tomador y el beneficiario son la misma persona.

4. Otros rendimientos del capital mobiliario.

> Rendimientos procedentes del arrendamiento de negocios, minas o de la propiedad intelectual cuando el contribuyente no sea el autor.

En el art. 25.5 de la LIRPF se establece que no tienen la consideración de rendimiento del capital mobiliario las contraprestaciones obtenidas por el aplazamiento del precio de las operaciones realizadas en el desarrollo de su actividad económica habitual, sin perjuicio de su tributación como actividad económica.

> Un fabricante de decorados vende un decorado a un grupo teatral que está iniciando su actividad. El precio de venta es de 60.000 € más IVA. El grupo teatral paga la mitad más el IVA correspondiente a la operación, pactándose que se pagarán dentro de un año 33.000 € en concepto de principal (30.000) y de los intereses del aplazamiento (3.000).
>
> En este caso, los 3.000 € de intereses serán rendimientos de la actividad económica y, por tanto, el grupo teatral no deberá efectuar retención sobre esas cantidades.

En consecuencia, todos los intereses derivados de aplazamientos o fraccionamientos del precio de operaciones que no se produzcan en el desarrollo de una actividad habitual tendrán la naturaleza de rendimientos del capital mobiliario.

> Un arquitecto, que acaba de heredar unas tierras de su padre, decide vender a un agricultor las citadas tierras por 120.000 €, pactándose el pago de 60.000 € en el momento de escriturar y 72.000 € dentro de 2 años, siendo 12.000 € el importe de los intereses derivados del aplazamiento del pago de 60.000 €.
>
> Al no ser la venta de tierras una actividad habitual del arquitecto, los intereses satisfechos por el aplazamiento tienen para el arquitecto la naturaleza de rendimiento del capital mobiliario y, por tanto, el agricultor está obligado a practicar retención sobre las cantidades satisfechas en concepto de intereses.

No se considerarán rendimientos del capital mobiliario:

⇨ Las transmisiones lucrativas, por causa de muerte del contribuyente, de los activos representativos de la captación y utilización de capitales ajenos a que nos referiremosposteriormente.

⇨ Los derivados de la entrega de acciones liberadas.

⇨ Dividendos y participaciones en beneficios distribuidos por sociedades que procedan de períodos impositivos durante los que la sociedad se hallase en régimen de transparencia fiscal.

3.2.2. Rendimientos obtenidos por la participación en los fondos propios de cualquier tipo de entidad

A) Introducción

Esta primera clase de rendimientos del capital mobiliario regulada por el **artículo 25.1 de la LIRPF** tiene como denominador común el que los obtiene el contribuyente como consecuencia de su condición de socio, accionista, asociado o partícipe de una entidad. Es decir, estamos aquí en el ámbito de los dividendos y participaciones en beneficios que obtienen los propietarios del capital de las entidades (sociedades anónimas, de responsabilidad limitada, etc.).

Aunque se incluyen aquí también los **rendimientos de ciertos títulos o activos** que, como los bonos de disfrute, aun no dando participación en el capital de la entidad, sí dan derecho a participar en sus beneficios.

Se encuentran en este grupo de rendimientos, como los más característicos, los dividendos percibidos por los propietarios de **acciones de sociedades**: son rentas que se obtienen por el hecho de participar en el capital de la sociedad y, consecuentemente, en sus beneficios.

Por el contrario, no está en este grupo, sino en el siguiente (el de los obtenidos por la cesión a terceros de capitales propios), **los intereses que percibe el titular de obligaciones emitidas por esa misma sociedad,** pues el obligacionista no participa en el capital de la sociedad, sino que le cede o presta un capital propio.

Dentro de esta categoría se encuentran no solo los dividendos sino cualquier otra participación en los fondos propios de entidades, ya sea esa retribución dineraria o en especie. Así, dentro de esta categoría quedarían comprendidos:

1. Los dividendos, primas de asistencia a juntas y participaciones en los beneficios de cualquier tipo de entidad.

2. Los rendimientos procedentes de cualquier clase de activos, excepto la entrega de acciones liberadas que, estatutariamente o por decisión de los órganos sociales, faculten para participar en los beneficios, ventas, operaciones, ingresos o conceptos análogos de una entidad por causa distinta de la remuneración del trabajo personal.

3. Los rendimientos que se deriven de la constitución o cesión de derechos o facultades de uso o disfrute, cualquiera que sea su denominación o naturaleza, sobre los valores o participaciones que representen la participación en los fondos propios de la entidad.

4. Cualquier otra utilidad, distinta de las anteriores, procedente de una entidad por la condición de socio, accionista, asociado o partícipe.

5. La distribución de la prima de emisión de acciones o participaciones.

Los estudiaremos detenidamente en los siguientes epígrafes.

B) Dividendos

Los dividendos, primas de asistencia a juntas y participaciones en los beneficios de cualquier tipo de entidad.

 Los **"dividendos"** propiamente dichos son la remuneración típica del accionista o del socio por su participación en el capital social de una sociedad de capital. Los dividendos, de acuerdo con las normas mercantiles que regulan las sociedades de capital, pueden provenir de los resultados del ejercicio o de reservas de libre disposición.

Es indiferente que los dividendos sean a cuenta o definitivos o que sean los denominados dividendos mínimos que retribuyen a las acciones sin voto. Tienen la consideración de dividendo:

- ### Dividendo

Está circunscrito a las sociedades de capital; en otras entidades se llaman derramas activas, extornos, etc. **Son rendimientos del capital mobiliario los dividendos tanto a cuenta como definitivos**. También se consideran dividendos la distribución de determinadas reservas en metálico, entre las que se incluyen las reservas de actualización de activos.

- Distribución del excedente cooperativo

Está regulado en los artículos 20, 28 y 29 de la Ley 20/1990 del Régimen Fiscal de Cooperativas.

Las cooperativas son sociedades a las que no anima un espíritu capitalista. En caso de que exista beneficio, este se denomina excedente cooperativo. El excedente cooperativo, en cuanto que es distribuido a los socios recibe la denominación de retorno cooperativo, que tiene la naturaleza de dividendo y, por tanto, está sujeto a retención.

También se consideran retornos los excesos de valor sobre los de mercado abonados en cuenta a los socios en aquellas operaciones que haga la sociedad con sus accionistas. En la medida que se retribuya por encima del valor de mercado, el exceso será retorno y, por tanto, rendimiento del capital inmobiliario sujeto a retención.

- Derramas activas en mutas de seguros

La derrama activa tiene lugar cuando la mutua de seguros, entidad sin ánimo de lucro, obtiene un resultado anual positivo y devuelve a los mutualistas el resultado.

Para el mutualista que recibe este "dividendo" constituye rendimiento del capital mobiliario. (según los TEAR). La parte del resultado que va a Reservas + Derrama activa generada por renta de inversiones.

Es rendimiento del capital mobiliario la parte de derrama activa que ha sido base imponible de la mutua, que es la proporción existente entre el total de los ingresos obtenidos por la mutua y los ingresos que resulten de las inversiones de reservas acumulados.

- Primas de asistencia a juntas

Son las cantidades que, por acción, pueden abonarse a los titulares por asistir a las convocatorias de las juntas ordinarias o extraordinarias.

- Participaciones en beneficios de cualquier tipo de entidad

Engloba otros resultados obtenidos por los socios de otros tipos de entidades, como las sociedades Colectivas, Comanditarias, etc.

Incluye asimismo los retornos de las Cooperativas y las cuotas participativas en las Cajas de Ahorro. Incorpora también, y en suma, cualquier participación en los beneficios o resultados de cualquier otra clase de entidad.

C) Activos

Los rendimientos procedentes de cualquier clase de activos, excepto la entrega de acciones liberadas que, estatutariamente o por decisión de los órganos sociales, faculten para participar en los beneficios, ventas, operaciones, ingresos o conceptos análogos de una entidad por causa distinta de la remuneración del trabajo personal.

Las formas más comunes dentro de estos rendimientos son los percibidos por las **"cédulas o partes de fundador"** y por los **"bonos de disfrute"**. No obstante, la norma deja abierta la puerta a otros activos o títulos similares a los anteriores.

- Bonos de disfrute

 Los **"bonos de disfrute"** son títulos que se crean como consecuencia del reembolso anticipado del capital y que facultan para participar en los beneficios de la sociedad.

Los bonos de disfrute estaban regulados mercantilmente en el **art. 341 del Real Decreto Legislativo 1/2010, de 2 de julio**, por el que se aprueba la Ley de Sociedades de Capital, que regulaba la acción como conjunto de derechos.

En su apartado 1 señala que "en la reducción del capital con amortización de acciones podrán atribuirse bonos de disfrute a los titulares de las acciones amortizadas, especificando en el acuerdo de reducción el contenido de los derechos atribuidos a estos bonos. Los bonos de disfrute no podrán atribuir el derecho de voto".

Los bonos de disfrute no son acciones, pero podríamos darles un tratamiento similar al de las acciones sin derecho a voto, pues sin dar derecho a voto sí que dan derecho a participar en beneficios.

Se entregan a titulares de acciones amortizadas, no hay límite temporal. Con ello se les pretende remunerar por las reservas que ellos generaron cuando eran accionistas. También se les llama "acciones impropias".

Fiscalmente, están regulados en el art. 25.1.b), donde se les da el tratamiento de rendimiento de capital mobiliario, en concreto de retribución de capitales propios. Por tanto, están sujetos a retención y no son deducibles para el que los paga.

- Células o partes de fundador

 Las **"cédulas o partes de fundador"** son asimismo títulos por los que los fundadores o promotores de una sociedad se reservan derechos especiales de contenido económico para participar en los beneficios netos de la misma.

En el **artículo 27 de la Ley de Sociedades de Capital** se regula mercantilmente los partes del fundador donde se señala que los fundadores y los promotores de la sociedad anónima podrán reservarse derechos de contenido económico, cuyo valor en conjunto, cualquiera que sea su naturaleza, no podrá exceder del 10% de los beneficios netos obtenidos según balance, una vez deducida la cuota destinada a la reserva legal y por un período máximo de diez años.

Es de significar que las cédulas o partes de fundador generan en el IRPF dos tipos de rentas:

1. Por una parte, la entrega en sí misma de los títulos o, dicho de otro modo, el propio reconocimiento de los derechos económicos constituye un rendimiento del trabajo personal (ver artículo 17.2.g) LIRPF y capítulo 2 del manual del curso).

2. Por otra parte, que es la que ahora analizamos, cuando el titular participa en los beneficios lo que está obteniendo es un rendimiento del capital mobiliario de la clase que comentamos.

- Acciones liberadas

No forman parte de los rendimientos del capital mobiliario la entrega por la entidad al contribuyente de acciones total o parcialmente liberadas. Dicha entrega no constituye para el accionista ningún rendimiento del capital mobiliario, señalándolo así expresamente el artículo 25 que comentamos. Los efectos fiscales de la entrega se producen en el concreto ámbito de cuáles deben ser los valores de adquisición tanto de las acciones liberadas (total o parcialmente) como incluso los de aquellas de las cuales proceden (para el caso de liberación parcial), regulándose asimismo en el artículo 37 de la LIRPF los distintos supuestos.

D) Cesión de derechos

Los rendimientos que se deriven de la constitución o cesión de derechos o facultades de uso o disfrute, cualquiera que sea su denominación o naturaleza, sobre los valores o participaciones que representen la participación en los fondos propios de la entidad.

Pensemos en el siguiente caso: **el propietario de una acción vende por precio el usufructo de la misma, esto es, la facultad o derecho a cobrar los dividendos.**

En este caso, de acuerdo con el precepto que comentamos, el precio así obtenido por el propietario de la acción (ahora **nudo propietario**) tendrá en él la consideración de un rendimiento obtenido por la participación en fondos propios de entidades.

No forman parte de este tipo de rendimientos el importe obtenido por la transmisión de los derechos de suscripción preferente que corresponda a los titulares de acciones. Esos importes, según el caso, o bien minoran en valor de adquisición de las acciones o bien tributan como ganancia de patrimonio, regulándose en el artículo 37 de la Ley los distintos casos.

E)   Socios y accionistas

Cualquier otra utilidad, distinta de las anteriores, procedente de una entidad por la condición de socio, accionista, asociado o partícipe.

 Este precepto constituye una norma cautelar y de cierre en la clase de rendimiento que analizamos.

Cualquier utilidad que obtenga un contribuyente por su condición de socio, accionista, asociado o partícipe de cualquier tipo de entidad, si no está incluida en alguno de los apartados anteriores, **en todo caso se integrará en el IRPF como un rendimiento obtenido por la participación en fondos propios de entidades a través de este apartado.**

F)   Distribución de la prima

La distribución de la prima de emisión de acciones o participaciones.

El **importe** obtenido minorará, hasta su anulación, el valor de adquisición de las acciones o participaciones afectadas y el exceso que pudiera resultar tributará como rendimiento del capital mobiliario.

3.2.3. Rendimientos obtenidos por la cesión a terceros de capitales propios

A) Clasificación de los rendimientos por la cesión a terceros de capitales propios

La LIRPF no hace una clasificación de los rendimientos por la cesión a terceros de capitales propios sino que, al igual que la anterior, opta más bien por una definición de este tipo de rendimientos e introduce una precisión detallando algunos de los supuestos que deben tributar por este concepto.

Sin embargo, tradicionalmente, estos se han clasificado en **función de su naturaleza explícita, implícita o mixta.**

1. **Rendimiento explícito**

   Tienen la calificación de activos con **rendimiento explícito** aquellos en los que la retribución se produce efectivamente mediante un abono de intereses o cupones y cualquier otra forma de retribución pactada como contraprestación a la cesión a terceros de capitales propios, tal sería el caso de un bono del estado que abona un cupón de forma periódica o de los intereses de una cuenta corriente.

2. **Rendimiento implícito**

   Por su parte, los activos con **rendimiento implícito** son aquellos que se emiten al descuento y la rentabilidad se obtiene mediante diferencia entre el importe satisfecho en la emisión, primera colocación o endoso y el comprometido a reembolsar al vencimiento (en definitiva, entre el precio de compra y el de amortización o transmisión).

   Los títulos con rendimiento implícito pueden emitirse con prima de emisión o de amortización.

   En el supuesto de **prima de emisión**, el activo financiero se emite por un precio inferior al valor nominal del activo financiero.

 Unas letras del tesoro con un nominal de 1.000, que se emiten el 1 de enero y que se amortizarán el 31 de diciembre. Supongamos que el precio de venta, por debajo de la par, se obtiene mediante subasta, de tal modo que se adquieren por 950 con lo que el inversor obtendrá un rendimiento implícito de 50 cuando se produzca su amortización, por la diferencia entre el precio de compra y el de amortización.

Si el activo financiero se emitiera con **prima de amortización**, en el momento en el que ésta se produce se abona al inversor un importe superior al nominal del título.

Una obligación con un valor nominal de 1.000, emitida a la par con una prima de amortización del 10% supondría que en el momento de la compra se abonaría 1.000 y en el de la amortización se recibiría el nominal de 1.000 más 100 por la prima de amortización.

3. **Rendimiento mixto**

Finalmente, los activos financieros con **rendimiento mixto** son aquellos activos cuyo rendimiento es parte explícito y parte implícito. Estos valores seguirán el régimen de los activos financieros con rendimiento explícito cuando el efectivo anual que produzcan de esta naturaleza sea igual o superior al tipo de referencia vigente en el momento de la emisión, aunque en las condiciones de emisión, amortización o reembolso se hubiese fijado, de forma implícita, otro rendimiento adicional. Seguirán el régimen de los activos financieros con rendimientos implícitos cuando el efectivo anual sea inferior al de referencia.

En la actualidad, la clasificación entre activos con rendimiento implícito, explícito y mixto **se mantiene en el IRPF únicamente a efectos de retenciones** pues los rendimientos derivados de toda clase de activos financieros generan rendimientos del capital mobiliario y ello con independencia de que consistan en intereses o que deriven de la transmisión, reembolso, amortización, canje o conversión de estos activos.

Ya desde la entrada en vigor de **la Ley 14/1985, de 29 de mayo, de Régimen Fiscal de Determinados Activos Financieros** (hoy en día derogada), se pasó a considerar como rendimiento del capital mobiliario un número elevado de conceptos que con anterioridad a esa norma tenían la calificación de incrementos de patrimonio. Esta normativa se fue incorporando a las de los Impuestos sobre la Renta de las Personas Físicas y sobre Sociedades.

De este modo, podemos observar cómo la evolución de la tributación de los activos financieros ha ido encaminada a su calificación como rendimientos del capital mobiliario en detrimento de su anterior tributación como ganancias de patrimonio. Por tanto, su régimen fiscal empeora para el contribuyente pues bajo la vigencia de la Ley 40/1998 en el caso de que su período de generación fuera superior al año no podría beneficiarse del gravamen del 15% que se aplicaba a la parte especial de la base liquidable (aquella que recogía las ganancias y pérdidas de patrimonio generadas en un período superior al año). **Tras la entrada en vigor de la Ley 35/2006** el tratamiento de las ganancias de patrimonio y de los rendimientos del capital mobiliario (la mayoría pero no todos) se hace homogénea tributando en un primer momento a un tipo fijo dentro de la base imponible del ahorro. No obstante, a partir del ejercicio 2010 se introduce una modificación relevante en la tributación de las rentas del ahorro que quedan sujetas a una tarifa con tramos.

Tal y como ya hemos apuntado, **el artículo 25.2.a) de la Ley del IRPF** no utiliza esta clasificación de activos con rendimiento implícito, explícito o mixto sino que opta por realizar una definición de los rendimientos por cesión a terceros de capitales propios, para precisar a continuación "en particular" algunos supuestos.

B) Contraprestaciones de todo tipo. Transmisión de activos financieros

La definición general de este tipo de rendimientos engloba:

1. Las contraprestaciones de todo tipo, dinerarias o en especie, cualquiera que sea su denominación, obtenidas por la cesión a terceros de capitales propios:

    ▶ Préstamos.

    ▶ Deuda pública.

    ▶ Cuentas corrientes, a plazo, libretas de ahorro.

    ▶ Rendimientos de créditos participativos.

    ▶ Contraprestaciones por imposiciones de capitales a plazo.

    ▶ Rendimientos de cuentas en participación, etc.

2. Las rentas derivadas de la transmisión, reembolso, amortización, canje o conversión de cualquier clase de activos financieros:

    ▶ Las rentas derivadas de la transmisión, reembolso, amortización, canje o conversión de cualquier clase de activos financieros.

    ▶ Letras de cambio.

    ▶ Pagarés.

    ▶ Bonos.

    ▶ Obligaciones con prima.

    ▶ Cédulas, etc.

De este modo, en esta categoría de rendimientos del capital mobiliario se incluyen las contraprestaciones, dinerarias o en especie, tales como:

⇨ Los **intereses** y cualquier otra forma de retribución pactada como remuneración por la cesión a terceros de capitales propios (intereses y cupones). El cálculo del rendimiento íntegro se realiza del siguiente modo:

- Los intereses y cupones se computan por su importe íntegro, sin necesidad de realizar ningún cálculo adicional.

- Cuando los rendimientos se satisfagan en especie, el cálculo del rendimiento íntegro se realizará por su valor normal de mercado adicionando el ingreso a cuenta, salvo que su importe se hubiera repercutido al preceptor de la renta.

⇨ Las derivadas de la **transmisión, reembolso, amortización, canje o conversión de cualquier clase de activos** representativos de la captación y utilización de capitales ajenos (como serían las obligaciones o bonos), rendimientos estos últimos que con anterioridad a la Ley 40/1998 tributaban como ganancias o pérdidas de patrimonio.

Los **rendimientos** obtenidos por la cesión a terceros de capitales propios pueden ser dinerarios o en especie, ya que es bastante habitual que las entidades de crédito por determinadas imposiciones, obsequien equipos de música, cuberterías, libros, etc.

Todas las **retribuciones, dinerarias o en especie**, siempre que remuneren o sean contraprestación de la cesión de un capital propio de quien las percibe, constituyen para él un rendimiento del capital mobiliario del tipo o clase que nos ocupa.

C) **Tipos de rendimientos por la cesión a terceros de capitales propios**

 En este supuesto **se computará como rendimiento la diferencia entre el valor de transmisión, reembolso, amortización, canje o conversión de los valores y su valor de adquisición o suscripción.**

Como valor de canje o conversión se tomará el que corresponda a los valores que se reciban.

De forma idéntica a como lo hacía la ley anterior, la Ley 35/2006 establece que "en particular" tendrán la calificación de rendimientos por la cesión a terceros de capitales propios:

1. Los rendimientos procedentes de cualquier instrumento de giro, incluso los originados por operaciones comerciales, a partir del momento en que se endose o transmita, salvo que el endoso o cesión se haga como pago de un crédito de proveedores o suministradores.

2. **La contraprestación, cualquiera que sea su denominación o naturaleza, derivada de cuentas en toda clase de instituciones financieras, incluyendo las basadas en operaciones sobre activos financieros.**

3. Las rentas derivadas de operaciones de cesión temporal de activos financieros con pacto de recompra (REPOS). Se denominan así las operaciones de venta que incluyen un compromiso de recompra, opcional o no opcional, que se realiza en un momento intermedio entre la fecha de venta y la fecha de amortización. Los "REPOS" más comunes se realizan sobre Obligaciones y Bonos del Estado.

4. Las rentas satisfechas por una entidad financiera como consecuencia de la transmisión, cesión o transferencia, total o parcial, de un crédito titularidad de aquella (cesiones de crédito).

En el caso de transmisión, reembolso, amortización, canje o conversión de valores, los gastos accesorios de adquisición y enajenación serán computados para la cuantificación del rendimiento, siempre que se justifiquen adecuadamente.

En el caso de transmisión de activos financieros, el rendimiento se determina por la diferencia entre el valor de adquisición y el valor de transmisión, teniendo en cuenta tanto los gastos tanto de la operación de compra como de la operación de venta, siempre que estén debidamente justificados.

En el supuesto de reembolso o amortización del activo financiero, el rendimiento se obtiene por la diferencia entre el valor de amortización o reembolso y el valor de adquisición corregido con los gastos de adquisición y reembolso.

En el caso de canje, se toma como valor de transmisión el que corresponda a los valores que se reciban.

Los rendimientos negativos derivados de transmisiones de activos financieros, cuando el contribuyente hubiera adquirido **activos financieros homogéneos** dentro de los dos meses anteriores o posteriores a dichas transmisiones, se integrarán a medida que se transmitan los activos financieros que permanezcan en el patrimonio del contribuyente.

De este modo, **se trata de evitar imputaciones ficticias de rendimientos negativos del capital mobiliario con el objeto de anticiparlos fiscalmente**, de modo similar y con la misma cautela que la propia normativa del IRPF establece para los supuestos de pérdidas de patrimonio con las acciones y otras participaciones en fondos propios de entidades.

Los valores homogéneos a los que se refiere la LIRPF aparecen definidos en su reglamento, en su art.8, según el cual, dice se considerarán valores o participaciones homogéneos procedentes de un mismo emisor aquellos que formen parte de una misma operación financiera o respondan a una unidad de propósito, incluida la obtención sistemática de financiación, sean de igual naturaleza y régimen de transmisión, y atribuyan a sus titulares un contenido sustancialmente similar de derechos y obligaciones.

- ## Rendimientos procedentes de cualquier instrumento de giro

Los rendimientos procedentes de cualquier instrumento de giro, incluso los originados por operaciones comerciales, a partir del momento en que se endose o transmita, salvo que el endoso o cesión se haga como pago de un crédito de proveedores o suministradores.

Esta consideración tienen los descuentos bancarios de letras, pagarés u otros valores de comercio.

El precepto está pensando, básicamente, en las letras de cambio y otros efectos del comercio, cuyo endoso o transmisión por un importe inferior al nominal que figura en ellos dará lugar a un cierto diferencial al que la Ley atribuye la consideración de rendimiento del capital mobiliario.

La manera de detectar si estamos en presencia de un activo financiero es viendo la contrapartida de efectos a cobrar, que debe ser la cuenta de tesorería.

Cada uno de los movimientos del circuito financiero de descuento de la letra de cambio genera un asiento contable que reproducimos.

En términos económicos, cuando la empresa descuenta la letra de cambio, soporta unos gastos financieros y recibe la diferencia. En nuestro ejemplo, la letra tiene un nominal de 100 euros, se aplica unos intereses de descuento de 4,00 euros y el líquido que percibe el empresario es 96,00 euros.

Cuando se endosa una letra por 96,00 euros, pero se reembolsa por 100,00 euros, la diferencia constituyen rendimientos implícitos, sujeto a retención.

- Imaginemos un empresario que vende una determinada mercadería y gira una letra que es aceptada por el cliente.

100   Efectos comerciales   a   Cobrar a ventas   100

.../...

.../...

- El empresario compra mercaderías y las paga mediante letras.

  100   Compras   a   Proveedores   100
  _____******_____

  100 Proveedores o suministradores a Ef. Com cobrar 100

- Ahora se va a dar entrada de la letra de cambio en un circuito financiero procediendo a su descuento.

  96 Tesorería
  4 G. Financieros   a   Ef. Com cobrar 100

Ya está en el circuito financiero, pues la contrapartida es la cuenta de tesorería, es decir, se está recibiendo financiación.

- Se endosa o transmite a un particular (no a una entidad financiera).

Contabilidad del punto anterior:

  96 Tesorería
  4 G. Financieros   a   Ef. Com cobrar 100

Contabilidad en el particular:

  100   Ef. Com. a cobrar   a   Tesoreria   96
                              a   Ing. Financieros   4

Estas 4, que van a ser rendimiento implícito, serán objeto de retención. Cuando el particular se dirija al librado aceptante y pague se tendrá que contabilizar lo siguiente:

  96 Tesorería
  1 Hp deudora   a   Ef. Com. a cobrar 100

261

 **La manera de detectar si estamos en presencia de un activo financiero es viendo la contrapartida de efectos a cobrar, que debe ser la cuenta de tesorería.**

Esa regla general tiene una excepción en la propia Ley: cuando el endoso o transmisión tenga lugar en pago de proveedores o suministradores, esto es, cuando la letra de cambio o el efecto comercial se utilice como medio de pago de operaciones comerciales, los diferenciales que puedan surgir del tráfico comercial no se reputan rendimientos del capital mobiliario.

- **Contraprestación derivada de todo tipo de cuentas**

La contraprestación, cualquiera que sea su denominación o naturaleza, derivada de cuentas en toda clase de instituciones financieras, incluyendo las basadas en operaciones sobre activos financieros.

Entre otras podemos citar:

1. Cuentas corrientes, libretas de ahorro e imposiciones a plazo.

2. Retribuciones en especie derivadas de cuentas y depósitos.

3. Regalos por la apertura o mantenimiento de cuentas y domiciliación de nóminas.

4. Cuentas en divisa.

5. Eurodepósitos.

6. Depósitos referenciados y asegurados.

7. Depósitos estructurados.

8. Cuentas financieras.

Aquí se incluyen todos los tipos de cuentas que, como producto financiero, ofrecen las entidades financieras, ya sean cuentas corrientes, a la vista, de ahorro, a plazo, etc., y también se incluyen aquellos productos basados en activos financieros (normalmente bonos u obligaciones) que en la Ley 18/1991 generaban incrementos de patrimonio, y en la Ley 40/1998 y en la nueva Ley 35/2006 dan lugar a **rendimientos del capital mobiliario.**

El esquema en el que se basaban estas cuentas era el que las entidades financieras captaban dinero del público que se invertía por las entidades financieras en obligaciones o bonos, comprometiéndose la entidad financiera a comprarlos e inmediatamente revenderlos en plazos muy breves y regularmente, con el fin de que los clientes puedan disponer de los fondos y sus rendimientos casi igual que si de una cuenta corriente o de ahorro se tratara, y **produciéndose un rendimiento que tenía la calificación fiscal de incremento de patrimonio y que no estaba sometido a retención.**

Las prestaciones de bienes o derechos susceptibles de generar rendimientos del capital mobiliario se presumirán retribuidas, salvo prueba en contrario. En defecto de prueba en contrario, la valoración de la renta estimada en el supuesto de préstamos y operaciones de captación o utilización de capitales ajenos en general, se efectuará aplicando el interés legal del dinero que se halle en vigor el último día del período impositivo, el 3 por 100 para el ejercicio 2021.

- REPO y Cesiones de créditos

Las rentas derivadas de operaciones de cesión temporal de activos financieros con pacto de recompra (REPO).

Es lo que normalmente se conoce como cesión temporal de activos financieros o repos.

Estas operaciones de venta incluyen un compromiso de recompra, opcional o no opcional, que se realiza en un momento intermedio entre la fecha de venta y la fecha de amortización. Los "REPOS" más comunes se realizan sobre Obligaciones y Bonos del Estado.

Las rentas satisfechas por una entidad financiera como consecuencia de la transmisión, cesión o transferencia, total o parcial, de un crédito titularidad de aquella (cesiones de crédito).

Es lo que habitualmente se conoce como cesión de crédito.

En este tipo de operaciones una entidad financiera cede a un cliente, a cambio de un precio, **un crédito que tiene respecto de una persona física o jurídica a con la que ha concertado un contrato de préstamo.** Dicho crédito es recomprado habitualmente en el plazo fijado con la entidad financiera, obteniendo el cliente un diferencial que tiene la consideración de rendimiento del capital mobiliario.

D) **Cesión a terceros de capitales propios procedentes de entidades vinculadas**

Formarán parte de la renta general los rendimientos del capital mobiliario obtenidos por la cesión a terceros de capitales propios procedan de entidades vinculadas con el contribuyente, cuya valoración deberá efectuarse por el valor de mercado, correspondientes al exceso del importe de los capitales propios cedidos a una entidad vinculada respecto del resultado de multiplicar por tres los fondos propios, en la parte que corresponda a la participación del contribuyente, de esta última.

A efectos de computar dicho exceso, se tendrá en consideración el importe de los fondos propios de la entidad vinculada reflejados en el balance correspondiente al último ejercicio cerrado con anterioridad a la fecha de devengo del Impuesto y el porcentaje de participación del contribuyente existente en esta fecha.

En los supuestos en los que la vinculación no se defina en función de la relación socios o partícipes-entidad, el porcentaje de participación a considerar será el 25 por ciento.

3.2.4. Rendimientos procedentes de operaciones de capitalización, de contratos de seguro de vida o invalidez y de rentas derivadas de la imposición de capitales

En el artículo 25.3 se regulan, entre otros, los siguientes tipos:

1. Rendimientos dinerarios o en especie procedentes de operaciones de capitalización.

2. Contratos de seguro de vida o invalidez.

3. Rentas derivadas de la imposición de capitales.

Tributan como rendimientos del trabajo las prestaciones derivadas de los siguientes contratos de seguro concertados en el marco de la previsión social:

▶ Contratos de seguros concertados con mutualidades de previsión social cuyas aportaciones hayan podido ser, al menos en parte, gasto deducible u objeto de reducción en la base imponible.

▶ Planes de previsión social empresarial, así como los seguros colectivos que instrumenten los compromisos por pensiones asumidos por las empresas, en los términos previstos en la disposición adicional primera del texto refundido de la Ley de Regulación de los Planes y Fondos de Pensiones, aprobado por Real Decreto legislativo 1/2002, de 29 de noviembre.

▶ Planes de previsión asegurados.

▶ Seguros de dependencia conforme a lo dispuesto en la Ley 39/2006, de 14 de diciembre, de Promoción de la Autonomía personal y Atención a las personas en situación de dependencia.

A) Rendimientos dinerarios o en especie procedentes de operaciones de capitalización

Tienen esta consideración las operaciones que, basadas en técnica actuarial, consisten en obtener compromisos determinados en cuanto a su duración e importe a cambio de desembolsos únicos o periódicos previamente fijados.

B) Contratos de seguro de vida o invalidez

En el marco de la Ley de ordenación y supervisión de los seguros privados antes citada, esta materia viene guiada por la Ley 50/1980, de 8 de octubre, de contrato de seguro (en adelante LCS).

I. **Tipos de seguros de personas:**

Según la LCS se distingue entre:

⇨ Seguros sobre la vida.

⇨ Seguros de accidentes.

⇨ Seguros de enfermedad y asistencia sanitaria.

Desde nuestro punto de vista, **solo nos interesan los dos primeros.**

II. **Tipos de seguros de vida:**

a) Supervivencia (de ahorro). Se asegura el sobrevivir a una determinada edad.

b) Muerte (de riesgo). Se asegura el morir antes de una determinada fecha.

c) Mixtos. Combina los dos hechos. La compañía de seguros paga tanto si vive como si muere en una determinada fecha.

III. **Seguros de accidentes:**

Los seguros de accidentes cubren lesiones corporales que produzcan la invalidez o la muerte del asegurado.

IV. **Elementos comunes a los seguros de vida y a los de accidentes:**

1. Las prestaciones pueden ser en forma de renta, en forma de capital o mixtos.

2. Elementos personales:

a) Asegurador: la compañía de seguros.

b) Tomador: el que se obliga a pagar la prima.

265

c) Asegurado: la persona cuya supervivencia o muerte se asegura.

d) Beneficiario: titular de los derechos económicos del seguro.

V. **Criterios que determinan que un seguro tribute por el IRPF o por el ISD:**

La regla general está en el análisis de quién ha pagado las primas (contratante) y quién es el beneficiario.

⇨ Si el beneficiario es la **persona que ha pagado las primas**, entonces las prestaciones del seguro tributarán por el IRPF.

⇨ Si el beneficiario es una **persona distinta de la que ha pagado las primas**, se tributará por el Impuesto sobre Sucesiones (seguro de muerte) o sobre Donaciones (seguro de supervivencia).

Otro tema que hay que analizar es ver si la prima se ha pagado por medio de **bienes gananciales o por medio de bienes privativos**, ya que si se ha pagado por medio de bienes gananciales, en el caso de que se percibiese por parte de un cónyuge la prestación de un seguro de vida, el cónyuge supérstite tendrá que tributar una mitad por sucesiones y la otra mitad por IRPF. Ahora bien, puesto que existe la posibilidad del pago de las primas con bienes privativos, se presume que si solo interviene un cónyuge en concepto de contratante, sin referencia expresa en el contrato a que el pago es ganancial, el contrato se celebró solo a su cargo, tributando la cantidad total percibida por el supérstite en el ISD.

Lo que no afecta para nada es el hecho de que la prestación se instrumente por medio de una renta o por medio de un capital único. El único problema que existe es el del cálculo del valor actual de esa renta pero, en general, no existirá ese problema, pues en los propios contratos se establece un capital dado en el momento de la prestación y se deja al beneficiario la posibilidad de cobrarlo en forma de capital único, en forma de renta, o en forma mixta, apareciendo en el propio contrato la fórmula de cálculo.

C) Cuantificación del rendimiento

I. **Rendimientos dinerarios o en especie procedentes de operaciones de capitalización y de contratos de seguro de vida o invalidez (excepto que tributen como rendimientos del trabajo ex artículo 17.2.a LIRPF)**

Para el cálculo del rendimiento íntegro se aplicarán las siguientes reglas:

1. **Cuando se perciba un capital diferido**

Cuando se perciba un capital diferido, el rendimiento del capital mobiliario vendrá determinado por la diferencia entre el capital percibido y el importe de las primas satisfechas.

No obstante, si el contrato de seguro combina la contingencia de supervivencia con las de fallecimiento o incapacidad y el capital percibido corresponde a la contingencia de supervivencia, podrá detraerse también la parte de las primas satisfechas que corresponda al capital en riesgo por fallecimiento o incapacidad que se haya consumido hasta el momento, siempre que durante toda la vigencia del contrato, el capital en riesgo sea igual o inferior al cinco por ciento de la provisión matemática. A estos efectos se considera capital en riesgo la diferencia entre el capital asegurado para fallecimiento o incapacidad y la provisión matemática.

Dado que para esta categoría de rendimientos no se contempla la posibilidad de aplicar gastos deducibles, el rendimiento íntegro coincide con el rendimiento neto.

2. **Rentas vitalicias inmediatas, que no hayan sido adquiridas por herencia, legado o cualquier otro título sucesorio:**

En este caso el rendimiento del capital mobiliario se obtendrá aplicando a cada anualidad un porcentaje que dependerá de la edad del rentista en el momento de constitución de la renta y que permanecerá constante durante toda su vigencia. Estos porcentajes han variado si los comparamos con la normativa anterior y son los siguientes:

Edad del perceptor	Porcentaje
Menos de 40 años	40%
Entre 40 y 49 años	35%
Entre 50 y 59 años	28%
Entre 60 y 65 años	24%
Entre 66 y 69 años	20%
Más 70 años	8%

Un particular que tiene 67 años de edad realiza un contrato de seguro por el cual, mediante el pago de una prima única de 12.000 €, le va a dar derecho al cobro de una renta vitalicia inmediata y mensual de 1.200 €.

En este caso, sobre los 1.200 € mensuales que percibirá el rentista hasta el fin de sus días, serán rendimiento del capital mobiliario el 20%.

Rendimientos del capital mobiliario = 1.200 x 20% = 240 € mensuales.

Además, la compañía de seguros estará obligada a practicar retención sobre esas cantidades.

3. **Rentas temporales inmediatas, que no hayan sido adquiridas por herencia, legado o cualquier otro título sucesorio:**

El rendimiento del capital mobiliario también se obtiene mediante la aplicación de un porcentaje a cada anualidad percibida por el contribuyente.

Duración de la renta	Porcentaje
Igual o inferior a 5 años	12%
Más de 5 años e igual o inferior a 10 años	16%
Más de 10 años e igual o inferior a 15 años	20%
Más de 15 años	25%

Un particular que tiene 27 años de edad realiza un contrato de seguro por el cual, mediante el pago de una prima única de 12.000 €, le va a dar derecho al cobro de una renta temporal inmediata y mensual de 1.200 € durante 20 años.

En este caso, sobre los 1.200 € mensuales que percibirá el rentista durante los 20 años de duración de la misma, serán rendimiento del capital mobiliario el 25% de la misma.

Rendimientos del capital mobiliario = 1.200 x 25% = 300 € mensuales.

Además, la compañía de seguros estará obligada a practicar retención sobre esas cantidades.

4. **Rentas diferidas, vitalicias o temporales, que no hayan sido adquiridas por herencia, legado o cualquier otro título sucesorio:**

Un particular que tiene 40 años impone 300.000 € en forma de prima única para percibir, cuando se jubile a los 65 años, una renta vitalicia de 3.000 € mensuales.

El **rendimiento del capital mobiliario** se determina aplicando a cada anualidad el porcentaje que corresponda de los previstos para las rentas vitalicias y temporales inmediatas (números 2º y 3º anteriores), incrementado en la rentabilidad obtenida hasta la constitución de la renta, en la forma que reglamentariamente se determine. Sin embargo, este incremento no se aplicará en el caso de rentas adquiridas por donación o cualquier otro negocio jurídico a título gratuito e inter vivos.

No obstante lo previsto en el párrafo anterior, en los términos que reglamentariamente se establezcan, las prestaciones por jubilación e invalidez percibidas en forma de renta por los beneficiarios de contratos de seguro de vida o invalidez, distintos de los establecidos en el artículo 17.2.a) , y en los que no haya existido ningún tipo de movilización de las provisiones del contrato de seguro durante su vigencia, **se integrarán en la base imponible del impuesto**, en concepto de rendimientos del capital mobiliario, a partir del momento en que su cuantía exceda de las primas que hayan sido satisfechas en virtud del contrato o, en el caso de que la renta haya sido adquirida por donación o cualquier otro negocio jurídico a título gratuito e *"inter vivos"*, cuando excedan del valor actual actuarial de las rentas en el momento de la constitución de éstas. En estos casos no serán de aplicación los porcentajes previstos en los números 2º) y 3º) anteriores. Para la aplicación de este régimen será necesario que **el contrato de seguro se haya concertado, al menos, con dos años de anterioridad a la fecha de jubilación.**

 Un padre ha hecho un contrato de seguro mediante el pago de una prima única declarando beneficiario a un hijo suyo disminuido físico, de forma tal que cuando el padre se jubile el hijo percibirá una renta mensual de 3.000 € hasta su fallecimiento.

En este caso, cuando se produzca la jubilación del padre, el hijo se verá obligado a tributar por el Impuesto sobre Sucesiones y Donaciones, en base al valor actual actuarial de las rentas futuras que va a percibir.

Luego a medida que vaya percibiendo las rentas se aplicará los porcentajes señalados anteriormente para la determinación de la cuantía del rendimiento del capital mobiliario.

 Reglamentariamente se establece que la rentabilidad obtenida hasta la constitución de las rentas diferidas se someterá a gravamen de acuerdo con las siguientes reglas:

1. La rentabilidad vendrá determinada por la diferencia entre el valor actual financiero-actuarial de la renta que se constituye y el importe de las primas satisfechas.

2. Dicha rentabilidad se repartirá linealmente durante los diez primeros años de cobro de la renta vitalicia. Si se trata de una renta temporal, se repartirá linealmente entre los años de duración de la misma con el máximo de diez años.

5. **Extinción de las rentas temporales o vitalicias**, que no hayan sido adquiridas por herencia, legado o cualquier otro título sucesorio, **cuando la extinción de la renta tenga su origen en el ejercicio del derecho de rescate:**

    1. El **rendimiento del capital mobiliario** será el resultado de sumar al importe del rescate las rentas satisfechas hasta dicho momento y de restar las primas satisfechas y las cuantías que, de acuerdo con los párrafos anteriores, hayan tributado como rendimientos del capital mobiliario.

    2. Cuando las rentas hayan sido adquiridas por **donación o cualquier otro negocio jurídico a título gratuito e "*inter vivos*"**, se restará, adicionalmente, la rentabilidad acumulada hasta la constitución de las rentas.

3. Cuando la extinción de la renta se produzca como **consecuencia del fallecimiento del perceptor**, no se genera rendimiento del capital mobiliario para el mismo.

Las prestaciones percibidas en forma de renta por fallecimiento del beneficiario están sujetas al Impuesto sobre Sucesiones y Donaciones, por lo cual no tributan en el Impuesto sobre la Renta.

6. **Seguros de vida o invalidez que prevean prestaciones en forma de capital y dicho capital se destine a la constitución de rentas vitalicias o temporales,** siempre que esta posibilidad de conversión se recoja en el contrato de seguro.

Estas rentas tributarán según lo dispuesto para las rentas diferidas que hemos comentado. En ningún caso, resultará de aplicación lo dispuesto en este número cuando el capital se ponga a disposición del contribuyente por cualquier medio.

7. **Planes individuales de ahorro sistemático (PIAS)**

La disposición adicional tercera LIRPF establece que los planes individuales de ahorro sistemático se configuran como contratos celebrados con entidades aseguradoras para constituir con los recursos aportados una renta vitalicia asegurada, siempre que se cumplan los siguientes requisitos:

a) Los recursos aportados se instrumentarán a través de seguros individuales de vida en los que el contratante, asegurado y beneficiario sea el propio contribuyente.

b) La renta vitalicia se constituirá con los derechos económicos procedentes de dichos seguros de vida. En los contratos de renta vitalicia podrán establecerse mecanismos de reversión o periodos ciertos de prestación o fórmulas de contraseguro en caso de fallecimiento una vez constituida la renta vitalicia.

271

El artículo 7 apartado v de la LIRPF establece que estarán exentas las rentas que se pongan de manifiesto en el momento de la constitución de rentas vitalicias aseguradas resultantes de los planes individuales de ahorro sistemático a que se refiere la disposición adicional tercera de la LIRPF.

Ahora bien, con el fin de asegurar que la aplicación de la exención prevista en el artículo 7.v) de la LIRPF cumple con la finalidad pretendida, se exige a los contratos celebrados con posterioridad a 1 de abril de 2019 en los que se establezcan mecanismos de reversión, períodos ciertos de prestación o fórmulas de contraseguro en caso de fallecimiento, el cumplimiento de los siguientes requisitos según la disposición adicional novena del RIRPF).

c) El límite máximo anual satisfecho en concepto de primas a este tipo de contratos será de 8.000 euros, y será independiente de los límites de aportaciones de sistemas de previsión social. Asimismo, el importe total de las primas acumuladas en estos contratos no podrá superar la cuantía total de 240.000 euros por contribuyente.

d) En el supuesto de disposición, total o parcial, por el contribuyente antes de la constitución de la renta vitalicia de los derechos económicos acumulados se tributará conforme a lo previsto en la LIRPF en proporción a la disposición realizada. A estos efectos, se considerará que la cantidad recuperada, corresponde a las primas satisfechas en primer lugar, incluida su correspondiente rentabilidad.

e) En el caso de anticipación, total o parcial, de los derechos económicos derivados de la renta vitalicia constituida, el contribuyente deberá integrar en el período impositivo en el que se produzca la anticipación, la renta que estuvo exenta por aplicación de lo dispuesto en la letra v) del artículo 7 de la LIRPF.

f) Los seguros de vida aptos para esta fórmula contractual no serán los seguros colectivos que instrumentan compromisos por pensiones conforme a la disposición adicional primera del texto refundido de la Ley de Regulación de los Planes y Fondos de Pensiones, ni los instrumentos de previsión social que reducen la base imponible del Impuesto.

g) En el condicionado del contrato se hará constar de forma expresa y destacada que se trata de un plan de ahorro individual sistemático y sus siglas quedan reservadas a los contratos que cumplan los requisitos previstos en la LIRPF.

h) La primera prima satisfecha deberá tener una antigüedad superior a cinco años en el momento de la constitución de la renta vitalicia.

La disposición transitoria trigésima primera establece que a los Planes Individuales de Ahorro Sistemático formalizados con anterioridad al 1 de enero de 2015, les será de aplicación el requisito de cinco años y no el de más de diez años que se exigía hasta el 31 de diciembre del 2014.

II. **Las rentas vitalicias u otras temporales que tengan por causa la imposición de capitales (salvo cuando hayan sido adquiridas por herencia, legado o cualquier otro título sucesorio)**

Se considerará rendimiento del capital mobiliario el resultado de aplicar a cada anualidad los porcentajes previstos para las rentas vitalicias y temporales inmediatas de contratos de seguro de vida.

Un particular que tiene 55 años realizó, a los 49 años, una imposición en un banco de 240.000 €. A cambio percibe una renta vitalicia de 3.000 €.

En este caso el banco, cada vez que paga la renta vitalicia de 3.000 €, debe considerar rendimiento del capital mobiliario.

Rendimiento del capital mobiliario = 3.000 x 0,35 = 1.050 €

Sobre esta cantidad tiene que retener la cantidad correspondiente.

3.2.5. Otros rendimientos del capital mobiliario

Dentro de este apartado se incluyen diversos rendimientos de muy variada naturaleza que tienen la calificación de rendimientos del capital mobiliario, ya sean dinerarios o en especie:

*   **Rendimientos procedentes de la propiedad intelectual**

    Cuando el contribuyente no sea el autor. Los rendimientos de la propiedad intelectual pueden tener la calificación de rendimientos del trabajo cuando el perceptor **es el autor de la obra** (por ejemplo un autor de cede la explotación de su obra a una editorial que le abona por ello unas cantidades, fijas o variables en función de las unidades vendidas), o bien de rendimientos de capital mobiliario, si **no fuera autor de la obra** (por ejemplo un heredero que continúa cobrando los derechos de autor de la obra de la persona fallecida).

Don José Luis Pérez Martínez, que es heredero del insigne escritor de novela histórica D. Arturo Pérez Moliner, ha percibido 60.000 € procedentes de derechos de autor de las obras de su padre.

En este caso, el rendimiento percibido por D. José Luis Pérez es rendimiento del capital mobiliario al no ser el autor de las obras, debiendo las editoriales que pagan a D. José Luis efectuar la correspondiente retención.

El tipo de retención e ingreso a cuenta aplicable a los rendimientos del capital mobiliario procedentes de la propiedad intelectual cuando el contribuyente no sea el autor, es en 2024, el 15 por 100.

Los rendimientos de la propiedad intelectual percibidos por los propios autores tienen la consideración fiscal de rendimientos del trabajo, siempre que se ceda el derecho a su explotación.

No obstante, cuando esta actividad suponga la ordenación por cuenta propia de medios de producción y de recursos humanos o de uno de ambos, con la finalidad de intervenir en la producción o distribución de bienes o servicios, se califican como rendimientos de actividades profesionales o artísticas.

- **Rendimientos de la propiedad industrial**

  Que no se encuentre afecta a actividades económicas realizadas por el contribuyente. En caso de estar afectos a estas actividades tributarían por el concepto rendimientos de actividades económicas.

  Rendimientos derivados de la prestación de asistencia técnica

  Salvo que dicha prestación tenga lugar en el ámbito de una actividad económica.

- **Rendimientos procedentes del arrendamiento de bienes muebles, negocios o minas**

  Siempre que no constituyan actividades económicas.

Debe diferenciarse entre el arrendamiento de un negocio y el de un local de negocio:

⇨ **Arrendamiento de negocio**: si el objeto del contrato de arrendamiento no son solo los bienes muebles e inmuebles, sino también una unidad económica con entidad propia susceptible de ser inmediatamente explotada, o pendiente para serlo de meras formalidades administrativas, se trata de un arrendamiento de negocio y el rendimiento percibido se computará entre los procedentes del capital mobiliario.

⇨ **Arrendamiento de local de negocio**: si el objeto del arrendamiento es únicamente el local de negocio, el rendimiento se considerará procedente del capital inmobiliario.

Una persona física que explota una cantera de caliza de gran calidad ante una buena oferta de una cementera, decide alquilar la cantera a la citada empresa por 240.000 € anuales más IVA.

En este caso estamos ante el arrendamiento de una mina; por tanto, se trata de un rendimiento del capital mobiliario y la empresa cementera, cada vez que pague a la persona física, deberá retener sobre el importe a pagar la cantidad correspondiente.

- **Rendimientos procedentes del subarrendamiento**

Percibidos por el subarrendador, que no constituyan actividades económicas. Conviene precisar que cuando se produce un subarrendamiento, el subarrendador puede abonar cantidades tanto al propietario del inmueble como al arrendatario (que lo subarrienda).

En este caso, **los rendimientos percibidos por el propietario del inmueble tendrán la calificación fiscal de rendimientos del capital inmobiliario** (dado que es el propietario del inmueble), mientras que los que percibe el subarrendatario tendrán la calificación de rendimientos del capital mobiliario y nunca inmobiliario puesto que no es propietario del inmueble.

Asimismo, debe diferenciarse entre el arrendamiento de un negocio y el de un local de negocio: si el objeto del contrato de arrendamiento no son solo los bienes muebles e inmuebles, sino también una unidad económica con entidad propia susceptible de ser inmediatamente explotada, o pendiente para serlo de meras formalidades administrativas, el rendimiento percibido se computará entre los procedentes del capital mobiliario; si el objeto del arrendamiento es únicamente el local de negocio, el rendimiento se considerará procedente del capital inmobiliario.

Rendimientos por la cesión del derecho a la explotación de la imagen o del consentimiento o autorización para su utilización.

Salvo que dicha cesión tenga lugar en el ámbito de una actividad económica.

A)   Unit linked

Los "unit linked" son seguros de vida en los que el tomador del seguro puede decidir y modificar los activos financieros en los que desea materializar las provisiones técnicas correspondientes a su seguro, asumiendo el riesgo de la inversión.

El artículo 14.2. h) LIRPF establece, a priori, que se imputará como rendimiento de capital mobiliario a que se refiere el artículo 25.3 de la LIRPF, de cada período impositivo, la diferencia entre el valor liquidativo de los activos afectos a la póliza al final y al comienzo del período impositivo en aquellos contratos de seguros de vida en los que el tomador asuma el riesgo de la inversión. El importe imputado minorará el rendimiento derivado de la percepción de cantidades en estos contratos.

Sin embargo, cuando concurren algunas condiciones establecidas en el mismo artículo, el régimen fiscal aplicable pasa a ser el de contratos de seguros de vida, sin que los traspasos realizados tengan relevancia fiscal.

Estas condiciones que deberán cumplirse durante toda la vida del contrato son:

⇨ No se otorgue al tomador la facultad de modificar las inversiones afectas a la póliza.

⇨ Las provisiones matemáticas se encuentren invertidas en:

a) Acciones o participaciones de instituciones de inversión colectiva, predeterminadas en los contratos, siempre que se trate de instituciones de inversión colectiva adaptadas a la Ley 35/2003, de 4 de noviembre, de instituciones de inversión colectiva, o amparadas por la Directiva 85/611/CEE del Consejo, de 20 de diciembre de 1985.

b) Conjuntos de activos reflejados de forma separada en el balance de la entidad aseguradora. La determinación de los activos deberá corresponder, en todo momento, a la entidad aseguradora quien, a estos efectos, gozará de plena libertad para elegir los activos con sujeción, únicamente, a criterios generales predeterminados relativos al perfil de riesgo del conjunto de activos o a otras circunstancias objetivas. Deberá cumplir los límites de diversificación y dispersión establecidos, con carácter general, para los contratos de seguro por el texto refundido de la Ley de ordenación y supervisión de los seguros privados aprobado por el Real Decreto Legislativo 6/2004, de 5 de marzo, su Reglamento, aprobado por el Real Decreto 2486/1998, de 20 de noviembre, y demás normas que se dicten en desarrollo de aquella.

B) Planes de ahorro a largo plazo

Los Planes de Ahorro a Largo Plazo se configuran como contratos celebrados entre el contribuyente y una entidad aseguradora o de crédito que pueden ser instrumentados de dos formas:

▶ Seguro individual de vida (SIALP).

▶ Depósitos y contratos financieros (CIALP, cuenta individual de ahorro a largo plazo).

Un contribuyente solo podrá ser titular de forma simultánea de un Plan de Ahorro a Largo Plazo (seguro o cuenta), sin perjuicio de la posibilidad de movilizar los derechos económicos de seguros individuales de ahorro a largo plazo y de los fondos constituidos en cuentas individuales de ahorro a largo plazo de un Plan a otro.

La apertura del Plan de Ahorro a Largo Plazo se producirá en el momento en que se satisfaga la primera prima, o se realice la primera aportación a la Cuenta Individual de Ahorro a Largo Plazo, según proceda.

Las aportaciones al Plan de Ahorro a Largo Plazo no pueden ser superiores a 5.000 euros anuales en ninguno de los ejercicios de vigencia del Plan.

La disposición por el contribuyente del capital resultante del Plan únicamente podrá producirse en forma de capital, por el importe total del mismo, no siendo posible que el contribuyente realice disposiciones parciales.

La entidad aseguradora o, en su caso, la entidad de crédito, deberá garantizar al contribuyente la percepción al vencimiento del seguro individual de vida o al vencimiento de cada depósito o contrato financiero de, al menos, un capital equivalente al 85 por ciento de la suma de las primas satisfechas o de las aportaciones efectuadas al depósito o al contrato financiero.

No obstante lo anterior, si la citada garantía fuera inferior al 100 por ciento, el producto financiero contratado deberá tener un vencimiento de al menos un año.

El artículo 7.ñ) LIRPF establece que estarán exentos los rendimientos positivos del capital mobiliario procedentes de los seguros de vida, depósitos y contratos financieros a través de los cuales se instrumenten los Planes de Ahorro a Largo Plazo a que se refiere la disposición adicional vigésima sexta, siempre que el contribuyente no efectúe disposición alguna del capital resultante del Plan antes de finalizar el plazo de cinco años desde su apertura.

C) Gastos deducibles y reducciones

Para la determinación del rendimiento neto del capital mobiliario, se deducirán de los rendimientos íntegros exclusivamente los gastos siguientes:

a) Los gastos de administración y depósito de valores negociables.

No serán deducibles las cuantías que supongan la contraprestación de una gestión discrecional e individualizada de carteras de inversión, en donde se produzca una disposición de las inversiones efectuadas por cuenta de los titulares con arreglo a los mandatos conferidos por éstos.

b) Cuando se trate de rendimientos derivados de la prestación de asistencia técnica, del arrendamiento de bienes muebles, negocios o minas o de subarrendamientos, se deducirán de los rendimientos íntegros los gastos necesarios para su obtención y, en su caso, el importe del deterioro sufrido por los bienes o derechos de que los ingresos procedan.

Los rendimientos netos previstos en el apartado 4 del artículo 25 de la LIRPF con un período de generación superior a dos años o que se califiquen reglamentariamente como obtenidos de forma notoriamente irregular en el tiempo, se reducirán en un 30 por ciento, cuando, en ambos casos, se imputen en un único período impositivo.

La cuantía del rendimiento neto a que se refiere este apartado sobre la que se aplicará la citada reducción no podrá superar el importe de 300.000 euros anuales.

Tendrán la consideración de rendimientos íntegros del capital la totalidad de las utilidades o contraprestaciones, cualquiera que sea su denominación o naturaleza, dinerarias o en especie, que provengan, directa o indirectamente, de elementos patrimoniales, bienes o derechos, cuya titularidad corresponda al contribuyente y no se hallen afectos a actividades económicas realizadas por este.

No obstante, las rentas derivadas de la transmisión de la titularidad de los elementos patrimoniales, aun cuando exista un pacto de reserva de dominio, tributarán como ganancias o pérdidas patrimoniales, salvo que por la LIRPF se califiquen como rendimientos del capital.

Tendrán la consideración de rendimientos íntegros procedentes de la titularidad de bienes inmuebles rústicos y urbanos o de derechos reales que recaigan sobre ellos, todos los que se deriven del arrendamiento o de la constitución o cesión de derechos o facultades de uso o disfrute sobre aquéllos, cualquiera que sea su denominación o naturaleza.

.../...

.../...

Se computará como rendimiento íntegro el importe que por todos los conceptos deba satisfacer el adquirente, cesionario, arrendatario o subarrendatario, incluido, en su caso, el correspondiente a todos aquellos bienes cedidos con el inmueble y excluido el Impuesto sobre el Valor Añadido o, en su caso, el Impuesto General Indirecto Canario. Para la determinación del rendimiento neto, se deducirán de los rendimientos íntegros los gastos establecidos como tales en la Ley del IRPF.

Tendrán la consideración de rendimientos íntegros del capital mobiliario los siguientes:

1. Rendimientos obtenidos por la participación en los fondos propios de cualquier tipo de entidad.

2. Rendimientos obtenidos por la cesión a terceros de capitales propios.

3. Rendimientos procedentes de operaciones de capitalización, de contratos de seguro de vida o invalidez y de rentas derivadas de la imposición de capitales.

4. Otros rendimientos del capital mobiliario.

Para la determinación del rendimiento neto, se deducirán de los rendimientos íntegros exclusivamente los gastos establecidos como tales en la LIRPF.

UNIDAD DIDÁCTICA 5

Ganancias y pérdidas patrimoniales

Los **objetivos** de esta unidad son:

1. Delimitar el concepto de ganancia y pérdida patrimonial.

2. Diferenciar las ganancias y pérdidas patrimoniales por transmisiones onerosas y lucrativas.

3. Cuantificar el importe de las ganancias y pérdidas patrimoniales.

Introducción

En esta unidad estudiaremos las ganancias y pérdidas patrimoniales. Expondremos el concepto de ganancia y pérdida patrimonial y la regla general para su cuantificación. Además, analizaremos las especialidades en las transmisiones onerosas y lucrativas, las ganancias excluidas de gravamen por reinversión y las ganancias patrimoniales no justificadas.

Aunque la ley del IRPF continúa utilizando la nomenclatura de "paraíso fiscal" la disposición adicional primera de la Ley 36/2006 desde el 2021 las denomina "jurisdicción no cooperativa".

Para facilitar la comprensión del manual hemos mantenido el concepto "paraíso fiscal".

1. Concepto

La sección 4 de la LIRPF inicia con el artículo 33 que contiene **el concepto de ganancia patrimonial y pérdida.** De acuerdo con la definición se entiende por tal cualquier variación en la composición del patrimonio del contribuyente que se ponga de manifiesto con ocasión de la alteración en la composición de aquel, y siempre que no tenga la previa consideración de rendimiento.

El precepto continúa, como ocurría también en la ley anterior, distinguiendo aquellos supuestos en los que se estima que **no hay alteración en la composición del patrimonio**, como son los casos de división de la cosa común, disolución de la sociedad de gananciales, extinción del régimen de participación, disolución de comunidades de bienes y separación de comuneros. La ley especifica que, en estos casos, si bien no existe ganancia o pérdida de patrimonio gravable, tampoco puede tener lugar una actualización de los valores de los bienes o derechos recibidos, que conservan su valor de adquisición original.

El apartado 3 del artículo 33 enumera los supuestos en que se considera que **no existe ganancia o pérdida de patrimonio**. Son los siguientes:

a) **Reducciones de capital**

Cuando la reducción de capital, cualquiera que sea su finalidad, dé lugar a la amortización de valores o participaciones, se considerarán amortizadas las adquiridas en primer lugar, y su valor de adquisición se distribuirá proporcionalmente entre los restantes valores homogéneos que permanezcan en el patrimonio del contribuyente.

Cuando la reducción de capital no afecte por igual a todos los valores o participaciones propiedad del contribuyente, se entenderá referida a las adquiridas en primer lugar. Cuando la reducción de capital tenga por finalidad la devolución de aportaciones, el importe de esta o el valor normal de mercado de los bienes o derechos percibidos minorará el valor de adquisición de los valores o participaciones afectadas, de acuerdo con las reglas del párrafo anterior, hasta su anulación. El exceso que pudiera resultar se integrará como rendimiento del capital mobiliario procedente de la participación en los fondos propios de cualquier tipo de entidad, en la forma prevista para la distribución de la prima de emisión, salvo que dicha reducción de capital proceda de beneficios no distribuidos, en cuyo caso la totalidad de las cantidades percibidas por este concepto tributará de acuerdo con lo previsto en la letra a) del artículo 25.1 de la Ley. A estos efectos, se considerará que las reducciones de capital, cualquiera que sea su finalidad, afectan en primer lugar a la parte del capital social que no provenga de beneficios no distribuidos, hasta su anulación.

No obstante lo dispuesto en el párrafo anterior, en el caso de reducción de capital que tenga por finalidad la devolución de aportaciones y no proceda de beneficios no distribuidos, correspondiente a valores no admitidos a negociación en alguno de los mercados regulados de valores definidos en la Directiva 2004/39/CE del Parlamento Europeo y del Consejo, de 21 de abril de 2004, relativa a los mercados de instrumentos financieros, y representativos de la participación en fondos propios de sociedades o entidades, cuando la diferencia entre el valor de los fondos propios de las acciones o participaciones correspondiente al último ejercicio cerrado con anterioridad a la fecha de la reducción de capital y su valor de adquisición sea positiva, el importe obtenido o el valor normal de mercado de los bienes o derechos recibidos se considerará rendimiento del capital mobiliario con el límite de la citada diferencia positiva.

A estos efectos, el valor de los fondos propios a que se refiere el párrafo anterior se minorará en el importe de los beneficios repartidos con anterioridad a la fecha de la reducción de capital, procedentes de reservas incluidas en los citados fondos propios, así como en el importe de las reservas legalmente indisponibles incluidas en dichos fondos propios que se hubieran generado con posterioridad a la adquisición de las acciones o participaciones.

El exceso sobre el citado límite minorará el valor de adquisición de las acciones o participaciones conforme a lo dispuesto en el segundo párrafo de este apartado.

Cuando por aplicación de lo dispuesto en el párrafo tercero de este apartado la reducción de capital hubiera determinado el cómputo como rendimiento del capital mobiliario de la totalidad o parte del importe obtenido o del valor normal de mercado de los bienes o derechos recibidos, y con posterioridad el contribuyente obtuviera dividendos o participaciones en beneficios conforme al artículo 25.1 a) de la LIRPF procedentes de la misma entidad en relación con acciones o participaciones que hubieran permanecido en su patrimonio desde la reducción de capital, el importe obtenido de los dividendos o participaciones en beneficios minorará, con el límite de los rendimientos del capital mobiliario previamente computados que correspondan a las citadas acciones o participaciones, el valor de adquisición de las mismas conforme a lo dispuesto en el segundo párrafo de este apartado.

b) **Transmisiones lucrativas por causa de muerte**

Es la denominada plusvalía del muerto, que queda exenta de tributación.

c) **Transmisiones lucrativas de participaciones de empresas familiares**

Se refiere este precepto a las donaciones de acciones o participaciones en empresas o negocios profesionales de carácter familiar (art. 20.6 de la Ley del 29/1987, de 18 de diciembre, del Impuesto de Sucesiones y Donaciones).

En estos casos, la **eventual ganancia patrimonial resultante de la donación no tributa en el IRPF del donante.** Como medida antifraude el precepto añade que, para que esta previsión se aplique a elementos patrimoniales que el contribuyente hubiera afectado a la actividad económica después de su adquisición, dichos elementos deberán haber estado afectos a tal actividad durante, al menos, los cinco años anteriores a la donación.

d) **Extinción del régimen económico matrimonial de separación de bienes**

En la extinción del régimen económico matrimonial de separación de bienes, cuando por imposición legal o resolución judicial se produzcan compensaciones, dinerarias o mediante la adjudicación de bienes, por causa distinta de la pensión compensatoria entre cónyuges.

Estas compensaciones no darán derecho a reducir la base imponible del pagador ni constituirá renta para el perceptor.

Este supuesto no podrá dar lugar, en ningún caso, a las actualizaciones de los valores de los bienes o derechos adjudicados.

e) **Aportación a patrimonios protegidos a favor de personas con discapacidad**

Se considera que no existe ganancia o pérdida de patrimonio cuando se produce una aportación a patrimonios protegidos constituidos a favor de **personas con discapacidad.**

En el apartado del mismo artículo se establecen los supuestos, en los que pese a generarse ganancia patrimonial, esta estará **exenta del IRPF.** Son los siguientes supuestos:

⇨ Las donaciones que se efectúen a las entidades citadas en el artículo 68.3 de esta LIRPF.

⇨ La que se produzca con la transmisión de su vivienda habitual por mayores de 65 años o por personas en situación de dependencia severa o de gran dependencia de conformidad con la Ley de promoción de la autonomía personal y atención a las personas en situación de dependencia.

⇨ Con ocasión del pago previsto en el artículo 97.3 de la LIRPF y de las deudas tributarias a que se refiere el artículo 73 de la Ley 16/1985, de 25 de junio, del Patrimonio Histórico Español.

⇨ Con ocasión de la dación en pago de la vivienda habitual del deudor o garante del deudor, para la cancelación de deudas garantizadas con hipoteca que recaiga sobre la misma, contraídas con entidades de crédito o de cualquier otra entidad que, de manera profesional, realice la actividad de concesión de préstamos o créditos hipotecarios.

También estarán exentas las ganancias patrimoniales que se pongan de manifiesto con ocasión de la transmisión de la vivienda en que concurran los requisitos anteriores, realizada en ejecuciones hipotecarias judiciales o notariales.

En todo caso será necesario que el propietario de la vivienda habitual no disponga de otros bienes o derechos en cuantía suficiente para satisfacer la totalidad de la deuda y evitar la enajenación de la vivienda.

Y finalmente el mismo artículo, expone una lista con los hechos que consideran no se generarán pérdidas patrimoniales en el IRPF:

a) Las no justificadas.

b) Las debidas al consumo.

c) Las debidas a transmisiones lucrativas por actos ínter vivos o a liberalidades.

d) Las debidas a pérdidas en el juego obtenidas en el período impositivo que excedan de las ganancias obtenidas en el juego en el mismo período.

e) Las derivadas de las transmisiones de elementos patrimoniales, cuando el transmitente vuelva a adquirirlos dentro del año siguiente a la fecha de dicha transmisión.

   Esta pérdida patrimonial se integrará cuando se produzca la posterior transmisión del elemento patrimonial.

f) Las derivadas de las transmisiones de valores o participaciones admitidos a negociación en alguno de los mercados secundarios oficiales de valores definidos en la Directiva 2004/39/CE del Parlamento Europeo y del Consejo de 21 de abril de 2004 relativa a los mercados de instrumentos financieros, cuando el contribuyente hubiera adquirido valores homogéneos dentro de los dos meses anteriores o posteriores a dichas transmisiones.

g) Las derivadas de las transmisiones de valores o participaciones no admitidos a negociación en alguno de los mercados secundarios oficiales de valores definidos en la Directiva 2004/39/CE del Parlamento Europeo y del Consejo de 21 de abril de 2004 relativa a los mercados de instrumentos financieros, cuando el contribuyente hubiera adquirido valores homogéneos en el año anterior o posterior a dichas transmisiones.

En los casos previstos en los párrafos f) y g) anteriores, las pérdidas patrimoniales se integrarán a medida que se transmitan los valores o participaciones que permanezcan en el patrimonio del contribuyente.

2. Importe de las ganancias o pérdidas patrimoniales

2.1. Conceptos previos

El **artículo 34 de la LIRPF** contiene la misma regla general que el antiguo artículo 32. De conformidad con ellos, la ganancia o pérdida de patrimonio se calcula por diferencia entre el valor de transmisión y el valor de adquisición del bien o derecho transmitido, ya lo haya sido a título oneroso o a título lucrativo. Si la ganancia o la pérdida no procediera de una previa transmisión (onerosa o lucrativa), habrá que tomar como ganancia o pérdida el valor de mercado del elemento patrimonial (o la parte proporcional del mismo, en su caso).

 En el caso de que el **elemento patrimonial transmitido hubiese sido objeto de alguna mejora,** se calcula por separado la ganancia o pérdida patrimonial del bien y la correspondiente a la mejora. Dicho en los términos legales, se distingue la parte del valor de enajenación que corresponda a cada componente del mismo.

2.2. Transmisiones a título oneroso y lucrativo

Los siguientes artículos desarrollan el cálculo de la ganancia o pérdida patrimonial según proceda de una transmisión a título oneroso (cuando se obtiene algo a cambio de algo; por ejemplo, en compraventas, permutas, etc.), o de una transmisión lucrativa (si se recibe algo a cambio de nada; sería el caso de las donaciones).

A) Transmisiones a título oneroso (art. 35)

Hay que diferenciar:

1. **Valor de adquisición**: está compuesto por la suma de:

    a) El importe real por el que se efectúa la adquisición (normalmente, el precio).

    b) El coste de las inversiones y mejoras efectuadas en los bienes adquiridos y los gastos y tributos inherentes a la adquisición, excluidos los intereses, que hubieran sido satisfechos por el adquirente.

    El valor así hallado se minorará cuando corresponda (por ejemplo, si el bien transmitido fuera un inmueble alquilado), en el importe de las amortizaciones (según lo dispuesto en el reglamento de desarrollo).

2. **Valor de transmisión**: será el importe real por el que la enajenación se hubiese efectuado. De este valor se deducirán los gastos y tributos a que se refiere la letra b) del apartado 1 en cuanto resulten satisfechos por el transmitente.

    Por importe real del valor de enajenación se tomará el efectivamente satisfecho, siempre que no resulte inferior al normal de mercado en cuyo caso prevalecerá este.

B) Transmisiones a título lucrativo (art. 36)

En transmisiones o adquisiciones a título lucrativo (art. 36) se aplican las reglas anteriores, considerando como valor real el que proceda según las normas del ISyD (por ejemplo, en un bien adquirido por herencia, que posteriormente se transmite, se tomaría como valor de adquisición del bien, el valor consignado en la escritura de partición, al que habría que añadir la parte proporcional del Impuesto sobre Sucesiones correspondiente a dicho bien).

Se establece como límite máximo el valor de mercado.

No obstante, en las adquisiciones lucrativas por causa de muerte derivadas de contratos o pactos sucesorios con efectos de presente, el beneficiario de los mismos que transmitiera, antes del transcurso de cinco años desde la celebración del pacto sucesorio o del fallecimiento del causante, si fuera anterior, los bienes adquiridos, se subrogará en la posición de este, respecto al valor y fecha de adquisición de aquellos, cuando este valor fuera inferior al previsto en el párrafo anterior.

En las adquisiciones lucrativas, a que se refiere la letra c) del apartado 3 del artículo 33 de esta Ley, el donatario se subrogará en la posición del donante respecto de los valores y fechas de adquisición de dichos bienes.

3. Normas específicas de valoración

El artículo 37 de la Ley del IRPF establece normas específicas de valoración cuando la alteración en el valor del patrimonio proceda:

- **De la transmisión a título oneroso de valores admitidos a negociación**:

  En alguno de los mercados regulados de valores definidos en la Directiva 2014/65/UE del Parlamento Europeo y del Consejo, de 15 de mayo de 2014, relativa a los mercados de instrumentos financieros y por la que se modifican la Directiva 2002/92/CE y la Directiva 2011/61/UE, la ganancia o pérdida se computará por la diferencia entre su valor de adquisición y el valor de transmisión, determinado por su cotización en dichos mercados en la fecha en que se produzca aquella o por el precio pactado cuando sea superior a la cotización.

  El importe obtenido por la transmisión de derechos de suscripción procedentes de estos valores tendrá la consideración de ganancia patrimonial para el transmitente en el período impositivo en que se produzca la citada transmisión.

  Cuando se trate de acciones parcialmente liberadas, su valor de adquisición será el importe realmente satisfecho por el contribuyente. Cuando se trate de acciones totalmente liberadas, el valor de adquisición tanto de éstas como de las que procedan resultará de repartir el coste total entre el número de títulos, tanto los antiguos como los liberados que correspondan.

- **De la transmisión a título oneroso de valores no admitidos a negociación**:

  En alguno de los mercados regulados de valores definidos en la Directiva 2014/65/UE del Parlamento Europeo y del Consejo, de 15 de mayo de 2014, relativa a los mercados de instrumentos financieros y por la que se modifican la Directiva 2002/92/CE y la Directiva 2011/61/UE, la ganancia o pérdida se computará por la diferencia entre su valor de adquisición y el valor de transmisión.

  Salvo prueba de que el importe efectivamente satisfecho se corresponde con el que habrían convenido partes independientes en condiciones normales de mercado, el valor de transmisión no podrá ser inferior al mayor de los dos siguientes:

⇨ El valor del patrimonio neto que corresponda a los valores transmitidos resultante del balance correspondiente al último ejercicio cerrado con anterioridad a la fecha del devengo del Impuesto.

⇨ El que resulte de capitalizar al tipo del 20 por ciento el promedio de los resultados de los tres ejercicios sociales cerrados con anterioridad a la fecha del devengo del Impuesto. A este último efecto, se computarán como beneficios los dividendos distribuidos y las asignaciones a reservas, excluidas las de regularización o de actualización de balances.

⇨ El valor de transmisión así calculado se tendrá en cuenta para determinar el valor de adquisición de los valores o participaciones que corresponda al adquirente.

⇨ El importe obtenido por la transmisión de derechos de suscripción procedentes de estos valores o participaciones tendrá la consideración de ganancia patrimonial para el transmitente en el período impositivo en que se produzca la citada transmisión.

Cuando se trate de acciones parcialmente liberadas, su valor de adquisición será el importe realmente satisfecho por el contribuyente. Cuando se trate de acciones totalmente liberadas, el valor de adquisición, tanto de éstas como de las que procedan, resultará de repartir el coste total entre el número de títulos, tanto los antiguos como los liberados que correspondan.

- **De la transmisión o el reembolso a título oneroso de acciones o participaciones representativas del capital o patrimonio de las instituciones de inversión colectiva**:

  A las que se refiere el artículo 94 de la LIRPF, la ganancia o pérdida patrimonial se computará por la diferencia entre su valor de adquisición y el valor de transmisión, determinado por el valor liquidativo aplicable en la fecha en que dicha transmisión o reembolso se produzca o, en su defecto, por el último valor liquidativo publicado. Cuando no existiera valor liquidativo se tomará el valor del patrimonio neto que corresponda a las acciones o participaciones transmitidas resultante del balance correspondiente al último ejercicio cerrado con anterioridad a la fecha del devengo del Impuesto.

  En supuestos distintos del reembolso de participaciones, el valor de transmisión así calculado no podrá ser inferior al mayor de los dos siguientes:

  ⇨ El precio efectivamente pactado en la transmisión.

  ⇨ El valor de cotización en mercados secundarios oficiales de valores definidos en la Directiva 2014/65/UE del Parlamento Europeo y del Consejo, de 15 de mayo de 2014, relativa a los mercados de instrumentos financieros y por la que se modifican la Directiva 2002/92/CE y la Directiva 2011/61/UE y, en particular, en sistemas multilaterales de negociación de valores previstos en el Título IV de la Ley 6/2023, de 17 de marzo, de los Mercados de Valores y de los Servicios de Inversión, en la fecha de la transmisión.

A los efectos de determinar el valor de adquisición, resultará de aplicación, cuando proceda, lo dispuesto en el art.37.1.a).

No obstante lo dispuesto en los párrafos anteriores, en el caso de transmisiones de participaciones en los fondos de inversión cotizados o de acciones de SICAV índice cotizadas, a los que se refiere el artículo 79 del Reglamento de la Ley 35/2003, de 4 de noviembre, de instituciones de inversión colectiva, aprobado por el Real Decreto 1082/2012, de 13 de julio, realizadas en bolsa de valores, el valor de transmisión se determinará conforme a lo previsto en el art.37.1.a).

- **Aportaciones no dinerarias a sociedades**:

  La ganancia o pérdida se calcula por la diferencia entre el valor de adquisición de los bienes aportados y el mayor de los siguientes:

  1. El nominal de las acciones recibidas (sumada las primas de emisión).

  2. El valor de cotización en la fecha en que se formalice la aportación o el inmediato anterior.

  3. El valor de mercado del bien o derecho aportado.

- **Separación de socios y disolución de sociedades**:

  La **ganancia o pérdida del socio**, sin perjuicio de la que corresponda a la sociedad, se calcula por la diferencia entre la cuota de liquidación recibida (o el valor de mercado) y el valor de adquisición de los títulos.

  En los casos de escisión, fusión o absorción de sociedades, la ganancia o pérdida del contribuyente se computa por la diferencia entre el valor de adquisición de los títulos representativos de la participación del socio. Como valor de transmisión, el mayor de los dos siguientes: el valor de mercado de los títulos recibidos de la sociedad absorbente (o de la resultante de la fusión o absorción) o el valor de mercado de los entregados.

- **Traspasos**:

  La ganancia patrimonial se computará al cedente en el importe del que le corresponda en el traspaso. Si el derecho de traspaso se ha adquirido por precio, éste será el valor de adquisición.

- **Indemnizaciones por pérdidas o siniestros de elementos patrimoniales**:

  La ganancia o pérdida se calcula por la **diferencia entre la cantidad percibida y la parte proporcional del valor de adquisición que corresponda al daño**. Si la indemnización no fuera en metálico, se calculará por la diferencia entre el valor de mercado del bien recibido y la parte proporcional del valor de adquisición que corresponda al daño. Sólo se computa la ganancia cuando de la indemnización se derive un aumento del patrimonio del contribuyente.

- **Permutas (incluido el canje de valores)**:

  La ganancia o pérdida se determina por diferencia entre el valor de adquisición del bien que se cede y el mayor de los dos siguientes:

  ⇨ El de mercado del bien entregado.

  ⇨ El de mercado del bien que se recibe a cambio.

- **Extinción de rentas vitalicias:**

  La ganancia o pérdida, para el obligado al pago de aquellas, está constituida por la diferencia entre el valor de adquisición del capital recibido y la suma de las rentas efectivamente satisfechas.

- **Transmisiones de elementos patrimoniales a cambio de una renta temporal o vitalicia:**

  La ganancia o pérdida se determina por diferencia entre el valor actual financiero actuarial de la renta y el valor de adquisición de los elementos patrimoniales transmitidos.

- **Transmisión o extinción de derechos reales de goce o disfrute sobre inmuebles:**

  Para el cálculo de la ganancia o pérdida patrimonial, el titular del derecho minorará el importe real de forma proporcional al tiempo durante el cual no hubiese percibido rendimientos del capital inmobiliario.

- **Incorporaciones de bienes o derechos que no deriven de una transmisión:**

  La ganancia patrimonial es el valor de mercado del bien incorporado al patrimonio del contribuyente.

- **Futuros y opciones:**

  Se considera ganancia o pérdida patrimonial el rendimiento obtenido cuando la operación no suponga la cobertura de una operación principal concertada en el desarrollo de las actividades económicas realizadas por el contribuyente, en cuyo caso tributarán como rendimiento de actividades económicas.

- **Transmisiones de elementos patrimoniales afectos a actividades económicas:**

  Se considera valor de adquisición el valor contable, teniendo en cuenta las especialidades que se establezcan reglamentariamente en cuanto a las amortizaciones que minoren dicho valor.

A los efectos de las reglas descritas, en lo que respecta a la transmisión de valores (incluidos derechos de suscripción), se aplica el **criterio FIFO** *(first in, first out)***,** es decir, cuando existan valores homogéneos se considera que los transmitidos por el contribuyente son aquellos que adquirió en primer lugar.

Cuando se trate de acciones totalmente liberadas, se considera como antigüedad de las mismas la que corresponda a las acciones de las cuales procedan.

Lo establecido respecto de las **aportaciones no dinerarias**, separación de socios, disolución de sociedades, escisión, fusión, absorción y canjes de valores se entenderá sin perjuicio de lo que dispone la Ley del Impuesto sobre Sociedades.

4. Ganancias excluidas de gravamen en supuestos de reinversión

El **artículo 38** establece la exención de la ganancia de patrimonio puesta de manifiesto con ocasión de la transmisión de la vivienda habitual **siempre que el importe total obtenido en dicha transmisión se reinvierta en la adquisición de una nueva vivienda habitual**, en las condiciones que reglamentariamente se determinen.

La reinversión del importe obtenido en la enajenación deberá efectuarse, de una sola vez o sucesivamente, en un período no superior a dos años desde la fecha de transmisión de la vivienda habitual.

En particular, se entenderá que la reinversión se efectúa dentro de plazo cuando la venta de la vivienda habitual se hubiese efectuado a plazos o con precio aplazado, siempre que el importe de los plazos se destine a la finalidad indicada dentro del período impositivo en que se vayan percibiendo.

Cuando, conforme a lo dispuesto en los párrafos anteriores, la reinversión no se realice en el mismo año de la enajenación, el contribuyente vendrá obligado a hacer constar en la declaración del Impuesto del ejercicio en el que se obtenga la ganancia de patrimonio su intención de reinvertir en las condiciones y plazos señalados.

Igualmente darán derecho a la exención por reinversión las cantidades obtenidas en la enajenación que se destinen a satisfacer el precio de una nueva vivienda habitual que se hubiera adquirido en el plazo de los dos años anteriores a la transmisión de aquella.

En el caso de que el importe reinvertido fuera inferior al obtenido en la transmisión, sólo se excluirá de gravamen la parte proporcional de la ganancia patrimonial correspondiente a la cantidad reinvertida.

A efectos de poder aplicar exenciones reguladas en los art. 7.t), 33.4.b), y 38 de la LIRPF, la edificación deberá constituir la residencia habitual del contribuyente durante un plazo continuado de, al menos, tres años.

Para que la vivienda constituya la residencia habitual del contribuyente debe ser habitada de manera efectiva y con carácter permanente por el propio contribuyente, en un plazo de doce meses, contados a partir de la fecha de adquisición o terminación de las obras.

A los exclusivos efectos de la aplicación de las exenciones previstas en los artículos 33.4. b) y 38 de la Ley del Impuesto, se entenderá que el contribuyente está transmitiendo su vivienda habitual cuando, con arreglo a lo dispuesto en este artículo, dicha edificación constituya su vivienda habitual en ese momento o hubiera tenido tal consideración hasta cualquier día de los dos años anteriores a la fecha de transmisión.

D. Juan adquirió por 100.000 euros una vivienda que pasó a ser su vivienda habitual. Años más tarde la vendió por 300.000 euros, empleando dicho importe para la adquisición de una nueva vivienda habitual. El coste de esta nueva vivienda fue de 450.000 euros. Al haberse reinvertido la totalidad del importe obtenido por la venta de la primera vivienda la ganancia de patrimonio estaría exenta por reinversión.

5. Compatibilidad de la exención por reinversión con la deducción por adquisición de vivienda habitual

En el artículo 38 de la Ley de IRPF que regula la reinversión en vivienda habitual y que ya hemos analizado, no se establece ningún tipo de incompatibilidad, si bien, como sabemos desde el uno de enero de 2013 desapareció la deducción por inversión en vivienda habitual, se introdujo un régimen transitorio para los contribuyentes que venían deduciéndose por vivienda habitual a 1 de enero de 2013 (excepto por aportaciones a cuenta vivienda).

La Disposición Transitoria 18ª establece que:

Podrán aplicar la deducción por inversión en vivienda habitual en los términos previstos en el apartado 2 de esta disposición:

1. Los contribuyentes que hubieran adquirido su vivienda habitual con anterioridad a 1 de enero de 2013 o satisfecho cantidades con anterioridad a dicha fecha para la construcción de la misma.

2. Los contribuyentes que hubieran satisfecho cantidades con anterioridad a 1 de enero de 2013 por obras de rehabilitación o ampliación de la vivienda habitual, siempre que las citadas obras estén terminadas antes de 1 de enero de 2017.

3. Los contribuyentes que hubieran satisfecho cantidades para la realización de obras e instalaciones de adecuación de la vivienda habitual de las personas con discapacidad con anterioridad a 1 de enero de 2013 siempre y cuando las citadas obras o instalaciones estén concluidas antes de 1 de enero de 2017.

En todo caso, resultará necesario que el contribuyente hubiera practicado la deducción por inversión en vivienda habitual en relación con las cantidades satisfechas para la adquisición o construcción de dicha vivienda en un período impositivo devengado con anterioridad a 1 de enero de 2013, salvo que hubiera resultado de aplicación lo dispuesto en el artículo 68.1.2.ª de la LIRPF en su redacción vigente a 31 de diciembre de 2012.

La deducción por inversión en vivienda habitual se aplicará conforme a lo dispuesto en los artículos 67.1, 68.1, 70.1, 77.1, y 78 de la Ley del Impuesto, en su redacción en vigor a 31 de diciembre de 2012, sin perjuicio de los porcentajes de deducción que conforme a lo dispuesto en la Ley 22/2009 hayan sido aprobados por la Comunidad Autónoma.

Los contribuyentes que por aplicación de lo establecido en esta disposición ejerciten el derecho a la deducción estarán obligados, en todo caso, a presentar declaración por este Impuesto y el importe de la deducción así calculada minorará el importe de la suma de la cuota íntegra estatal y autonómica del Impuesto a los efectos previstos en el apartado 2 del artículo 69 de la LIRPF.

Los contribuyentes que con anterioridad a 1 de enero de 2013 hubieran depositado cantidades en cuentas vivienda destinadas a la primera adquisición o rehabilitación de la vivienda habitual, siempre que en dicha fecha no hubiera transcurrido el plazo de cuatro años desde la apertura de la cuenta, podrán sumar a la cuota líquida estatal y a la cuota líquida autonómica devengadas en el ejercicio 2012 las deducciones practicadas hasta el ejercicio 2011, sin intereses de demora.

6. Exención en la transmisión de acciones o participaciones acogidas a la deducción por inversión en sociedades de nueva creación

Podrán gozar de exención las ganancias patrimoniales que se pongan de manifiesto en la transmisión de acciones o participaciones por las que se hubiera practicado la deducción prevista en el artículo 68.1 de la Ley del Impuesto, siempre que el importe total obtenido por la transmisión se reinvierta en la adquisición de acciones o participaciones que cumplan los requisitos previstos en los números 2.º, 3.º y 5.º de dicho artículo, en las condiciones que se establecen en el art. 41.2 del RIRPF.

La reinversión del importe obtenido en la enajenación deberá efectuarse, de una sola vez o sucesivamente, en un período no superior un año desde la fecha de transmisión de las acciones o participaciones.

Cuando el importe reinvertido sea inferior al total percibido en la transmisión, únicamente se excluirá de tributación la parte proporcional de la ganancia patrimonial obtenida que corresponda a la cantidad reinvertida.

No resultará de aplicación lo dispuesto en este apartado en los siguientes supuestos:

a) Cuando el contribuyente hubiera adquirido valores homogéneos en el año anterior o posterior a la transmisión de las acciones o participaciones. En este caso, la exención no procederá respecto de los valores que como consecuencia de dicha adquisición permanezcan en el patrimonio del contribuyente.

b) Cuando las acciones o participaciones se transmitan a su cónyuge, a cualquier persona unida al contribuyente por parentesco, en línea recta o colateral, por consanguinidad o afinidad, hasta el segundo grado incluido, a una entidad respecto de la que se produzca, con el contribuyente o con cualquiera de las personas anteriormente citadas, alguna de las circunstancias establecidas en el artículo 42 del Código de Comercio, con independencia de la residencia y de la obligación de formular cuentas anuales consolidadas, distinta de la propia entidad cuyas participaciones se transmiten.

7.   Ganancias patrimoniales no justificadas

La sección 4 del capítulo II de la nueva LIRPF se cierra con el artículo 39 referente a las ganancias patrimoniales no justificadas. Se consideran ganancias injustificadas los bienes o derechos cuya tenencia, declaración o adquisición no se corresponda con la renta o patrimonio declarado por el contribuyente, así como la inclusión de deudas inexistentes en cualquier declaración por este impuesto o por el Impuesto sobre el Patrimonio, o su registro en los libros o registros oficiales.

Las ganancias no justificadas se integran en la base liquidable general del periodo impositivo respecto del que se descubran, salvo que el contribuyente pruebe suficientemente que ha sido titular de los bienes o derechos correspondientes desde una fecha anterior a la del periodo de prescripción. Según el estricto tenor literal de la norma, la única prueba en contrario con la que el contribuyente puede desvirtuar esta presunción de ganancia injustificada consiste en demostrar que ha sido titular de los bienes o derechos correspondientes desde una fecha anterior a la del período de prescripción.

8.   Individualización de las ganancias y pérdidas patrimoniales

Las ganancias y pérdidas patrimoniales se considerarán obtenidas por los contribuyentes que sean titulares de los bienes, derechos y demás elementos patrimoniales que generen la ganancia patrimonial.

Las no justificadas se atribuirán en función de la titularidad de los bienes o derechos en que se manifiesten. Las que provengan del juego (o no se deriven de una transmisión previa) se imputarán a quienes las haya ganado directamente.

9.   Régimen transitorio de las ganancias y pérdidas de patrimonio procedentes de bienes adquiridos antes del 31-12-1994: la disposición transitoria novena

A modo de repaso, desarrollamos lo visto en la Unidad 1:

9.1.   Introducción

El importe de las ganancias patrimoniales correspondientes a transmisiones de elementos patrimoniales **no afectos a actividades económicas** que hubieran sido adquiridos con anterioridad a 31 de diciembre de 1994, se determinará con arreglo las reglas que veremos a continuación.

9.2. Regla general

En general, se calcularán, para cada elemento patrimonial, con arreglo a lo establecido en la Sección 4.ª, del Capítulo II, del Título III de la Ley del IRPF. De la ganancia patrimonial así calculada se distinguirá la parte de la misma que se haya generado con anterioridad a 20 de enero de 2006, entendiendo como tal la parte de la ganancia patrimonial que proporcionalmente corresponda al número de días transcurridos entre la fecha de adquisición y el 19 de enero de 2006, ambos inclusive, respecto del número total de días que hubiera permanecido en el patrimonio del contribuyente.

La parte de la ganancia patrimonial generada con anterioridad a 20 de enero de 2006, se reducirá, en su caso, de la siguiente manera:

a) Se calculará el período de permanencia en el patrimonio del contribuyente anterior a 31 de diciembre de 1996 del elemento patrimonial.

A estos efectos, se tomará como período de permanencia en el patrimonio del contribuyente el número de años que medie entre la fecha de adquisición del elemento y el 31 de diciembre de 1996, redondeado por exceso.

En el caso de derechos de suscripción se tomará como período de permanencia el que corresponda a los valores de los cuales procedan. Cuando no se hubieran transmitido la totalidad de los derechos de suscripción, se entenderá que los transmitidos correspondieron a los valores adquiridos en primer lugar.

Si se hubiesen efectuado mejoras en los elementos patrimoniales transmitidos se tomará como período de permanencia de éstas en el patrimonio del contribuyente el número de años que medie entre la fecha en que se hubiesen realizado y el 31 de diciembre de 1996, redondeado por exceso.

b) Se calculará el valor de transmisión de todos los elementos patrimoniales a cuya ganancia patrimonial le hubiera resultado de aplicación lo señalado en esta disposición, transmitidos desde 1 de enero de 2015 hasta la fecha de transmisión del elemento patrimonial.

c) Cuando sea inferior a 400.000 euros la suma del valor de transmisión del elemento patrimonial y la cuantía a que se refiere la letra b) anterior, la parte de la ganancia patrimonial generada con anterioridad a 20 de enero de 2006 se reducirá en el importe resultante de aplicar los siguientes porcentajes por cada año de permanencia de los señalados en la letra a) anterior que exceda de dos:

1. Si los elementos patrimoniales transmitidos fuesen bienes inmuebles, derechos sobre los mismos o valores de las entidades comprendidas en el artículo 108 de la Ley 24/1988, de 28 de julio, del Mercado de Valores, con excepción de las acciones o participaciones representativas del capital social o patrimonio de las Sociedades o Fondos de Inversión Inmobiliaria, un 11,11 por ciento.

2. Si los elementos patrimoniales transmitidos fuesen acciones admitidas a negociación en alguno de los mercados secundarios oficiales de valores definidos en la la Directiva 2014/65/UE del Parlamento Europeo y del Consejo, de 15 de mayo de 2014, relativa a los mercados de instrumentos financieros y por la que se modifican la Directiva 2002/92/CE y la Directiva 2011/61/UE con excepción de las acciones representativas del capital social de Sociedades de Inversión Mobiliaria e Inmobiliaria, un 25 por ciento.

3. Para las restantes ganancias patrimoniales generadas con anterioridad a 20 de enero de 2006, un 14,28 por ciento.

    Estará no sujeta la parte de la ganancia patrimonial generada con anterioridad a 20 de enero de 2006 derivada de elementos patrimoniales que a 31 de diciembre de 1996 y en función de lo señalado en esta letra c) tuviesen un período de permanencia, tal y como éste se define en la letra a), superior a diez, cinco y ocho años, respectivamente.

d) Cuando sea superior a 400.000 euros la suma del valor de transmisión del elemento patrimonial y la cuantía a que se refiere la letra b) anterior, pero el resultado de lo dispuesto en la letra b) anterior sea inferior a 400.000 euros, se practicará la reducción señalada en la letra c) anterior a la parte de la ganancia patrimonial generada con anterioridad a 20 de enero de 2006 que proporcionalmente corresponda a la parte del valor de transmisión que sumado a la cuantía de la letra b) anterior no supere 400.000 euros.

e) Cuando el resultado de lo dispuesto en la letra b) anterior sea superior a 400.000 euros, no se practicará reducción alguna a la parte de la ganancia patrimonial generada con anterioridad a 20 de enero de 2006.

9.3. Valores admitidos a negociación

En los casos de valores admitidos a negociación en alguno de los mercados regulados y de acciones o participaciones en instituciones de inversión colectiva a las que resulte aplicable el régimen previsto en las letras a) y c) del apartado 1 del artículo 37 de la LIRPF, las ganancias y pérdidas patrimoniales se calcularán para cada valor, acción o participación de acuerdo con lo establecido en la Sección 4.ª, del Capítulo II del Título III de la LIRPF.

Si, como consecuencia de lo dispuesto en el párrafo anterior, se obtuviera como resultado una ganancia patrimonial, se efectuará la reducción que proceda de las siguientes:

1. Si el valor de transmisión fuera igual o superior al que corresponda a los valores, acciones o participaciones a efectos del Impuesto sobre el Patrimonio del año 2005, la parte de la ganancia patrimonial que se hubiera generado con anterioridad a 20 de enero de 2006 se reducirá, en su caso, de acuerdo con lo previsto

en la regla 1.ª) anterior. A estos efectos, la ganancia patrimonial generada con anterioridad a 20 de enero de 2006 será la parte de la ganancia patrimonial resultante de tomar como valor de transmisión el que corresponda a los valores, acciones o participaciones a efectos del Impuesto sobre el Patrimonio del año 2005.

2. Si el valor de transmisión fuera inferior al que corresponda a los valores, acciones o participaciones a efectos del Impuesto sobre el Patrimonio del año 2005, se entenderá que toda la ganancia patrimonial se ha generado con anterioridad a 20 de enero de 2006 y se reducirá, en su caso, de acuerdo con lo previsto en la regla 1.ª) anterior.

10. Exención de las ganancias patrimoniales producidas por contribuyentes mayores de 65 años

Podrán excluirse de gravamen las ganancias patrimoniales que se pongan de manifiesto con ocasión de la transmisión de elementos patrimoniales por contribuyentes mayores de 65 años, siempre que el importe total obtenido por la transmisión se destine en el plazo de seis meses a constituir una renta vitalicia asegurada a su favor, La renta vitalicia deberá constituirse en el plazo de seis meses desde la fecha de transmisión del elemento patrimonial.

No obstante, cuando la ganancia patrimonial esté sometida a retención y el valor de transmisión minorado en el importe de la retención se destine íntegramente a constituir una renta vitalicia en el citado plazo de seis meses, el plazo para destinar el importe de la retención a la constitución de la renta vitalicia se ampliará hasta la finalización del ejercicio siguiente a aquel en el que se efectúe la transmisión. La cantidad máxima total que a tal efecto podrá destinarse a constituir rentas vitalicias será de 240.000 euros.

Cuando el importe reinvertido sea inferior al total de lo percibido en la transmisión, únicamente se excluirá de tributación la parte proporcional de la ganancia patrimonial obtenida que corresponda a la cantidad reinvertida.

La anticipación, total o parcial, de los derechos económicos derivados de la renta vitalicia constituida, determinará el sometimiento a gravamen de la ganancia patrimonial correspondiente.

La renta vitalicia deberá tener una periodicidad inferior o igual al año, comenzar a percibirse en el plazo de un año desde su constitución, y el importe anual de las rentas no podrá decrecer en más de un cinco por ciento respecto del año anterior.

El contribuyente deberá comunicar a la entidad aseguradora que la renta vitalicia que se contrata constituye la reinversión del importe obtenido por la transmisión de elementos patrimoniales, a efectos de la aplicación de la exención.

11. Ganancias patrimoniales por cambio de residencia

El artículo 95 bis LIRPF establece que cuando el contribuyente pierda su condición por cambio de residencia, se considerarán ganancias patrimoniales las diferencias positivas entre el valor de mercado de las acciones o participaciones de cualquier tipo de entidad cuya titularidad corresponda al contribuyente, y su valor de adquisición, siempre que el contribuyente hubiera tenido tal condición durante al menos 10 de los 15 períodos impositivos anteriores al último período impositivo que deba declararse por este impuesto, y concurra cualquiera de las siguientes circunstancias:

a) Que el valor de mercado de las acciones o participaciones a que se refiere el apartado 3 de este artículo exceda, conjuntamente, de 4.000.000 de euros.

b) Cuando no se cumpla lo previsto en la letra a) anterior, que en la fecha de devengo del último período impositivo que deba declararse por este impuesto, el porcentaje de participación en la entidad sea superior al 25 por ciento, siempre que el valor de mercado de las acciones o participaciones en la citada entidad exceda de 1.000.000 de euros.

Las ganancias patrimoniales formarán parte de la renta del ahorro y se imputarán al último período impositivo que deba declararse por el IRPF, practicándose, en su caso, autoliquidación complementaria, sin sanción ni intereses de demora ni recargo alguno.

Para el cómputo de la ganancia patrimonial se tomará el valor de mercado de las acciones o participaciones en la fecha de devengo del último período impositivo que deba declararse por este impuesto, determinado de acuerdo con las siguientes reglas:

a) Los valores admitidos a negociación se valorarán por su cotización.

b) Los valores no admitidos a negociación se valorarán, salvo prueba de un valor de mercado distinto, por el mayor de los dos siguientes:

   ▶ El patrimonio neto que corresponda a los valores resultante del balance correspondiente al último ejercicio cerrado con anterioridad a la fecha del devengo del Impuesto.

   ▶ El que resulte de capitalizar al tipo del 20 por ciento el promedio de los resultados de los tres ejercicios sociales cerrados con anterioridad a la fecha del devengo del Impuesto. A este último efecto, se computarán como beneficios los dividendos distribuidos y las asignaciones a reservas, excluidas las de regularización o de actualización de balances.

c) Las acciones o participaciones representativas del capital o patrimonio de las instituciones de inversión colectiva, se valorarán por el valor liquidativo aplicable en la fecha de devengo del último período impositivo que deba declararse por este impuesto o, en su defecto, por el último valor liquidativo publicado.

Cuando el cambio de residencia se produzca como consecuencia de un **desplazamiento temporal por motivos laborales** a un país o territorio que no tenga la consideración de paraíso fiscal, o por cualquier otro motivo siempre que en este caso el desplazamiento temporal se produzca a un país o territorio que tenga suscrito con España un convenio para evitar la doble imposición internacional que contenga cláusula de intercambio de información, previa solicitud del contribuyente, se aplazará por la Administración tributaria el pago de la deuda tributaria que corresponda a las ganancias patrimoniales reguladas en el artículo 95 bis.

Cuando el cambio de residencia se produzca **a otro Estado miembro de la Unión Europea**, o del Espacio Económico Europeo con el que exista un efectivo intercambio de información tributaria, en los términos previstos en el apartado 4 de la disposición adicional primera de la Ley 36/2006, de 29 de noviembre, de medidas para la prevención del fraude fiscal, el contribuyente podrá optar por aplicar a las ganancias patrimoniales las siguientes especialidades:

a) La ganancia patrimonial únicamente deberá ser objeto de autoliquidación cuando en el plazo de los 10 ejercicios siguientes al último que deba declararse por este impuesto se produzca alguna de las siguientes circunstancias:

   1. Que se transmitan inter vivos las acciones o participaciones.

   2. Que el contribuyente pierda la condición de residente en un Estado miembro de la Unión Europea o del Espacio Económico Europeo.

   3. Que se incumpla la obligación de comunicación a que se refiere la letra c) de este apartado.

   La ganancia patrimonial se imputará al último período impositivo que deba declararse por este impuesto, practicándose, en su caso, autoliquidación complementaria, sin sanción ni intereses de demora ni recargo alguno.

   La autoliquidación se presentará en el plazo que media entre la fecha en que se produzca alguna de las circunstancias referidas en esta letra a), y el final del inmediato siguiente plazo de declaraciones por el impuesto.

b) En el supuesto a que se refiere el número 1.º de la letra a) anterior, la cuantía de la ganancia patrimonial se minorará en la diferencia positiva entre el valor de mercado de las acciones o participaciones a que se refiere el apartado 3 anterior y su valor de transmisión.

   A estos efectos el valor de transmisión se incrementará en el importe de los beneficios distribuidos o de cualesquiera otras percepciones que hubieran determinado una minoración del patrimonio neto de la entidad con posterioridad a la pérdida de la condición de contribuyente, salvo que tales percepciones hubieran tributado por el Impuesto sobre la Renta de no Residentes.

c) El contribuyente deberá comunicar a la Administración tributaria, en los términos que reglamentariamente se establezcan, la opción por la aplicación de las especialidades previstas en este apartado, la ganancia patrimonial puesta de manifiesto, el Estado al que traslade su residencia, con indicación del domicilio así como las posteriores variaciones, y el mantenimiento de la titularidad de las acciones o participaciones.

d) En caso de que el obligado tributario adquiriese de nuevo la condición de contribuyente sin haberse producido alguna de las circunstancias previstas en la letra a) de este apartado, las previsiones de este artículo quedarán sin efecto.

Tratándose de contribuyentes que hubieran optado por el régimen fiscal especial aplicable a los trabajadores desplazados a territorio español, el plazo de 10 períodos impositivos comenzará a computarse desde el primer período impositivo en el que no resulte de aplicación el citado régimen especial.

12. Subvenciones de la política agraria comunitaria y ayudas públicas

No se integrarán en la base imponible del Impuesto sobre la Renta de las Personas Físicas las rentas positivas que se pongan de manifiesto como consecuencia de:

a) La percepción de las siguientes ayudas de la política agraria comunitaria:

1. Abandono definitivo del cultivo del viñedo.

2. Prima al arranque de plantaciones de manzanos.

3. Prima al arranque de plataneras.

4. Abandono definitivo de la producción lechera.

5. Abandono definitivo del cultivo de peras, melocotones y nectarinas.

6. Arranque de plantaciones de peras, melocotones y nectarinas.

7. Abandono definitivo del cultivo de la remolacha azucarera y de la caña de azúcar.

8. Ayudas a los regímenes en favor del clima y del medio ambiente (eco-regímenes).

b) La percepción de las siguientes ayudas de la política pesquera comunitaria: paralización definitiva de la actividad pesquera de un buque y por su transmi-

303

sión para la constitución de sociedades mixtas en terceros países, así como por el abandono definitivo de la actividad pesquera.

c)   La percepción de ayudas públicas que tengan por objeto reparar la destrucción, por incendio, inundación, hundimiento, erupción volcánica u otras causas naturales, de elementos patrimoniales.

d)   La percepción de las ayudas al abandono de la actividad de transporte por carretera satisfechas por el Ministerio de Fomento a transportistas que cumplan los requisitos establecidos en la normativa reguladora de la concesión de dichas ayudas.

e)   La percepción de indemnizaciones públicas, a causa del sacrificio obligatorio de la cabaña ganadera, en el marco de actuaciones destinadas a la erradicación de epidemias o enfermedades. Esta disposición sólo afectará a los animales destinados a la reproducción.

Para calcular la renta que no se integrará en la base imponible se tendrá en cuenta tanto el importe de las ayudas percibidas como las pérdidas patrimoniales que, en su caso, se produzcan en los elementos patrimoniales. Cuando el importe de estas ayudas sea inferior al de las pérdidas producidas en los citados elementos, podrá integrarse en la base imponible la diferencia negativa. Cuando no existan pérdidas, sólo se excluirá de gravamen el importe de las ayudas.

Las ayudas públicas, distintas de las anteriores, percibidas para la reparación de los daños sufridos en elementos patrimoniales por incendio, inundación, hundimiento u otras causas naturales, se integrarán en la base imponible en la parte en que excedan del coste de reparación de los mismos. En ningún caso, los costes de reparación, hasta el importe de la citada ayuda, serán fiscalmente deducibles ni se computarán como mejora.

No se integrarán en la base imponible de este Impuesto, las ayudas públicas percibidas para compensar el desalojo temporal o definitivo por idénticas causas de la vivienda habitual del contribuyente o del local en el que el titular de la actividad económica ejerciera la misma.

No se integrarán en la base imponible de este Impuesto las ayudas concedidas en virtud de lo dispuesto en el Real Decreto 920/2014, de 31 de octubre, por el que se regula la concesión directa de subvenciones destinadas a compensar los costes derivados de la recepción o acceso a los servicios de comunicación audiovisual televisiva en las edificaciones afectadas por la liberación del dividendo digital. Tampoco se integrarán en el ejercicio 2021 y siguientes las concedidas en virtud de los distintos programas establecidos en el Real Decreto 691/2021, de 3 de agosto, por el que se regulan las subvenciones a otorgar a actuaciones de rehabilitación energética en edificios existentes, en ejecución del Programa de rehabilitación energética para edificios existentes en municipios de reto demográfico (Programa PREE 5000), incluido en el Programa de regeneración y reto demográfico del Plan de rehabilitación y regeneración urbana del Plan de Recuperación, Transformación y Resiliencia, así como su concesión directa a las Comunidades Autónomas; el Real Decreto 737/2020, de 4 de agosto, por el que se regula el programa de ayudas para actuaciones de rehabilitación energética en edificios existentes y se regula la concesión directa de las ayudas de este programa a las Comunidades Autónomas y ciudades de Ceuta y Melilla; y el Real Decreto 853/2021, de 5 de octubre, por el que se regulan los programes de ayuda en materia de rehabilitación residencial y vivienda social del Plan de Recuperación, Transformación y Resiliencia; y el Real Decreto 477/2021, de 29 de junio, por el que se aprueba la concesión directa a las Comunidades Autónomas y a las ciudades de Ceuta y Melilla de ayudas para la ejecución de diversos programas de incentivos ligados al autoconsumo y al almacenamiento, con fuentes de energía renovable, así como a la implantación de sistemas términos de energías renovables en el sector residencial, en el marco del Plan de Recuperación, Transformación y Resilicencia.

13. Transmisión de vehículos o instalaciones de recarga que hubieran gozado de la libertad de amortización

Con independencia del método de determinación del rendimiento neto de la actividad económica (estimación directa u objetiva), en los supuestos de transmisión en el ejercicio 2024 de vehículos o instalaciones de recarga que hubieran gozado de la libertad de amortización prevista en la disposición adicional decimoctava de la LIS, para el cálculo de la ganancia o pérdida patrimonial no se minorará el valor de adquisición en el importe de las amortizaciones fiscalmente deducidas que excedan de las que hubieran sido fiscalmente deducibles de no haberse aplicado aquella.

El citado exceso (esto es, la diferencia entre la amortización practicada y la que hubiera correspondido) tendrá, para el transmitente, la consideración de rendimiento íntegro de la actividad económica en el período impositivo en que se efectúe la transmisión.

14. Exención por las ayudas excepcionales por daños personales causados por desastres naturales (DANA)

De acuerdo con lo dispuesto en el Real Decreto-ley 6/2024, de 5 de noviembre (BOE del 6 de noviembre), están exentas las ayudas concedidas en los supuestos de fallecimiento y de incapacidad causados directamente por la DANA (Depresión Aislada en Niveles Altos) en diferentes municipios entre el 28 de octubre y el 4 de noviembre.

15. Monedas virtuales o criptactivos

Respecto a las criptomonedas o monedas virtuales, el apartado 5 del artículo 1 de la Ley 10/2010, de 28 de abril, de prevención del blanqueo de capitales y de la financiación del terrorismo, introducido con ocasión de la transposición de la Directiva (UE) 2018/843 del Parlamento Europeo y del Consejo, de 30 de mayo de 2018, define las mismas del siguiente modo:

"5. Se entenderá por moneda virtual aquella representación digital de valor no emitida ni garantizada por un banco central o autoridad pública, no necesariamente asociada a una moneda legalmente establecida y que no posee estatuto jurídico de moneda o dinero, pero que es aceptada como medio de cambio y puede ser transferida, almacenada o negociada electrónicamente."

La Directiva (UE) 2018/843 del Parlamento Europeo y del Consejo, de 30 de mayo de 2018, modificó la Directiva (UE) 2015/849, para añadir la definición legal de "moneda virtual", incorporada por la citada Ley 10/2010. No obstante, debe tenerse en cuenta que la Directiva (UE) 2015/849 ha sido recientemente modificada por el Reglamento (UE) 2023/1113, de 31 de mayo, para eliminar la definición de monedas virtuales e incorporar el término mucho más amplio de "criptoactivos" que abarca distintos tipos de activos virtuales, entre los cuales se encontrarían las "criptomonedas", si bien dicho Reglamento será aplicable a partir de 30 de diciembre de 2024. Por su parte, el concepto de criptoactivo se define en el Reglamento (UE) 2023/1114 (MiCA).

Teniendo en cuenta esta definición las monedas virtuales ("criptomonedas") se consideran, a efectos fiscales, como bienes inmateriales, computables por unidades o fracciones de unidades, que no son moneda de curso legal, que pueden ser intercambiados por otros bienes, incluyendo otras monedas virtuales, derechos o servicios, si se aceptan por la persona o entidad que transmite el bien o derecho o presta el servicio, y que pueden adquirirse o transmitirse generalmente a cambio de moneda de curso legal.

Atendiendo a que cada moneda virtual tiene su origen en un protocolo informático específico, distinto ámbito de aceptación, distinta liquidez, valor y denominación, los distintos tipos de monedas virtuales son bienes diferentes.

Las personas físicas, contribuyentes del IRPF, pueden comprar y vender monedas virtuales y cuando dichas operaciones no se realicen en el ámbito de una actividad económica pueden dar lugar a una ganancia o pérdida patrimonial por la diferencia entre el valor de transmisión y el valor de adquisición.

En función del tipo de transacción que se realice se pueden distinguir los siguientes supuestos:

a) **Cambio de monedas virtuales por moneda de curso legal (moneda fiduciaria)**

De acuerdo con el artículo 1.6. de la Ley 10/2010, de 28 de abril, de prevención del blanqueo de capitales y de la financiación del terrorismo se entenderá por "cambio de moneda virtual por moneda fiduciaria" la compra y venta de monedas virtuales mediante la entrega o recepción de euros o cualquier otra moneda extranjera de curso legal o dinero electrónico aceptado como medio de pago en el país en el que haya sido emitido.

La venta de monedas virtuales a cambio de euros u otras monedas de curso legal, realizada al margen de una actividad económica, dará lugar a una ganancia o pérdida patrimonial cuyo importe vendrá determinado por la diferencia entre los respectivos valores de transmisión y de adquisición.

La ganancia o pérdida patrimonial deberá determinarse, para cada operación de venta de cada tipo de criptomoneda, por la diferencia que exista entre el importe de euros obtenidos en la venta (salvo que sea inferior a su valor normal de mercado en la fecha de la venta, en cuyo caso prevalecerá este último) y su importe de adquisición en euros, determinado, en su caso, aplicando el tipo de cambio a euros de la divisa vigente en la fecha de adquisición de la criptomoneda objeto de la venta, teniendo en cuenta los gastos y tributos que se originan por la realización de dichas operaciones, y a los que se refiere el artículo 35 LIRPF, siempre que guarden relación directa con las mismas y sean satisfechos por el contribuyente.

Las criptomonedas de un tipo, computables por unidades o fracciones de unidades, tienen su origen en un mismo protocolo informático y todas las del mismo tipo poseen las mismas características, siendo iguales entre sí, lo que confiere a las diferentes unidades o fracciones de unidades de la criptomoneda en cuestión la naturaleza de bienes homogéneos.

A efectos de determinar la correspondiente ganancia o pérdida patrimonial y en la medida en que la LIRPF no establece una regla específica diferente para identificar, en el caso de monedas virtuales homogéneas (por ejemplo, el bitcoin), las que se entienden transmitidas, debe considerarse que en caso de efectuar.

b) **Intercambio de una moneda virtual por otra diferente**

El intercambio de una moneda virtual por otra moneda virtual diferente constituye, en la medida en que son bienes diferentes, una permuta, conforme a la definición contenida en el artículo 1.538 del Código Civil, que dispone: *"La permuta es un contrato por el cual cada uno de los contratantes se obliga a dar una cosa para recibir otra"*.

Ganancia o pérdida patrimonial

Dicho intercambio, cuando se realiza al margen de una actividad económica, da lugar a una alteración en la composición del patrimonio, ya que se sustituye una cantidad de una moneda virtual por una cantidad de otra moneda virtual distinta, y con ocasión de esta alteración se pone de manifiesto una variación en el valor del patrimonio materializada en el valor de la moneda virtual que se adquiere en relación con el valor al que se obtuvo la moneda virtual que se entrega a cambio.

En consecuencia, el intercambio entre monedas virtuales diferentes realizado por un contribuyente al margen de una actividad económica da lugar a la obtención de renta que se califica como ganancia o pérdida patrimonial.

Para cuantificar la ganancia o pérdida patrimonial se aplica la norma de valoración específica de la permuta prevista en el artículo 37.1.h) LIRPF conforme a la cual la ganancia o pérdida patrimonial se determinará por la diferencia entre el valor de adquisición de la moneda virtual que se entrega y el mayor de los dos siguientes:

- El valor de mercado de la moneda virtual entregada.

- El valor de mercado del bien o derecho que se recibe a cambio.

A efectos de posteriores transmisiones, el valor de adquisición de las monedas virtuales obtenidas mediante permuta será el valor que haya tenido en cuenta el contribuyente por aplicación de la regla prevista en el citado artículo 37.1.h) como valor de transmisión en dicha permuta.

En lo que respecta al valor de mercado correspondiente a las monedas virtuales que se permutan, es el que correspondería al precio acordado para su venta entre sujetos independientes en el momento de la permuta.

Las criptomonedas de un tipo, computables por unidades o fracciones de unidades, tienen su origen en un mismo protocolo informático y todas las del mismo tipo poseen las mismas características, siendo iguales entre sí, lo que confiere a las diferentes unidades o fracciones de unidades de la criptomoneda en cuestión la naturaleza de bienes homogéneos.

A efectos de determinar la correspondiente ganancia o pérdida patrimonial y en la medida en que la LIRPF no establece una regla específica diferente para identificar, en el caso de monedas virtuales homogéneas (por ejemplo, el bitcoin), las que se entienden transmitidas, debe considerarse que en caso de efectuarse ventas parciales de monedas virtuales que hubieran sido adquiridas en diferentes momentos y a diferentes valores, las que se transmiten son las adquiridas en primer lugar (criterio FIFO).

Esta imputación se producirá, de acuerdo con el artículo 14 LIRPF, en el momento en que se proceda al intercambio de las monedas virtuales.

La pérdida patrimonial que pueda originarse en un intercambio entre monedas virtuales diferentes debe ser objeto de acreditación (a solicitud, en su caso, de los órganos de gestión e inspección tributaria) a través de los medios de prueba generalmente admitidos en Derecho.

El importe de las ganancias o pérdidas patrimoniales procedentes de las operaciones de permuta entre monedas virtuales diferentes, constituyen renta del ahorro conforme a lo previsto en el artículo 46. b) de la Ley del IRPF y se integran y compensan en la base imponible del ahorro en la forma y con los límites establecidos en el artículo 49 de la misma Ley:

Las operaciones de intercambio entre monedas virtuales realizadas al margen de una actividad económica deberán ser incluidas en la declaración del IRPF correspondiente al período impositivo en que dichas operaciones se hayan realizado, que, en su caso, deba presentar el contribuyente en el apartado "Ganancias y pérdidas patrimoniales derivadas de la transmisión o permuta de monedas virtuales por particulares" de la declaración.

c) **Pérdidas patrimoniales. Por no devolución de las monedas depositadas o por quiebra de la plataforma de compraventa de monedas virtuales**

En estos casos, el importe de un crédito no devuelto a su vencimiento no constituye de forma automática una pérdida patrimonial, al mantener el acreedor su derecho de crédito, debiendo acudir a la regla especial de imputación temporal prevista en el artículo 14.2.k) LIRPF para estos supuestos de créditos no cobrados.

Según el artículo 14.2.k) LIRPF las pérdidas patrimoniales derivadas de créditos vencidos y no cobrados podrán imputarse al período impositivo en que concurra alguna de las siguientes circunstancias:

1. Que adquiera eficacia una quita establecida en un acuerdo de refinanciación judicialmente homologable a los que se refiere el artículo 71 bis y la disposición adicional cuarta de la Ley 22/2003, de 9 de julio, Concursal, o en un acuerdo extrajudicial de pagos a los cuales se refiere el Título X de la misma Ley.

2. Que, encontrándose el deudor en situación de concurso, adquiera eficacia el convenio en el que se acuerde una quita en el importe del crédito conforme a lo dispuesto en el artículo 133 de la Ley 22/2003, de 9 de julio, Concursal, en cuyo caso la pérdida se computará por la cuantía de la quita.

   En otro caso, que concluya el procedimiento concursal sin que se hubiera satisfecho el crédito salvo cuando se acuerde la conclusión del concurso por las causas a las que se refieren los apartados 1.º, 4.º y 5.º del artículo 176 de la Ley 22/2003, de 9 de julio, Concursal.

3. Que se cumpla el plazo de un año desde el inicio del procedimiento judicial distinto de los de concurso que tenga por objeto la ejecución del crédito sin que este haya sido satisfecho.

Cuando el crédito fuera cobrado con posterioridad al cómputo de la pérdida patrimonial a que se refiere esta letra k), se imputará una ganancia patrimonial por el importe cobrado en el período impositivo en que se produzca dicho cobro.

Al tratarse de una pérdida patrimonial que no se ha puesto de manifiesto con ocasión de transmisiones de elementos patrimoniales, formará parte de la renta general, debiendo integrarse en la base imponible general del IRPF (artículos 45 y 48 LIRPF).

15.1. Deber de información

La Ley 11/2021, de 9 de julio, de medidas de prevención y lucha contra el fraude fiscal, de transposición de la Directiva (UE) 2016/1164 del Consejo, de 12 de julio de 2016, por la que se establecen normas contra las prácticas de elusión fiscal que inciden directamente en el funcionamiento del mercado interior, de modificación de diversas normas tributarias y en materia de regulación del juego, ha modificado la Ley 35/2006, de 28 de noviembre, del Impuesto sobre la Renta de las Personas Físicas y de modificación parcial de las leyes de los Impuestos sobre Sociedades, sobre la Renta de no Residentes y sobre el Patrimonio, para establecer nuevas obligaciones informativas relativas a la tenencia de monedas virtuales y a las operaciones que se efectúen con aquellas, con el objeto de mejorar el control tributario de los hechos imponibles que puedan derivarse de dicha tenencia u operativa. Estas nuevas obligaciones informativas sobre tenencia y operaciones con monedas virtuales introducidas en la Ley 35/2006, de 28 de noviembre, están recogidas respectivamente en los apartados 6 y 7 de la disposición adicional decimotercera de la citada ley.

El desarrollo reglamentario de estas obligaciones informativas sobre monedas virtuales se encuentra en los nuevos artículos 39 bis y 39 ter del Reglamento General de las actuaciones y los procedimientos de gestión e inspección tributaria y de desarrollo de las normas comunes de los procedimientos de aplicación de los tributos, aprobado por Real Decreto 1065/2007, de 27 de julio.

Mediante Orden HFP/887/2023, de 26 de julio, por la que se aprueban el modelo 172 «Declaración informativa sobre saldos en monedas virtuales» y el modelo 173 «Declaración informativa sobre operaciones con monedas virtuales», y se establecen las condiciones y el procedimiento para su presentación se aprueban dos declaraciones informativas:

Se aprueba el modelo 172, «Declaración informativa sobre saldos en monedas virtuales», que habrá de presentarse con periodicidad anual por los obligados a declarar, y remitirse a la Agencia Estatal de Administración Tributaria mediante el envío de mensajes informáticos, de acuerdo con el procedimiento y con el formato y diseño previstos en los artículos 9 y 10, y con el contenido a que se refiere el anexo I de esta orden.

Los obligados a presentar el modelo 172, «Declaración informativa sobre saldos en monedas virtuales», son los delimitados en el apartado 1 del artículo 39 bis del Reglamento General de las actuaciones y los procedimientos de gestión e inspección tributaria y de desarrollo de las normas comunes de los procedimientos de aplicación de los tributos, aprobado por Real Decreto 1065/2007, de 27 de julio, es decir, las personas y entidades residentes en España y los establecimientos permanentes en territorio español de personas o entidades residentes en el extranjero, que proporcionen servicios para salvaguardar claves criptográficas privadas en nombre de terceros, para mantener, almacenar y transferir monedas virtuales, ya se preste dicho servicio con carácter principal o en conexión con otra actividad.

Se aprueba el modelo 173, «Declaración informativa sobre operaciones con monedas virtuales», que habrá de presentarse con periodicidad anual por los obligados a declarar, y remitirse a la Agencia Estatal de Administración Tributaria mediante el envío de mensajes informáticos, de acuerdo con el procedimiento y con el formato y diseño previstos en los artículos 9 y 10, y con el contenido a que se refiere el anexo II de la misma.

Los obligados a presentar el modelo 173, «Declaración informativa sobre operaciones con monedas virtuales», son los delimitados en los apartados 1 y 3 del artículo 39 ter del Reglamento General de las actuaciones y los procedimientos de gestión e inspección tributaria y de desarrollo de las normas comunes de los procedimientos de aplicación de los tributos, aprobado por Real Decreto 1065/2007, de 27 de julio, es decir:

⇨ Las personas y entidades residentes en España y los establecimientos permanentes en territorio español de personas o entidades residentes en el extranjero, que proporcionen servicios de cambio entre monedas virtuales y moneda fiduciaria o entre diferentes monedas virtuales, intermedien de cualquier forma en la realización de dichas operaciones o proporcionen servicios para salvaguardar claves criptográficas privadas en nombre de terceros, para mantener, almacenar y transferir monedas virtuales. NO estarán obligadas a presentar el modelo 173 las personas o entidades cuya actividad se limite al asesoramiento sobre monedas virtuales, a la mera puesta en contacto de las partes interesadas en efectuar operaciones con monedas virtuales o a la simple atención de órdenes de cobro y pago en moneda fiduciaria de las personas o entidades que proporcionen servicios de cambio entre monedas virtuales y moneda fiduciaria o entre diferentes monedas virtuales o servicios para salvaguardar claves criptográficas privadas en nombre de terceros, o de sus clientes.

⇨ Las personas y entidades residentes en España y los establecimientos permanentes en territorio español de personas o entidades residentes en el extranjero, que realicen ofertas iniciales de nuevas monedas virtuales. No obstante, cuando las ofertas iniciales de nuevas monedas virtuales se realicen con la intermediación de alguno de los sujetos obligados a que se refiere el guion anterior, la declaración informativa anual deberá realizarla este último, cualquiera que sea la residencia de la persona o entidad que realice la oferta inicial de nuevas monedas virtuales.

16. Otras ganancias patrimoniales imputables a 2024: los intereses de demora

La declaración de esta ganancia se debe efectuar en el epígrafe F1 (Ganancias y pérdidas patrimoniales que no derivan de la transmisión de elementos patrimoniales), en la casilla [0304] dentro de apartado correspondiente a "Otras ganancias y/o pérdidas patrimoniales imputables a 2024", y se corresponderá con el importe que se perciba por este concepto.

Los intereses de demora abonados al contribuyente por la Agencia Tributaria al efectuar una devolución de ingresos indebidos, están sujetos y no exentos al IRPF, conforme al criterio fijado por la Sentencia del Tribunal Supremo núm. 24/2023, de 12 de enero.

El Tribunal Supremo en dicha sentencia ha cambiado el criterio anterior fijando como doctrina que: "los intereses de demora abonados por la Agencia Tributaria al efectuar una devolución de ingresos indebidos se encuentran sujetos y no exentos del IRPF, constituyendo una ganancia patrimonial que constituye renta general, de conformidad con lo dispuesto en el artículo 46.b) LIRPF, interpretado a sensu contrario".

 Son ganancias y pérdidas patrimoniales las variaciones en el valor del patrimonio del contribuyente que se pongan de manifiesto con ocasión de cualquier alteración en la composición de aquel, salvo que por la LIRPF se califiquen como rendimientos.

El importe de las ganancias o pérdidas patrimoniales será:

1. En el supuesto de transmisión onerosa o lucrativa, la diferencia entre los valores de adquisición y transmisión de los elementos patrimoniales.

2. En los demás supuestos, el valor de mercado de los elementos patrimoniales o partes proporcionales, en su caso.

El valor de adquisición estará formado por la suma de:

1. El importe real por el que dicha adquisición se hubiera efectuado.

2. El coste de las inversiones y mejoras efectuadas en los bienes adquiridos y los gastos y tributos inherentes a la adquisición, excluidos los intereses, que hubieran sido satisfechos por el adquirente.

.../...

.../...

En las condiciones que reglamentariamente se determinen, este valor se minorará en el importe de las amortizaciones.

El valor de transmisión será el importe real por el que la enajenación se hubiese efectuado. De este valor se deducirán los gastos y tributos en cuanto resulten satisfechos por el transmitente.

Por importe real del valor de enajenación se tomará el efectivamente satisfecho, siempre que no resulte inferior al normal de mercado, en cuyo caso prevalecerá este.

Las ganancias patrimoniales no justificadas se integrarán en la base liquidable general del periodo impositivo respecto del que se descubran, salvo que el contribuyente pruebe suficientemente que ha sido titular de los bienes o derechos correspondientes desde una fecha anterior a la del periodo de prescripción.

UNIDAD DIDÁCTICA 6

Base liquidable

Introducción

1. **Tratamiento de los sistemas de previsión social**

2. **Tratamiento de la familia**

Los **objetivos** de esta unidad son:

1. Determinar la base liquidable general y la base liquidable del ahorro.

2. Diferenciar las reducciones aplicables por atención a situaciones de dependencia y envejecimiento.

3. Identificar los mínimos aplicables en cada caso para la adecuación del impuesto a las circunstancias personales y familiares del contribuyente.

Introducción

A lo largo de la presente unidad 6 estudiaremos la determinación de la base liquidable. En particular, analizaremos la diferencia entre base liquidable general y del ahorro, las reducciones por atención a situaciones de dependencia y envejecimiento y por pensiones compensatorias. Además, abordaremos la adecuación del impuesto a las circunstancias personales y familiares del contribuyente que se regulan en el Título V de la LIRPF.

Antes de avanzar debemos recordar en qué punto del esquema del cálculo del IRPF estamos.

En la Unidad 1 se indicaba que la suma de las rentas, y/o retribuciones dan como resultado la base imponible.

Atendiendo a la clasificación de la renta, la base imponible se dividirá en dos partes:

a)   La base imponible general.

b)   La base imponible del ahorro.

El cálculo y la compensación e integración de las rentas en cada base imponible está regulada en los artículos 48 y 49 de la LIRPF.

La base liquidable es el resultado de aplicar a esa base imponible las reducciones que trabajaremos en este capítulo.

1.   Tratamiento de los sistemas de previsión social

1.1.   Reducción por aportaciones y contribuciones a sistemas de previsión social

Podrán reducirse en la base imponible general las siguientes aportaciones a sistemas de previsión social:

1.   Aportaciones realizadas por los **partícipes a planes de pensiones**, incluyendo las contribuciones del promotor que le hubiesen sido imputadas en concepto de rendimientos del trabajo. Actualmente nos encontramos con 3 modalidades de planes de pensiones por razón de los sujetos constituyentes (entidades promotoras y partícipes) reguladas en el art. 4 del texto refundido de la Ley de Regulación de los Planes y Fondos de Pensiones:

   a)   **Planes de pensiones del sistema empleo**: corresponde a planes cuyo promotor es cualquier entidad, corporación, sociedad o empresa, así como el empresario individual que emplee trabajadores en virtud de una relación laboral, siempre que los partícipes sean los empleados de los mismos, incluido el personal con relación laboral de carácter especial independientemente del régimen de la Seguridad Social aplicable. La condición de partícipes también podrá extenderse a los socios trabajadores y de trabajo en los planes de empleo promovidos en el ámbito de las sociedades cooperativas y laborales y, al propio empresario individual cuando este promueva un plan de pensiones del sistema de empleo en interés de sus trabajadores.

b) **Planes de pensiones del sistema asociado**: corresponde a planes cuyo promotor es cualesquiera asociación o sindicato, siendo los partícipes sus asociados, miembros o afiliados.

c) **Planes de pensiones del sistema individual**: corresponde a planes cuyo promotor o promotores son una o varias entidades de carácter financiero y cuyos partícipes son cualesquiera personas físicas.

2. Aportaciones realizadas por los partícipes a los **planes de pensiones regulados en la Directiva 2016/2341/CE del Parlamento Europeo y del Consejo, de 14 de diciembre de 2016**, incluidas las aportaciones efectuadas por las empresas promotoras, siempre que se cumplan determinados requisitos establecidos en el artículo 51.1 LIRPF:

a) Que las contribuciones se imputen fiscalmente al partícipe a quien se vincula la prestación.

b) Que se transmita al partícipe de forma irrevocable el derecho a la percepción de la prestación futura.

c) Que se transmita al partícipe la titularidad de los recursos en que consista dicha contribución.

d) Las contingencias cubiertas deberán ser las previstas en el artículo 8.6 del texto refundido de la Ley de regulación de los planes y fondos de pensiones, aprobado por el Real Decreto Legislativo 1/2002, de 29 de noviembre.

También se reducen en la base imponible general:

- Cantidades abonadas por contratos de seguro concertados con mutualidades de previsión social por profesionales integrados o no integrados en el régimen de la Seguridad Social, así como los trabajadores por cuenta ajena o socios trabajadores, a los que les hubiesen sido imputadas estas cantidades en concepto de rendimientos del trabajo.

- Primas satisfechas a planes de previsión asegurados.

- Aportaciones a planes de previsión social empresarial.

- Primas por seguros privados que cubran exclusivamente el riesgo de dependencia severa o de gran dependencia. Igualmente, las personas que tengan con el contribuyente una relación de parentesco en línea directa o colateral hasta el tercer grado inclusive, o por su cónyuge, o por aquellas personas que tuviesen al contribuyente a su cargo en régimen de tutela o acogimiento, podrán reducir en su base imponible las primas satisfechas a estos seguros privados, teniendo en cuenta el límite de reducción previsto en el artículo 52 de la LIRPF.

- El conjunto de las reducciones practicadas por todas las personas que satisfagan primas a favor de un mismo contribuyente, incluidas las del propio contribuyente, no podrán exceder de 1.500 euros anuales. En caso de primas satisfechas por la empresa en virtud de contratos de seguros imputadas al trabajador tendrán un límite de reducción propio e independientemente de 5.000 euros anuales.

El conjunto de aportaciones máximas que pueden dar derecho a la reducción está sujeto al límite marcado por la menor de las cantidades siguientes:

1º El 30% de la suma de los rendimientos netos del trabajo y de actividades económicas percibidos individualmente en el ejercicio.

2º 1.500 euros anuales. Este límite se incrementará en 8.500 euros, siempre que tal incremento provenga de contribuciones empresariales, o de aportaciones del trabajador al mismo instrumento de previsión social por importe igual o inferior a las cantidades que resulten del siguiente cuadro en función del importe anual de la contribución empresarial:

Importe anual de la contribución	Aportación máxima del trabajador
Igual o inferior a 500 euros.	El resultado de multiplicar la contribución empresarial por 2,5.
Entre 500,01 y 1.500 euros.	1.250 euros, más el resultado de multiplicar por 0,25 la diferencia entre la contribución empresarial y 500 euros.
Más de 1.500 euros.	El resultado de multiplicar la contribución empresarial por 1.

No obstante, en todo caso se aplicará el multiplicador 1 cuando el trabajador obtenga en el ejercicio rendimientos íntegros del trabajo superiores a 60.000 euros procedentes de la empresa que realiza la contribución, a cuyo efecto la empresa deberá comunicar a la entidad gestora o aseguradora del instrumento de previsión social que no concurre esta circunstancia.

A estos efectos, las cantidades aportadas por la empresa que deriven de una decisión del trabajador tendrán la consideración de aportaciones del trabajador.

3º En 4.250 euros anuales, siempre que tal incremento provenga de aportaciones a los planes de pensiones sectoriales previstos en la letra a) del apartado 1 del artículo 67 del texto refundido de la Ley de Regulación de los Planes y Fondos de Pensiones, realizadas por trabajadores por cuenta propia o autónomos que se adhieran a dichos planes por razón de su actividad; aportaciones a los planes de pensiones de empleo simplificados de trabajadores por cuenta propia o autónomos previstos en la letra c) del apartado 1 del artículo 67 del texto refundido de la Ley de Regulación de los Planes y Fondos de Pensiones; o de aportaciones propias que el empresario individual o el profesional realice a planes de pensiones de empleo, de los que sea promotor y, además, partícipe o a Mutualidades de Previsión Social de las que sea mutualista, así como las que realice a planes de previsión social empresarial o seguros colectivos de dependencia de los que, a su vez, sea tomador y asegurado.

En todo caso, la cuantía máxima de reducción por aplicación de los incrementos previstos en los números 1.º y 2.º anteriores será de 8.500 euros anuales.

4º Además, 5.000 euros anuales para las primas a seguros colectivos de dependencia satisfechas por la empresa.

Además de las reducciones realizadas con los límites indicados anteriormente, los contribuyentes cuyo cónyuge no obtenga rendimientos netos del trabajo ni de actividades económicas, o los obtenga en cuantía inferior a 8.000 euros anuales, podrán reducir en la base imponible las aportaciones realizadas a los sistemas de previsión social previstos en este artículo de los que sea partícipe, mutualista o titular dicho cónyuge, con el límite máximo de 1.000 euros anuales.

Estas aportaciones no estarán sujetas al Impuesto sobre Sucesiones y Donaciones.

1.2. Reducción por aportaciones y contribuciones a sistemas de previsión social constituidos a favor de personas con discapacidad

Las aportaciones realizadas a planes de pensiones a favor de personas con un grado de discapacidad física o sensorial igual o superior al 65%, psíquica igual o superior al 33%, así como de personas que tengan una incapacidad declarada judicialmente con independencia de su grado, podrán ser objeto de reducción en la base imponible con los siguientes límites máximos:

1. Las aportaciones anuales realizadas a planes de pensiones a favor de personas con discapacidad con las que exista relación de parentesco o tutoría, con el límite de 10.000 € anuales. Ello sin perjuicio de las aportaciones que puedan realizar a sus propios planes de pensiones, con los límites establecidos en el artículo 52 LIRPF.

2. Las aportaciones anuales realizadas por las personas con discapacidad partíci-
    pes, con el límite de 24.250 € anuales.

 El conjunto de las reducciones practicadas por todas las perso-
nas que realicen aportaciones a favor de una misma persona con
discapacidad, incluidas las de la propia persona con discapacidad,
no podrá exceder de 24.250 € anuales.

Personas que pueden efectuar las aportaciones:

a) La propia persona con discapacidad partícipe. En este caso, las aportaciones
    darán derecho a reducir la base imponible general en la declaración del contri-
    buyente con discapacidad que las realiza.

b) Quienes tengan con la persona con discapacidad una relación de parentesco en
    línea directa o colateral hasta el tercer grado inclusive, así como el cónyuge o
    aquellos que le tuviesen a su cargo en régimen de tutela o acogimiento, siem-
    pre que la persona con discapacidad sea designada beneficiaria de manera
    única e irrevocable para cualquier contingencia.Cuando concurran varias
    aportaciones a favor de la persona con discapacidad, habrán de ser objeto de
    reducción en primer lugar las aportaciones realizadas por la propia persona con
    discapacidad, y solo si las mismas no alcanzaran el límite de 24.250 € señalado,
    podrán ser objeto de reducción las aportaciones realizadas por otras personas
    a su favor, en la base imponible de éstas, de forma proporcional, sin que, en
    ningún caso, el conjunto de las reducciones practicadas por todas las perso-
    nas que realizan aportaciones a favor de una misma persona con discapacidad
    puedan exceder de 24.250 €.

Las aportaciones que no hubieran podido ser objeto de reducción en la base imponible por insuficiencia de la misma podrán reducirse en los cinco ejercicios siguientes.

Las aportaciones a estos sistemas de previsión social constituidos a favor de personas con discapacidad, no están sujetas al Impuesto sobre Sucesiones y Donaciones.

1.3. Reducciones por aportaciones a patrimonios protegidos de las personas con discapacidad

1. Las aportaciones al patrimonio protegido de la persona con discapacidad, efec-
    tuadas por parientes de línea directa o colateral hasta tercer grado, o por el
    cónyuge de la persona con discapacidad, o por quienes lo tuvieran a cargo en
    régimen de tutela o acogimiento, se podrán reducir en la base imponible con un
    máximo de 10.000 euros anuales.

2. El conjunto de las reducciones practicadas por todas las personas que efectúen aportaciones a favor de un mismo **patrimonio protegido no podrán exceder de 24.250 euros** anuales. Cuando concurran varias aportaciones a favor de un mismo patrimonio protegido, las reducciones se minorarán de forma proporcional.

3. Las aportaciones que excedan de los límites previstos (o en los supuestos de insuficiencia de base imponible), dan derecho a **reducir la base imponible de los cuatro períodos impositivos siguientes.**

No generan el derecho a la reducción las aportaciones de elementos patrimoniales afectos a una actividad económica, ni las aportaciones efectuadas por la propia persona con discapacidad.

La disposición de los bienes aportados a un patrimonio protegido, efectuada en el período en que se realice la aportación o en los cuatro siguientes, genera la obligación de realizar las correspondientes declaraciones complementarias.

Asimismo, se establecen determinadas obligaciones de comunicación de la disposición de los *bienes aportados*, cuyo incumplimiento tiene la consideración de infracción tributaria, sancionada con multa fija de 400 euros.

1.4. Mutualidades de trabajadores por cuenta ajena o socios trabajadores

Podrán reducir la base imponible general, en los términos previstos en los artículos 51 y 52 de esta Ley, las cantidades abonadas en virtud de contratos de seguro, concertados con las mutualidades de previsión social que tengan establecidas los correspondientes Colegios Profesionales, por los mutualistas colegiados que sean trabajadores por cuenta ajena, por sus cónyuges y familiares consanguíneos en primer grado, así como por los trabajadores de las citadas mutualidades, siempre y cuando exista un acuerdo de los órganos correspondientes de la mutualidad que solo permita cobrar las prestaciones cuando concurran las contingencias previstas en el artículo 8.6 del texto refundido de la Ley de Regulación de los Planes y Fondos de Pensiones.

Computará a efectos del importe anual máximo conjunto que se ha indicado con anterioridad.

1.5. Mutualidad de previsión social de deportistas profesionales

Los deportistas profesionales y de alto nivel podrán realizar aportaciones a la mutualidad de previsión social a prima fija de deportistas profesionales, con las siguientes especialidades:

1. Ámbito subjetivo. Se considerarán deportistas profesionales los incluidos en el ámbito de aplicación del Real Decreto 1006/1985, de 26 de junio, por el que se regula la relación laboral especial de los deportistas profesionales. Se considerarán deportistas de alto nivel los incluidos en el ámbito de aplicación del Real Decreto 971/2007, de 13 de julio, sobre deportistas de alto nivel y alto rendimiento

   La condición de mutualista y asegurado recaerá, en todo caso, en el deportista profesional o de alto nivel.

2. Aportaciones. Las aportaciones anuales no podrán rebasar la cantidad de 24.250 euros anuales, incluidas las aportaciones efectuadas por los promotores en concepto de rendimientos del trabajo.

   No se admitirán aportaciones una vez que finalice la vida laboral como deportista profesional o se produzca la pérdida de la condición de deportista de alto nivel.

3. Contingencias. Las contingencias que pueden ser objeto de cobertura son las previstas para los planes de pensiones en el artículo 8.6 del texto refundido de la Ley de Regulación de los Planes y Fondos de Pensiones.

4. Disposición de derechos consolidados. Los derechos consolidados de los mutualistas solo podrán hacerse efectivos en los supuestos previstos en el artículo 8.8 del texto refundido de la Ley de Regulación de los Planes y Fondos de Pensiones, y, adicionalmente, una vez transcurrido un año desde que finalice la vida laboral de los deportistas profesionales o desde que se pierda la condición de deportistas de alto nivel.

Las aportaciones realizadas en 2023 que no hubieran podido ser objeto de reducción en la base imponible por insuficiencia de la misma podrán reducirse en los cinco ejercicios siguientes.

A los productos paneuropeos de pensiones individuales regulados en el Reglamento (UE) 2019/1238 del Parlamento Europeo y del Consejo, de 20 de junio de 2019, relativo a un producto paneuropeo de pensiones individuales, les será de aplicación en el IRPF el tratamiento que corresponda a los planes de pensiones. En particular:

a) Las aportaciones del ahorrador a los productos paneuropeos de pensiones individuales podrán reducir la base imponible general en los mismos términos que las realizadas a los planes de pensiones y se incluirán en el límite máximo conjunto previsto en el artículo 52 de la LIRPF y para sistemas de previsión social.

b) Las prestaciones percibidas por los beneficiarios de los productos paneuropeos de pensiones individuales tendrán en todo caso la consideración de rendimientos del trabajo y no estarán sujetas al Impuesto sobre Sucesiones y Donaciones.

c) Si el contribuyente dispusiera de los derechos de contenido económico derivados de las aportaciones a productos paneuropeos de pensiones individuales,
total o parcialmente, en supuestos distintos de los previstos en la normativa
de planes y fondos de pensiones, deberá reponer las reducciones en la base
imponible indebidamente practicadas, mediante las oportunas autoliquidaciones complementarias, con inclusión de los intereses de demora. Las cantidades
percibidas que excedan del importe de las aportaciones regularizadas tributarán como rendimiento del trabajo en el período impositivo en que se perciban.

2. Tratamiento de la familia

2.1. Mínimo personal y familiar. Concepto

El tratamiento del mínimo personal y familiar sufre modificaciones en la Ley 35/2006.

Hasta 1998 (con la Ley 18/1991, de 6 de junio), el tratamiento de esas circunstancias
personales y familiares se hacía mediante deducciones en la cuota del impuesto.

La Ley 40/1998, de 9 de diciembre sustituyó estas deducciones por el mínimo personal y familiar que operaba minorando la base imponible y que cuantificaba (a tanto
alzado) la parte de la renta del contribuyente que no debía tributar por destinarse a
satisfacer las necesidades básicas personales y familiares del contribuyente.

La modificación en este aspecto propuesta por la actual norma-
tiva se fundamenta en el hecho de que al ser el IRPF un impuesto
de tarifa progresiva el mínimo personal familiar beneficia más a
las rentas más altas que tienen un tipo marginal más elevado lo
que implica, en palabras de la Exposición de Motivos, "aceptar que
una misma necesidad, como pudiera ser la manutención de un
hijo, tenga una distinta consideración en el impuesto en función
del nivel de renta de la familia".

De este modo, la nueva normativa apuesta por establecer un "extenso y flexible primer
tramo" en la tarifa del impuesto **incluyendo en el mismo los mínimos destinados a
reconocer las circunstancias personales y familiares** (en las que quedarían incluidas las
cantidades que se destinan a cubrir las necesidades vitales) que se gravarían a tipo cero.

El **mínimo personal y familiar** constituye la parte de la base
liquidable que, por destinarse a satisfacer las necesidades básicas
personales y familiares del contribuyente, no se somete a tributación por este Impuesto.

2.2. Cálculo del mínimo personal y familiar

2.2.1. Posibles situaciones

El mínimo personal y familiar será el resultado de sumar el mínimo del contribuyente y los mínimos por descendientes, ascendientes y discapacidad incrementados o disminuidos a efectos de cálculo del gravamen autonómico en los importes que, de acuerdo con lo establecido en la Ley 22/2009, por la que se regula el sistema de financiación de las Comunidades Autónomas de régimen común y Ciudades con Estatuto de Autonomía, hayan sido aprobados por la Comunidad Autónoma.

A la hora de imputar el mínimo personal y familiar se contemplan tres posibles situaciones:

1. Cuando la **base liquidable general sea superior al importe del mínimo personal** y familiar, este formará parte de la base liquidable general.

2. Cuando la **base liquidable general sea inferior al importe del mínimo personal y familiar,** este formará parte de la base liquidable general por el importe de esta última y de la base liquidable del ahorro por el resto.

3. Cuando **no exista base liquidable general**, el mínimo personal y familiar formará parte de la base liquidable del ahorro.

2.2.2. Mínimo del contribuyente

Tendrá los siguientes importes:

1. Con carácter general, de 5.550 euros anuales.

2. Cuando el contribuyente tenga una edad superior a 65 años, el mínimo se aumentará en 1.150 euros anuales.

3. Si la edad es superior a 75 años, el mínimo se aumentará adicionalmente en 1.400 euros anuales.

2.2.3. Mínimo por descendientes

Por cada **descendiente menor de veinticinco años o con discapacidad**, cualquiera que sea su edad, siempre que conviva con el contribuyente y no tenga rentas anuales, excluidas las exentas, superiores a 8.000 euros, el mínimo ascenderá a las siguientes cantidades:

▶ 2.400 euros anuales por el primero.

▶ 2.700 euros anuales por el segundo.

325

▶ 4.000 euros anuales por el tercero.

▶ 4.500 euros anuales por el cuarto y siguientes.

Se asimilarán a los descendientes aquellas personas vinculadas al contribuyente por razón de tutela y acogimiento, en los términos previstos en la legislación civil aplicable.

Entre otros casos, se considerará que conviven con el contribuyente los descendientes que, dependiendo del mismo, estén internados en centros especializados.

 Cuando el descendiente sea **menor de tres años,** este mínimo se aumentará en 2.800 euros anuales.

En los supuestos de **adopción o acogimiento**, tanto preadoptivo como permanente, dicho aumento se producirá, con independencia de la edad del menor, en el período impositivo en que se inscriba en el Registro Civil y en los dos siguientes. Cuando la inscripción no sea necesaria, el aumento se podrá practicar en el período impositivo en que se produzca la resolución judicial o administrativa correspondiente y en los dos siguientes.

2.2.4. Mínimo por ascendientes

El mínimo por ascendientes será de 1.150 euros anuales, por cada uno de ellos mayor de 65 años o con discapacidad cualquiera que sea su edad que conviva con el contribuyente y no tenga rentas anuales, excluidas las exentas, superiores a 8.000 euros.

Entre otros casos, se considerará que conviven con el contribuyente los ascendientes con discapacidad que, dependiendo del mismo, **sean internados en centros especializados.**

 Cuando el ascendiente sea **mayor de 75 años** este mínimo se aumentará en 1.400 euros anuales.

2.2.5. Mínimo por discapacidad

El mínimo por discapacidad será la suma del mínimo por discapacidad del contribuyente y del mínimo por discapacidad de ascendientes y descendientes.

1. **Mínimo por discapacidad del contribuyente**, será de:

    a) 3.000 euros anuales cuando sea una persona con discapacidad.

    b) 9.000 euros anuales cuando sea una persona con discapacidad y acredite un grado de discapacidad igual o superior al 65%.

    c) Dicho mínimo se aumentará, en concepto de gastos de asistencia, en 3.000 euros anuales cuando acredite necesitar ayuda de terceras personas o movilidad reducida, o un grado de discapacidad igual o superior al 65%.

2. **Mínimo por discapacidad de ascendientes o descendientes**, será de:

    a) 3.000 euros anuales por cada uno de los descendientes o ascendientes que generen derecho a la aplicación del mínimo, que sean personas con discapacidad, cualquiera que sea su edad.

    b) El mínimo será de 9.000 euros anuales, por cada uno de ellos que acrediten un grado de discapacidad igual o superior al 65%.

    c) Dicho mínimo se aumentará, en concepto de gastos de asistencia, en 3.000 euros anuales por cada ascendiente o descendiente que acredite necesitar ayuda de terceras personas o movilidad reducida, o un grado de discapacidad igual o superior al 65%.

 Tendrán la consideración de personas con discapacidad los contribuyentes que acrediten un **grado de discapacidad igual o superior al 33%.**

Se considerará acreditado un grado de discapacidad igual o superior al 33%:

*   En el caso de los pensionistas de la Seguridad Social que tengan reconocida una pensión de incapacidad permanente total, absoluta o gran invalidez.

*   Y en el caso de los pensionistas de clases pasivas que tengan reconocida una pensión de jubilación o retiro por incapacidad permanente para el servicio o inutilidad.

Se considerará acreditado un grado de discapacidad igual o superior al 65%, cuando se trate de personas cuya incapacidad sea declarada judicialmente, aunque no alcance dicho grado.

2.2.6. Normas comunes para la aplicación del mínimo del contribuyente y por descendientes, ascendientes y discapacidad

En la aplicación del mínimo personal y familiar deben tenerse en cuenta las siguientes reglas:

1. Cuando **dos o más contribuyentes tengan derecho a la aplicación del mínimo por descendientes**, ascendientes o discapacidad, respecto de los mismos ascendientes o descendientes, su importe se prorrateará entre ellos por partes iguales.

    No obstante, cuando los contribuyentes tengan distinto grado de parentesco con el ascendiente o descendiente, la aplicación del mínimo corresponderá a los de grado más cercano, salvo que éstos no tengan rentas anuales, excluidas las exentas, superiores a 8.000 euros, en cuyo caso corresponderá a los del siguiente grado.

2. No procederá la aplicación del mínimo por descendientes, ascendientes o discapacidad, cuando los ascendientes o descendientes que generen el derecho a los mismos presenten declaración por este Impuesto con **rentas superiores a 1.800 euros.**

3. La determinación de las circunstancias personales y familiares que deban tenerse en cuenta para la aplicación de los mínimos se realizará atendiendo a la **situación existente en la fecha de devengo del Impuesto.**

4. En caso de **fallecimiento de un descendiente o ascendiente** que genere el derecho al mínimo por descendientes, la cuantía será de 2.400 euros o de 1.150 euros anuales por ese descendiente.

5. Para **la aplicación del mínimo por ascendientes**, será necesario que estos convivan con el contribuyente, al menos, la mitad del período impositivo.

2.3. Reducciones por pensiones compensatorias al cónyuge y anualidades por alimentos

Las pensiones compensatorias a favor del cónyuge y las anualidades por alimentos, con excepción de las fijadas en favor de los hijos del contribuyente, satisfechas ambas por decisión judicial, podrán ser objeto de reducción en la base imponible.

La base liquidable general estará constituida por el resultado de practicar en la base imponible general, exclusivamente y por este orden, las reducciones a que se refieren los artículos 51, 53, 54, 55 y disposición adicional undécima de la Ley, sin que pueda resultar negativa como consecuencia de dichas disminuciones.

La base liquidable del ahorro será el resultado de disminuir la base imponible del ahorro en el remanente, si lo hubiera, de la reducción prevista en el artículo 55 de la Ley, sin que pueda resultar negativa como consecuencia de tal disminución.

Podrán reducirse en la base imponible general:

▶ Aportaciones y contribuciones a sistemas de previsión social.

▶ Aportaciones y contribuciones a sistemas de previsión social a favor de personas con discapacidad.

▶ Aportaciones a patrimonios protegidos de personas con discapacidad.

▶ Pensiones compensatorias a favor del cónyuge y las anualidades por alimentos.

El mínimo personal y familiar constituye la parte de la base liquidable que, por destinarse a satisfacer las necesidades básicas personales y familiares del contribuyente, no se somete a tributación por este Impuesto.

El mínimo personal y familiar será el resultado de sumar el mínimo del contribuyente y los mínimos por descendientes, ascendientes y discapacidad a que se refieren los artículos 57, 58, 59 y 60 de la Ley, incrementados o disminuidos a efectos de cálculo del gravamen autonómico en los importes que, de acuerdo con lo establecido en la Ley 22/2009, por el que se regula el sistema de financiación de las Comunidades Autónomas de régimen común y Ciudades con Estatuto de Autonomía, hayan sido aprobados por la Comunidad Autónoma.

UNIDAD DIDÁCTICA 7

Cálculo del impuesto

Contenido & Objetivos

Los **objetivos** de esta unidad son:

1. Diferenciar el gravamen autonómico y estatal.

2. Cuantificar la cuota íntegra y la cuota líquida estatal.

3. Determinar la cuota íntegra y la cuota líquida autonómica.

Introducción

A lo largo de presente unidad analizaremos la determinación de la cuota íntegra y de la cuota líquida estatal; así como la determinación de la cuota íntegra y de la cuota líquida autonómica.

1. Cuantía íntegra estatal 2024-2025

1.1. Cálculo

La cuota íntegra estatal será la suma de las siguientes cantidades:

• Base liquidable general x tarifa de la escala general (art. 63 LIRPF).

• Base liquidable del ahorro x tipo de gravamen del ahorro (art. 66 LIRPF).

1.2. Escala general del impuesto

La parte de la base liquidable general que exceda del importe del mínimo personal y familiar a que se refiere el artículo 56 LIRPF será gravada de la siguiente forma:

1. A la base liquidable general se le aplicarán los tipos que se indican en la siguiente escala:

Base liquidable - Hasta euros	Incremento en cuota íntegra estatal - Euros	Resto base liquidable general - Hasta euros	Tipo aplicable - Porcentaje
0,00	0,00	12.450,00	9,50
12.450,00	1.182,75	7.750,00	12,00
20.200,00	2.112,75	15.000,00	15,00
35.200,00	4.362,75	24.800,00	18,50
60.000,00	8.950,75	240.000,00	22,50
300.000,00	62.950,75	En adelante	24,50

2. La cuantía resultante se minorará en el importe derivado de aplicar a la parte de la base liquidable general correspondiente al mínimo personal y familiar, la escala prevista en el número 1.º anterior.

 Se entenderá por tipo medio de gravamen general estatal el derivado de multiplicar por 100 el cociente resultante de dividir la cuota obtenida por la aplicación de lo previsto en el apartado anterior por la base liquidable general. El tipo medio de gravamen general estatal se expresará con dos decimales.

Anualidades por alimentos:

Los contribuyentes que satisfagan anualidades por alimentos a sus hijos previstas en la letra k del artículo 7 sin derecho a la aplicación por estos últimos del mínimo por descendientes previsto en el artículo 58 LIRPF, cuando el importe de aquellas sea inferior a la base liquidable general, aplicarán la escala prevista en el número 1.o del apartado 1 del artículo 63 LIRPF separadamente al importe de las anualidades por alimentos y al resto de la base liquidable general. La cuantía total resultante se minorará en el importe derivado de aplicar la escala prevista en el número 1.o del apartado 1 del artículo 63 LIRPF, a la parte de la base liquidable general correspondiente al mínimo personal y familiar incrementado en 1.980 euros anuales, sin que pueda resultar negativa como consecuencia de tal minoración.

Tipo de gravamen aplicable a los residentes en el extranjero:

En el caso de los contribuyentes que tuviesen su residencia habitual en el extranjero por concurrir alguna de las circunstancias a las que se refieren el apartado 2 del artículo 8 y el apartado 1 del artículo 10 LIRPF, las escalas aplicables serán la establecida en el apartado 1 del artículo 63 y la siguiente:

Base liquidable - Hasta euros	Cuota íntegra - Euros	Resto base liquidable del ahorro - Hasta euros	Tipo aplicable - Porcentaje
0,00	0,00	12.450,00	9,50
12.450,00	1.182,75	7.750,00	12,00
20.200,00	2.112,75	15.000,00	15,00
35.200,00	4.362,75	24.800,00	18,50
60.000,00	8.950,75	En adelante	22,50

1.3. Tipos de gravamen del ahorro

La parte de base liquidable del ahorro que exceda, en su caso, del importe del mínimo personal y familiar a que se refiere el artículo 56 de la Ley del IRPF será gravada de la siguiente forma:

1º A la base liquidable del ahorro se le aplicarán los tipos que se indican en la siguiente escala:

Base liquidable - Hasta euros	Cuota íntegra - Euros	Resto base liquidable del ahorro - Hasta euros	Tipo aplicable - Porcentaje
0,00	0,00	6.000,00	9,5
6.000,00	570,00	44.000,00	10,5
50.000,00	5.190,00	150.000,00	11,5
200.000,00	22.440,00	100.000,00	13,50
300.000,00	35.940,00	En adelante	15,00

2º La cuantía resultante se minorará en el importe derivado de aplicar a la parte de la base liquidable del ahorro correspondiente al mínimo personal y familiar, la escala prevista en el número 1.º anterior.

Tipo de gravamen ahorro aplicable a los residentes en el extranjero:

En el caso de los contribuyentes que tuviesen su residencia habitual en el extranjero por concurrir alguna de las circunstancias a las que se refieren el apartado 2 del artículo 8 y el apartado 1 del artículo 10 LIRPF, la parte de base liquidable del ahorro que exceda, en su caso, del importe del mínimo personal y familiar a que se refiere el artículo 56 LIRPF será gravada de la siguiente forma:

1º A la base liquidable del ahorro se le aplicarán los tipos que se indican en la siguiente escala:

Base liquidable - Hasta euros	Cuota íntegra - Euros	Resto base liquidable del ahorro - Hasta euros	Tipo aplicable - Porcentaje
0,00	0,00	6.000,00	19
6.000,00	1.140,00	44.000,00	21

Base liquidable - Hasta euros	Cuota íntegra - Euros	Resto base liquidable del ahorro - Hasta euros	Tipo aplicable - Porcentaje
50.000,00	10.380,00	150.000,00	23
200.000,00	44.880,00	100.000,00	27
300.000,00	71.880,00	En adelante	30

2º La cuantía resultante se minorará en el importe derivado de aplicar a la parte de la base liquidable del ahorro correspondiente al mínimo personal y familiar, la escala prevista en el número 1.º anterior.

2. Cuantía íntegra autonómica

2.1. Cálculo

La cuota íntegra autonómica será la suma de las siguientes cantidades:

⇨ Base liquidable general x tarifa de la escala autonómica aprobada por cada Comunidad Autónoma.

⇨ Base liquidable del ahorro x tipo de gravamen del ahorro (art. 76 LIRPF).

2.2. Escala autonómica del impuesto

 La base liquidable general que exceda del importe del mínimo personal y familiar será gravada a los tipos de la escala autonómica del Impuesto que hayan sido aprobadas por la Comunidad Autónoma.

Cada Comunidad Autónoma establecerá obligatoriamente la tarifa aplicable para hallar la cuota autonómica, sin que exista, una tarifa autonómica aplicable por defecto.

La cuantía resultante se minorará en el importe derivado de aplicar a la parte de la base liquidable general correspondiente al mínimo personal y familiar, la anterior escala (o en su caso la aprobada por la Comunidad Autónoma).

Se entenderá por **tipo medio de gravamen general autonómico**, el derivado de multiplicar por 100 el cociente resultante de dividir la cuota obtenida por la aplicación de la escala autonómica por la base liquidable general. El tipo medio de gravamen general autonómico se expresará con dos decimales.

2.3. Tipo de gravamen del ahorro en la cuota autonómica

La parte de base liquidable del ahorro que exceda, en su caso, del importe del mínimo personal y familiar que resulte de los incrementos o disminuciones a que se refiere el artículo 56.3 de esta Ley, será gravada de la siguiente forma:

1º A la base liquidable del ahorro se le aplicarán los tipos que se indican en la siguiente escala:

Base liquidable del ahorro - Hasta euros	Cuota íntegra - Euros	Resto base liquidable del ahorro - Hasta euros	Tipo aplicable - Porcentaje
0,00	0,00	6.000,00	9,5
6.000,00	570,00	44.000,00	10,5
50.000,00	5.190,00	150.000,00	11,5
200.000,00	22.440,00	100.000,00	13,5
300.000,00	35.940,00	En adelante	15

2º La cuantía resultante se minorará en el importe derivado de aplicar a la parte de la base liquidable del ahorro correspondiente al mínimo personal y familiar que resulte de los incrementos o disminuciones a que se refiere el artículo 56.3 LIPRF, la escala prevista en el número 1.º anterior.

3. Cuota líquida

1. **Cuota liquidable estatal**

   Es el resultado de disminuir la cuota íntegra estatal en:

   a) La deducción por inversión en empresas de nueva o reciente creación (artículo 68.1 LIRPF).

b)   El 50% del importe total de las deducciones estatales (actividades econó-micas, donativos, Ceuta y Melilla y por actuaciones para la protección y difusión del Patrimonio Histórico Español y de las ciudades, conjuntos y bienes declarados Patrimonio Mundial).

El resultado de las operaciones anteriores no podrá ser negativo.

2.   **Cuota liquidable autonómica**

La cuota líquida autonómica o complementaria será el resultado de disminuir la cuota íntegra autonómica o complementaria en la suma de:

a)   El 50% del importe total de las deducciones estatales salvo la deducción por inversión en empresas de nueva o reciente creación.

b)   El importe de las deducciones establecidas por la Comunidad autónoma.

El resultado de estas operaciones no podrá ser negativo.

4. Residencia habitual en el territorio de una Comunidad Autónoma

A efectos de la LIRPF, se considerará que los contribuyentes con residencia habitual en territorio español son residentes en el territorio de una Comunidad Autónoma:

1º   Cuando permanezcan en su territorio un mayor número de días del período impositivo o cuando en dicho territorio radique su vivienda habitual.

2º   Cuando no fuese posible determinar la permanencia a que se refiere el punto ante-rior, se considerarán residentes en el territorio de la Comunidad Autónoma donde tengan su principal centro de intereses. Se considerará como tal el territorio donde obtengan la mayor parte de la base imponible del Impuesto sobre la Renta de las Personas Físicas, determinada por los siguientes componentes de renta.

3º   Cuando no pueda determinarse la residencia conforme a los criterios estableci-dos en los ordinales 1.º y 2.º anteriores, se considerarán residentes en el lugar de su última residencia declarada a efectos del Impuesto sobre la Renta de las Personas Físicas.

Las personas físicas residentes en el territorio de una Comunidad Autónoma, que pasasen a tener su residencia habitual en el de otra, cumplirán sus obligaciones tribu-tarias de acuerdo con la nueva residencia, cuando esta actúe como punto de conexión.

El cálculo de la cuota íntegra autonómica correspondiente a la base liquidable gene-ral se realizará de la siguiente forma:

1. A la base liquidable general (sin descontar el importe del mínimo personal y familiar) se le aplicarán los tipos correspondientes a la escala autonómica o complementaria del impuesto.

2. Se aplicará la misma escala a la parte de base liquidable general correspondiente al mínimo personal y familiar.

3. Se restará a la cuota resultante del 1, la cuota resultante del 2.

Las personas físicas residentes en territorio español, que no permanezcan en dicho territorio más de 183 días durante el año natural, se considerarán residentes en el territorio de la Comunidad Autónoma en que radique el núcleo principal o la base de sus actividades o de sus intereses económicos.

Las personas físicas residentes en territorio español por permanencia superior a 183 días o por radicar su núcleo principal de actividad se considerarán residentes en el territorio de la Comunidad Autónoma en que residan habitualmente el cónyuge no separado legalmente y los hijos menores de edad que dependan de ellas.

La cuota íntegra estatal será la suma de las cantidades resultantes de aplicar los tipos de gravamen, a los que se refieren los artículos 63 y 66 LIPRF, a las bases liquidables general y del ahorro, respectivamente.

La parte de la base liquidable general que exceda del importe del mínimo personal y familiar a que se refiere el artículo 56 de la Ley será gravada de la siguiente forma:

1º A la base liquidable general se le aplicarán los tipos que se indican en la escala prevista en la LIPRF.

2º La cuantía resultante se minorará en el importe derivado de aplicar a la parte de la base liquidable general correspondiente al mínimo personal y familiar, la escala prevista en el número 1.º anterior.

La parte de base liquidable del ahorro que exceda, en su caso, del importe del mínimo personal y familiar a que se refiere el artículo 56 LIPRF será gravada de la siguiente forma:

- A la base liquidable del ahorro se le aplicarán los tipos que se indican en la escala prevista en la LIPRF.

- La cuantía resultante se minorará en el importe derivado de aplicar a la parte de la base liquidable del ahorro correspondiente al mínimo personal y familiar, la escala prevista en el punto anterior.

UNIDAD DIDÁCTICA 8

Deducciones

Contenido & Objetivos

Introducción

1. Vivienda. Deducción por inversión

2. Deducción por inversión en vivienda habitual

3. Otras deducciones. Cuota diferencial

Los **objetivos** de esta unidad son:

1. Diferenciar las deducciones aplicables.

2. Determinar el régimen transitorio aplicable, en su caso, a cada deducción.

Introducción

En la presente unidad abordaremos las deducciones vigentes, así como el régimen transitorio de aquellas deducciones que han sido suprimidas. Analizaremos las deducciones por doble imposición, por rendimientos del trabajo o de actividades económicas, por maternidad y por familia numerosa o por personas con discapacidad a cargo; también el régimen transitorio aplicable a otras deducciones como la deducción por inversión en vivienda habitual o por alquiler.

1. Vivienda. Deducción por inversión

1.1. Disposición Transitoria 18ª LIRPF

La presente deducción por inversión en vivienda habitual ha sido derogada con efectos 1 de enero de 2013. No obstante, se mantiene a efectos didácticos su regulación en este temario puesto que podrán aplicar la deducción todos aquellos contribuyentes que hubieran adquirido su vivienda habitual con anterioridad al 1 de enero de 2013.

De acuerdo con la Disposición Transitoria 18ª LIRPF, podrán aplicar la deducción por inversión en vivienda habitual:

1. Los contribuyentes que hubieran **adquirido su vivienda habitual con anterioridad a 1 de enero de 2013** o satisfecho cantidades con anterioridad a dicha fecha para la construcción de la misma.

2. Los contribuyentes que hubieran satisfecho cantidades con anterioridad a 1 de enero de 2013 por obras de **rehabilitación o ampliación de la vivienda habitual**, siempre que las citadas obras estén terminadas antes de 1 de enero de 2017.

3. Los contribuyentes que hubieran satisfecho cantidades para la realización de **obras e instalaciones de adecuación de la vivienda habitual de las personas con discapacidad** con anterioridad a 1 de enero de 2013 siempre y cuando las citadas obras o instalaciones estén concluidas antes de 1 de enero de 2017.

En todo caso, resultará necesario que el contribuyente hubiera practicado la deducción por inversión en vivienda habitual en relación con las cantidades satisfechas para la adquisición o construcción de dicha vivienda en un período impositivo devengado con anterioridad a 1 de enero de 2013, salvo que hubiera resultado de aplicación lo dispuesto en el artículo 68.1.2.ª LIRPF en su redacción vigente a 31 de diciembre de 2012.

1.2. Concepto de vivienda habitual

 A efectos del IRPF, se entiende por vivienda habitual aquella en la que el contribuyente resida durante un plazo continuado de tres años.

La vivienda también tiene este carácter en el supuesto de que el citado intervalo no haya llegado a transcurrir, si ello es **debido al fallecimiento del contribuyente o a circunstancias que exigieron el cambio de vivienda, tales como separación matrimonial,** traslado laboral, obtención de primer empleo o de empleo más ventajoso u otras análogas.

Al haber sido derogado **el artículo 68.1 LIRPF** relativo a la deducción por inversión en vivienda habitual y en el que se incluía la definición de lo que se consideraba vivienda habitual, con fecha 1 de enero de 2013 se ha añadido a la Ley del impuesto una disposición adicional 23ª en la que se define de igual manera qué se considera vivienda habitual a efectos del IRPF.

Para que la vivienda constituya la residencia habitual del contribuyente, debe ser habitada de forma efectiva y con carácter permanente por el propio contribuyente **en un plazo de doce meses, contados a partir de la adquisición o terminación de las obras**. Si aquel disfruta ya de una vivienda distinta por razón de cargo o empleo, el plazo del año empezará a contarse a partir de la fecha del cese.

Junto a las apreciaciones anteriores, conviene destacar otros hechos que regula el RIRPF y que tienen una importante trascendencia práctica:

a) Se asimila a la adquisición de vivienda tanto la ampliación de la misma, aumentando la superficie habitable, como la construcción, siempre y cuando esta última finalice en un plazo no superior a cuatro años desde el inicio de la inversión.

b) No se considera adquisición de vivienda ni los gastos de reparación y conservación ni las mejoras, por lo que nunca se podrá practicar deducción por estos conceptos. Las plazas de garaje (con el máximo de dos), jardines, anexos o cualquier otro elemento que no constituya la vivienda propiamente dicha podrán formar parte de la base de deducción siempre y cuando se adquieran conjuntamente con aquella.

c) Si por quiebra o suspensión de pagos del promotor, este no finaliza las obras de construcción en un intervalo de cuatro años, este plazo quedará ampliado en otros cuatro, debiendo el contribuyente acreditar las circunstancias indicadas.

d) Si por otras circunstancias distintas de las anteriores, y no imputables al contribuyente, las obras no han podido finalizarse en los cuatro años indicados, se podrá solicitar de la Administración la ampliación del plazo en un intervalo no superior a otros cuatro años.

e) Por su parte, el Reglamento también considera rehabilitación de vivienda tanto las obras previstas en el Real Decreto 2066/2008, de 12 de diciembre, que detalla determinadas actuaciones que se catalogan de rehabilitaciones, como las que se acometan teniendo por objeto la reconstrucción de la vivienda y conlleven un coste de más del 25% del precio de adquisición del inmueble a rehabilitar. Si han transcurrido más de dos años entre el momento de la compra y el de la rehabilitación, el 25% deberá tomarse respecto del valor de inmueble en el momento en el que tal rehabilitación vaya a iniciarse.

2. Deducción por inversión en vivienda habitual

2.1. Cálculo de la deducción

Los contribuyentes, con carácter general, pueden deducir el 15% (7,5% correspondiente al tramo estatal y 7,5% al tramo autonómico si la Comunidad Autónoma no hubiera establecido otro diferente) de las cantidades satisfechas en el período de que se trate por la adquisición o rehabilitación de la vivienda que constituya o vaya a constituir su residencia habitual.

Para poder aplicar el régimen transitorio de deducción se exige que los contribuyentes hayan practicado la deducción por dicha vivienda en 2012 o en años anteriores, salvo que no la hayan podido practicar todavía porque el importe invertido en la misma no haya superado las cantidades invertidas en viviendas anteriores, en la medida que hubiesen sido objeto de deducción y, en su caso, el importe de ganancias patrimoniales exentas por reinversión.

A) La base de la deducción

Estará constituida por las cantidades satisfechas para la adquisición o rehabilitación de la vivienda, incluidos los gastos originados que hayan corrido a cargo del adquirente y, en el caso de financiación ajena, la amortización, los intereses, el coste de los instrumentos de cobertura del riesgo de tipo de interés variable de los préstamos hipotecarios y demás gastos derivados de la misma. En caso de aplicación de los citados instrumentos de cobertura, los intereses satisfechos por el contribuyente se minorarán en las cantidades obtenidas por la aplicación del citado instrumento.

En cuanto a la **base máxima de la deducción se establece en 9.040 euros anuales.**

B)   Cuentas vivienda anteriores a 1 de enero de 2013

A diferencia de lo que sucede en los casos de adquisición, construcción, rehabilitación o ampliación de vivienda habitual quedan fuera de los beneficios que otorga el régimen transitorio los contribuyentes que, con anterioridad a 1 de enero de 2013, hubieran depositado cantidades en cuentas vivienda destinadas a la primera adquisición o rehabilitación de la vivienda habitual.

En consecuencia, dichos contribuyentes no podrán aplicarse deducción alguna por las aportaciones que realicen en sus cuentas vivienda a partir de dicha fecha.

C)   Nulidad matrimonial, divorcio o separación judicial

En los supuestos de **nulidad matrimonial, divorcio o separación judicial,** el contribuyente podrá seguir practicando esta deducción, por las cantidades satisfechas en el período impositivo para la adquisición de la que fue durante la vigencia del matrimonio su vivienda habitual, siempre que continúe teniendo esta condición para los hijos comunes y el progenitor en cuya compañía queden.

2.2.   Deducción por nuevas viviendas habituales

En cuanto a la posibilidad de deducir posteriormente cuantías como consecuencia de la compra de nuevas viviendas, adquiridas con anterioridad al 1 de enero de 2013, la Ley determina las dos siguientes precisiones:

a)   **Cuando se adquiera una vivienda habitual habiendo disfrutado de la deducción por adquisición de otras anteriores,** no se podrá practicar deducción por adquisición o rehabilitación de la nueva en tanto las cantidades invertidas en la misma no superen las invertidas en las anteriores, en la medida en que hubiesen sido objeto de deducción.

b)   Por su parte, cuando la venta de una vivienda habitual haya generado una **ganancia patrimonial exenta por reinversión**, la base de la deducción por la adquisición o rehabilitación de la nueva se minorará en el importe de la ganancia exenta. En tal caso, no se podrá practicar deducción alguna por la nueva mientras las cantidades invertidas no superen el precio de la anterior, en la medida en que haya sido objeto de deducción, más la ganancia exenta.

2.3.   Situación particular de contribuyentes discapacitados

La deducción por inversión en vivienda habitual se extrapola a las obras e instalaciones de adecuación en la vivienda efectuadas por **contribuyentes discapacitados**, con las siguientes condiciones:

- La discapacidad puede presentarse tanto en el contribuyente como en su cónyuge o los ascendientes o descendientes que convivan con él.

- Las obras serán certificadas por la Administración competente.

- La base máxima de esta deducción, independientemente de la base aplicable para inversión en vivienda habitual a que se hizo antes referencia, será 12.080 euros y el exceso que pudiera haber respecto las cantidades invertidas sobre este importe no se podrá trasladar a ejercicios futuros.

- El límite de 12.080 euros anuales por obras e instalaciones de adecuación de la vivienda habitual por razones de discapacidad es independiente del límite de 9.040 euros anuales fijado para los demás conceptos deducibles por inversión en vivienda habitual.

- La deducción acoge en su ámbito también a las obras que hiciera el contribuyente discapacidad en viviendas que ocupase a título de arrendamiento, subarrendamiento o usufructo.

3. Otras deducciones. Cuota diferencial

3.1. Otras deducciones y límites de determinadas deducciones

3.1.1. Deducción por inversión en acciones y participaciones en empresas de nueva o reciente creación

La Ley 14/2013, de 27 de septiembre, de Emprendedores, introdujo una deducción en cuota por inversión en acciones o participaciones en empresas de nueva o reciente creación. Los requisitos de la deducción son los siguientes:

⇨ **Importe de la deducción:** 50 por ciento de las cantidades satisfechas en el período de que se trate por la suscripción de acciones o participaciones en empresas de nueva o reciente creación.

⇨ **Aportación del inversor:** el contribuyente podrá, además de la aportación temporal al capital, aportar sus conocimientos empresariales o profesionales adecuados para el desarrollo de la entidad en la que invierten en los términos que establezca el acuerdo de inversión entre el contribuyente y la entidad.

⇨ **Base máxima de deducción:** 100.000 euros anuales y estará formada por el valor de adquisición de las acciones o participaciones suscritas.

⇨ **No formará parte de la base de deducción:** las cantidades satisfechas por la suscripción de acciones o participaciones cuando respecto de tales cantidades el contribuyente practique una deducción establecida por la Comunidad Autónoma.

⇨ **Requisitos de la entidad cuyas acciones o participaciones se adquiera:**

a) Revestir la forma de SA, SL, SAL, SRLL, y no estar admitida a negociación en ningún mercado organizado. Este requisito deberá cumplirse durante todos los años de tenencia de la acción o participación.

b) Ejercer una actividad económica que cuente con los medios personales y materiales para el desarrollo de la misma. La sociedad no puede ser patrimonial en ninguno de los períodos impositivos de la entidad concluidos con anterioridad a la transmisión de la participación.

c) El importe de la cifra de los fondos propios de la entidad no podrá ser superior a 400.000 euros en el inicio del período impositivo de la misma en que el contribuyente adquiera las acciones o participaciones.

d) Cuando la entidad forme parte de un grupo de sociedades en el sentido del artículo 42 del Código de Comercio el importe de los fondos propios se referirá al conjunto de entidades pertenecientes a dicho grupo.

⇨ **Además, deberán cumplirse las siguientes condiciones**:

a) Las acciones o participaciones en la entidad deberán:

▶ **Adquirirse** por el contribuyente bien **en el momento de la constitución** de aquella o mediante **ampliación de capital efectuada en los cinco años siguientes a dicha constitución.**

▶ **Permanecer en su patrimonio por un plazo superior a tres años e inferior a doce años**.

b) La participación directa o indirecta del contribuyente, junto con la que posean en la misma entidad su cónyuge o cualquier persona unida al contribuyente por parentesco, en línea recta o colateral, por consanguinidad o afinidad, hasta el segundo grado incluido, **no puede ser, durante ningún día de los años naturales de tenencia de la participación, superior al 40 por ciento** del capital social de la entidad o de sus derechos de voto.

c) Que **no se trate** de acciones o participaciones en una entidad a través de la cual se ejerza la **misma actividad** que se venía ejerciendo anteriormente mediante otra titularidad.

⇨ Cuando el contribuyente transmita acciones o participaciones y opte por la aplicación de la exención (artículo 38.2 LIRPF), únicamente formará parte de la **base de la deducción** correspondiente a las nuevas acciones o participaciones suscritas la parte de la reinversión que exceda del importe total obtenido en la transmisión de aquellas. En ningún caso se podrá practicar deducción por las nuevas acciones o participaciones mientras las cantidades invertidas no superen la citada cuantía.

⇨ Para la práctica de la deducción será necesario obtener una **certificación** expedida por la entidad cuyas acciones o participaciones se hayan adquirido indicando el cumplimiento de los requisitos señalados anteriormente en el período impositivo en el que se produjo la adquisición de las mismas.

3.1.2. Deducciones en actividades económicas

Adicionalmente la LIRPF establece otros tipos de deducciones, unas con carácter permanente y otras con duración limitada a determinados ejercicios, que analizaremos en los siguientes epígrafes.

Empezaremos estudiando las **deducciones en actividades económicas.**

Los contribuyentes del IRPF que ejerzan actividades de esta naturaleza podrán aplicar los incentivos y estímulos a la inversión empresarial que sean a su vez de aplicación por los sujetos pasivos del Impuesto sobre Sociedades, con igualdad de porcentajes y de límites de deducción que estos últimos.

Adicionalmente, los contribuyentes que cumplan los requisitos establecidos en el artículo 101 de la Ley del Impuesto sobre Sociedades podrán deducir los rendimientos netos de actividades económicas del período impositivo que se inviertan en elementos nuevos del inmovilizado material o inversiones inmobiliarias afectos a actividades económicas desarrolladas por el contribuyente.

a) Se entenderá que los rendimientos netos de actividades económicas del período impositivo son objeto de inversión cuando se invierta una cuantía equivalente a la parte de la base liquidable general positiva del período impositivo que corresponda a tales rendimientos, sin que en ningún caso la misma cuantía pueda entenderse invertida en más de un activo.

b) La inversión en elementos patrimoniales afectos a actividades económicas deberá realizarse en el período impositivo en que se obtengan los rendimientos objeto de reinversión o en el período impositivo siguiente.

c) La inversión se entenderá efectuada en la fecha en que se produzca la puesta a disposición de los elementos patrimoniales, incluso en el supuesto de elementos patrimoniales que sean objeto de los contratos de arrendamiento financiero a los que se refiere el apartado 1 de la disposición adicional tercera de la Ley 10/2014, de 26 de junio, de ordenación, supervisión y solvencia de entidades de crédito. No obstante, en este último caso, la deducción estará condicionada, con carácter resolutorio, al ejercicio de la opción de compra.

d) La deducción se practicará en la cuota íntegra correspondiente al período impositivo en que se efectúe la inversión.

e) La base de la deducción será la cuantía invertida invertida a que se refiere la letra "a)".

f) El porcentaje de deducción será del 5 por ciento. No obstante, el porcentaje de deducción será del 2,5 por ciento cuando el contribuyente hubiera practicado la reducción prevista en el apartado 3 del artículo 32 de la LIRPF o se trate de rentas obtenidas en Ceuta y Melilla respecto de las que se hubiera aplicado la deducción prevista en el artículo 68.4 de la LIRPF.

g) El importe de la deducción no podrá exceder de la suma de la cuota íntegra estatal y autonómica del período impositivo en el que se obtuvieron los rendimientos netos de actividades económicas.

h) Los elementos patrimoniales objeto de inversión deberán permanecer en funcionamiento en el patrimonio del contribuyente, salvo pérdida justificada, durante un plazo de 5 años, o durante su vida útil de resultar inferior.

i) No obstante, no se perderá la deducción si se produce la transmisión de los elementos patrimoniales objeto de inversión antes de la finalización del plazo de 5 años se invierte el importe obtenido o el valor neto contable, si fuera menor, en los términos establecidos en este artículo.

j) Esta deducción es incompatible con la aplicación de la libertad de amortización, con la deducción por inversiones regulada en el artículo 94 de la Ley 20/1991, de 7 de junio, de modificación de los aspectos fiscales del Régimen Económico Fiscal de Canarias, y con la Reserva para inversiones en Canarias regulada en el artículo 27 de la Ley 19/1994, de 6 de julio, de modificación del Régimen Económico y Fiscal de Canarias.

 La aplicación de la deducción por inversión en empresas de nueva o reciente creación, requerirá que el importe comprobado del patrimonio del contribuyente al finalizar el período de la imposición exceda del valor que arrojase su comprobación al comienzo del mismo al menos en la cuantía de la inversión realizada.

La estimación objetiva

Debe sin embargo destacarse que el propio texto legal determina que, para el supuesto concreto de la estimación objetiva, la aplicación o no de este tipo de deducciones dependerá de **lo que se disponga reglamentariamente.**

Esta previsión (análoga a la que establecía la anterior Ley del Impuesto) se concretaba en la práctica en el hecho de que los contribuyentes que tributaban por estimación objetiva no podía aplicar, en sus actividades empresariales o profesionales, las deducciones indicadas, siendo esto posible únicamente en los supuestos de tributación por estimación directa.

3.1.3. Deducciones por donativos

Los sujetos pasivos del IRPF podrán aplicar:

1. Las deducciones previstas en la Ley 49/2002, de 23 de diciembre, de Régimen Fiscal de las Entidades Sin Fines Lucrativos y de los Incentivos Fiscales al Mecenazgo.

2. El 10 por ciento de las cantidades donadas a las fundaciones legalmente reconocidas que rindan cuentas al órgano del protectorado correspondiente, así como a las asociaciones declaradas de utilidad pública, no comprendidas en el párrafo anterior.

3. El 20 por ciento de las cuotas de afiliación y las aportaciones a Partidos Políticos, Federaciones, Coaliciones o Agrupaciones de Electores. La base máxima de esta deducción será de 600 euros anuales y estará constituida por las cuotas de afiliación y aportaciones previstas en la letra a) del apartado Dos del artículo 2 de la Ley Orgánica 8/2007, de 4 de julio, sobre financiación de los partidos políticos.

Los contribuyentes tendrán derecho a deducir de la cuota íntegra el resultado de aplicar a la base de la deducción correspondiente al conjunto de donativos, donaciones y aportaciones con derecho a deducción, determinada de acuerdo con lo establecido en el apartado anterior, la siguiente escala aplicable durante el período impositivo 2024.

Por otra parte se reduce de 4 a 3 años la recurrencia, es decir, el número de ejercicios en los que se tiene que hacer donativos a una misma entidad por importe igual o superior a los del ejercicio anterior, para acceder al incremento de 5 puntos en el porcentaje de deducción, porcentaje que además queda incrementado al 45 %.

Como se puede comprobar se ha modificado el artículo 19 de la Ley 49/2002 elevando el actual porcentaje de deducción del 35% al 40% con carácter general y se ha ampliado la cuantía del primer tramo de 150 euros a 250 euros. A continuación disponéis de las tablas aplicables en 2024:

Base de deducción *Importe hasta*	Porcentaje de deducción
250 euros	80
Resto base de deducción	40
Tipo incrementado por reiteración de donaciones a una misma entidad	45

En caso de recurrencia de donativos para la misma entidad la deducción pasaba a ser del 40% aplicable sobre la base de deducción a favor de esa misma entidad que excediera de 150 euros.

En 2024 también, cuando se trate de cantidades donadas o satisfechas a las entidades anteriormente relacionadas y que se destinen por las mismas a la realización y desarrollo de actividades y programas prioritarios de mecenazgo, los porcentajes anteriores se elevarán en cinco puntos porcentuales, es decir:

Base de deducción *Importe hasta*	Porcentaje de deducción
150 euros	85
Resto base de deducción	45
Tipo incrementado por reiteración de donaciones a una misma entidad	50

3.1.4. Deducciones por rentas obtenidas en Ceuta y Melilla

La LIRPF distingue entre que el contribuyente resida o no en Ceuta y Melilla:

a) **Contribuyentes residentes en Ceuta o Melilla:**

1. Los contribuyentes que tengan su residencia habitual en Ceuta o Melilla se deducirán el 60% de la parte de la suma de las cuotas íntegras estatal y autonómica que proporcionalmente corresponda a las rentas computadas para la determinación de las bases liquidables que hubieran sido obtenidas en Ceuta o Melilla.

2. También aplicarán la presente deducción los contribuyentes que mantengan su residencia habitual en Ceuta o Melilla durante un plazo no inferior a tres años, en los períodos impositivos iniciados con posterioridad al final de ese plazo, por las rentas obtenidas fuera de dichas ciudades cuando, al menos, una tercera parte del patrimonio neto del contribuyente esté situado en dichas ciudades.

b) **Contribuyentes que no tengas su residencia habitual en Ceuta o Melilla:**

En este caso se deducirán el 60% de la parte de la suma de las cuotas íntegras estatal y autonómica que proporcionalmente corresponda a las rentas computadas para la determinación de las bases liquidables positivas que hubieran sido obtenidas en Ceuta o Melilla.

3.1.5. Deducciones por actuaciones para la protección y difusión del Patrimonio Histórico Español

Los contribuyentes tendrán derecho, previo cumplimiento de ciertos requisitos establecidos en la LIRPF, a una deducción en la cuota del **15% del importe** de las inversiones o gastos que realicen para:

1. **La adquisición de bienes del Patrimonio Histórico Español**, realizada fuera del territorio español para su introducción dentro de dicho territorio siempre que los bienes sean declarados bienes de interés cultural o incluidos en el Inventario General de Bienes Muebles en el plazo de un año desde su introducción y permanezcan en territorio español y dentro del patrimonio del titular durante al menos cuatro años.

2. La conservación, reparación, restauración, difusión y exposición de los bienes de su propiedad que estén declarados de **interés cultural.**

3. La rehabilitación de edificios, el mantenimiento y reparación de sus tejados y fachadas, así como la mejora de infraestructuras de su propiedad situados en el entorno que sea objeto de protección de las ciudades españolas o de los conjuntos arquitectónicos, arqueológicos, naturales o paisajísticos y de los **bienes declarados Patrimonio Mundial por la Unesco situados en España.**

3.1.6. Límites de determinadas deducciones y comprobación de la situación patrimonial

La LIRPF fija unos límites en la aplicación de determinadas deducciones de la cuota íntegra, que se concretan en los siguientes:

▶ La base sobre la que se aplicarían las deducciones por donativos o por inversiones en bienes de interés cultural **no puede exceder del 10% de la base liquidable del contribuyente.**

▶ Los límites en el supuesto de deducciones por incentivos a la actividad económica serán los que establezca la normativa del Impuesto sobre Sociedades para los incentivos y estímulos a la inversión empresarial. Estos límites que dichas deducciones suelen establecer respecto de la cuota íntegra se **aplicarán después de haber minorado dicha cuota** (obtenida, además, de la suma de la parte estatal más la parte autonómica) en la deducción en bienes de interés cultural.

▶ La aplicación de la deducción por inversión en empresas de nueva o reciente creación, requerirá que el importe comprobado del patrimonio del contribuyente al finalizar el período de la imposición exceda del valor que arrojase su comprobación al comienzo del mismo al menos en la cuantía de la inversión realizada.

3.1.7. Deducción por obras de mejora de la eficiencia energética de viviendas

A) Las obras realizadas durante dicho período para la reducción de la demanda de calefacción y refrigeración de su vivienda habitual

Se establece una deducción del 20 por ciento de las cantidades satisfechas desde la entrada en vigor del Real Decreto-ley 19/2021, de 5 de octubre, de medidas urgentes para impulsar la actividad de rehabilitación edificatoria en el contexto del Plan de Recuperación, Transformación y Resiliencia, hasta el 31 de diciembre de 2024 por las obras realizadas durante dicho período para la reducción de la demanda de calefacción y refrigeración de su vivienda habitual o de cualquier otra de su titularidad que tuviera arrendada para su uso como vivienda en ese momento o en expectativa de alquiler, siempre que en este último caso, la vivienda se alquile antes de 31 de diciembre de 2025.

A estos efectos, únicamente se entenderá que se ha reducido la demanda de calefacción y refrigeración de la vivienda cuando se reduzca en al menos un 7 por ciento la suma de los indicadores de demanda de calefacción y refrigeración del certificado de eficiencia energética de la vivienda expedido por el técnico competente después de la realización de las obras, respecto del expedido antes del inicio de las mismas.

La deducción se practicará en el período impositivo en el que se expida el certificado de eficiencia energética emitido después de la realización de las obras. Cuando el certificado se expida en un período impositivo posterior a aquel en el que se abonaron cantidades por tales obras, la deducción se practicará en este último tomando en consideración las cantidades satisfechas desde la entrada en vigor del Real Decreto-ley 19/2021, de 5 de octubre, de medidas urgentes para impulsar la actividad de rehabilitación edificatoria en el contexto del Plan de Recuperación, Transformación y Resiliencia, hasta el 31 de diciembre de dicho período impositivo. En todo caso, dicho certificado deberá ser expedido antes de 1 de enero de 2025.

La base máxima anual de esta deducción será de 5.000 euros anuales.

B) Obras realizadas durante dicho período para la mejora en el consumo de energía primaria no renovable de su vivienda habitual

Por otro lado, los contribuyentes podrán deducirse el 40 por ciento de las cantidades satisfechas desde la entrada en vigor del Real Decreto-ley 19/2021, de 5 de octubre, de medidas urgentes para impulsar la actividad de rehabilitación edificatoria en el contexto del Plan de Recuperación, Transformación y Resiliencia, hasta el 31 de diciembre de 2024 por las obras realizadas durante dicho período para la mejora en el consumo de energía primaria no renovable de su vivienda habitual o de cualquier otra de su titularidad que tuviera arrendada para su uso como vivienda en ese momento o en expectativa de alquiler, siempre que en este último caso, la vivienda se alquile antes de 31 de diciembre de 2025.

A estos efectos, únicamente se entenderá que se ha mejorado el consumo de energía primaria no renovable en la vivienda en la que se hubieran realizado tales obras cuando se reduzca en al menos un 30 por ciento el indicador de consumo de energía primaria no renovable, o bien, se consiga una mejora de la calificación energética de la vivienda para obtener una clase energética «A» o «B», en la misma escala de calificación, acreditado mediante certificado de eficiencia energética expedido por el técnico competente después de la realización de aquellas, respecto del expedido antes del inicio de las mismas.

La deducción se practicará en el período impositivo en el que se expida el certificado de eficiencia energética emitido después de la realización de las obras. Cuando el certificado se expida en un período impositivo posterior a aquel en el que se abonaron cantidades por tales obras, la deducción se practicará en este último tomando en consideración las cantidades satisfechas desde la entrada en vigor del Real Decreto-ley 19/2021, de 5 de octubre, de medidas urgentes para impulsar la actividad de rehabilitación edificatoria en el contexto del Plan de Recuperación, Transformación y Resiliencia, hasta el 31 de diciembre de dicho período impositivo. En todo caso, dicho certificado deberá ser expedido antes de 1 de enero de 2025.

La base máxima anual de esta deducción será de 7.500 euros anuales.

C) Obras de rehabilitación energética del edificio

Los contribuyentes propietarios de viviendas ubicadas en edificios de uso predominante residencial en el que se hayan llevado a cabo desde la entrada en vigor del Real Decreto-ley 19/2021, de 5 de octubre, de medidas urgentes para impulsar la actividad de rehabilitación edificatoria en el contexto del Plan de Recuperación, Transformación y Resiliencia, hasta el 31 de diciembre de 2025 obras de rehabilitación energética, podrán deducirse el 60 por ciento de las cantidades satisfechas durante dicho período por tales obras. A estos efectos, tendrán la consideración de obras de rehabilitación energética del edificio aquellas en las que se obtenga una mejora de la eficiencia energética del edificio en el que se ubica la vivienda, debiendo acreditarse con el certificado de eficiencia energética del edificio expedido por el técnico competente después de la realización de aquellas una reducción del consumo de energía primaria no renovable, referida a la certificación energética, de un 30 por ciento como mínimo, o bien, la mejora de la calificación energética del edificio para obtener una clase energética «A» o «B», en la misma escala de calificación, respecto del expedido antes del inicio de las mismas.

Se asimilarán a viviendas las plazas de garaje y trasteros que se hubieran adquirido con estas.

No darán derecho a practicar esta deducción por las obras realizadas en la parte de la vivienda que se encuentre afecta a una actividad económica.

La deducción se practicará en los períodos impositivos 2021, 2022, 2023, 2024 y 2025 en relación con las cantidades satisfechas en cada uno de ellos, siempre que se hubiera expedido, antes de la finalización del período impositivo en el que se vaya a practicar la deducción, el citado certificado de eficiencia energética. Cuando el certificado se expida en un período impositivo posterior a aquel en el que se abonaron cantidades por tales obras, la deducción se practicará en este último tomando en consideración las cantidades satisfechas desde la entrada en vigor del Real Decreto-ley 19/2021, de 5 de octubre, de medidas urgentes para impulsar la actividad de rehabilitación edificatoria en el contexto del Plan de Recuperación, Transformación y Resiliencia, hasta el 31 de diciembre de dicho período impositivo. En todo caso, dicho certificado deberá ser expedido antes de 1 de enero de 2026.

La base máxima anual de esta deducción será de 5.000 euros anuales.

Las cantidades satisfechas no deducidas por exceder de la base máxima anual de deducción podrán deducirse, con el mismo límite, en los cuatro ejercicios siguientes, sin que en ningún caso la base acumulada de la deducción pueda exceder de 15.000 euros.

D) Obra se realice en las partes de las viviendas afectas a una actividad económica, plazas de garaje, trasteros, jardines, parques, piscinas e instalaciones deportivas y otros elementos análogos

No darán derecho a practicar las deducciones previstas en los apartados A y B anteriores, cuando la obra se realice en las partes de las viviendas afectas a una actividad económica, plazas de garaje, trasteros, jardines, parques, piscinas e instalaciones deportivas y otros elementos análogos.

En ningún caso, una misma obra realizada en una vivienda dará derecho a las deducciones previstas en los apartados A y B anteriores. Tampoco tales deducciones resultarán de aplicación en aquellos casos en los que la mejora acreditada y las cuantías satisfechas correspondan a actuaciones realizadas en el conjunto del edificio y proceda la aplicación de la deducción recogida en el apartado C.

La base de las deducciones previstas en los apartados A, B y C anteriores, estará constituida por las cantidades satisfechas, mediante tarjeta de crédito o débito, transferencia bancaria, cheque nominativo o ingreso en cuentas en entidades de crédito, a las personas o entidades que realicen tales obras, así como a las personas o entidades que expidan los citados certificados, debiendo descontar aquellas cuantías que, en su caso, hubieran sido subvencionadas a través de un programa de ayudas públicas o fueran a serlo en virtud de resolución definitiva de la concesión de tales ayudas. En ningún caso, darán derecho a practicar deducción las cantidades satisfechas mediante entregas de dinero de curso legal.

A estos efectos, se considerarán como cantidades satisfechas por las obras realizadas aquellas necesarias para su ejecución, incluyendo los honorarios profesionales, costes de redacción de proyectos técnicos, dirección de obras, coste de ejecución de obras o instalaciones, inversión en equipos y materiales y otros gastos necesarios para su desarrollo, así como la emisión de los correspondientes certificados de eficiencia energética. En todo caso, no se considerarán en dichas cantidades los costes relativos a la instalación o sustitución de equipos que utilicen combustibles de origen fósil.

Tratándose de obras llevadas a cabo por una comunidad de propietarios la cuantía susceptible de formar la base de la deducción de cada contribuyente a que se refiere el apartado C anterior, vendrá determinada por el resultado de aplicar a las cantidades satisfechas por la comunidad de propietarios a las que se refiere el párrafo anterior, el coeficiente de participación que tuviese en la misma.

E) Procedimiento

Los certificados de eficiencia energética previstos en los apartados anteriores deberán haber sido expedidos y registrados con arreglo a lo dispuesto en el Real Decreto 390/2021, de 1 de junio, por el que se aprueba el procedimiento básico para la certificación de la eficiencia energética de los edificios.

A los efectos de acreditar el cumplimiento de los requisitos exigidos para la práctica de estas deducciones serán válidos los certificados expedidos antes del inicio de las obras siempre que no hubiera transcurrido un plazo de dos años entre la fecha de su expedición y la del inicio de estas.

El importe de estas deducciones se restará de la cuota íntegra estatal después de las deducciones previstas en los apartados 1, 2, 3, 4, y 5 del artículo 68 de la LIRPF.

3.1.8 Adquisición por particulares de vehículos eléctricos no afectos a una actividad económica

A) Deducción por la adquisición de vehículos eléctricos «enchufables» y de pila de combustible

La deducción se aplicará por una única compra de alguno de los vehículos que cumplan los requisitos establecidos en el citado Real Decreto-ley.

Los contribuyentes podrán deducir el 15% del valor de adquisición de un vehículo eléctrico nuevo en cualquiera de las siguientes circunstancias debiendo optar por la aplicación de lo dispuesto en la letra a) o b):

a) Cuando el vehículo se adquiera desde el 30 de junio de 2023 hasta el 31 de diciembre del 2025 (prórroga introducida por la Disposición final primera del Real Decreto-ley 3/2025 por el que se establece el programa de incentivos ligados a la movilidad eléctrica [MOVES III] para el año 2025): la deducción se practicará en el periodo impositivo en el que el vehículo sea matriculado.

b) Cuando desde el 30 de junio de 2023 hasta el 31 de diciembre de de 2025 (prórroga introducida por Disposición final primera del Real Decreto-ley 3/2025 por el que se establece el programa de incentivos ligados a la movilidad eléctrica [MOVES III] para el año 2025) se abone al vendedor una cantidad a cuenta para la futura adquisición del vehículo que represente, al menos, el 25% del valor de adquisición del mismo: la deducción se practicará en el periodo impositivo en el que se abone tal cantidad, debiendo abonarse el resto y adquirirse el vehículo antes de que finalice el segundo período impositivo inmediato posterior a aquel en el que se produjo el pago de tal cantidad.

La base máxima de la deducción, en ambos casos, será 20.000 euros y estará constituida por el valor de adquisición del vehículo, incluidos los gastos y tributos inherentes a la adquisición, debiendo descontar aquellas cuantías que, en su caso, hubieran sido subvencionadas o fueran a serlo a través de un programa de ayudas públicas.

Los modelos de los vehículos deberán figurar en la Base de Vehículos del IDAE, y cumplir requisitos que se establecen en la disposición adicional quincuagésima octava.

B) Deducción por la instalación de infraestructuras de recarga

Los contribuyentes podrán deducir el 15% de las cantidades satisfechas desde el 30 de junio de 2023 hasta el 31 de diciembre de 2025 (prórroga introducida por Disposición final primera del Real Decreto-ley 3/2025 por el que se establece el programa de incentivos ligados a la movilidad eléctrica [MOVES III] para el año 2025), para la instalación durante dicho período en un inmueble de su propiedad de sistemas de recarga de baterías para vehículos eléctricos no afectas a una actividad económica.

La base máxima anual de esta deducción será de 4.000 euros anuales y estará constituida por las cantidades satisfechas, mediante tarjeta de crédito o débito, transferencia bancaria, cheque nominativo o ingreso en cuentas en entidades de crédito, a las personas o entidades que realicen la instalación, debiendo descontar aquellas cuantías que, en su caso, hubieran sido subvencionadas a través de un programa de ayudas públicas.

En ningún caso, darán derecho a practicar deducción las cantidades satisfechas mediante entregas de dinero de curso legal.

A estos efectos, se considerarán como cantidades satisfechas para la instalación de los sistemas de recarga las necesarias para llevarla a cabo, tales como, la inversión en equipos y materiales, gastos de instalación de los mismos y las obras necesarias para su desarrollo.

La deducción se practicará en el periodo impositivo en el que finalice la instalación, que no podrá ser posterior a 2025 (prórroga introducida por Disposición final primera del Real Decreto-ley 3/2025 por el que se establece el programa de incentivos ligados a la movilidad eléctrica [MOVES III] para el año 2025).

Cuando la instalación finalice en un período impositivo posterior a aquél en el que se abonaron cantidades por tal instalación, la deducción se practicará en este último tomando en consideración las cantidades satisfechas desde el 30 de junio de 2023, hasta el 31 de diciembre de dicho período impositivo.

Para la aplicación de la deducción deberá contarse con las autorizaciones y permisos establecidos en la legislación vigente.

En caso de que con posterioridad a la adquisición o instalación se afectaran a una actividad económica los vehículos o los sistemas de recarga de baterías se perderá el derecho a la deducción practicada.

3.2. Cuota diferencial

3.2.1. Introducción

La cuota diferencial es la que resulta de minorar la cuota líquida total del Impuesto (obtenida de la suma de la cuota estatal más la cuota autonómica), en los siguientes importes:

1. La deducción por doble imposición internacional (art. 80 LIRPF).

2. Las deducciones a que se refieren los artículos 91.10 y 92.4 LIRPF correspondientes a los supuestos de transparencia fiscal internacional y derechos de imagen.

3. Cuando el contribuyente adquiera su condición por cambio de residencia, las retenciones e ingresos a cuenta a que se refiere el artículo 99.8 LIRPF, así como las cuotas satisfechas del IRNR y devengadas durante el período impositivo en que se produzca el cambio de residencia.

4. Las retenciones por rendimientos del ahorro en forma de pago de intereses (artículo 99.11 LIRPF).

5. Las retenciones, los ingresos a cuenta y los pagos fraccionados que se hubiesen realizado o soportado.

3.2.2. Deducción por doble imposición internacional

En el supuesto de que entre las rentas del contribuyente se encuentren rendimientos o ganancias obtenidas y gravadas en el extranjero, **se deducirá la menor de las siguientes cuantías:**

1. El importe efectivo de lo satisfecho en el extranjero por razón de un impuesto de naturaleza idéntica o análoga a este impuesto o al Impuesto sobre la Renta de no Residentes sobre dichos rendimientos o ganancias patrimoniales.

2. El resultado de aplicar el tipo de gravamen a la parte de base liquidable gravada en el extranjero.

Este **tipo de gravamen** será el que se obtenga de dividir la cuota líquida total por la base liquidable, diferenciándose el tipo que corresponda a las rentas de la parte general del que corresponda a la parte especial de la base, según proceda. El cociente indicado se expresará en tanto por ciento y con dos decimales.

La contribuyente Sra. Medina ha satisfecho en Argentina una cantidad que, convertida a euros, se eleva a 3.500, derivada de Impuesto sobre la Renta de aquel país. La renta ganada por la venta de unas acciones (ganó un montante, expresado en euros, de 12.000) también figura en la parte general de la base liquidable del IRPF, que se ha elevado a 65.000 €, antes de aplicar ya los correspondientes mínimos y reducciones, sin que la Sra. Medina tenga derecho a ninguna deducción. La Sra.Medina tiene su residencia en la Comunidad de Madrid.

Dada entonces las base liquidable de 9.548,50 €, se tiene:

*   Una cuota íntegra y líquida estatal de 14.732,64 €.
*   Una cuota íntegra y líquida autonómica de 9.330,80 €.
*   Una cuota íntegra y líquida total, por tanto, de 18.879,30 €.
*   El tipo de gravamen que se obtiene de dividir la cuota líquida total (18.879,30) entre la base liquidable (65.000), y que se eleva hasta el 29,05%, es el que debe aplicarse singularmente sobre la parte de base que corresponde a los 12.000 ganados en el extranjero. Esta cifra es la que se compara con los 3.500 satisfechos a la Hacienda de Argentina, y se deducirá la menor de ellas.

.../...

.../...

- El 29,05% de 12.000 asciende a 3.486 €.
- Lo satisfecho en Argentina fueron 3.500 €.
- Por tanto, la cuota diferencial, sin computar otras posibles reducciones por retenciones, pagos fraccionados, etc., se elevaría a 18.879,30 € menos los 3.485,41 €.

Venta acciones Argentina	12,000.00
Rendimientos en España	53,000.00
Base	**65,000.00**
Mínimo personal	5,550.00
Total base liquidable	**59,450.00**

Gravamen Estatal		
	8,950.75
5,000.00	1,125.00
total quota esp	10,075.75

Gravamen Madrid		
	7,651.10
7,679.60	1,574.32
Total cuota autónomica	9,225.42
Gravamen mínimo estatal	527.25
Gravamen mínimo autónomico	471.75
Cuota total estatal	9,548.50
Cuota total autónomica	8,753.67
Total cuotas	**18,302.17**

Gravamen Estatal

0.00	0.00	12,450.00	9.50%
12,450.00	1,182.75	7,750.00	12.00%
20,200.00	2,112.75	15,000.00	15.00%
35,200.00	4,362.75	24,800.00	18.50%
60,000.00	8,950.75	240,000.00	22.50%
300,000.00	62,950.75		24.50%

Tablas gravamen Madrid

0.00	0.00	13,362.22	8.50%
13,362.22	1,135.79	19,004.62	10.70%
19,004.63	1,739.53	35,425.67	12.80%
35,425.68	3,841.42	57,320.39	17.40%
57,320.40	7,651.10		20.50%

Determinación de los tipos medios de gravamen la menor de A o B:
A) Importe efectivo satisfecho en el extranjero — 3,500.00

B) Resultado de aplicar el tipo medio efectivo de gravamen, general y del ahorro, a la parte
de base liquidable, general y del ahorro, gravada en el extranjero.

a) Tipo medio de gravamen estatal (TME):
TME= (9.548,50 / 65.000) x 100 — 14.69%

b) Tipo medio de gravamen autonómico (TMA)
TMA= (8.753,67 / 65.000) x 100 — 13.47%

Determinación de las cuotas correspondientes a la base liquidable general (53.000):
Cuota estatal — 7,785.70
Cuota autónomica — 7,137.61

Impuesto soportado en España
Cuota estatal — 1,762.80
Cuota autónomica — 1,616.06
Total gravamen — 3,378.86

3.2.3. Deducción por maternidad y por familia numerosa o personas con discapacidad a cargo

Las **mujeres con hijos menores de tres años** con derecho a la aplicación del mínimo por descendientes, que en el momento del nacimiento del menor perciban prestaciones contributivas o asistenciales del sistema de protección de desempleo, o que en dicho momento o en cualquier momento posterior estén dadas de alta en el régimen correspondiente de la Seguridad Social o mutualidad con un período mínimo, en este último caso, de 30 días cotizados, podrán minorar la cuota diferencial de este Impuesto hasta en 1.200 euros anuales por cada hijo menor de tres años hasta que el menor alcance los tres años de edad.

En los **supuestos de adopción o acogimiento**, tanto preadoptivo como permanente, la deducción se podrá practicar, con independencia de la edad del menor, durante los tres años siguientes a la fecha de la inscripción en el Registro Civil o de a la fecha de la resolución judicial o administrativa que declare la adopción o acogimiento.

En caso de **fallecimiento de la madre**, o cuando la guarda y custodia se atribuya de forma exclusiva al padre o, en su caso, a un tutor, siempre que cumpla los requisitos anteriores, este tendrá derecho a la práctica de la deducción pendiente.

La deducción se calculará de forma proporcional al número de meses del periodo impositivo posteriores al momento en el que se cumplen los requisitos señalados en los que la mujer tenga derecho al mínimo por descendientes por ese menor de tres años, siempre que durante dichos meses no se perciba por ninguno de los progenitores en relación con dicho descendiente el complemento de ayuda para la infancia previsto en la Ley 19/2021, de 20 de diciembre, por la que se establece el ingreso mínimo vital.

Cuando tenga derecho a la deducción en relación con ese descendiente por haberse dado de alta en la Seguridad social o mutualidad con posterioridad al nacimiento del menor, la deducción correspondiente al mes en el que se cumpla el período de cotización de 30 días se incrementará en 150 euros.

El incremento de la deducción previsto por gastos de custodia se calculará de forma proporcional al número de meses en que se cumplan de forma simultánea los requisitos, salvo el relativo a que sea menor de tres años en dicho período, y tendrá como límite el importe total del gasto efectivo no subvencionado satisfecho en dicho período a la guardería o centro educativo en relación con ese hijo.

El importe de la anterior se podrá **incrementar hasta en 1.000 euros adicionales** cuando el contribuyente que tenga derecho a la misma hubiera satisfecho en el período impositivo gastos de custodia del hijo menor de tres años en guarderías o centros de educación infantil autorizados.

En el período impositivo en que el hijo menor cumpla tres años, el incremento previsto en este apartado podrá resultar de aplicación respecto de los gastos incurridos con posterioridad al cumplimiento de dicha edad hasta el mes anterior a aquel en el que pueda comenzar el segundo ciclo de educación infantil.

A estos efectos se entenderán por gastos de custodia las cantidades satisfechas a guarderías y centros de educación infantil por la preinscripción y matrícula de dichos menores, la asistencia, en horario general y ampliado, y la alimentación, siempre que se hayan producido por meses completos y no tuvieran la consideración de rendimientos del trabajo en especie exentos por aplicación de lo dispuesto en las letras b) o d) del apartado 3 del artículo 42 de la LIRPF.

También se podrá solicitar a la AEAT el abono de la **deducción de forma anticipada** (pago mensual de 100 euros por transferencia bancaria). En estos supuestos, no se minorará la cuota diferencial del impuesto.

Cuando en el período impositivo 2022 se hubiera tenido derecho a la deducción por maternidad y al complemento de ayuda para la infancia previsto en la Ley 19/2021 en relación con el mismo descendiente, se podrá seguir practicando la deducción por maternidad a partir de 1 de enero de 2023, aun cuando alguno de los progenitores tuviera derecho al citado complemento respecto de dicho descendiente, siempre que se cumplan el resto de los requisitos establecidos en la normativa vigente a partir de 1 de enero de 2023.

Los contribuyentes que realicen una actividad por cuenta propia o ajena por la cual estén dados de alta en el régimen correspondiente de la Seguridad Social o mutualidad podrán minorar la cuota diferencial del impuesto con la aplicación de las siguientes deducciones por familia numerosa o personas con discapacidad a cargo:

1. Por cada descendiente con discapacidad con derecho a la aplicación del mínimo por descendientes previsto en el artículo 58 de la LIRPF, hasta 1.200 euros anuales.

2. Por cada ascendiente con discapacidad con derecho a la aplicación del mínimo por ascendientes previsto en el artículo 59 de la LIRPF, hasta 1.200 euros anuales.

3. Por ser un ascendiente, o un hermano huérfano de padre y madre, que forme parte de una familia numerosa conforme a la Ley 40/2003, de 18 de noviembre, de Protección a las Familias Numerosas, o por ser un ascendiente separado legalmente, o sin vínculo matrimonial, con dos hijos sin derecho a percibir anualidades por alimentos y por los que tenga derecho a la totalidad del mínimo previsto en el artículo 58 de la LIRPF, hasta 1.200 euros anuales.

    En caso de familias numerosas de categoría especial, esta deducción se incrementará en un 100 por ciento. Este incremento no se tendrá en cuenta a efectos del límite a que se refiere el apartado 2 del artículo 81 bis LIRPF.

    La cuantía de la deducción a que se refiere el párrafo anterior se incrementará hasta en 600 euros anuales por cada uno de los hijos que formen parte de la familia numerosa que exceda del número mínimo de hijos exigido para que dicha familia haya adquirido la condición de familia numerosa de categoría general o especial, según corresponda.

4. Por el cónyuge no separado legalmente con discapacidad, siempre que no tenga rentas anuales, excluidas las exentas, superiores a 8.000 euros ni genere el derecho a las deducciones previstas en las letras a) y b) del artículo 81 bis LIRPF, hasta 1.200 euros anuales.

Asimismo podrán minorar la cuota diferencial del impuesto en las deducciones previstas anteriormente los contribuyentes que perciban prestaciones contributivas y asistenciales del sistema de protección del desempleo, pensiones abonadas por el Régimen General y los Regímenes especiales de la Seguridad Social o por el Régimen de Clases Pasivas del Estado, así como los contribuyentes que perciban prestaciones análogas a las anteriores reconocidas a los profesionales no integrados en el régimen especial de la Seguridad Social de los trabajadores por cuenta propia o autónomos por las mutualidades de previsión social que actúen como alternativas al régimen especial de la Seguridad Social mencionado, siempre que se trate de prestaciones por situaciones idénticas a las previstas para la correspondiente pensión de la Seguridad Social.

Cuando dos o más contribuyentes tengan derecho a la aplicación de alguna de las anteriores deducciones respecto de un mismo descendiente, ascendiente o familia numerosa, su importe se prorrateará entre ellos por partes iguales.

Las deducciones se calcularán de forma proporcional al número de meses en que se cumplan de forma simultánea los requisitos previstos en el apartado 1 anterior, y tendrán como límite para cada una de las deducciones, en el caso de los contribuyentes a que se refiere el primer párrafo del apartado 1 anterior, las cotizaciones y cuotas totales a la Seguridad Social y Mutualidades devengadas en cada período impositivo. No obstante, si tuviera derecho a la deducción prevista en las letras a) o b) del apartado anterior respecto de varios ascendientes o descendientes con discapacidad, el citado límite se aplicará de forma independiente respecto de cada uno de ellos.

A efectos del cálculo de este límite se computarán las cotizaciones y cuotas por sus importes íntegros, sin tomar en consideración las bonificaciones que pudieran corresponder.

Se podrá solicitar a la Agencia Estatal de Administración Tributaria el abono de las deducciones de forma anticipada. En estos supuestos, no se minorará la cuota diferencial del impuesto.

La cuota líquida estatal del Impuesto será el resultado de disminuir la cuota íntegra estatal en la suma de:

a) La deducción por inversión en empresas de nueva o reciente creación prevista en el apartado 1 del artículo 68 de la LIRPF.

b) El 50 por ciento del importe total de las deducciones previstas en los apartados 2, 3, 4 y 5 del artículo 68 de la LIRPF.

Deducción por inversión en empresas de nueva o reciente creación. Los contribuyentes podrán deducirse el 50% de las cantidades satisfechas en el período de que se trate por la suscripción de acciones o participaciones en empresas de nueva o reciente creación cuando se cumpla lo dispuesto en la de la LIRPF.

Deducciones en actividades económicas.

1. A los contribuyentes por este Impuesto que ejerzan actividades económicas les serán de aplicación los incentivos y estímulos a la inversión empresarial establecidos o que se establezcan en la normativa del Impuesto sobre Sociedades con igualdad de porcentajes y límites de deducción, con excepción de lo dispuesto en los apartados 2 y 3 del artículo 39 de la Ley del Impuesto sobre Sociedades.

2. Adicionalmente, los contribuyentes que cumplan los requisitos establecidos en el artículo 101 de la Ley del Impuesto sobre Sociedades podrán deducir los rendimientos netos de actividades económicas del período impositivo que se inviertan en elementos nuevos del inmovilizado material o inversiones inmobiliarias afectos a actividades económicas desarrolladas por el contribuyente.

Deducciones por donativos y otras aportaciones.

.../...

365

…/…

Los contribuyentes podrán aplicar, en este concepto:

1. Las deducciones previstas en la Ley 49/2002, de 23 de diciembre, de régimen fiscal de las entidades sin fines lucrativos y de los incentivos fiscales al mecenazgo.

2. El 10 por ciento de las cantidades donadas a las fundaciones legalmente reconocidas que rindan cuentas al órgano del protectorado correspondiente, así como a las asociaciones declaradas de utilidad pública, no comprendidas en el párrafo anterior.

3. El 20 por ciento de las cuotas de afiliación y las aportaciones a Partidos Políticos, Federaciones, Coaliciones o Agrupaciones de Electores. La base máxima de esta deducción será de 600 euros anuales y estará constituida por las cuotas de afiliación y aportaciones previstas en la letra a) del apartado Dos del artículo 2 de la Ley Orgánica 8/2007, de 4 de julio, sobre financiación de los partidos políticos.

UNIDAD DIDÁCTICA 9

Obligaciones formales

Contenido & Objetivos

Introducción

1. Declaración del impuesto

2. Contabilidad, registros y facturación

3. Retenciones

4. Pagos fraccionados

Los **objetivos** de esta unidad son:

1. Identificar los sujetos obligados a declarar.

2. Determinar los pagos a cuenta.

3. Diferenciar las obligaciones formales de los distintos contribuyentes.

Introducción

La presente unidad se centra en el estudio de la gestión del Impuesto sobre la Renta de las Personas Físicas. Expondremos fundamentalmente la obligación de declarar, los pagos a cuenta y las obligaciones formales.

1. Declaración del impuesto

1.1. Obligación de declarar

Los contribuyentes estarán obligados a presentar y suscribir declaración por el IRPF. No obstante, **no tendrán que declarar** los contribuyentes que obtengan rentas procedentes exclusivamente de las siguientes fuentes, en tributación individual o conjunta:

1. **Rendimientos íntegros del trabajo, con el límite de 22.000 euros anuales.**

   Desde 2024 este límite será de 15.876 euros para los contribuyentes que perciban rendimientos íntegros del trabajo en los siguientes supuestos:

   a) Cuando procedan de más de un pagador. No obstante, el límite será de 22.000 euros anuales en los siguientes supuestos:

      ⇨ Si la suma de las cantidades percibidas del segundo y restantes pagadores, por orden de cuantía, no supera en su conjunto la cantidad de 1.500 euros anuales.

      ⇨ Cuando se trate de contribuyentes cuyos únicos rendimientos del trabajo consistan en las prestaciones pasivas a que se refiere el artículo 17.2.a) de esta Ley y la determinación del tipo de retención aplicable se hubiera realizado de acuerdo con el procedimiento especial que reglamentariamente se establezca.

   b) Cuando se perciban pensiones compensatorias del cónyuge o anualidades por alimentos diferentes de las previstas en el artículo 7 de esta ley.

   c) Cuando el pagador de los rendimientos del trabajo no esté obligado a retener de acuerdo con lo previsto reglamentariamente.

   d) Cuando se perciban rendimientos íntegros del trabajo sujetos a tipo fijo de retención.

2. **Rendimientos íntegros del capital mobiliario y ganancias patrimoniales sometidos a retención o ingreso a cuenta, con el límite conjunto de 1.600 euros anuales.**

369

3. **Rentas inmobiliarias imputadas**, rendimientos íntegros del capital mobiliario no sujetos a retención derivados de **letras del Tesoro y subvenciones** para la adquisición de viviendas de protección oficial o de precio tasado, con el límite conjunto de 1.000 euros anuales.

En ningún caso tendrán que declarar los contribuyentes que obtengan exclusivamente rendimientos íntegros del trabajo, de capital o de actividades económicas, así como ganancias patrimoniales, con el límite conjunto de 1.000 euros anuales y pérdidas patrimoniales de cuantía inferior a 500 euros.

No obstante lo anterior, estarán en cualquier caso obligadas a declarar todas aquellas personas físicas que en cualquier momento del período impositivo hubieran estado de alta, como trabajadores por cuenta propia, en el Régimen Especial de Trabajadores por Cuenta Propia o Autónomos, o en el Régimen Especial de la Seguridad Social de los Trabajadores del Mar.

Estarán obligados a declarar en todo caso los contribuyentes que tengan derecho a deducción por doble imposición internacional o que realicen aportaciones a patrimonios protegidos de las personas con discapacidad, planes de pensiones, planes de previsión asegurados o mutualidades de previsión social, planes de previsión social empresarial y seguros de dependencia que reduzcan la base imponible, en las condiciones que se establezcan reglamentariamente.

Desde el ejercicio 2020 las personas titulares del ingreso mínimo vital regulado en el Real Decreto-ley 20/2020, de 29 de mayo y las personas integrantes de la unidad de convivencia están obligados a presentar anualmente declaración correspondiente al IRPF, de acuerdo on el artículo 33.1.f) y 2.c) del mencionado Real Decreto-ley 20/2020.

Están obligados a presentar la declaración por el IRPF del ejercicio 2024 todas aquellas personas físicas que en cualquier momento del período impositivo hubieran estado de alta, como trabajadores por cuenta propia, en el Régimen Especial de Trabajadores por Cuenta Propia o Autónomos, o en el Régimen Especial de la Seguridad Social de los Trabajadores del Mar cualquiera que sea la cuantía de sus rendimientos, en virtud de la disposición final primera del Real Decreto-ley 13/2022, de 26 de julio (BOE de 27 de julio) modificó el artículo 96.2 de la Ley del IRPF, estableciendo desde el 1 de enero de 2023.

1.2. Beneficiarios del salario mínimo vital

De acuerdo con lo dispuesto en el artículo 36.1.f) y 2.c) de la Ley 19/2021, de 20 de diciembre, por la que se establece el ingreso mínimo vital, las personas titulares del ingreso mínimo vital y todas las personas integrantes de la unidad de convivencia están obligadas, para mantener la prestación del ingreso mínimo vital, a presentar anualmente la declaración correspondiente al IRPF, con independencia de que cumplan o no los requisitos establecidos en el artículo 96 de la Ley del IRPF para la obligación de declarar.

A estos efectos, la unidad de convivencia es la definida en el artículo 6 de la Ley 19/2021, de 20 de diciembre.

Cuando formen parte de la unidad de convivencia del ingreso mínimo vital menores de edad, estos deberán presentar declaración de forma individual o conjunta con sus progenitores (si es la opción de tributación de la unidad familiar).

El IMV en sí mismo es una renta exenta y la gran mayoría de los beneficiarios no tendrán que incluirlo en su declaración, pero sí presentar declaración.

Sí que deberán declararse, como rendimientos del trabajo, las cuantías que superen los 12.600 euros (1,5 veces el Indicador Público de Renta de Efectos Múltiples, IPREM). En el caso de que, junto al IMV, se perciban otras ayudas a colectivos con riesgo de exclusión social como la renta mínima de inserción, rentas garantizadas y ayudas similares de CCAA y ayuntamientos, solo se debe declarar, y tributar, por ese exceso.

En la gran mayoría de supuestos, la declaración será muy sencilla, sin ingresos que incorporar. En muchos casos la cuota será cero (ni a ingresar, ni a devolver), de manera que, si no se ha obtenido ninguna otra renta, las casillas de la declaración aparecerán con importe cero.

El ingreso mínimo vital no genera por si mismo derecho a la deducción por maternidad, ni a las deducciones por familia numerosa o personas con discapacidad a cargo.

1.3. Beneficiarios de prestaciones y subsidios por desempleo

Este colectivo está obligado a presentar la declaración del IRPF para poder continuar percibiendo la prestación o subsidio.

No obstante, la Agencia Tributaria ha emitido una nota informativa en la que se indica que de acuerdo con el Informe emitido por el Ministerio de Trabajo y Economía Social de 12 de marzo de 2025, sobre la obligación universal de presentar declaración de IRPF por los solicitantes y beneficiarios de prestaciones por desempleo, por motivos de seguridad jurídica el primer ejercicio económico en el que se aplicará la obligación universal de presentar la declaración del IRPF será el ejercicio 2025, teniendo en cuenta que la modificación normativa establecida por el RD-Ley 2/2024, de 21 de mayo, entró en vigor el 1 de noviembre de 2024, y, por tanto, durante los diez primeros meses del actual ejercicio fiscal no habría existido la obligación. En consecuencia, la obligación universal de presentar declaración de Renta por todos los beneficiarios de prestaciones y subsidios por desempleo no se aplicará en el IRPF 2024.

No obstante, se mantiene para estos beneficiarios la obligación de presentar declaración de IRPF que pudieran tener por aplicación de lo dispuesto en el artículo 96 de la Ley 35/2006 del IRPF.

1.4.   Devoluciones a los contribuyentes obligados a declarar

Cuando la suma de las retenciones, ingresos a cuenta y pagos fraccionados de este Impuesto, así como de las cuotas del impuesto sobre la Renta de no Residentes y, en su caso, de la deducción por maternidad, sea superior al importe de la cuota resultante de la autoliquidación, la Administración tributaria practicará, si procede, liquidación provisional.

Para practicar dicha liquidación, la Administración dispone de **un plazo de seis meses contados desde el último día del plazo voluntario de declaración**.

 Si la liquidación provisional no se practica en este plazo, la Administración procederá entonces a **devolver de oficio el exceso de los pagos a cuenta** (retenciones, ingresos a cuenta y autoliquidaciones) sobre la cuota autoliquidada, sin perjuicio de la práctica de posteriores liquidaciones provisionales o definitivas. Transcurridos los seis meses citados sin que se haya ordenado el pago de la devolución, se aplicará a la cantidad pendiente un **interés de demora a favor del contribuyente**, sin necesidad de que este lo reclame.

1.5.   Campaña Renta, Pago y fraccionamiento

El plazo de la campaña de la Renta 2024 se extiende del 2 de abril hasta el 30 de junio del 2025. En caso de efectuar la domiciliación bancaria del pago, el plazo finaliza el 25 de junio del 2025.

Como en ejercicios anteriores, los contribuyentes, cualquiera que sea la naturaleza de las rentas que hayan obtenido durante el ejercicio (de trabajo, de capital mobiliario o inmobiliario, de actividades económicas, ganancias y pérdidas patrimoniales, así como las imputaciones de renta), podrán obtener el borrador de la declaración a través del Servicio de tramitación del borrador/declaración (Renta WEB), no sin antes haber incorporado la información o datos necesarios para su total cumplimentación.

En el apartado de rendimientos de actividades económicas en estimación directa, al igual que en el ejercicio anteriores y desde el 2021, los contribuyentes pueden trasladar los datos consignados en los libros registro del IRPF de forma agregada, a las correspondientes casillas de este apartado del modelo, informándose al contribuyente de su conservación. Este traslado está supeditado a que técnicamente el formato de los libros sea el formato de libros registros publicados por la Agencia Estatal de Administración Tributaria en su sede electrónica.

Si la declaración del IRPF resulta a ingresar, el contribuyente puede, de forma simultánea a la presentación de la declaración, domiciliar el ingreso, efectuar el inmediato pago electrónico, previa obtención del Número de Referencia completo (NRC), o bien obtener un documento de ingreso que le permite efectuar el pago en una entidad colaboradora.

A diferencia de los ejercicios anteriores, en 2024 se permiten dos nuevas formas de pago: mediante transferencias instantáneas efectuadas a través plataformas de comercio electrónico seguro (BIZUM) y tarjeta de crédito o débito, en condiciones de comercio electrónico seguro.

Como en la campaña anterior, se mantiene la posibilidad de domiciliación del pago en cuentas abiertas en una entidad no colaboradora perteneciente a la Zona Única de Pagos en Euros (Zona SEPA), como consecuencia de la modificación de efectuada por la Orden HFP/387/2023, de 18 de abril, por la que se modifica la Orden EHA/1658/2009, de 12 de junio, por la que se establecen el procedimiento y las condiciones para la domiciliación del pago de determinadas deudas a través de las entidades de crédito que prestan el servicio de colaboración en la gestión recaudatoria de la Agencia Estatal de Administración Tributaria.

Los contribuyentes podrán fraccionar, sin interés ni recargo alguno, el importe de la deuda tributaria resultante de su declaración del IRPF, en dos partes: la primera, del 60 por 100 de su importe, en el momento de presentar la declaración, y la segunda, del 40 por 100 restante, hasta el 5 de noviembre de 2025.

La falta de pago en plazo de la primera fracción, esto es, del 60 por 100 del importe de la deuda tributaria resultante de la autoliquidación, determina el inicio del periodo ejecutivo por la totalidad del importe a ingresar resultante de la autoliquidación.

Los contribuyentes que domicilien el pago del primer plazo podrán domiciliar el segundo plazo hasta el 30 de septiembre de 2025 y si no domicilian el primero podrán domiciliar el segundo hasta el 30 de junio de 2025.

Los beneficiarios del ingreso mínimo vital estarán obligados de presentar la declaración del IRPF de acuerdo con lo dispuesto en el artículo 36.1.f) y 2.c) de la Ley 19/2021, de 20 de diciembre, por la que se establece el ingreso mínimo vital, para mantener la prestación del ingreso mínimo vital, a presentar anualmente la declaración correspondiente al IRPF, con independencia de que cumplan o no los requisitos establecidos en el artículo 96 de la LIRPF para la obligación de declarar.

A estos efectos, la unidad de convivencia es la definida en el artículo 6 de la Ley 19/2021, de 20 de diciembre.

Cuando formen parte de la unidad de convivencia del ingreso mínimo vital menores de edad, estos deberán presentar declaración de forma individual o conjunta con sus progenitores (si es la opción de tributación de la unidad familiar) y, para ello, pueden acceder al servicio de ayuda Renta WEB.

El contribuyente casado que presente declaración podrá solicitar la suspensión del ingreso, sin intereses de demora en una cuantía igual o inferior a la devolución a que tenga derecho su cónyuge. Para ello, deberán concurrir los siguientes requisitos:

1. El cónyuge deberá renunciar al cobro de la devolución.

2. La deuda y la devolución deberán corresponder al mismo período impositivo.

3. Ambas autoliquidaciones deberán presentarse de forma simultánea.

4. Los cónyuges no podrán estar acogidos al sistema de cuenta corriente tributaria.

5. Los cónyuges deben estar al corriente del pago de sus obligaciones tributarias.

1.6. Regularización de situaciones tributarias

El Real Decreto 117/2024, de 30 de enero ha modificado el artículo 67 bis del RIRPF para establecer la autoliquidación rectificativa como sistema único para la corrección de las autoliquidaciones, en sustitución del actual sistema dual de autoliquidación complementaria y solicitud de rectificación de autoliquidaciones.

De esta forma, mediante la presentación de una autoliquidación rectificativa el obligado tributario, podrá rectificar, completar o modificar la autoliquidación presentada con anterioridad, con independencia del resultado de la misma, sin necesidad de esperar, en el caso de solicitud de rectificación, una resolución administrativa.

La autoliquidación rectificativa podrá rectificar, completar o modificar la autoliquidación presentada con anterioridad. En particular:

a) Cuando de la rectificación efectuada resulte un importe a ingresar superior al de la autoliquidación anterior o una cantidad a devolver inferior a la anteriormente autoliquidada se aplicará el régimen previsto para las autoliquidaciones complementarias en el artículo 122.2 de la Ley 58/2003, de 17 de diciembre, General Tributaria, y su normativa de desarrollo.

b) En los casos no contemplados en la letra anterior, cuando del cálculo efectuado en la autoliquidación rectificativa resulte una cantidad a devolver, con la presentación de la autoliquidación rectificativa se entenderá solicitada la devolución, que se tramitará conforme al régimen del procedimiento previsto en los artículos 124 a 127 de la Ley 58/2003, de 17 de diciembre, General Tributaria, y su normativa de desarrollo, sin perjuicio de la obligación de abono de intereses de demora conforme a lo establecido en el apartado 3 del artículo 120 de dicha Ley.

El plazo para efectuar la devolución será de seis meses contados desde la finalización del plazo reglamentario para la presentación de la autoliquidación o, si éste hubiese concluido, desde la presentación de la autoliquidación rectificativa.

Si con la presentación de la autoliquidación previa se hubiera solicitado una devolución y esta no se hubiera efectuado al tiempo de presentar la autoliquidación rectificativa, con la presentación de esta última se considerará finalizado el procedimiento iniciado mediante la presentación de la autoliquidación previa.

c) Cuando de la rectificación efectuada resulte una minoración del importe a ingresar de la autoliquidación previa y no proceda una cantidad a devolver, se mantendrá la obligación de pago hasta el límite del importe a ingresar resultante de la autoliquidación rectificativa.

Si la deuda resultante de la autoliquidación previa estuviera aplazada o fraccionada, con la presentación de la autoliquidación rectificativa se entenderá solicitada la modificación en las condiciones del aplazamiento o fraccionamiento conforme a lo previsto en el segundo párrafo del apartado 3 del artículo 52 del Reglamento General de Recaudación, aprobado por Real Decreto 939/2005, de 29 de julio.

2. Contabilidad, registros y facturación

2.1. Obligaciones contables y registrales de empresarios y profesionales

Contabilidad ajustada al Código de Comercio	
Empresarios no mercantiles en estimación directa simplificada	Libro registro de ventas e ingresos. Libro registro de compras y gastos. Libro registro de bienes de inversión.

Contabilidad ajustada al Código de Comercio	
Profesionales en estimación directa	Libro registro de ingresos. Libro registro de gastos. Libro registro de bienes de inversión. Libro registro de provisiones de fondos y suplidos.
Contribuyentes en estimación objetiva	Libro registro de bienes de inversión (cuando se deduzcan amortizaciones). Libro registro de ventas e ingresos (cuando el rendimiento neto se determine en función del volumen de operaciones)

Los contribuyentes que lleven contabilidad de acuerdo con el Código de Comercio no estarán obligados a llevar los libros registros indicados.

2.2. Modelos del IRPF

Los modelos de IRPF son los siguientes:

⇨ 100. Documento de ingreso o devolución de la declaración ordinaria y simplificada.

⇨ 102. Documento de ingreso del segundo plazo de la declaración simplificada y ordinaria.

⇨ 111. Retenciones e ingresos a cuenta. Rendimientos del trabajo, de actividades económicas, de actividades agrícolas y ganaderas y premios.

⇨ 115. Retenciones e ingresos a cuenta. Rentas o rendimientos procedentes del arrendamiento o subarrendamiento de inmuebles urbanos.

⇨ 117. Impuesto sobre Sociedades. I.R.N.R. Retención e ingreso a cuenta. Rentas procedentes de transmisión o reembolso de acciones o participaciones en Instituciones de Inversión Colectiva.

⇨ 122. Impuesto sobre la Renta de las Personas Físicas. Deducciones por familia numerosa, por personas con discapacidad a cargo o por ascendiente con dos hijos separado legalmente o sin vínculo matrimonial. Regularización del derecho a la deducción por contribuyentes no obligados a presentar declaración.

⇨ 123. Impuesto sobre Sociedades. I.R.N.R. (establecimientos permanentes). Retención e ingreso a cuenta. Determinados rendimientos del capital mobiliario o determinadas rentas.

⇨ 124. Rentas y rendimientos del capital mobiliario derivadas de la transmisión, amortización, reembolso, canje o conversión de cualquier tipo de activo representativos de la captación y utilización de capitales ajenos. Retenciones e ingresos a cuenta.

⇨ 126. Declaración-documento de ingreso. Rendimientos del capital mobiliario obtenidos por la contraprestación derivada de cuentas en toda clase de instituciones financieras.

⇨ 128. Declaración-Documento. Retenciones e ingresos a cuenta. Rentas o rendimientos del capital mobiliario procedente de operaciones de capitalización y de contratos de seguros de vida o invalidez.

⇨ 130. Pago fraccionado. Empresarios y profesionales en Estimación Directa. Declaración - Liquidación.

⇨ 131. Pago fraccionado. Empresarios y profesionales en Estimación Objetiva. Declaración - Liquidación.

⇨ 136. Gravamen especial sobre los premios de determinadas loterías y apuestas.

⇨ 140. Deducción por maternidad. Abono anticipado de la deducción.

⇨ 143. Abono anticipado deducciones familia numerosa y discapacidad.

⇨ 145. Retenciones sobre rendimientos del trabajo. Comunicación de datos al pagador (art. 86 del Reglamento del IRPF).

⇨ 146. Pensionistas con dos o más pagadores. Solicitud de determinación del importe de las retenciones.

⇨ 147. Comunicación del desplazamiento a territorio español efectuado por trabajadores por cuenta ajena.

⇨ 149. Régimen especial aplicable a los trabajadores desplazados a territorio español. Comunicación de la opción, renuncia o exclusión.

⇨ 150. Régimen especial aplicable a los trabajadores desplazados a territorio español.

⇨ 156. Cotizaciones de afiliados y mutualidades a efectos de la deducción por maternidad. Declaración informativa anual.

⇨ 165. Declaración informativa de certificación individual emitidas a los socios o participes de entidades de nueva o reciente creación.

⇨ 180. Retenciones e ingresos a cuenta. Rendimientos procedentes del arrendamiento de inmuebles urbanos. Resumen anual.

⇨ 181. Declaración informativa de préstamos hipotecarios concedidos para la adquisición de viviendas.

⇨ 182. Declaración informativa de donativos, donaciones y aportaciones recibidas.

⇨ 184. Entidades en régimen de atribución de rentas. Declaración informativa anual.

⇨ 185 Declaración informativa mensual de los órganos y entidades gestores de la Seg.uridad Social y Mutualidades. Liquidación del impuesto.

⇨ 186. Suministro de información relativa a nacimientos y defunciones.

⇨ 187. Declaración informativa y de resumen anual de retenciones e ingresos a cuenta por operaciones de adquisición y enajenación de acciones y participaciones.

⇨ 188. Resumen anual. Retenciones e ingresos a cuenta. Rentas o rendimientos del capital mobiliario procedentes de operaciones de capitalización y de contratos de seguros de vida o invalidez.

⇨ 190. Resumen anual de retenciones e ingresos a cuenta. Rendimientos del trabajo de determinadas actividades económicas, premios y determinadas imputaciones de renta.

⇨ 193. Retenciones e ingresos a cuenta sobre determinados rendimientos de capital mobiliario. Retenciones e ingresos a cuenta sobre determinadas rentas. Resumen anual.

⇨ 194. Retenciones e ingresos a cuenta sobre rendimientos del capital mobiliario y rentas derivadas de la transmisión, amortización, reembolso, canje o conversión de cualquier clase de activos representativos de la captación y utilización de capitales ajenos. Resumen anual.

⇨ 196. Resumen anual de retenciones e ingresos a cuenta en relación con las rentas o rendimientos del capital mobiliario obtenidos por la contraprestación derivada de cuentas en toda clase de instituciones financieras.

⇨ 198. Declaración anual de Operaciones con Activos Financieros y otros valores mobiliarios.

⇨ 230. IRNR. Impuesto sobre Sociedades. Retenciones e ingresos a cuenta del Gravamen Especial sobre los premios de determinadas loterías y apuestas. Autoliquidación. Información contenida en la Sede Electrónica de la Agencia Tributaria.

⇨ 270. Resumen anual de retenciones e ingresos a cuenta. Gravamen especial sobre los premios de determinadas loterías y apuestas.

⇨ 280. Declaración informativa anual de Planes de Ahorro a Largo Plazo.

3. Retenciones

El Real Decreto 142/2024, de 6 de febrero, por el que se modifica el RIRPF, en materia de retenciones e ingresos a cuenta modifica por su artículo único.1, con efectos desde el 8 de febrero de 2024, el apartado 1 del artículo 81 del RIRPF indicando las nuevas cuantías de los rendimientos de trabajo a partir de los cuales se practica retención e ingreso a cuenta, en función del número de hijos y otros descendientes y de la situación del contribuyente.

Dicho Real Decreto 142/2024, introduce asimismo una disposición transitoria vigesimo primera en el citado Reglamento, en cuanto al cálculo del tipo de retención e ingreso a cuenta en el período impositivo 2024. Posteriormente, el Real Decreto-ley 4/2024, de 26 de junio modificó la disposición adicional quincuagésima séptima de la LIRPF para ampliar a 2024 la deducción prevista en el artículo 68.4 de la Ley del IRPF (deducción por rentas obtenidas en Ceuta y Melilla) aplicable a los contribuyentes con residencia habitual y efectiva en la Isla de la Palma. Como consecuencia, el porcentaje de retención se reducirá en un 60 por 100 para el ejercicio 2024 cuando los rendimientos del trabajo se beneficien de la deducción prevista en el artículo 68.4 de la LIRPF (deducción por rentas obtenidas en Ceuta y Melilla) y para el ejercicio 2024, también cuando se trate de rendimientos obtenidos en la isla de la Palma por contribuyentes con residencia habitual y efectiva en esa isla, a la que se refiere la disposición adicional quincuagésima séptima de la citada Ley.

Ahora bien, para el período impositivo 2024, lo anterior solo resulta aplicable para determinar:

⇨ El tipo de retención o ingreso a cuenta sobre los rendimientos del trabajo determinados mediante el procedimiento general de retención previsto en el artículo 82 del RIRPF que se satisfagan o abonen a partir del 28 de junio de 2024, debiendo regularizar, en su caso, el tipo de retención o ingreso a cuenta en los primeros rendimientos del trabajo que se satisfagan o abonen a partir de dicha fecha.

No obstante, se concede la opción al pagador de efectuar lo señalado con anterioridad en los primeros rendimientos del trabajo que se satisfagan o abonen a partir del mes de julio, en cuyo caso el tipo de retención o ingreso a cuenta sobre los rendimientos del trabajo satisfechos con anterioridad se determinará sin tener en cuenta la reducción del importe de dichos pagos a cuenta.

⇨ El tipo de pago fraccionado correspondiente a las actividades económicas que tengan derecho a la misma cuyo plazo de presentación no se hubiera iniciado a 28 de junio de 2024.

IMPORTE DE LAS RETENCIONES O INGRESOS A CUENTA		
Rendimientos de trabajo	Regla general	Escala Cálculo RIRPF
	Percepción de prestaciones pasivas y supuestos de cambio de residencia	Procedimientos especiales RIRPF
	Atrasos	15%
	Administradores, miembros de los consejos de administración, de las juntas que hagan sus veces y demás miembros de otros órganos representantivos (cuyo importe neto cifra negocios del último periodo impositivo finalizado con anterioridad al pago de rendimientos haya sido >100.000 euros)	35%
	Administradores en sociedades cuya cifra de negocios sea inferior a 100.000 euros	19%
	Cursos, conferencias, coloquios, seminarios y similares; y elaboración de obras literarias, artísticas o científicas, siempre que se ceda el derecho a su explotación	15%
Rendimientos del capital mobiliario		19%

IMPORTE DE LAS RETENCIONES O INGRESOS A CUENTA		
	Actividades profesionales: regla general	15%
Rendimientos de actividades económicas	Actividades profesionales: Contribuyentes que inician el ejercicio, en el período impositivo de inicio y en los 2 siguientes, siempre que no hubieran ejercido ninguna actividad profesional en el año anterior a la fecha de inicio. Recaudadores municipales, mediadores de seguros que utilicen los servicios de auxiliares externos, y delegados comerciales de Loterías y Apuestas del Estado y Contribuyentes que desarrollen actividades incluidas en los grupos 851, 852, 853, 861, 862, 864 y 869 de la sección segunda y en las agrupaciones 01, 02, 03 y 05 de la sección tercera, de las Tarifas del Impuesto sobre Actividades Económicas, aprobadas junto con la Instrucción para su aplicación por el Real Decreto Legislativo 1175/1990, de 28 de septiembre, o cuando la contraprestación de dicha actividad profesional derive de una prestación de servicios que por su naturaleza, si se realizase por cuenta ajena, quedaría incluida en el ámbito de aplicación de la relación laboral especial de las personas artistas que desarrollan su actividad en las artes escénicas, audiovisuales y musicales, así como de las personas que realizan actividades técnicas o auxiliares necesarias para el desarrollo de dicha actividad, siempre que, en cualquiera de los supuestos previstos en esta letra, el volumen de rendimientos íntegros del conjunto de tales actividades correspondiente al ejercicio inmediato anterior sea inferior a 15.000 euros y represente más del 75 por ciento de la suma de los rendimientos íntegros de actividades económicas y del trabajo obtenidos por el contribuyente en dicho ejercicio. Para la aplicación de este tipo de retención, los contribuyentes deberán comunicar al pagador de los rendimientos la concurrencia de dichas circunstancias, quedando obligado el pagador a conservar la comunicación debidamente firmada.	7%

IMPORTE DE LAS RETENCIONES O INGRESOS A CUENTA		
Rendimientos de actividades económicas (continuación)	Actividades ganaderas de engorde de porcino y avicultura	1%
	Actividades agrícolas, forestales y otras actividades ganaderas	2%
	Actividades empresariales previstas en el Reglamento que determinen su rendimiento neto por el método de estimación objetiva	1%
Ganancias patrimoniales	Transmisiones o reembolsos de acciones y participaciones de IIC	19%
	Aprovechamientos forestales de los vecinos en montes públicos indicados en el Reglamento	19%
	Premios en metálico	19%
Otras rentas	Arrendamiento o subarrendamiento de bienes inmuebles urbanos	19%
	Propiedad intelectual, industrial, prestación de asistencia técnica, arrendamiento de bienes muebles, negocios o minas, 19% y subarrendamiento sobre los bienes anteriores	19%
	Cesión del derecho a la explotación del derecho de imagen: art. 75.2.b y art. 101.1 RIRPF).	24%
	Imputación de rentas por cesión de imagen (art.92.8 LIRPF y art.107 RIRPF)	19%

Retenciones en rendimientos de capital mobiliario

Como regla general, los rendimientos del capital mobiliario derivados de los activos financieros están sujetos a retención o a ingreso a cuenta. No obstante lo anterior, no existe obligación, según el artículo 75.3 RIRPF de practicar retención o ingreso a cuenta sobre los siguientes rendimientos:

▶ Rendimientos de los valores emitidos por el Banco de España que constituyan instrumento regulador de intervención en el mercado monetario y los rendimientos de las Letras del Tesoro.

No obstante, están sujetos a retención o ingreso a cuenta los rendimientos derivados de contratos de cuentas basadas en operaciones sobre Letras del Tesoro que se formalicen con entidades de crédito y demás instituciones financieras.

▶ Los rendimientos de cuentas en el exterior satisfechos o abonados por establecimientos permanentes en el extranjero de entidades de crédito y establecimientos financieros residentes en España.

▶ Las primas de conversión de obligaciones en acciones.

▶ Los rendimientos derivados de la transmisión o reembolso de activos financieros con rendimiento explícito, siempre que cumplan los requisitos siguientes:

a) Que estén representados mediante anotaciones en cuenta.

b) Que se negocien en un mercado secundario oficial de valores español.

No obstante, están sujetos a retención o ingreso a cuenta los rendimientos derivados de contratos de cuentas basadas en operaciones sobre los valores anteriores que se formalicen con entidades de crédito y demás instituciones financieras.

Retenciones en rendimientos de capital inmobiliario

No existirá obligación de practicar retención o ingreso a cuenta sobre los rendimientos procedentes del arrendamiento o subarrendamiento de inmuebles urbanos en los siguientes supuestos:

1. Cuando se trate de arrendamiento de vivienda por empresas para sus empleados.

2. Cuando las rentas satisfechas por el arrendatario a un mismo arrendador no superen los 900 euros anuales.

3. Cuando la actividad del arrendador esté clasificada en alguno de los epígrafes del grupo 861 del IAE o en algún otro epígrafe que faculte para la actividad de arrendamiento o subarrendamiento de bienes inmuebles urbanos, y aplicando al valor catastral de los inmuebles destinados al arrendamiento o subarrendamiento no hubiese resultado cuota cero.

A estos efectos, el arrendador deberá acreditar frente al arrendatario el cumplimiento del citado requisito, en los términos que establezca el Ministro competente en Hacienda.

4. Pagos fraccionados

Junto con las retenciones y los ingresos a cuenta, los pagos fraccionados forman los pagos a cuenta.

Los contribuyentes que ejerzan actividades económicas estarán obligados a efectuar pagos fraccionados a cuenta del Impuesto sobre la Renta de las Personas Físicas, autoliquidando e ingresando su importe en las condiciones que reglamentariamente se determinen.

Reglamentariamente se podrá exceptuar de esta obligación a aquellos contribuyentes cuyos ingresos hayan estado sujetos a retención o ingreso a cuenta en el porcentaje que se fije al efecto.

El pago fraccionado correspondiente a las entidades en régimen de atribución de rentas, que ejerzan actividades económicas, se efectuará por cada uno de los socios, herederos, comuneros o partícipes, a los que proceda atribuir rentas de esta naturaleza, en proporción a su participación en el beneficio de la entidad.

4.1. Obligados al pago fraccionado

Los contribuyentes que ejerzan actividades económicas estarán obligados a autoliquidar e ingresar en el Tesoro, en concepto de pago a cuenta del Impuesto sobre la Renta de las Personas Físicas, la cantidad que resulte de lo establecido en los apartados siguientes.

Los contribuyentes que desarrollen actividades profesionales no estarán obligados a efectuar pago fraccionado en relación con las mismas si, en el año natural anterior, al menos el 70 por ciento de los ingresos de la actividad fueron objeto de retención o ingreso a cuenta.

Los contribuyentes que desarrollen actividades agrícolas o ganaderas no estarán obligados a efectuar pago fraccionado en relación con las mismas si, en el año natural anterior, al menos el 70 por ciento de los ingresos procedentes de la explotación, con excepción de las subvenciones corrientes y de capital y de las indemnizaciones, fueron objeto de retención o ingreso a cuenta.

Los contribuyentes que desarrollen actividades forestales no estarán obligados a efectuar pago fraccionado en relación con las mismas si, en el año natural anterior, al menos el 70 por ciento de los ingresos procedentes de la actividad, con excepción de las subvenciones corrientes y de capital y de las indemnizaciones, fueron objeto de retención o ingreso a cuenta.

En caso de inicio de la actividad se tendrá en cuenta el porcentaje de ingresos que hayan sido objeto de retención o ingreso a cuenta durante el período a que se refiere el pago fraccionado.

4.2. Importe del fraccionamiento

Los contribuyentes obligados al pago fraccionado ingresarán, en cada plazo, las cantidades siguientes:

a) **Por las actividades que estuvieran en el método de estimación directa, en cualquiera de sus modalidades**, el 20 por ciento del rendimiento neto correspondiente al período de tiempo transcurrido desde el primer día del año hasta el último día del trimestre a que se refiere el pago fraccionado.

De la cantidad resultante por aplicación de lo dispuesto en esta letra se deducirán los pagos fraccionados que, en relación con estas actividades, habría correspondido ingresar en los trimestres anteriores del mismo año.

b) **Por las actividades que estuvieran en el método de estimación objetiva**, el 4 por ciento de los rendimientos netos resultantes de la aplicación de dicho método en función de los datos-base del primer día del año a que se refiere el pago fraccionado o, en caso de inicio de actividades, del día en que estas hubiesen comenzado.

No obstante, en el supuesto de actividades que tengan solo una persona asalariada el porcentaje anterior será el 3 por ciento, y en el supuesto de que no disponga de personal asalariado dicho porcentaje será el 2 por ciento.

Cuando alguno de los datos-base no pudiera determinarse el primer día del año, se tomará, a efectos del pago fraccionado, el correspondiente al año inmediato anterior. En el supuesto de que no pudiera determinarse ningún dato-base, el pago fraccionado consistirá en el 2 por ciento del volumen de ventas o ingresos del trimestre.

c) **Tratándose de actividades agrícolas, ganaderas, forestales o pesqueras, cualquiera que fuese el método de determinación del rendimiento neto**, el 2 por ciento del volumen de ingresos del trimestre, excluidas las subvenciones de capital y las indemnizaciones.

Los porcentajes señalados se dividirán por dos para las actividades económicas que tengan derecho a la deducción en la cuota prevista en el artículo 68.4 de la Ley del Impuesto.

De la cantidad resultante por aplicación de lo dispuesto anteriormente, se podrán deducir, en su caso:

a) Las retenciones practicadas y los ingresos a cuenta efectuados correspondientes al período de tiempo transcurrido desde el primer día del año hasta el último día del trimestre al que se refiere el pago fraccionado, cuando se trate de:

1. Actividades profesionales que determinen su rendimiento neto por el método de estimación directa, en cualquiera de sus modalidades.

2. Arrendamiento de inmuebles urbanos que constituya actividad económica.

3. Cesión del derecho a la explotación de la imagen o del consentimiento o autorización para su utilización que constituya actividad económica, y demás rentas previstas en el artículo 75.2 b) del presente Reglamento.

b) Las retenciones practicadas y los ingresos a cuenta efectuados conforme a lo dispuesto en los artículos 95 y 104 de este Reglamento correspondientes al trimestre, cuando se trate de:

1º Actividades económicas que determinen su rendimiento neto por el método de estimación objetiva. No obstante, cuando el importe de las retenciones e ingresos a cuenta soportados en el trimestre sea superior a la cantidad resultante por aplicación de lo dispuesto en las letras b) y c) del apartado 1 anterior, así como, en su caso, de lo dispuesto en el apartado 2 anterior, podrá deducirse dicha diferencia en cualquiera de los siguientes pagos fraccionados correspondientes al mismo período impositivo cuyo importe positivo lo permita y hasta el límite máximo de dicho importe.

2º Actividades agrícolas, ganaderas o forestales no incluidas en el número 1.º anterior.

c) Cuando la cuantía de los rendimientos netos de actividades económicas del ejercicio anterior sea igual o inferior a 12.000 euros, el importe que resulte del siguiente cuadro:

Cuantía de los rendimientos netos del ejercicio anterior — Euros	Importe de la minoración — Euros
Igual o inferior a 9.000.	100
Entre 9.000,01 y 10.000.	75
Entre 10.000,01 y 11.000.	50
Entre 11.000,01 y 12.000.	25

Cuando el importe de la minoración prevista en esta letra sea superior a la cantidad resultante por aplicación de lo dispuesto en los apartados anteriores y en las letras a) y b) de este apartado, la diferencia podrá deducirse en cualquiera de los siguientes pagos fraccionados correspondientes al mismo período impositivo cuyo importe positivo lo permita y hasta el límite máximo de dicho importe.

d) Cuando los contribuyentes destinen cantidades para la adquisición o rehabilitación de su vivienda habitual utilizando financiación ajena, por las que vayan a tener derecho a la deducción por inversión en vivienda habitual regulada en la disposición transitoria decimoctava de la Ley del Impuesto, las cuantías que se citan a continuación:

1. Tratándose de contribuyentes que ejerzan actividades que estuvieran en el método de estimación directa, en cualquiera de sus modalidades, cuyos rendimientos íntegros previsibles del período impositivo sean inferiores a 33.007,2 euros, se podrá deducir el 2 por ciento del rendimiento neto correspondiente al período de tiempo transcurrido desde el primer día del año hasta el último día del trimestre a que se refiere el pago fraccionado.

   A estos efectos se considerarán como rendimientos íntegros previsibles del período impositivo los que resulten de elevar al año los rendimientos íntegros correspondientes al primer trimestre.

   En ningún caso podrá practicarse una deducción por importe superior a 660,14 euros en cada trimestre.

2. Tratándose de contribuyentes que ejerzan actividades que estuvieran en el método de estimación objetiva cuyos rendimientos netos resultantes de la aplicación de dicho método en función de los datos-base del primer día del año a que se refiere el pago fraccionado o, en caso de inicio de actividades, del día en que estas hubiesen comenzado, sean inferiores a 33.007,2euros, se podrá deducir el 0,5 por ciento de los citados rendimientos netos.

3. Tratándose de contribuyentes que ejerzan actividades agrícolas, ganaderas, forestales o pesqueras, cualquiera que fuese el método de determinación del rendimiento neto, cuyo volumen previsible de ingresos del período impositivo, excluidas las subvenciones de capital y las indemnizaciones sea inferior a 33.007,2 euros, se podrá deducir el 2 por ciento del volumen de ingresos del trimestre, excluidas las subvenciones de capital y las indemnizaciones.

   A estos efectos se considerará como volumen previsible de ingresos del período impositivo el resultado de elevar al año el volumen de ingresos del primer trimestre, excluidas las subvenciones de capital y las indemnizaciones.

   En ningún caso podrá practicarse una deducción por un importe acumulado en el período impositivo superior a 660,14 euros.

   Las deducciones previstas en esta letra d) no resultarán de aplicación cuando los contribuyentes ejerzan dos o más actividades comprendidas en ordinales distintos, ni cuando perciban rendimientos del trabajo y hubiesen efectuado a su pagador la comunicación a que se refiere el párrafo segundo del artículo 88.1 de este Reglamento, ni cuando las cantidades se destinen a la construcción o ampliación de la vivienda.

387

Los contribuyentes podrán aplicar en cada uno de los pagos fraccionados porcentajes superiores a los indicados.

4.3. Declaración e ingreso

Los empresarios y profesionales estarán obligados a declarar e ingresar trimestralmente en el Tesoro Público las cantidades determinadas conforme a lo establecido en el punto anterior. en los plazos siguientes:

a) Los tres primeros trimestres, entre el día 1 y el 20 de los meses de abril, julio y octubre.

b) Cuarto trimestre, entre el día 1 y el 30 del mes de enero.

Cuando del cálculo del pago fraccionado que hemos determinado en el punto anterior, no resultasen cantidades a ingresar, los contribuyentes presentarán una declaración negativa.

El Ministro de Hacienda podrá prorrogar los plazos así como establecer supuestos de ingreso semestral con las adaptaciones que procedan de los porcentajes.

Los contribuyentes presentarán las declaraciones ante el órgano competente de la Administración tributaria e ingresarán su importe en el Tesoro Público.

La declaración se ajustará a las condiciones y requisitos y el ingreso se efectuará en la forma y lugar que determine el Ministro de Hacienda.

No tendrán que declarar los contribuyentes que obtengan rentas procedentes exclusivamente de las siguientes fuentes, en tributación individual o conjunta:

a) Rendimientos íntegros del trabajo, con el límite de 22.000 euros anuales.

b) Rendimientos íntegros del capital mobiliario y ganancias patrimoniales sometidos a retención o ingreso a cuenta, con el límite conjunto de 1.600 euros anuales.

.../...

Desde 2024 el límite de los rendimientos de trabajo será de 15.876 euros para los contribuyentes que perciban rendimientos íntegros del trabajo en los siguientes supuestos:

a) Cuando procedan de más de un pagador. No obstante, el límite será de 22.000 euros anuales en los siguientes supuestos:

 1. Si la suma de las cantidades percibidas del segundo y restantes pagadores, por orden de cuantía, no supera en su conjunto la cantidad de 1.500 euros anuales.

 2. Cuando se trate de contribuyentes cuyos únicos rendimientos del trabajo consistan en las prestaciones pasivas a que se refiere el artículo 17.2.a) de la LIRPF y la determinación del tipo de retención aplicable se hubiera realizado de acuerdo con el procedimiento especial que reglamentariamente se establezca.

b) Cuando se perciban pensiones compensatorias del cónyuge o anualidades por alimentos diferentes de las previstas en el artículo 7 de la LIRPF.

c) Cuando el pagador de los rendimientos del trabajo no esté obligado a retener de acuerdo con lo previsto reglamentariamente.

d) Cuando se perciban rendimientos íntegros del trabajo sujetos a tipo fijo de retención.

Los contribuyentes del Impuesto sobre la Renta de las Personas Físicas estarán obligados a conservar, durante el plazo de prescripción, los justificantes y documentos acreditativos de las operaciones, rentas, gastos, ingresos, reducciones y deducciones de cualquier tipo que deban constar en sus declaraciones.

Asimismo, los contribuyentes por IRPF estarán obligados a llevar los libros o registros que reglamentariamente se establecen.

UNIDAD DIDÁCTICA 10

Regímenes transitorios

Contenido & Objetivos

Introducción

1. Prestaciones recibidas de expedientes de regulación de empleo

2. Régimen transitorio aplicable a las mutualidades de previsión social

3. Contratos de arrendamiento anteriores al 9 de mayo de 1985

4. Régimen transitorio de los contratos de seguro de vida generadores de incrementos o disminuciones de patrimonio con anterioridad a 1 de enero de 1999 (Disposición Transitoria cuarta LIRPF)

5. Régimen transitorio aplicable a las rentas vitalicias y temporales (Disposición Transitoria quinta LIRPF)

6. Valor fiscal de las instituciones de inversión colectiva constituidas en países o territorios considerados como paraísos fiscales

7. Régimen transitorio aplicable a las ganancias patrimoniales derivadas de elementos patrimoniales adquiridos con anterioridad a 31 de diciembre de 1994

8. Sociedades en transparencia fiscal

9. Régimen transitorio aplicable a las prestaciones derivadas de los contratos de seguros colectivos que instrumentan compromisos por pensiones

10. Régimen transitorio aplicable a los planes de pensiones, de mutualidades de previsión social y de planes de previsión asegurados

11. Transformación de determinados contratos de seguros de vida en planes individuales de ahorro sistemático

12. Deducción por alquiler de la vivienda habitual

13. Contribuyentes con residencia habitual en el territorio de una Comunidad Autónoma al que no le resulte de aplicación el nuevo modelo de financiación autonómica

14. Deducción por obras de mejora en la vivienda habitual satisfechas con anterioridad a la entrada en vigor del Real Decreto-ley 5/2011

15. Indemnizaciones por despido exentas

16. Reducciones aplicables a determinados rendimientos

17. Acciones o participaciones de entidades de nueva o reciente creación adquiridas con anterioridad a la entrada en vigor de la Ley 14/2013, de Apoyo a los Emprendedores y su Internacionalización

18. Acciones o participaciones adquiridas con el saldo de cuentas ahorro-empresa

19. Transmisiones de derechos de suscripción anteriores a 1 de enero de 2017

20. Socios de sociedades civiles que tengan la condición de contribuyentes del Impuesto sobre Sociedades

21. Requisito de antigüedad a efectos de tratamiento de Planes Individuales de Ahorro Sistemático de contratos de seguro formalizados antes de 1 de enero de 2015

22. Límites para la aplicación del método de estimación objetiva en los ejercicios 2016 y 2017

El **objetivo** de esta unidad es:

1. Identificar los distintos regímenes transitorios aplicables en el IRPF.

392

Introducción

A lo largo de esta unidad analizaremos los regímenes transitorios, de aplicación temporal, acotado, en muchas ocasiones en períodos iniciados a continuación de la entrada en vigor de la normativa actual del IRPF y que no necesariamente se aplican en 2024.

Hemos obviado aquellos regímenes transitorios, que se encuentran en la ley, que hemos desarrollados en otras unidades.

También hemos obviado algunos regímenes cuyo ejercicio de aplicación no se encuentra en el período de prescripción de este manual (4 ejercicios anteriores al 2024).

1. Prestaciones recibidas de expedientes de regulación de empleo

A las cantidades percibidas a partir del 1 de enero de 2001 por beneficiarios de contratos de seguro concertados para dar cumplimiento a lo establecido en la Disposición Transitoria cuarta del texto refundido de la Ley de Regulación de los Planes y Fondos de Pensiones que instrumenten las prestaciones derivadas de expedientes de regulación de empleo, que con anterioridad a la celebración del contrato se hicieran efectivas con cargo a fondos internos, y a las cuales les resultara de aplicación la reducción establecida en el artículo 17.2.a) de la Ley 40/1998, de 9 de diciembre, del Impuesto sobre la Renta de las Personas Físicas y otras Normas Tributarias, aplicarán la reducción establecida en el artículo 18.2 de la LIRPF, sin que a estos efectos la celebración de tales contratos altere el cálculo del período de generación de tales prestaciones.

2. Régimen transitorio aplicable a las mutualidades de previsión social

Las prestaciones por jubilación e invalidez derivadas de contratos de seguro concertados con mutualidades de previsión social cuyas aportaciones, realizadas con anterioridad a 1 de enero de 1999, hayan sido objeto de minoración al menos en parte en la base imponible, deberán integrarse en la base imponible del impuesto en concepto de rendimientos del trabajo.

La integración se hará en la medida en que la cuantía percibida exceda de las aportaciones realizadas a la mutualidad que no hayan podido ser objeto de reducción o minoración en la base imponible del impuesto de acuerdo con la legislación vigente en cada momento y, por tanto, hayan tributado previamente.

Si no pudiera acreditarse la cuantía de las aportaciones que no hayan podido ser objeto de reducción o minoración en la base imponible, se integrará el 75 por ciento de las prestaciones por jubilación o invalidez percibidas.

3. Contratos de arrendamiento anteriores al 9 de mayo de 1985

En la determinación de los rendimientos del capital inmobiliario derivados de contratos de arrendamiento celebrados con anterioridad al 9 de mayo de 1985, que no disfruten del derecho a la revisión de la renta del contrato en virtud de la aplicación de la regla 7.ª del apartado 11 de la Disposición Transitoria segunda de la Ley 29/1994, de 24 de noviembre, de arrendamientos urbanos, se incluirá adicionalmente, como gasto deducible, mientras subsista esta situación y en concepto de compensación, la cantidad que corresponda a la amortización del inmueble.

4. Régimen transitorio de los contratos de seguro de vida generadores de incrementos o disminuciones de patrimonio con anterioridad a 1 de enero de 1999 (Disposición Transitoria cuarta LIRPF)

Cuando se perciba un capital diferido, a la parte del rendimiento neto total correspondiente a primas satisfechas con anterioridad a 31 de diciembre de 1994, que se hubiera generado con anterioridad a 20 de enero de 2006, podrá reducirse de la siguiente manera:

- Se determinará la parte del rendimiento neto total obtenido que corresponde a cada una de las primas satisfechas con anterioridad a 31 de diciembre de 1994.

- Se determinará la parte del rendimiento neto correspondiente a cada una de las primas satisfechas con anterioridad a 31 de diciembre de 1994, que se ha generado con anterioridad a 20 de enero de 2006.

- Se calculará el importe total de los capitales diferidos correspondientes a los seguros de vida a cuyo rendimiento neto se le hubiera aplicado el régimen transitorio, obtenidos desde 1 de enero de 2015 hasta el momento de la imputación temporal del capital diferido, distinguiéndose las siguientes situaciones a efectos de la aplicación de los porcentajes de reducción (denominados también coeficientes de abatimiento):

⇨ Si el importe calculado es inferior a 400,000 euros, se se aplicará a cada una de las partes del rendimiento neto calculadas el porcentaje de reducción del 14,28 por 100 por cada año transcurrido entre el pago de la correspondiente prima y el 31 de diciembre de 1994.

⇨ Cuando hubiesen transcurrido más de seis años entre dichas fechas, el porcentaje a aplicar será el 100 por 100.

⇨ Si el importe calculado es superior a 400.000 euros, pero el importe del capital diferido obtenido al que se pretenda aplicar el régimen transitorio sea inferior a 400.000 euros: se practicará la reducción a cada una de las partes del rendimiento neto generadas con anterioridad a 20 de enero de 2006 que proporcionalmente correspondan a la parte del capital diferido que sumado a los capitales diferidos obtenidos con anterioridad no supere 400.000 euros.

⇨ Si el importe calculado es superior a 400.000 euros no se practicará reducción.

5. Régimen transitorio aplicable a las rentas vitalicias y temporales (Disposición Transitoria quinta LIRPF)

Para determinar la parte de las rentas vitalicias y temporales, inmediatas o diferidas, que se considera rendimiento del capital mobiliario, resultarán aplicables exclusivamente los porcentajes establecidos por el artículo 25.3.a), números 2° y 3°, de la Ley, a las prestaciones en forma de renta que se perciban a partir de la entrada en vigor de la Ley, cuando la constitución de las rentas se hubiera producido con anterioridad a 1 de enero de 1999.

Dichos porcentajes resultarán aplicables en función de la edad que tuviera el perceptor en el momento de la constitución de la renta en el caso de rentas vitalicias o en función de la total duración de la renta si se trata de rentas temporales.

Si se acudiera al rescate de rentas vitalicias o temporales cuya constitución se hubiera producido con anterioridad a 1 de enero de 1999, para el cálculo del rendimiento del capital mobiliario producido con motivo del rescate se restará la rentabilidad obtenida hasta la fecha de constitución de la renta.

Para determinar la parte de las rentas vitalicias y temporales, inmediatas o diferidas, que se considera rendimiento del capital mobiliario, resultarán aplicables los porcentajes establecidos por el artículo 25.3.a), números 2° y 3°, de esta Ley, a las prestaciones en forma de renta que se perciban a partir de la entrada en vigor de esta Ley, cuando la constitución de las mismas se hubiera producido entre el 1 de enero de 1999 y el 31 de diciembre de 2006.

Dichos porcentajes resultarán aplicables en función de la edad que tuviera el perceptor en el momento de la constitución de la renta en el caso de rentas vitalicias o en función de la total duración de la renta si se trata de rentas temporales.

Adicionalmente, en su caso, se añadirá la rentabilidad obtenida hasta la fecha de constitución de la renta a que se refiere el número 4. del artículo 25.3 a) de la LIRPF.

6. Valor fiscal de las instituciones de inversión colectiva constituidas en países o territorios considerados como paraísos fiscales

A los efectos de calcular el exceso del valor liquidativo a que hace referencia el artículo 95 de la LIRPF, se tomará como valor de adquisición el valor liquidativo a 1 de enero de 1999, respecto de las participaciones y acciones que en el mismo se posean por el contribuyente. La diferencia entre dicho valor y el valor efectivo de adquisición no se tomará como valor de adquisición a los efectos de la determinación de las rentas derivadas de la transmisión o reembolso de las acciones o participaciones.

Los dividendos y participaciones en beneficios distribuidos por las instituciones de inversión colectiva, que procedan de beneficios obtenidos con anterioridad a 1 de enero de 1999, se integrarán en la base imponible de los socios o partícipes de los mismos. A estos efectos, se entenderá que las primeras reservas distribuidas han sido dotadas con los primeros beneficios ganados.

7. Régimen transitorio aplicable a las ganancias patrimoniales derivadas de elementos patrimoniales adquiridos con anterioridad a 31 de diciembre de 1994

Como ya vimos en la Unidad 5, el importe de las ganancias patrimoniales correspondientes a transmisiones de elementos patrimoniales no afectos a actividades económicas que hubieran sido adquiridos con anterioridad a 31 de diciembre de 1994, se determinará con arreglo a las reglas establecidas en la Disposición Transitoria novena.

Entre otros ajustes que establece la disposición transitoria para determinar la ganancia patrimonial, establece:

1. Se determinará la ganancia para cada elemento patrimonial. De la ganancia patrimonial se distinguirá la parte de la misma que se haya generado con anterioridad a 20 de enero de 2006, entendiendo como tal la parte de la ganancia patrimonial que proporcionalmente corresponda al número de días transcurridos entre la fecha de

adquisición y el 19 de enero de 2006, ambos inclusive, respecto del número total de días que hubiera permanecido en el patrimonio del contribuyente.

La parte de la ganancia patrimonial generada con anterioridad a 20 de enero de 2006, se reducirá, en su caso, de la siguiente manera:

a) Se calculará el período de permanencia en el patrimonio del contribuyente anterior a 31 de diciembre de 1996 del elemento patrimonial.

b) A estos efectos, se tomará como período de permanencia en el patrimonio del contribuyente el número de años que medie entre la fecha de adquisición del elemento y el 31 de diciembre de 1996, redondeado por exceso.

c) Se calculará el valor de transmisión de todos los elementos patrimoniales transmitidos desde enero de 2015 hasta la fecha de transmisión del elemento patrimonial.

d) Cuando sea inferior a 400.000 euros la suma del valor de transmisión del elemento patrimonial y la cuantía a que se refiere la letra b) anterior, la parte de la ganancia patrimonial generada con anterioridad a 20 de enero de 2006 se reducirá en el importe resultante de aplicar los siguientes porcentajes por cada año de permanencia de los señalados en la letra a) anterior que exceda de dos:

    1.º Si los elementos patrimoniales transmitidos fuesen bienes inmuebles, derechos sobre los mismos: 11,11%.

    2.º Si los elementos patrimoniales transmitidos fuesen acciones admitidas a negociación en alguno de los mercados secundarios oficiales de valores: 25%.

    3.º Para las restantes ganancias patrimoniales generadas con anterioridad a 20 de enero de 2006, un 14,28 %.

Estará no sujeta la parte de la ganancia patrimonial generada con anterioridad a 20 de enero de 2006 derivada de elementos patrimoniales que a 31 de diciembre de 1996 y en función de lo señalado en esta letra c) tuviesen un período de permanencia, tal y como este se define en la letra a), superior a diez, cinco y ocho años, respectivamente.

8. Sociedades en transparencia fiscal

Los dividendos y participaciones en beneficios distribuidos por sociedades que procedan de períodos impositivos durante los cuales dichas sociedades se hallasen en régimen de transparencia fiscal no se considerarán rendimientos del capital mobiliario, según la disposición transitoria cuarta del RIRPF.

9. Régimen transitorio aplicable a las prestaciones derivadas de los contratos de seguros colectivos que instrumentan compromisos por pensiones

Para las prestaciones derivadas de contingencias acaecidas con con posterioridad a 1 de enero de 2015, los beneficiarios podrán aplicar el régimen financiero y fiscal vigente a 31 de diciembre de 2006, pero solo a la parte de la prestación correspondiente a aportaciones realizadas hasta dicha fecha (31 de diciembre de 2006), así como por las primas ordinarias previstas en la póliza original del contrato satisfechas con posterioridad a dicha fecha.

Para las prestaciones derivadas de contingencias acaecidas a partir de 1 de enero de 2007 correspondientes a seguros colectivos contratados con anterioridad a 20 de enero de 2006, podrá aplicarse el régimen fiscal vigente a 31 de diciembre de 2006. Este régimen será solo aplicable a la parte de la prestación correspondiente a las primas satisfechas hasta 31 de diciembre de 2006, así como las primas ordinarias previstas en la póliza original satisfechas con posterioridad a esta fecha.

El régimen consistirá en aplicar una reducción a las aportaciones empresariales no imputadas a los trabajadores del 40% o del 40%-75% cuando se imputen al trabajador, siempre que se cumplan determinados requisitos, como la antigüedad de las primas satisfechas.

10. Régimen transitorio aplicable a los planes de pensiones, de mutualidades de previsión social y de planes de previsión asegurados

Para las prestaciones derivadas de contingencias acaecidas con posterioridad a 1 de enero de 2014, los beneficiarios podrán aplicar el régimen financiero y, en su caso, aplicar la reducción prevista en el artículo 17 del texto refundido de la Ley del Impuesto sobre la Renta de las Personas Físicas vigente a 31 de diciembre de 2006.

Este régimen consiste un la posibilidad de aplicar una reducción del 40% cuando hayan transcurrido más de dos años desde la primera aportación o del 50% cuando las prestaciones las perciba en forma de capital personas con discapacidad, entre otros requisitos.

11. Transformación de determinados contratos de seguros de vida en planes individuales de ahorro sistemático

Los contratos de seguro de vida formalizados con anterioridad al 1 de enero de 2007 y en los que el contratante, asegurado y beneficiario sea el propio contribuyente, podrán transformarse en planes individuales de ahorro sistemático regulados en la Disposición Adicional tercera de la LIRPF, y por tanto, serán de aplicación el artículo 7.v) y la Disposición Adicional tercera de esta misma Ley, en el momento de constitución de las rentas vitalicias siempre que se cumplan los siguientes requisitos:

1. Que el límite máximo anual satisfecho en concepto de primas durante los años de vigencia del contrato de seguro no haya superado los 8.000 euros, y el importe total de las primas acumuladas no haya superado la cuantía de 240.000 euros por contribuyente.

2. Que hubieran transcurrido más de cinco años desde la fecha de pago de la primera prima.

No podrán transformarse en planes individuales de ahorro sistemático los seguros colectivos que instrumenten compromisos por pensiones conforme a la Disposición Adicional primera del texto refundido de la Ley de Regulación de los Planes y Fondos de Pensiones, ni los instrumentos de previsión social que reducen la base imponible.

En el momento de la transformación se hará constar de forma expresa y destacada en el condicionando del contrato que se trata de un plan individual de ahorro sistemático regulado en la Disposición Adicional tercera de la LIRPF.

Una vez realizada la transformación, en el caso de anticipación, total o parcial, de los derechos económicos derivados de la renta vitalicia constituida, el contribuyente deberá integrar en el periodo impositivo en el que se produzca la anticipación, la renta que estuvo exenta por aplicación de lo dispuesto en la letra v) del artículo 7 de la LIRPF, sin que resulte aplicable la Disposición Transitoria decimotercera de la LIRPF.

12. Deducción por alquiler de la vivienda habitual

Podrán aplicar la deducción por alquiler de la vivienda habitual en los términos previstos en el apartado 2 de esta disposición, los contribuyentes que hubieran celebrado un contrato de arrendamiento con anterioridad a 1 de enero de 2015 por el que hubieran satisfecho, con anterioridad a dicha fecha, cantidades por el alquiler de su vivienda habitual.

En todo caso, resultará necesario que el contribuyente hubiera tenido derecho a la deducción por alquiler de la vivienda habitual en relación con las cantidades satisfechas por el alquiler de dicha vivienda en un período impositivo devengado con anterioridad a 1 de enero de 2015.

La deducción por alquiler de la vivienda habitual se aplicará conforme a lo dispuesto en los artículos 67.1, 68.7 y 77.1 de la Ley del Impuesto, en su redacción en vigor a 31 de diciembre de 2014.

13. Contribuyentes con residencia habitual en el territorio de una Comunidad Autónoma al que no le resulte de aplicación el nuevo modelo de financiación autonómica

Los contribuyentes que tengan su residencia habitual en el territorio de una Comunidad Autónoma al que no le resulte de aplicación el modelo de financiación previsto en la Ley 22/2009, por el que se regula el sistema de financiación de las Comunidades Autónomas de régimen común y Ciudades con Estatuto de Autonomía, calcularán la cuota íntegra estatal y autonómica de este Impuesto tomando en consideración los artículos 3, 63, 66, 67, 68, 74, 76, 77 y 78 de la LIRPF en su redacción vigente a 31 de diciembre de 2009.

14. Deducción por obras de mejora en la vivienda habitual satisfechas con anterioridad a la entrada en vigor del Real Decreto-ley 5/2011

Los contribuyentes que con anterioridad a la entrada en vigor del Real Decreto-ley 5/2011 hayan satisfecho cantidades por las que hubieran tenido derecho a la deducción por obras de mejora en la vivienda habitual conforme a la redacción original de la Disposición Adicional vigésima novena de la LIRPF, aplicarán la deducción en relación con tales cantidades conforme a la citada redacción.

15. Indemnizaciones por despido exentas

Las indemnizaciones por despidos producidos desde la entrada en vigor del Real Decreto-ley 3/2012, de 10 de febrero, de medidas urgentes para la reforma del mercado laboral, y hasta el día de la entrada en vigor de la Ley, de medidas urgentes para la reforma del mercado laboral, estarán exentas en la cuantía que no exceda de la que hubiera correspondido en el caso de que este hubiera sido declarado improcedente, cuando el empresario así lo reconozca en el momento de la comunicación del despido o en cualquier otro anterior al acto de conciliación y no se trate de extinciones de mutuo acuerdo en el marco de planes o sistemas colectivos de bajas incentivadas.

Las indemnizaciones por despido o cese consecuencia de los expedientes de regulación de empleo a que se refiere la Disposición Transitoria décima de la Ley, de medidas urgentes para la reforma del mercado laboral, aprobados por la autoridad competente a partir de 8 de marzo de 2009, estarán exentas en la cuantía que no supere cuarenta y cinco días de salario, por año de servicio, prorrateándose por meses los periodos de tiempo inferiores a un año hasta un máximo de cuarenta y dos mensualidades.

El límite previsto en el último párrafo de la letra e) del artículo 7 de la LIRPF no resultará de aplicación a las indemnizaciones por despidos o ceses producidos con anterioridad a 1 de agosto de 2014. Tampoco resultará de aplicación a los despidos que se produzcan a partir de esta fecha cuando deriven de un expediente de regulación de empleo aprobado, o un despido colectivo en el que se hubiera comunicado la apertura del período de consultas a la autoridad laboral, con anterioridad a dicha fecha.

16. Reducciones aplicables a determinados rendimientos

El límite de la reducción previsto en el artículo 18.2 de la LIRPF para la extinción de relaciones laborales o mercantiles no se aplicará a los rendimientos del trabajo que deriven de extinciones producidas con anterioridad a 1 de enero de 2013.

Los **rendimientos del trabajo procedentes de indemnizaciones por extinción de la relación mercantil a que se refiere el artículo 17.2 e) de la Ley** con período de generación superior a dos años, podrán aplicar la reducción prevista en el apartado 2 del artículo 18 de la LIRPF cuando el cociente resultante de dividir el número de años de generación, computados de fecha a fecha, entre el número de períodos impositivos de fraccionamiento, sea superior a dos, siempre que la fecha de la extinción de la relación sea anterior a 1 de agosto de 2014.

Los **rendimientos distintos de los procedentes de indemnizaciones por extinción de la relación laboral, común o especial, o de la relación mercantil** a que se refiere el artículo 17.2 e) de la LIRPF, que se vinieran percibiendo de forma fraccionada con anterioridad a 1 de enero de 2015 con derecho a la aplicación de la reducción prevista en los artículos 18.2, 23.3 26.2 y 32.1 de la Ley del Impuesto en su redacción en vigor a 31 de diciembre de 2014, podrán seguir aplicando la reducción prevista, respectivamente, en los artículos 18.2, 23.3, 26.2 y 32.1 de la LIRPF a cada una de las fracciones que se imputen a partir de 1 de enero de 2015, siempre que el cociente resultante de dividir el número de años de generación, computados de fecha a fecha, entre el número de períodos impositivos de fraccionamiento, sea superior a dos.

En relación con rendimientos previstos en el párrafo anterior derivados de compromisos adquiridos con anterioridad a 1 de enero de 2015 que tuvieran previsto el inicio de su percepción de forma fraccionada en períodos impositivos

que se inicien a partir de dicha fecha, la sustitución de la forma de percepción inicialmente acordada por su percepción en un único período impositivo no alterará el inicio del período de generación del rendimiento.

En el caso de los rendimientos del trabajo que deriven del ejercicio de opciones de compra sobre acciones o participaciones por los trabajadores que hubieran sido concedidas con anterioridad a 1 de enero de 2015 y se ejerciten transcurridos más de dos años desde su concesión, si, además, no se concedieron anualmente, podrán aplicar la reducción prevista en el apartado 2 del artículo 18 de la LIRPF aun cuando en el plazo de los cinco períodos impositivos anteriores a aquel en el que se ejerciten, el contribuyente hubiera obtenido otros rendimientos con período de generación superior a dos años a los que hubiera aplicado la reducción prevista en dicho apartado. En este caso será de aplicación el límite previsto en el número 1.º de la letra b) del apartado 2 del artículo 18 de la LIRPF en su redacción, en vigor a 31 de diciembre de 2014, a los rendimientos del trabajo derivados de todas las opciones de compra concedidas con anterioridad a 1 de enero de 2015.

17. Acciones o participaciones de entidades de nueva o reciente creación adquiridas con anterioridad a la entrada en vigor de la Ley 14/2013, de Apoyo a los Emprendedores y su Internacionalización

Los contribuyentes que obtengan ganancias patrimoniales que se pongan de manifiesto con ocasión de la transmisión de acciones o participaciones adquiridas con anterioridad a la entrada en vigor de la Ley 14/2013 podrán aplicar la exención prevista en la Disposición Adicional trigésima cuarta de la LIRPF en su redacción en vigor a 31 de diciembre de 2012, siempre que se cumplan los requisitos y condiciones establecidos en dicha disposición adicional.

18. Acciones o participaciones adquiridas con el saldo de cuentas ahorro-empresa

No formará parte de la base de la deducción regulada en el artículo 68.1 de la LIRPF el importe de las acciones o participaciones adquiridas con el saldo de cuentas ahorro-empresa en la medida en que dicho saldo hubiera sido objeto de deducción.

19. Transmisiones de derechos de suscripción anteriores a 1 de enero de 2017

Para la determinación del valor de adquisición de los valores a que se refiere la letra a) del apartado 1 del artículo 37 de la LIRPF, se deducirá el importe obtenido por las transmisiones de derechos de suscripción realizadas con anterioridad a 1 de enero de 2017, con excepción del importe de tales derechos que hubiera tributado como ganancia patrimonial. Cuando no se hubieran transmitido la totalidad de los derechos de suscripción, se entenderá que los transmitidos correspondieron a los valores adquiridos en primer lugar.

20. Socios de sociedades civiles que tengan la condición de contribuyentes del Impuesto sobre Sociedades

Los contribuyentes de este Impuesto que sean socios de sociedades civiles, a las que hubiese resultado de aplicación el régimen de atribución de rentas previsto en la Sección 2.ª del Título X de la a LIRPF y adquieran la condición de contribuyentes del Impuesto sobre Sociedades, podrán seguir aplicando las deducciones en la cuota íntegra previstas en el artículo 68.2 de la LIRPF que estuviesen pendientes de aplicación a 1 de enero de 2016 en los términos previstos en el artículo 69 de la LIRPF, siempre que se cumplan las condiciones y requisitos establecidos en la Ley del Impuesto sobre Sociedades.

En lo que afecte a los contribuyentes de este Impuesto, será de aplicación lo dispuesto en la Disposición Transitoria trigésima segunda de la Ley del Impuesto sobre Sociedades.

21. Requisito de antigüedad a efectos de tratamiento de Planes Individuales de Ahorro Sistemático de contratos de seguro formalizados antes de 1 de enero de 2015

A los Planes Individuales de Ahorro Sistemático formalizados con anterioridad al 1 de enero de 2015, les será de aplicación el requisito de cinco años fijado en la letra g) de la Disposición Adicional tercera de la LIRPF.

La transformación de un Plan Individual de Ahorro Sistemático formalizado antes de 1 de enero de 2015, o de un contrato de seguro de los regulados en la Disposición Transitoria decimocuarta de la LIRPF, mediante la modificación del vencimiento del mismo, con la exclusiva finalidad de anticipar la constitución de la renta vitalicia a una fecha que cumpla con el requisito de antigüedad de cinco años desde el pago de la primera prima exigido por las citadas disposiciones, no tendrá efectos tributarios para el tomador.

22. Límites para la aplicación del método de estimación objetiva en los ejercicios 2016 a 2024

Para los ejercicios 2016, 2017, 2018, 2019, 2020, 2021, 2022, 2023 y 2024, las magnitudes de 150.000 y 75.000 euros a que se refiere el apartado a') de la letra b) de la norma 3.ª del apartado 1 del artículo 31 de la LIRPF, quedan fijadas en 250.000 y 125.000 euros, respectivamente.

Asimismo, para dichos ejercicios, la magnitud de 150.000 euros a que se refiere la letra c) de la norma 3.ª del apartado 1 del artículo 31 de la Ley, queda fijada en 250.000 euros.

La LIRPF contempla, entre otros, regímenes transitorios para los siguientes supuestos:

▶ Prestaciones recibidas de expedientes de regulación de empleo.

▶ Régimen transitorio aplicable a las mutualidades de previsión social.

▶ Contratos de arrendamiento anteriores al 9 de mayo de 1985.

▶ Régimen transitorio de los contratos de seguro de vida generadores de incrementos o disminuciones de patrimonio con anterioridad a 1 de enero de 1999.

▶ Régimen transitorio aplicable a las rentas vitalicias y temporales.

▶ Valor fiscal de las instituciones de inversión colectiva constituidas en países o territorios considerados como paraísos fiscales.

▶ Régimen transitorio aplicable a las ganancias patrimoniales derivadas de elementos patrimoniales adquiridos con anterioridad a 31 de diciembre de 1994.

▶ Régimen transitorio aplicable a los planes de pensiones, de mutualidades de previsión social y de planes de previsión asegurados.

▶ Transformación de determinados contratos de seguros de vida en planes individuales de ahorro sistemático.

▶ Deducción por alquiler de la vivienda habitual.

▶ Deducción por obras de mejora en la vivienda habitual satisfechas con anterioridad a la entrada en vigor del Real Decreto-ley 5/2011.

▶ Reducciones aplicables a determinados rendimientos.

UNIDAD DIDÁCTICA 11

Regímenes especiales

Contenido & Objetivos

Introducción

1. Imputaciones de rentas inmobiliarias

2. Atribución de rentas

3. Imputación de rentas en el régimen de transparencia fiscal internacional

4. Imputación de rentas por la cesión de derechos de imagen

5. Régimen especial de trabajadores desplazados a territorio español

6. Régimen especial: ganancias patrimoniales por cambio de residencia

El **objetivo** de esta unidad es:

1. Identificar los distintos regímenes especiales aplicables en el IRPF.

Introducción

A lo largo de esta unidad analizaremos los regímenes especiales aplicables en el IRPF. Abordaremos las imputaciones de renta, las entidades en régimen de atribución de rentas, la imputación de rentas en régimen de transparencia fiscal, la imputación de rentas por la cesión de derechos de imagen, las ganancias patrimoniales por cambio de residencia y las instituciones de inversión colectiva.

1. Imputaciones de rentas inmobiliarias

Cuando el contribuyente sea propietario bienes inmuebles urbanos, calificados como tales en el artículo 7 del texto refundido de la Ley del Catastro Inmobiliario, aprobado por el Real Decreto Legislativo 1/2004, de 5 de marzo, así como en el caso de los inmuebles rústicos con construcciones que no resulten indispensables para el desarrollo de explotaciones agrícolas, ganaderas o forestales, no afectos en ambos casos a actividades económicas, ni generadores de rendimientos del capital, excluida la vivienda habitual y el suelo no edificado, tendrá la consideración de renta imputada la cantidad que resulte de aplicar el 2 por ciento al valor catastral, determinándose proporcionalmente al número de días que corresponda en cada período impositivo.

El porcentaje anterior, según precisa la LIRPF, se reduce al 1,1% en el caso de inmuebles cuyos valores catastrales hayan sido revisados o modificados en los diez años anteriores, indicándose que si a la fecha de devengo del tributo los inmuebles carecen de valor catastral (o bien este no ha sido notificado), el contribuyente deberá aplicar este mismo porcentaje al 50% del valor al que deba computarse el bien en cuestión a efectos del Impuesto sobre el Patrimonio.

El porcentaje del 1,1 por 100 se aplicará sobre el 50 por 100 del mayor de los siguientes valores:

- El precio, contraprestación o valor de adquisición del inmueble.
- El valor del inmueble comprobado por la Administración a efectos de otros tributos.

Para el período impositivo 2023 y 2024, el porcentaje de imputación del 1,1 por ciento previsto en el artículo 85 de la LIRPF resultará de aplicación en el caso de inmuebles localizados en municipios en los que los valores catastrales hayan sido revisados, modificados o determinados mediante un procedimiento de valoración colectiva de carácter general, de conformidad con la normativa catastral, siempre que hubieran entrado en vigor a partir de 1 de enero de 2012.

Si el inmueble se encuentra en construcción, o cuando no es susceptible de uso por razones urbanísticas, no se estimará entonces renta alguna.

Finalmente, **la norma introduce dos precisiones:**

1. Cuando existan **derechos reales de disfrute**, la renta computable para el titular del derecho será precisamente la que corresponda al propietario.

2. En los supuestos de **derechos de aprovechamiento por turno de bienes inmuebles,** la imputación de la renta se hará a quien sea titular del citado derecho, prorrateándose entonces la base liquidable del IBI en función de la duración anual del período de aprovechamiento.

   Si esta base liquidable no puede determinarse, se tomará como base de imputación el precio de adquisición del derecho de aprovechamiento por turno.

 En esta segunda precisión debe tenerse en cuenta que **no se imputará ninguna renta en el caso de que el aprovechamiento por turno tenga una duración inferior a dos semanas por año.**

2. Atribución de rentas

Las rentas correspondientes a las entidades en régimen de atribución de rentas se atribuirán a los socios, herederos, comuneros o partícipes, respectivamente, de acuerdo con lo establecido en el art. 86 y siguientes de la LIRPF.

A) Entidades en régimen de atribución de rentas

Tendrán la consideración de entidades en régimen de atribución de rentas las **sociedades civiles,** excepto las que a partir del 1 de enero del 2016 estén obligadas a tributar por el Impuesto sobre Sociedades, **las herencias yacentes, las comunidades de bienes,** incluidas las comunidades de propietarios **y demás entidades** que, carentes de personalidad jurídica, constituyan **una unidad económica o un patrimonio separado** susceptible de imposición y, en particular, las entidades constituidas en el extranjero cuya naturaleza jurídica sea idéntica o análoga a la de las entidades en atribución de rentas constituidas de acuerdo con las leyes españolas.

El régimen de atribución de rentas no será aplicable a las sociedades agrarias de transformación que tributarán por el Impuesto sobre Sociedades.

Las entidades en régimen de atribución de rentas no estarán sujetas al Impuesto sobre Sociedades.

B) Calificación de la renta atribuida

Las rentas de las entidades en régimen de atribución de rentas atribuidas a los socios, herederos, comuneros o partícipes tendrán la naturaleza derivada de la actividad o fuente de donde procedan para cada uno de ellos.

C) Cálculo de la renta atribuible y pagos a cuenta

Para el cálculo de las rentas a atribuir a cada uno de los socios, herederos, comuneros o partícipes, se aplicarán las reglas establecidas en el artículo 89 de la LIRPF.

D) Obligaciones de información de las entidades en régimen de atribución de rentas

Las entidades en régimen de atribución de rentas deberán presentar una declaración informativa, con el contenido que reglamentariamente se establezca, relativa a las rentas a atribuir a sus socios, herederos, comuneros o partícipes, residentes o no en territorio español.

No estarán obligadas a presentar la declaración informativa, las entidades en régimen de atribución de rentas que no ejerzan actividades económicas y cuyas rentas no excedan de 3.000 euros anuales.

3. Imputación de rentas en el régimen de transparencia fiscal internacional

Este régimen se desarrolla en la Sección 3ª, artículo 91 de la LIRPF.

1. Los contribuyentes imputarán las rentas positivas obtenidas por una entidad no residente en territorio español cuando se cumplan las circunstancias siguientes:

   a) **Que por sí solos o conjuntamente con entidades vinculadas en el sentido del artículo 18 de la Ley del Impuesto sobre Sociedades o con otros contribuyentes unidos por vínculos de parentesco, incluido el cónyuge, en línea directa o colateral, consanguínea o por afinidad hasta el segundo grado inclusive**, tengan una participación igual o superior al 50 por ciento en el capital, los fondos propios, los resultados o los derechos de voto de la entidad no residente en territorio español, en la fecha del cierre del ejercicio social de esta última.

   b) Que el importe satisfecho por la entidad no residente en territorio español, imputable a alguna de las clases de rentas previstas en el apartado 2 o

3 de este artículo por razón de gravamen de naturaleza idéntica o análoga al Impuesto sobre Sociedades, sea inferior al 75 por ciento del que hubiera correspondido de acuerdo con las normas de aquel.

2. Los contribuyentes imputarán la renta total obtenida por la entidad no residente en territorio español cuando esta no disponga de la correspondiente organización de medios materiales y personales para su obtención, incluso si las operaciones tienen carácter recurrente.

Se entenderá por renta total el importe de la base imponible que resulte de aplicar los criterios y principios establecidos en la Ley del Impuesto sobre Sociedades y en las restantes disposiciones relativas al Impuesto sobre Sociedades para la determinación de aquella.

Este apartado no resultará de aplicación cuando el contribuyente acredite que las referidas operaciones se realizan con los medios materiales y personales existentes en una entidad no residente en territorio español perteneciente al mismo grupo, en el sentido del artículo 42 del Código de Comercio, con independencia de su residencia y de la obligación de formular cuentas anuales consolidadas, o bien que su constitución y operativa responde a motivos económicos válidos.

La aplicación de lo dispuesto en el primer párrafo de este apartado prevalecerá sobre lo previsto en el apartado siguiente.

3. En el supuesto de no aplicarse lo establecido en el apartado anterior, se imputará únicamente la renta positiva que provenga de cada una de las siguientes fuentes:

a) Titularidad de bienes inmuebles rústicos y urbanos o de derechos reales que recaigan sobre estos, salvo que estén afectos a una actividad económica o cedidos en uso a entidades no residentes, pertenecientes al mismo grupo de sociedades de la titular, en el sentido del artículo 42 del Código de Comercio con independencia de su residencia y de la obligación de formular cuentas anuales consolidadas, e igualmente estuvieren afectos a una actividad económica.

b) Participación en fondos propios de cualquier tipo de entidad y cesión a terceros de capitales propios, que tengan tal consideración con arreglo a lo dispuesto en los apartados 1 y 2 del artículo 25 de la LIRPF.

No se entenderá incluida en esta letra la renta positiva que proceda de los siguientes activos financieros:

⇨ Los tenidos para dar cumplimiento a obligaciones legales y reglamentarias originadas por el ejercicio de actividades económicas.

⇨ Los que incorporen derechos de crédito nacidos de relaciones contractuales establecidas como consecuencia del desarrollo de actividades económicas.

⇨ Los tenidos como consecuencia del ejercicio de actividades de intermediación en mercados oficiales de valores.

⇨ Los tenidos por entidades de crédito y aseguradoras como consecuencia del ejercicio de sus actividades, sin perjuicio de lo establecido en la letra i) siguiente.

La renta positiva derivada de la cesión a terceros de capitales propios se entenderá que procede de la realización de actividades crediticias y financieras a que se refiere la letra i), cuando el cedente y el cesionario pertenezcan a un grupo de sociedades en el sentido del artículo 42 del Código de Comercio, con independencia de la residencia y de la obligación de formular cuentas anuales consolidadas y los ingresos del cesionario procedan, al menos en el 85 por ciento, del ejercicio de actividades económicas.

c) Operaciones de capitalización y seguro, que tengan como beneficiaria a la propia entidad.

d) Propiedad industrial e intelectual, asistencia técnica, bienes muebles, derechos de imagen y arrendamiento o subarrendamiento de negocios o minas, que tengan tal consideración con arreglo a lo dispuesto en el apartado 4 del artículo 25 de la LIRPF.

No obstante, no será objeto de imputación la renta procedente de derechos de imagen que deba imputarse conforme a lo dispuesto en el artículo 92 de la LIRPF.

e) Transmisión de los bienes y derechos referidos en las letras a), b), c) y d) anteriores que genere rentas.

f) Instrumentos financieros derivados, excepto los designados para cubrir un riesgo específicamente identificado derivado de la realización de actividades económicas.

g) Actividades de seguros, crediticias, operaciones de arrendamiento financiero y otras actividades financieras salvo que se trate de rentas obtenidas en el ejercicio de actividades económicas, sin perjuicio de lo establecido en la letra i).

h) Operaciones sobre bienes y servicios realizados con personas o entidades vinculadas en el sentido del artículo 18 de la Ley del Impuesto sobre Sociedades, en las que la entidad no residente o establecimiento añade un valor económico escaso o nulo.

413

i)   Actividades crediticias, financieras, aseguradoras y de prestación de servicios realizadas, directa o indirectamente, con personas o entidades residentes en territorio español y vinculadas en el sentido del artículo 18 de la Ley del Impuesto sobre Sociedades, en cuanto determinen gastos fiscalmente deducibles en dichas personas o entidades residentes.

No se incluirá la renta positiva prevista en esta letra, cuando al menos dos tercios de los ingresos derivados de las actividades crediticias, financieras, aseguradoras o de prestación de servicios realizadas por la entidad no residente procedan de operaciones efectuadas con personas o entidades no vinculadas en el sentido del artículo 18 de la Ley del Impuesto sobre Sociedades.

4.   No se imputarán las rentas previstas en el apartado 3 anterior cuando la suma de sus importes sea inferior al 15 por ciento de la renta total obtenida por la entidad no residente.

No obstante, se imputarán en todo caso las rentas a las que se refiere la letra i) del apartado 3 sin perjuicio de que, asimismo, sean tomadas en consideración a efectos de determinar la suma a la que se refiere el párrafo anterior.

No se imputará en la base imponible del contribuyente el impuesto o impuestos de naturaleza idéntica o similar al Impuesto sobre Sociedades efectivamente satisfecho por la sociedad no residente por la parte de renta a incluir.

5.   Estarán obligados a la imputación prevista en este artículo los contribuyentes comprendidos en la letra a) del apartado 1, que participen directamente en la entidad no residente o bien indirectamente a través de otra u otras entidades no residentes. En este último caso, el importe de la renta positiva será el correspondiente a la participación indirecta.

El importe de la renta positiva a imputar se determinará en proporción a la participación en los resultados y, en su defecto, en proporción a la participación en el capital, los fondos propios o los derechos de voto.

Las rentas positivas a que se refieren los apartados 2 y 3 se imputarán en la base imponible general, de acuerdo con lo previsto en el artículo 45 LIRPF.

6.   La imputación se realizará en el período impositivo que comprenda el día en que la entidad no residente en territorio español haya concluido su ejercicio social que, a estos efectos, no podrá entenderse de duración superior a 12 meses.

7.   El importe de las rentas positivas a imputar se calculará de acuerdo con los principios y criterios establecidos en la Ley del Impuesto sobre Sociedades, y en las restantes disposiciones relativas al Impuesto sobre Sociedades para la determinación de la base imponible.

A estos efectos, se utilizará el tipo de cambio vigente al cierre del ejercicio social de la entidad no residente en territorio español.

En ningún caso se imputará una cantidad superior a la renta total de la entidad no residente.

8. No se integrarán en la base imponible los dividendos o participaciones en beneficios en la parte que corresponda a la renta positiva que haya sido imputada. El mismo tratamiento se aplicará a los dividendos a cuenta.

    En caso de distribución de reservas se atenderá a la designación contenida en el acuerdo social, entendiéndose aplicadas las últimas cantidades abonadas a dichas reservas.

    Una misma renta positiva solamente podrá ser objeto de imputación por una sola vez, cualquiera que sea la forma y la entidad en que se manifieste.

9. Será deducible de la cuota líquida el impuesto o gravamen efectivamente satisfecho en el extranjero por razón de la distribución de los dividendos o participaciones en beneficios, sea conforme a un convenio para evitar la doble imposición o de acuerdo con la legislación interna del país o territorio de que se trate, en la parte que corresponda a la renta positiva imputada con anterioridad en la base imponible.

    Esta deducción se practicará aun cuando los impuestos correspondan a períodos impositivos distintos a aquel en el que se realizó la imputación.

    En ningún caso se deducirán los impuestos satisfechos en países o territorios calificados como jurisdicciones no cooperativas.

    Esta deducción no podrá exceder de la cuota íntegra que en España correspondería pagar por la renta positiva imputada en la base imponible.

10. Para calcular la renta derivada de la transmisión de la participación, directa o indirecta, se emplearán las reglas contenidas en la letra a) del apartado 2 de la disposición transitoria décima de la Ley del Impuesto sobre Sociedades, en relación a la renta positiva imputada en la base imponible. Los beneficios sociales a que se refiere el citado precepto serán los correspondientes a la renta positiva imputada.

11. Los contribuyentes a quienes sea de aplicación lo previsto en el artículo 91 de la LIRPF deberán presentar conjuntamente con la declaración por el Impuesto sobre la Renta de las Personas Físicas los siguientes datos relativos a la entidad no residente en territorio español:

    a) Nombre o razón social y lugar del domicilio social.

    b) Relación de administradores y lugar de su domicilio fiscal.

c) El Balance, la cuenta de pérdidas y ganancias y la memoria.

d) Importe de la renta positiva que deba ser objeto de imputación en la base imponible.

e) Justificación de los impuestos satisfechos respecto de la renta positiva que deba ser objeto de imputación.

12. Cuando la entidad participada resida en un país o territorio calificado como jurisdicción no cooperativa, se presumirá que:

a) Se cumple la circunstancia prevista en la letra b) del apartado 1.

b) Las rentas de la entidad participada reúnen las características del apartado 3 anterior.

c) La renta obtenida por la entidad participada es el 15 por ciento del valor de adquisición de la participación.

Las presunciones contenidas en los párrafos anteriores admitirán prueba en contrario.

13. A los efectos del presente artículo se entenderá que el grupo de sociedades a que se refiere el artículo 42 del Código de Comercio incluye las entidades multi-grupo y asociadas en los términos de la legislación mercantil.

14. Lo previsto en este artículo no será de aplicación cuando la entidad no resi-dente en territorio español sea residente en otro Estado miembro de la Unión Europea o que forme parte del Acuerdo del Espacio Económico Europeo, siem-pre que el contribuyente acredite que realiza actividades económicas o se trate de una institución de inversión colectiva regulada en la Directiva 2009/65/CE del Parlamento Europeo y del Consejo, de 13 de julio de 2009, por la que se coordinan las disposiciones legales, reglamentarias y administrativas sobre determinados organismos de inversión colectiva en valores mobiliarios, distin-tas de las previstas en el artículo 95 LIRPF, constituida y domiciliada en algún Estado miembro de la Unión Europea.

4. Imputación de rentas por la cesión de derechos de imagen

Su regulación se encuentra en el artículo 92 de la Sección 4ª de la LIRPF.

1. Los contribuyentes imputarán en su base imponible del Impuesto sobre la Renta de las Personas Físicas la cantidad a que se refiere el apartado 3 cuando concurran las circunstancias siguientes:

a) Que hubieran cedido el derecho a la explotación de su imagen o hubiesen consentido o autorizado su utilización a otra persona o entidad, residente o no residente. A efectos de lo dispuesto en este párrafo, será indiferente que la cesión, consentimiento o autorización hubiese tenido lugar cuando la persona física no fuese contribuyente.

b) Que presten sus servicios a una persona o entidad en el ámbito de una relación laboral.

c) Que la persona o entidad con la que el contribuyente mantenga la relación laboral, o cualquier otra persona o entidad vinculada con ellas en los términos del artículo 16 del texto refundido de la Ley del Impuesto sobre Sociedades, haya obtenido, mediante actos concertados con personas o entidades residentes o no residentes la cesión del derecho a la explotación o el consentimiento o autorización para la utilización de la imagen de la persona física.

2. La imputación a que se refiere el apartado anterior no procederá cuando los rendimientos del trabajo obtenidos en el período impositivo por la persona física a que se refiere el párrafo primero del apartado anterior en virtud de la relación laboral no sean inferiores al 85 por ciento de la suma de los citados rendimientos más la total contraprestación a cargo de la persona o entidad a que se refiere el párrafo c) del apartado anterior por los actos allí señalados.

3. La cantidad a imputar será el valor de la contraprestación que haya satisfecho con anterioridad a la contratación de los servicios laborales de la persona física o que deba satisfacer la persona o entidad a que se refiere el párrafo c) del apartado 1 por los actos allí señalados. Dicha cantidad se incrementará en el importe del ingreso a cuenta a que se refiere el apartado 8 y se minorará en el valor de la contraprestación obtenida por la persona física como consecuencia de la cesión, consentimiento o autorización a que se refiere el párrafo a) del apartado 1, siempre que la misma se hubiera obtenido en un período impositivo en el que la persona física titular de la imagen sea contribuyente por este impuesto.

4. Cuando proceda la imputación, será deducible de la cuota líquida del Impuesto sobre la Renta de las Personas Físicas correspondiente a la persona a que se refiere el párrafo primero del apartado 1:

a) El impuesto o impuestos de naturaleza idéntica o similar al Impuesto sobre la Renta de las Personas Físicas o sobre Sociedades que, satisfecho en el extranjero por la persona o entidad no residente primera cesionaria, corresponda a la parte de la renta neta derivada de la cuantía que debe incluir en su base imponible.

b) El Impuesto sobre la Renta de las Personas Físicas o sobre Sociedades que, satisfecho en España por la persona o entidad residente primera cesiona-

417

ria, corresponda a la parte de la renta neta derivada de la cuantía que debe incluir en su base imponible.

c) El impuesto o gravamen efectivamente satisfecho en el extranjero por razón de la distribución de los dividendos o participaciones en beneficios distribuidos por la primera cesionaria, sea conforme a un convenio para evitar la doble imposición o de acuerdo con la legislación interna del país o territorio de que se trate, en la parte que corresponda a la cuantía incluida en la base imponible.

d) El impuesto satisfecho en España, cuando la persona física no sea residente, que corresponda a la contraprestación obtenida por la persona física como consecuencia de la primera cesión del derecho a la explotación de su imagen o del consentimiento o autorización para su utilización.

e) El impuesto o impuestos de naturaleza idéntica o similar al Impuesto sobre la Renta de las Personas Físicas satisfecho en el extranjero, que corresponda a la contraprestación obtenida por la persona física como consecuencia de la primera cesión del derecho a la explotación de su imagen o del consentimiento o autorización para su utilización.

5. Estas deducciones se practicarán aun cuando los impuestos correspondan a períodos impositivos distintos a aquel en el que se realizó la imputación.

En ningún caso se deducirán los impuestos satisfechos en países o territorios considerados como paraísos fiscales.

Estas deducciones no podrán exceder, en su conjunto, de la cuota íntegra que corresponda satisfacer en España por la renta imputada en la base imponible.

La imputación se realizará por la persona física en el período impositivo que corresponda a la fecha en que la persona o entidad a que se refiere el párrafo c) del apartado 1 efectúe el pago o satisfaga la contraprestación acordada, salvo que por dicho período impositivo la persona física no fuese contribuyente por este impuesto, en cuyo caso la inclusión deberá efectuarse en el primero o en el último período impositivo por el que deba tributar por este impuesto, según los casos.

La imputación se efectuará en la base imponible, de acuerdo con lo previsto en el artículo 45 de la LIRPF.

A estos efectos se utilizará el tipo de cambio vigente al día de pago o satisfacción de la contraprestación acordada por parte de la persona o entidad a que se refiere el párrafo c) del apartado 1.

6. No se imputarán en el impuesto personal de los socios de la primera cesionaria los dividendos o participaciones en beneficios distribuidos por ésta en la parte

que corresponda a la cuantía que haya sido imputada por la persona física a que se refiere el primer párrafo del apartado 1. El mismo tratamiento se aplicará a los dividendos a cuenta.

En caso de distribución de reservas se atenderá a la designación contenida en el acuerdo social, entendiéndose aplicadas las últimas cantidades abonadas a dichas reservas.

Los dividendos o participaciones a que se refiere el ordinal 1.º anterior no darán derecho a la deducción por doble imposición internacional.

Una misma cuantía solo podrá ser objeto de imputación por una sola vez, cualquiera que sea la forma y la persona o entidad en que se manifieste.

7. Lo previsto en los apartados anteriores de este artículo se entenderá sin perjuicio de lo dispuesto en los tratados y convenios internacionales que hayan pasado a formar parte del ordenamiento interno y en el artículo 4 de LIRPF.

8. Cuando proceda la imputación a que se refiere el apartado 1, la persona o entidad a que se refiere el párrafo c) del mismo deberá efectuar un ingreso a cuenta de las contraprestaciones satisfechas en metálico o en especie a personas o entidades no residentes por los actos allí señalados.

Si la contraprestación fuese en especie, su valoración se efectuará de acuerdo con lo previsto en el artículo 43 de LIRPF, y se practicará el ingreso a cuenta sobre dicho valor.

La persona o entidad a que se refiere el párrafo c) del apartado 1 deberá presentar declaración del ingreso a cuenta en la forma, plazos e impresos que establezca el Ministro competente en materia de hacienda. Al tiempo de presentar la declaración deberá determinar su importe y efectuar su ingreso en el Tesoro.

Reglamentariamente se regulará el tipo de ingreso a cuenta.

5. Régimen especial de trabajadores desplazados a territorio español

 Este régimen se regula en el artículo 93 de la LIRPF y remitimos su estudio Unidad 2 apartado 5 que abordó el régimen de los trabajadores desplazados a territorio español o impatriados.

6. Régimen especial: ganancias patrimoniales por cambio de residencia

Este régimen se regula en la Sección 7ª del artículo 95 bis de la LIRPF.

1. Cuando el contribuyente pierda su condición por cambio de residencia, se considerarán ganancias patrimoniales las diferencias positivas entre el valor de mercado de las acciones o participaciones de cualquier tipo de entidad cuya titularidad corresponda al contribuyente, y su valor de adquisición, siempre que el contribuyente hubiera tenido tal condición durante al menos diez de los quince períodos impositivos anteriores al último período impositivo que deba declararse por este impuesto, y concurra cualquiera de las siguientes circunstancias:

    a) Que el valor de mercado de las acciones o participaciones a que se refiere el apartado 3 de este artículo exceda, conjuntamente, de 4.000.000 de euros.

    b) Cuando no se cumpla lo previsto en la letra a) anterior, que en la fecha de devengo del último período impositivo que deba declararse por este impuesto, el porcentaje de participación en la entidad sea superior al 25 por ciento, siempre que el valor de mercado de las acciones o participaciones en la citada entidad exceda de 1.000.000 de euros.

    En este caso únicamente se aplicará lo dispuesto en este artículo a las ganancias patrimoniales correspondientes a las acciones o participaciones a que se refiere esta letra b).

2. Las ganancias patrimoniales formarán parte de la renta del ahorro conforme a la letra b) del artículo 46 de LIRPF y se imputarán al último período impositivo que deba declararse por este Impuesto, en las condiciones que se fijen reglamentariamente, practicándose, en su caso, autoliquidación complementaria, sin sanción ni intereses de demora ni recargo alguno.

3. Para el cómputo de la ganancia patrimonial se tomará el valor de mercado de las acciones o participaciones en la fecha de devengo del último período impositivo que deba declararse por este impuesto, determinado de acuerdo con las siguientes reglas:

    a) Los valores admitidos a negociación en alguno de los mercados regulados de valores definidos en la Directiva 2004/39/CE del Parlamento Europeo y del Consejo, de 21 de abril de 2004, relativa a los mercados de instrumentos financieros, y representativos de la participación en fondos propios de sociedades o entidades, se valorarán por su cotización.

b) Los valores no admitidos a negociación en alguno de los mercados regulados de valores definidos en la Directiva 2004/39/CE del Parlamento Europeo y del Consejo, de 21 de abril de 2004, relativa a los mercados de instrumentos financieros, y representativos de la participación en fondos propios de sociedades o entidades, se valorarán, salvo prueba de un valor de mercado distinto, por el mayor de los dos siguientes:

El patrimonio neto que corresponda a los valores resultante del balance correspondiente al último ejercicio cerrado con anterioridad a la fecha del devengo del Impuesto.

El que resulte de capitalizar al tipo del 20 por ciento el promedio de los resultados de los tres ejercicios sociales cerrados con anterioridad a la fecha del devengo del Impuesto. A este último efecto, se computarán como beneficios los dividendos distribuidos y las asignaciones a reservas, excluidas las de regularización o de actualización de balances.

c) Las acciones o participaciones representativas del capital o patrimonio de las instituciones de inversión colectiva, se valorarán por el valor liquidativo aplicable en la fecha de devengo del último período impositivo que deba declararse por este impuesto o, en su defecto, por el último valor liquidativo publicado. Cuando no existiera valor liquidativo se tomará el valor del patrimonio neto que corresponda a las acciones o participaciones resultante del balance correspondiente al último ejercicio cerrado con anterioridad a la citada fecha de devengo, salvo prueba de un valor de mercado distinto.

4. En las condiciones que se establezcan reglamentariamente, cuando el cambio de residencia se produzca como consecuencia de un desplazamiento temporal por motivos laborales a un país o territorio que no tenga la consideración de paraíso fiscal, o por cualquier otro motivo siempre que en este caso el desplazamiento temporal se produzca a un país o territorio que tenga suscrito con España un convenio para evitar la doble imposición internacional que contenga cláusula de intercambio de información, previa solicitud del contribuyente, se aplazará por la Administración tributaria el pago de la deuda tributaria que corresponda a las ganancias patrimoniales reguladas en artículo 95 bis de la LIRPF.

En dicho aplazamiento resultará de aplicación lo dispuesto en la Ley 58/2003, de 17 de diciembre, General Tributaria, y su normativa de desarrollo, y específicamente en lo relativo al devengo de intereses y a la constitución de garantías para dicho aplazamiento.

A efectos de constitución de las garantías señaladas en el párrafo anterior, estas podrán constituirse, total o parcialmente, en tanto resulten suficientes jurídica y económicamente.

El aplazamiento vencerá como máximo el 30 de junio del año siguiente a la finalización del plazo señalado en el párrafo siguiente.

En caso de que el obligado tributario adquiera de nuevo la condición de contribuyente por este impuesto en cualquier momento dentro del plazo de los cinco ejercicios siguientes al último que deba declararse por este impuesto sin haber transmitido la titularidad de las acciones o participaciones a que se refiere el apartado 1 anterior, la deuda tributaria objeto de aplazamiento quedará extinguida, así como los intereses que se hubiesen devengado. Tratándose de desplazamientos por motivos laborales, el contribuyente podrá solicitar de la Administración tributaria la ampliación del citado plazo de cinco ejercicios cuando existan circunstancias que justifiquen un desplazamiento temporal más prolongado, sin que en ningún caso la ampliación pueda exceder de cinco ejercicios adicionales.

La citada extinción se producirá en el momento de la presentación de la declaración referida al primer ejercicio en el que deba tributar por este impuesto.

En ese supuesto no procederá el reembolso de coste de las garantías que se hubiesen podido constituir.

5. Si el obligado tributario adquiriese de nuevo la condición de contribuyente sin haber transmitido la titularidad de las acciones o participaciones a que se refiere el apartado 1 anterior, podrá solicitar la rectificación de la autoliquidación al objeto de obtener la devolución de las cantidades ingresadas correspondientes a las ganancias patrimoniales.

   La devolución a que se refiere el párrafo anterior se regirá por lo dispuesto en el artículo 31 de la Ley 58/2003, de 17 de diciembre, General Tributaria, salvo en lo concerniente al abono de los intereses de demora, que se devengarán desde la fecha en que se hubiese realizado el ingreso hasta la fecha en que se ordene el pago de la devolución. La solicitud de rectificación podrá presentarse a partir de la finalización del plazo de declaración correspondiente al primer período impositivo que deba declararse por este impuesto.

6. Cuando el cambio de residencia se produzca a otro Estado miembro de la Unión Europea, o del Espacio Económico Europeo con el que exista un efectivo intercambio de información tributaria, en los términos previstos en el apartado 4 de la disposición adicional primera de la Ley 36/2006, de 29 de noviembre, de medidas para la prevención del fraude fiscal, el contribuyente podrá optar por aplicar a las ganancias patrimoniales reguladas en este artículo las siguientes especialidades:

   a) La ganancia patrimonial únicamente deberá ser objeto de autoliquidación cuando en el plazo de los diez ejercicios siguientes al último que deba declararse por este impuesto se produzca alguna de las siguientes circunstancias:

      1. Que se transmitan inter vivos las acciones o participaciones.

      2. Que el contribuyente pierda la condición de residente en un Estado miembro de la Unión Europea o del Espacio Económico Europeo.

3. Que se incumpla la obligación de comunicación a que se refiere la letra c) de este apartado.

La ganancia patrimonial se imputará al último período impositivo que deba declararse por este impuesto, practicándose, en su caso, autoliquidación complementaria, sin sanción ni intereses de demora ni recargo alguno.

La autoliquidación se presentará en el plazo que media entre la fecha en que se produzca alguna de las circunstancias referidas en esta letra a), y el final del inmediato siguiente plazo de declaraciones por el impuesto.

b) En el supuesto a que se refiere el número 1.º de la letra a) anterior, la cuantía de la ganancia patrimonial se minorará en la diferencia positiva entre el valor de mercado de las acciones o participaciones a que se refiere el apartado 3 anterior y su valor de transmisión.

A estos efectos el valor de transmisión se incrementará en el importe de los beneficios distribuidos o de cualesquiera otras percepciones que hubieran determinado una minoración del patrimonio neto de la entidad con posterioridad a la pérdida de la condición de contribuyente, salvo que tales percepciones hubieran tributado por el Impuesto sobre la Renta de no Residentes.

c) El contribuyente deberá comunicar a la Administración tributaria, en los términos que reglamentariamente se establezcan, la opción por la aplicación de las especialidades previstas en este apartado, la ganancia patrimonial puesta de manifiesto, el Estado al que traslade su residencia, con indicación del domicilio así como las posteriores variaciones, y el mantenimiento de la titularidad de las acciones o participaciones.

d) En caso de que el obligado tributario adquiriese de nuevo la condición de contribuyente sin haberse producido alguna de las circunstancias previstas en la letra a) de este apartado, las previsiones de este artículo quedarán sin efecto.

7. Lo dispuesto en este artículo será igualmente de aplicación cuando el cambio de residencia se produzca a un país o territorio considerado como paraíso fiscal y el contribuyente no pierda su condición conforme al apartado 2 del artículo 8 de la LIRPF.

En estos supuestos se aplicarán las siguientes especialidades:

a) Las ganancias patrimoniales se imputarán al último período impositivo en que el contribuyente tenga su residencia habitual en territorio español, y para su cómputo se tomará el valor de mercado de las acciones o participaciones a que se refiere el apartado 3 en la fecha de devengo de dicho período impositivo.

b) En caso de que se transmitan las acciones o participaciones en un período impositivo en que el contribuyente mantenga tal condición, para el cálculo de la ganancia o pérdida patrimonial correspondiente a la transmisión se tomará como valor de adquisición el valor de mercado de las acciones o participaciones que se hubiera tenido en cuenta para determinar la ganancia patrimonial prevista en este apartado.

8. Tratándose de contribuyentes que hubieran optado por el régimen fiscal especial aplicable a los trabajadores desplazados a territorio español, el plazo de diez períodos impositivos a que se refiere el apartado 1 de este artículo comenzará a computarse desde el primer período impositivo en el que no resulte de aplicación el citado régimen especial.

En esta unidad hemos analizado algunos regímenes especiales de IRPF, desde la imputación de rentas inmobiliarias y el régimen de atribución de rentas, los supuestos de imputación de rentas en el régimen de transparencia fiscal internacional y por cesión de derechos de imagen, el régimen especial para trabajadores desplazados y el régimen de ganancias patrimoniales por cambio de residencia. Todo ello regulado en los arts. 85 a 95 bis de la LIRPF.

En el supuesto de los bienes inmuebles urbanos y en el caso de los inmuebles rústicos con construcciones que no resulten indispensables para el desarrollo de explotaciones agrícolas, ganaderas o forestales, no afectos en ambos casos a actividades económicas, ni generadores de rendimientos del capital, excluida la vivienda habitual y el suelo no edificado, tendrá la consideración de renta imputada la cantidad que resulte de aplicar el 2 por ciento al valor catastral, determinándose proporcionalmente al número de días que corresponda en cada período impositivo.

En el caso de inmuebles localizados en municipios en los que los valores catastrales hayan sido revisados, modificados o determinados mediante un procedimiento de valoración colectiva de carácter general, de conformidad con la normativa catastral, y hayan entrado en vigor en el período impositivo o en el plazo de los diez períodos impositivos anteriores, el porcentaje será el 1,1 por ciento.

Las rentas correspondientes a las entidades en régimen de atribución de rentas se atribuirán a los socios, herederos, comuneros o partícipes, respectivamente. Estas rentas tendrán la naturaleza derivada de la actividad o fuente de donde procedan para cada uno de ellos.

TEST DE UNIDADES DIDÁCTICAS

Test parcial 1

(Unidades 1 y 2)

1. El Impuesto sobre la Renta de las Personas Físicas es un tributo de carácter:

a) Personal.
b) Indirecto que grava el consumo.
c) Directo.
d) Son correctas a) y c).

2. Constituye objeto del Impuesto sobre la Renta de las Personas Físicas (señalar la afirmación incorrecta):

a) La renta del contribuyente, entendida como la totalidad de sus rendimientos, ganancias y pérdidas patrimoniales.
b) Constituye objeto del IRPF las imputaciones de renta que se establezcan por la ley.
c) Constituye objeto del IRPF la renta del contribuyente cuando el pagador tenga residencia en territorio español.
d) Los rendimientos derivados de una relación laboral que se perciban al ejercicio siguiente de su devengo.

3. En el IRPF constituye renta del contribuyente:

a) Los rendimientos del trabajo y del capital.
b) Los rendimientos de las actividades económicas y las ganancias y pérdidas patrimoniales.
c) Las imputaciones de renta que se establezcan por ley.
d) Todas las respuestas son correctas.

4. ¿Qué renta no está exenta en el IRPF?:

a) Las prestaciones públicas extraordinarias por actos de terrorismo y las pensiones derivadas de medallas y condecoraciones concedidas por actos de terrorismo.
b) Las prestaciones reconocidas al contribuyente por la Seguridad Social o por las entidades que la sustituyan como consecuencia de incapacidad total.
c) Las ayudas de cualquier clase percibidas por los afectados por el virus de inmunodeficiencia humana, reguladas en el Real Decreto-Ley 9/1993, de 28 de mayo.
d) Las indemnizaciones como consecuencia de responsabilidad civil por daños personales, en la cuantía legal o judicialmente reconocida.

5. **Son contribuyentes por IRPF:**

   a) Las personas físicas que tengan su residencia habitual en territorio español.
   b) Los españoles cualquiera que sea su lugar de residencia.
   c) Las personas físicas y jurídicas que tengan su residencia habitual en territorio español.
   d) Ninguna respuesta es correcta.

6. **Se entenderá que el contribuyente tiene su residencia habitual en territorio español:**

   a) Cuando permanezca más de 200 días, durante el año natural, en territorio español.
   b) Cuando permanezca más de 183 días, durante el año natural, en territorio español.
   c) Cuando permanezca menos de 200 días, durante el año natural, en territorio español.
   d) Cuando permanezca menos de 183 días, durante el año natural, en territorio español.

7. **Se consideran rendimientos del trabajo:**

   a) Todas las contraprestaciones o utilidades, cualquiera que sea su denominación o naturaleza, dinerarias, que deriven, directa o indirectamente, del trabajo personal o de la relación laboral o estatutaria y no tengan el carácter de rendimientos de actividades económicas.
   b) Todas las contraprestaciones o utilidades, cualquiera que sea su denominación o naturaleza, en especie, que deriven, directa o indirectamente, del trabajo personal o de la relación laboral o estatutaria y no tengan el carácter de rendimientos de actividades económicas.
   c) Los rendimientos íntegros de actividades que, procediendo del trabajo personal y del capital conjuntamente, o de uno solo de estos factores, supongan por parte del contribuyente la ordenación por cuenta propia de medios de producción y de recursos humanos o de uno de ambos, con la finalidad de intervenir en la producción o distribución de bienes o servicios.
   d) Son correctas a) y b).

8. **¿Qué porcentaje de reducción se aplica a los rendimientos que se califiquen reglamentariamente como obtenidos de forma notoriamente irregular en el tiempo?:**

   a) 40%.
   b) 20%.
   c) 30%.
   d) 0%.

9. **Los gastos de defensa jurídica serán deducibles en el rendimiento del trabajo:**

   a) Siempre que sean derivados directamente de litigios suscitados en la relación del contribuyente con la persona de la que percibe los rendimientos, con el límite de 300 euros anuales.
   b) Siempre que sean derivados directamente de litigios suscitados por el contribuyente, con el límite de 300 euros anuales.
   c) En todo caso y sin limitación de importe.
   d) Ninguna respuesta es correcta.

10. **Los contribuyentes con rendimientos netos del trabajo minorarán el rendimiento neto del trabajo:**

    a) Sea cual sea el importe de los rendimientos netos que perciban.
    b) Siempre que sean inferiores a 19.747,50 euros siempre que no tengan rentas, excluidas las exentas, distintas de las del trabajo superiores a 6.500 euros.
    c) Siempre que sean inferiores a 14.000 euros siempre que no tengan rentas, excluidas las exentas, distintas de las del trabajo superiores a 3.000 euros.
    d) Ninguna es correcta.

Test parcial 2

(Unidades 3 y 4)

1. **¿Qué rendimiento no tiene la consideración de rendimiento de actividades económicas?:**

   a) Los de las actividades extractivas y de fabricación.

   b) Los de las actividades de comercio o prestación de servicios.

   c) El ejercicio de profesiones liberales.

   d) Todos los rendimientos enumerados tienen la consideración de rendimiento de actividades económicas.

2. **Señalar la afirmación correcta:**

   a) El rendimiento neto de las actividades económicas se determinará según las normas del Impuesto sobre Sociedades, sin perjuicio de las reglas especiales para la estimación directa, y para la estimación objetiva.

   b) El rendimiento neto de las actividades económicas se determinará según las normas del Impuesto sobre Sucesiones, sin perjuicio de las reglas especiales para la estimación directa, y para la estimación objetiva.

   c) El rendimiento neto de las actividades económicas se determinará según las normas del Impuesto sobre Sociedades, sin perjuicio de las reglas especiales para la estimación objetiva.

   d) Ninguna es correcta.

3. **Se consideran elementos patrimoniales afectos a la actividad económica:**

   a) Los bienes inmuebles en los que se desarrolla la actividad del contribuyente.

   b) Los bienes destinados a los servicios económicos y socioculturales del personal al servicio de la actividad.

   c) Cualesquiera otros elementos patrimoniales que sean necesarios para la obtención de los respectivos rendimientos.

   d) Todas son correctas.

4. **La determinación de los rendimientos de actividades económicas se efectuará, con carácter general:**

   a) Por el método de estimación objetiva.

   b) Por el método de estimación directa modalidad simplificada.

   c) Por el método de estimación directa, admitiendo dos modalidades, la normal y la simplificada.

   d) Por el método de estimación directa modalidad normal.

5. **Tendrán la consideración de gasto deducible para la determinación del rendimiento neto en estimación directa:**

   a) Las primas de seguro de enfermedad satisfechas por el contribuyente en la parte correspondiente a su propia cobertura y a la de su cónyuge e hijos menores de veinticinco años que convivan con él. El límite máximo de deducción será de 1.500 euros por cada una de las personas señaladas anteriormente o de 3.500 euros por cada una de ellas con discapacidad.

   b) Las primas de seguro de enfermedad satisfechas por el contribuyente en la parte correspondiente a su propia cobertura y a la de su cónyuge e hijos menores de veinticinco años que convivan con él. El límite máximo de deducción será de 500 euros por cada una de las personas señaladas anteriormente o de 1.500 euros por cada una de ellas con discapacidad.

   c) Las primas de seguro de enfermedad satisfechas por el contribuyente en la parte correspondiente a su propia cobertura.

   d) Ninguna es correcta.

6. **Se incluirán como rendimientos del capital:**

   a) Los provenientes de los bienes inmuebles, tanto rústicos como urbanos, que no se hallen afectos a actividades económicas realizadas por el contribuyente.

   b) Los que provengan del capital mobiliario y, en general, de los restantes bienes o derechos de que sea titular el contribuyente, que no se encuentren afectos a actividades económicas realizadas por este.

   c) Son correctas a) y b).

   d) Ninguna es correcta.

7. **Se computará como rendimiento íntegro del capital inmobiliario:**

   a) El importe que por todos los conceptos deba satisfacer el adquirente, cesionario, arrendatario o subarrendatario, incluido, en su caso, el correspondiente a todos aquellos bienes cedidos con el inmueble y excluido el Impuesto sobre el Valor Añadido o, en su caso, el Impuesto General Indirecto Canario.

   b) El importe que por todos los conceptos deba satisfacer el adquirente, cesionario, arrendatario o subarrendatario, excluido, en su caso, el correspondiente a todos aquellos bienes cedidos con el inmueble e incluido el Impuesto sobre el Valor Añadido o, en su caso, el Impuesto General Indirecto Canario.

   c) El importe que por todos los conceptos deba satisfacer el adquirente, cesionario, arrendatario o subarrendatario, incluido el Impuesto sobre el Valor Añadido o, en su caso, el Impuesto General Indirecto Canario.

   d) Ninguna es correcta..

8. **Para la determinación del rendimiento neto del capital inmobiliario se deducirán de los rendimientos:**

   a) Los intereses de los capitales ajenos invertidos en la adquisición o mejora del bien, derecho o facultad de uso y disfrute del que procedan los rendimientos, y demás gastos de financiación.

   b) Los gastos de reparación y conservación del inmueble.

   c) Los tributos y recargos no estatales, así como las tasas y recargos estatales, cualquiera que sea su denominación, siempre que incidan sobre los rendimientos computados o sobre el bien o derecho productor de aquellos y no tengan carácter sancionador.

   d) Todas son correctas.

9. **Los rendimientos netos con un período de generación superior a dos años, así como los que se califiquen reglamentariamente como obtenidos de forma notoriamente irregular en el tiempo, se reducirán en un:**

   a) 30 por ciento, cuando, en ambos casos, se imputen en un único período impositivo.

   b) 40 por ciento, cuando, en ambos casos, se imputen en un único período impositivo.

   c) 30 por ciento, con independencia del periodo impositivo al que se imputen.

   d) 40 por ciento, con independencia del periodo impositivo al que se imputen.

10. **Tendrán la consideración de rendimientos íntegros del capital mobiliario los siguientes:**

   a) Rendimientos obtenidos por la participación en los fondos propios de cualquier tipo de entidad.

   b) Rendimientos obtenidos por la cesión a terceros de capitales propios.

   c) Rendimientos procedentes de operaciones de capitalización, de contratos de seguro de vida o invalidez y de rentas derivadas de la imposición de capitales.

   d) Todas son correctas.

Test parcial 3

(Unidad 5 y 6)

1. **¿Las ganancias patrimoniales producidas por la venta de un inmueble que es la vivienda habitual y propiedad de M.T.R. de 68 años de edad en la fecha de celebración del contrato de compraventa se considerarán exentas del IRPF?:**

a) Sí, por ser la vivienda habitual.
b) No, en ningún caso.
c) No, debería tratarse de una donación.
d) Sí, siempre que el importe obtenido se destine a constituir una renta vitalicia asegurada a su favor, en las condiciones que se determinen reglamentariamente.

2. **¿Cómo se calcula la ganancia o pérdida de patrimonio?:**

a) Por diferencia entre el valor de transmisión y el valor de adquisición del bien o derecho transmitido, ya lo haya sido a título oneroso o a título lucrativo.
b) Por diferencia entre el valor de transmisión y el valor de adquisición del bien o derecho transmitido, solo cuando haya sido a título lucrativo.
c) Por diferencia entre el valor de transmisión y el valor de adquisición del bien o derecho transmitido, solo cuando haya sido a título oneroso.
d) Ninguna es correcta.

3. **Una variación en la composición del patrimonio del contribuyente que se ponga de manifiesto con ocasión de la alteración en la composición de aquel:**

a) Siempre se considerará una ganancia o pérdida patrimonial.
b) Podrá tener la consideración de ganancia o pérdida patrimonial.
c) Siempre se considerará un rendimiento.
d) Siempre tendrá la previa consideración de rendimiento.

4. **En el supuesto de transmisión onerosa el importe de las ganancias patrimoniales será:**

a) La diferencia entre los valores de producción y transmisión de los elementos patrimoniales.
b) El valor de mercado de las partes proporcionales, en todo caso.
c) El valor de mercado de los elementos patrimoniales o partes proporcionales, en todo caso.
d) La diferencia entre los valores de adquisición y transmisión de los elementos patrimoniales.

5. **Tras la extinción del régimen económico matrimonial de separación de bienes, si por resolución judicial se producen adjudicaciones por causa distinta de la pensión compensatoria entre cónyuges:**

   a) Se estimará que no existe ganancia o pérdida patrimonial.
   b) El importe de las ganancias o pérdidas patrimoniales será la diferencia entre los valores de adquisición y transmisión de los elementos patrimoniales.
   c) Se estimará que existe ganancia o pérdida patrimonial.
   d) El importe de las ganancias o pérdidas patrimoniales será el valor de mercado de los elementos patrimoniales o partes proporcionales, en su caso.

6. **Los bienes o derechos cuya tenencia, declaración o adquisición no se corresponda con la renta o patrimonio declarado por el contribuyente, así como la inclusión de deudas inexistentes en cualquier declaración por este impuesto o por el Impuesto sobre el Patrimonio, o su registro en los libros o registros oficiales, tendrán la consideración de:**

   a) Ganancias patrimoniales no sujetas a exención.
   b) Ganancias patrimoniales no justificadas.
   c) Ganancias patrimoniales netas.
   d) Ganancias patrimoniales no deducibles.

7. **¿En qué partes se divide base imponible del IRPF?:**

   a) En base imponible general y base imponible del ahorro.
   b) En base imponible general y base imponible líquida.
   c) En base imponible líquida y base imponible del ahorro.
   d) En base imponible del ahorro y base imponible específica.

8. **La parte de la base liquidable que, por destinarse a satisfacer las necesidades básicas personales y familiares del contribuyente, no se somete a tributación por el IRPF se denomina:**

   a) Mínimo exento.
   b) Mínimo personal y familiar.
   c) Reducciones directas.
   d) Reducciones netas.

9. **El mínimo del contribuyente será con carácter general de:**

   a) 5.550 euros anuales.
   b) 5.500 euros anuales.
   c) 2.550 euros anuales.
   d) Ninguna es correcta.

10. **El mínimo por descendientes se aplicará:**

   a) Por cada uno de ellos menor de veinticinco años o con discapacidad cualquiera que sea su edad, siempre que conviva con el contribuyente y no tenga rentas anuales, excluidas las exentas, superiores a 1.000 euros.

   b) Por cada uno de ellos menor de veinticinco años o con discapacidad cualquiera que sea su edad, siempre que conviva con el contribuyente y no tenga rentas anuales, excluidas las exentas, superiores a 8.000 euros.

   c) Por cada uno de ellos menor de dieciocho años o con discapacidad cualquiera que sea su edad, siempre que conviva con el contribuyente y no tenga rentas anuales, excluidas las exentas, superiores a 8.000 euros.

   d) Ninguna es correcta.

Test parcial 4

(Unidades 7, 8 y 9)

1. **En IRPF existe:**

    a) Una cuota íntegra estatal
    b) Una cuota íntegra autonómica.
    c) Una cuota íntegra general.
    d) Son correctas a) y b).

2. **Para determinar la cuota íntegra el mínimo personal y familiar:**

    a) Se deducirá de la cuantía resultante de aplicar a la base liquidable la escala prevista en la Ley.
    b) No se tendrá en cuenta.
    c) Son correctas a) y b).
    d) Ninguna es correcta.

3. **Se entenderá por tipo medio de gravamen general estatal:**

    a) El derivado de multiplicar por 100 el cociente resultante de dividir la cuota obtenida por la base liquidable general, expresado con dos decimales.
    b) El derivado de multiplicar por 1000 el cociente resultante de dividir la cuota obtenida por la base liquidable general, expresado con dos decimales.
    c) El derivado de multiplicar por 1000 el cociente resultante de dividir la cuota obtenida por la base liquidable general, expresado sin decimales.
    d) Ninguna es correcta.

4. **El porcentaje de deducción previsto por inversión en empresas de nueva creación es del:**

    a) 30%.
    b) 20%.
    c) 40%.
    d) 50%.

5. **A los contribuyentes por IRPF que ejerzan actividades económicas les serán de aplicación:**

   a) Los incentivos y estímulos a la inversión empresarial establecidos o que se establezcan en la normativa del Impuesto sobre Sociedades con igualdad de porcentajes y límites de deducción, con determinadas excepciones.

   b) Los incentivos y estímulos a la inversión empresarial establecidos o que se establezcan en la normativa del Impuesto sobre Sociedades con igualdad de porcentajes y límites de deducción, sin excepciones.

   c) Los incentivos y estímulos a la inversión empresarial establecidos o que se establezcan en la normativa del Impuesto sobre Sociedades en un 50% de los porcentajes y de los límites de deducción.

   d) Ninguna es correcta.

6. **Las aportaciones a partidos políticos:**

   a) No podrán ser objeto de deducción.

   b) Serán objeto de deducción en su totalidad.

   c) Podrán ser objeto de deducción en un 20%, sin limitación.

   d) Ninguna respuesta es correcta.

7. **No tendrán que declarar los contribuyentes que obtengan rentas procedentes exclusivamente de las siguientes fuentes, en tributación individual o conjunta:**

   a) Rendimientos íntegros del trabajo, con el límite de 22.000 euros anuales.

   b) Rendimientos íntegros del capital mobiliario y ganancias patrimoniales sometidos a retención o ingreso a cuenta, con el límite conjunto de 1.600 euros anuales.

   c) Son correctas a) y b).

   d) Ninguna es correcta.

8. **Estarán obligados a declarar en todo caso los contribuyentes que:**

   a) Tengan derecho a deducción por doble imposición internacional.

   b) Realicen aportaciones a patrimonios protegidos de las personas con discapacidad, planes de pensiones, planes de previsión asegurados o mutualidades de previsión social.

   c) Realicen aportaciones a planes de previsión social empresarial y seguros de dependencia que reduzcan la base imponible.

   d) Todas son correctas.

437

9. **Los profesionales en régimen de estimación directa modalidad simplificada están obligados a llevar:**

   a) Libro registro de ventas e ingresos.
   b) Libro registro de ingresos.
   c) Contabilidad ajustada a lo dispuesto en el artículo de comercio.
   d) Ninguna es correcta.

10. **El porcentaje de retención por el arrendamiento de inmuebles urbanos es del:**

   a) 15%.
   b) 20%.
   c) 19%.
   d) Ninguna es correcta.

Test parcial 5

(Unidades 10 y 11)

1. **El régimen transitorio establecido para las prestaciones recibidas de expedientes de regulación de empleo afecta a las cantidades percibidas a partir del:**

   a) 1 de enero de 2011.
   b) 1 de enero de 2007.
   c) 1 de enero de 2005.
   d) 1 de enero de 2001.

2. **El régimen transitorio establecido para las ganancias patrimoniales lo es en relación con los elementos patrimoniales adquiridos antes del:**

   a) 31 de diciembre de 1992.
   b) 31 de diciembre de 1994.
   c) 1 de enero de 1994.
   d) 1 de enero de 1992.

3. **El régimen transitorio aplicable a mutualidades de previsión social lo es para las prestaciones derivadas de contingencias acaecidas antes del:**

   a) 1 de enero de 2007.
   b) 1 de enero de 2009.
   c) 1 de enero de 2005.
   d) Ninguna es correcta.

4. **Para el cálculo de la imputación de rentas inmobiliarias se aplicará un porcentaje del:**

   a) 1% al valor catastral.
   b) 2% al valor catastral.
   c) 3% al valor catastral.
   d) 5% al valor catastral.

5. **Tendrán la consideración de entidades en régimen de atribución de rentas:**

   a) Las sociedades civiles.
   b) Las herencias yacentes.
   c) Las comunidades de bienes.
   d) Todas son correctas.

6. **Los contribuyentes imputarán en su base imponible del Impuesto sobre la Renta de las Personas Físicas la cantidad derivada de la cesión de derechos de imagen cuando concurran las circunstancias siguientes:**

   a) Que hubieran cedido el derecho a la explotación de su imagen o hubiesen consentido o autorizado su utilización a otra persona o entidad, residente o no residente. A efectos de lo dispuesto en este párrafo, será indiferente que la cesión, consentimiento o autorización hubiese tenido lugar cuando la persona física no fuese contribuyente.

   b) Que presten sus servicios a una persona o entidad en el ámbito de una relación laboral.

   c) Que la persona o entidad con la que el contribuyente mantenga la relación laboral, o cualquier otra persona o entidad vinculada con ellas en los términos del artículo 16 del texto refundido de la Ley del Impuesto sobre Sociedades, haya obtenido, mediante actos concertados con personas o entidades residentes o no residentes la cesión del derecho a la explotación o el consentimiento o autorización para la utilización de la imagen de la persona física.

   d) Todas son correctas.

7. **En el régimen especial previsto para ganancias patrimoniales por cambio de residencia:**

   a) Las ganancias patrimoniales formarán parte de la renta del ahorro.

   b) Las ganancias patrimoniales formarán parte de la renta general.

   c) No tributarán.

   d) Ninguna es correcta.

8. **En la imputación de rentas en régimen de trasparencia fiscal internacional:**

   a) La imputación se realizará en el período impositivo siguiente a aquel que comprenda el día en que la entidad no residente en territorio español haya concluido su ejercicio social que, a estos efectos, no podrá entenderse de duración superior a 12 meses.

   b) La imputación se realizará en el período impositivo que comprenda el día en que la entidad no residente en territorio español haya concluido su ejercicio social que, a estos efectos, no podrá entenderse de duración superior a 12 meses.

   c) La imputación se realizará en el período impositivo que comprenda el día en que la entidad no residente en territorio español haya concluido su ejercicio social que, a estos efectos, no podrá entenderse de duración superior a 14 meses.

   d) Ninguna es correcta.

9. **Las rentas de las entidades en régimen de atribución de rentas atribuidas a los socios, herederos, comuneros o partícipes tendrán:**

   a) La consideración de rendimientos del capital.
   b) La consideración de rendimientos del trabajo.
   c) La consideración de ganancias patrimoniales.
   d) La naturaleza derivada de la actividad o fuente de donde procedan para cada uno de ellos.

10. **En las ganancias patrimoniales por cambio de residencia:**

   a) Para el cómputo de la ganancia patrimonial se tomará el valor de mercado de las acciones o participaciones en la fecha de devengo del último período impositivo que deba declararse por este impuesto.
   b) Para el cómputo de la ganancia patrimonial se tomará el valor de liquidativo de las acciones o participaciones en la fecha de devengo del último período impositivo que deba declararse por este impuesto.
   c) Para el cómputo de la ganancia patrimonial se tomará el valor de mercado de las acciones o participaciones en la fecha de devengo del penúltimo período impositivo que deba declararse por este impuesto.
   d) Para el cómputo de la ganancia patrimonial se tomará el valor nominal de las acciones o participaciones en la fecha de devengo del penúltimo período impositivo que deba declararse por este impuesto.

TEST DE UNIDADES DIDÁCTICAS

SOLUCIONES

Test parcial 1
(Unidades 1 y 2)

1. *d)* *Son correctas a) y c).*

2. *c)* *Constituye objeto del IRPF la renta del contribuyente cuando el pagador tenga residencia en territorio español.*

3. *d)* *Todas son correctas.*

4. *b)* *Las prestaciones reconocidas al contribuyente por la Seguridad Social o por las entidades que la sustituyan como consecuencia de incapacidad total.*

5. *a)* *Las personas físicas que tengan su residencia habitual en territorio español.*

6. *b)* *Cuando permanezca más de 183 días, durante el año natural, en territorio español.*

7. *d)* *Son correctas a) y b).*

8. *c)* *30%.*

9. *a)* *Siempre que sean derivados directamente de litigios suscitados en la relación del contribuyente con la persona de la que percibe los rendimientos, con el límite de 300 euros anuales.*

10. *b)* *Siempre que sean inferiores a 19.747,50 euros siempre que no tengan rentas, excluidas las exentas, distintas de las del trabajo superiores a 6.500 euros.*

Test parcial 2
(Unidades 3 y 4)

1. *d)* *Todos los rendimientos enumerados tienen la consideración de rendimiento de actividades económicas.*

2. *a)* *El rendimiento neto de las actividades económicas se determinará según las normas del Impuesto sobre Sociedades, sin perjuicio de las reglas especiales para la estimación directa, y para la estimación objetiva.*

3. *d)* *Todas las afirmaciones son correctas.*

4. *c)* *Por el método de estimación directa, admitiendo dos modalidades, la normal y la simplificada.*

5. *b)* *Las primas de seguro de enfermedad satisfechas por el contribuyente en la parte correspondiente a su propia cobertura y a la de su cónyuge e hijos menores de veinticinco años que convivan con él. El límite máximo de deducción será de 500 euros por cada una de las personas señaladas anteriormente o de 1.500 euros por cada una de ellas con discapacidad.*

6. c) *Son correctas a) y b).*

7. a) *El importe que por todos los conceptos deba satisfacer el adquirente, cesionario, arrendatario o subarrendatario, incluido, en su caso, el correspondiente a todos aquellos bienes cedidos con el inmueble y excluido el Impuesto sobre el Valor Añadido o, en su caso, el Impuesto General Indirecto Canario.*

8. d) *Todas son correctas.*

9. a) *30 por ciento, cuando, en ambos casos, se imputen en un único período impositivo.*

10. d) *Todas son correctas.*

Test parcial 3
(Unidades 5 y 6)

1. d) *Sí, por ser la vivienda habitual.*

2. a) *Por diferencia entre el valor de transmisión y el valor de adquisición del bien o derecho transmitido, ya lo haya sido a título oneroso o a título lucrativo.*

3. b) *Podrá tener la consideración de ganancia o pérdida patrimonial.*

4. d) *La diferencia entre los valores de adquisición y transmisión de los elementos patrimoniales.*

5. a) *Se estimará que no existe ganancia o pérdida patrimonial.*

6. b) *Ganancias patrimoniales no justificadas.*

7. a) *En base imponible general y base imponible del ahorro.*

8. b) *Mínimo personal y familiar.*

9. a) *5.550 euros anuales.*

10. b) *Por cada uno de ellos menor de veinticinco años o con discapacidad cualquiera que sea su edad, siempre que conviva con el contribuyente y no tenga rentas anuales, excluidas las exentas, superiores a 8.000 euros.*

Test parcial 4
(Unidades 7, 8 y 9)

1. *d)* *Son correctas a) y b).*
2. *d)* *Ninguna es correcta.*
3. *a)* *El derivado de multiplicar por 100 el cociente resultante de dividir la cuota obtenida por la base liquidable general, expresado con dos decimales.*
4. *d)* *50%.*
5. *a)* *Los incentivos y estímulos a la inversión empresarial establecidos o que se establezcan en la normativa del Impuesto sobre Sociedades con igualdad de porcentajes y límites de deducción, con determinadas excepciones.*
6. *d)* *Ninguna es correcta.*
7. *c)* *Son correctas a) y b).*
8. *d)* *Todas son correctas.*
9. *b)* *Libro registro de ingresos.*
10. *c)* *19%.*

Test parcial 5
(Unidades 10 y 11)

1. *d)* *1 de enero de 2001.*
2. *b)* *31 de diciembre de 1994.*
3. *a)* *1 de enero de 2007.*
4. *b)* *2% al valor catastral.*
5. *d)* *Todas son correctas.*
6. *d)* *Todas son correctas.*
7. *a)* *Las ganancias patrimoniales formarán parte de la renta del ahorro.*

8. b) La imputación se realizará en el período impositivo que comprenda el día en que la entidad no residente en territorio español haya concluido su ejercicio social que, a estos efectos, no podrá entenderse de duración superior a 12 meses.

9. d) La naturaleza derivada de la actividad o fuente de donde procedan para cada uno de ellos.

10. a) Para el cómputo de la ganancia patrimonial se tomará el valor de mercado de las acciones o participaciones en la fecha de devengo del último período impositivo que deba declararse por este impuesto.

GLOSARIO

Actividad económica

Se considera cualquiera de carácter empresarial, profesional o artística, siempre que suponga la ordenación por cuenta propia de medios de producción, materiales y humanos, o de uno de ambos, con la finalidad de intervenir en la producción o distribución de bienes o servicios.

Actividades empresariales

Se consideran aquellas que se encuentran en la sección primera de las tarifas del IAE, mientras que las actividades profesionales y artísticas se encuentran encuadradas en las secciones segunda y tercera de las tarifas del citado impuesto.

Acto administrativo

La declaración de voluntad, de juicio, de conocimiento o de deseo realizada por la Administración en el ejercicio de una potestad administrativa distinta de la reglamentaria.

Acuerdo de enajenación

Resolución, dictada por el Tesorero del organismo de gestión tributaria, que ordena la venta en subasta pública de los bienes embargados al deudor.

Afectación de bienes

A efectos del IRPF, se considera que un elemento patrimonial está afecto a la actividad si cumple unos determinados requisitos.

Agencia tributaria

Organismo de la Administración General del Estado encargado de la gestión, inspección y recaudación de los tributos.

Alegación

Escrito presentado por el interesado ante la Administración, donde manifiesta hechos o razonamientos jurídicos en defensa de su derecho.

Amortización

Es un gasto contable, que podrá ser deducible fiscalmente siempre que responda a unos determinados principios.

Analogía

En derecho, es el método por el que una norma jurídica se extiende, por identidad de razón, a casos no comprendidos en ella.

Año fiscal

Periodo de vigencia de los presupuestos de ingresos y gastos de la Administración y en el que se devengan los impuestos. En España coincide con el año natural, pero en otros países tiene fechas diversas.

Autoliquidación

Declaración tributaria que efectúa el obligado al pago de una deuda donde pone de manifiesto las circunstancias o elementos integrantes de un hecho imponible determinando la cuota tributaria. Esta declaración siempre está sujeta a comprobación por parte de la Administración.

Base imponible

Cuantía sobre la cual se determina la cuota tributaria a pagar por el contribuyente, de acuerdo con lo establecido por la ley propia de cada tributo. Por ejemplo, en el Impuesto sobre Bienes Inmuebles la base imponible está constituida por el valor del bien inmueble.

Base liquidable

Resultado de aplicar a la base imponible las reducciones establecidas por la ley.

Bien de consumo

Bien que es comprado y utilizado directamente por el usuario final sin necesidad de transformación y que se desgasta de una sola vez o en un corto período de tiempo.

Bien de equipo y de inversión

Bien destinado a producir bienes de consumo o de inversión, que se va desgastando en el proceso productivo en un período de tiempo dilatado.

Bonificación

Reducción de la deuda tributaria establecida en la propia ley y aplicable en determinadas circunstancias. Por ejemplo, en los supuestos de viviendas de protección oficial en el Impuesto sobre Bienes Inmuebles.

Borrador de declaración

Liquidación provisional de IRPF efectuada con los datos obrantes en poder de la AEAT y remitida al contribuyente para su posterior confirmación o rectificación.

Calendario fiscal

Calendario que establece anualmente por las Administraciones competentes en el que se indican los períodos de pago en periodo voluntario de todos los tributos de vencimiento periódico.

Campaña de devoluciones

Es el período que se extiende desde el momento en el que los contribuyentes solicitan la devolución hasta que finalmente las devoluciones viables son realizadas. Cada campaña va ligada al ejercicio en el que se devenga el derecho, aunque las devoluciones puedan ser realizadas fuera del mismo.

453

Cargo en cuenta

Orden de un cliente que da a su entidad bancaria para que se efectúe el pago de un recibo descontándose la cantidad que corresponda de una cuenta determinada.

Carta de pago

Medio de pago consistente en la manifestación del contribuyente de su voluntad de que la deuda sea descontada de una determinada cuenta bancaria de su titularidad.

Censo

A efectos del Impuesto sobre Actividades Económicas, lista oficial de los sujetos pasivos y demás elementos tributarios del impuesto.

Certificado de pago

Documento administrativo que acredita el pago de una deuda tributaria u otro ingreso de Derecho público. También se denomina carta de pago o justificante de pago.

Certificado de usuario

A efectos de la firma electrónica, documento emitido por una Autoridad de Certificación que identifica una clave pública con su propietario.

Coeficiente

En el ámbito tributario, número o factor que se aplica para modificar la cuota de un tributo. Por ejemplo, un vehículo con una potencia fiscal superior a 20 caballos tiene establecida una cuota, según la Ley de Haciendas Locales, de 112 €. Si el Ayuntamiento tiene aprobado, según sus ordenanzas fiscales, un coeficiente de 1,6, la deuda tributaria sería 112 x 1,6 = 179,20 €.

Comprobación limitada

En este procedimiento, la Administración únicamente puede efectuar las siguientes actuaciones: 1. Examen de los datos aportados por los obligados tributarios en sus declaraciones y de los justificantes presentados o requeridos al efecto. 2. Examen de los datos y antecedentes en poder de la Administración que pongan de manifiesto la existencia de elementos determinantes no declarados o distintos de los declarados por el obligado tributario. 3. Examen de: Los registros, libros o documentos exigidos por la normativa tributaria o que tengan carácter oficial, excepto la contabilidad mercantil. Facturas o documentos que sirvan de justificante a las operaciones incluidas en los libros, registros o documentos. 4. Requerimientos a terceros para que aporten la información que se encuentren obligados a suministrar para que la ratifiquen mediante la presentación de los correspondientes justificantes. En ningún caso se pueden requerir a terceros información sobre movimientos financieros. Dictada la resolución, la Administración tributaria no podrá efectuar una nueva regulación en relación con el objeto comprobado salvo que en un procedimiento de comprobación limitada o inspección posterior se descubran nuevos hechos o circunstancias que resulten de actuaciones distintas de las relaciones y especificadas en la resolución anterior.

Cómputo de plazos

En las actuaciones que se desarrollen ante las Administraciones Públicas, los plazos se computan de la siguiente forma: 1. Cuando los plazos se establecen en días, salvo que expresamente se disponga lo contrario, se entiende que estos son hábiles, por lo que en su cómputo se excluyen los domingos y los festivos. 2. Cuando los plazos se fijan en meses o años, éstos se cuentan a partir del día siguiente a aquel en que se produzcan la notificación o de aquel en el que se pueda considerar la solicitud estimada o desestimada por silencio administrativo. Si el mes de vencimiento no tuviera los mismos días que el mes que comienza el cómputo, se entiende que el plazo vence el último día del mes. Por ejemplo, si el plazo concedido es de un mes y comienza a computarse el 30 de enero, el vencimiento se producirá el día 28 de febrero. Los plazos comienzan a contarse a partir del día siguiente a aquel en que se reciba la notificación o desde aquel en que se produzca la estimación o desestimación por silencio administrativo. Si el último día del plazo es inhábil, el plazo se entiende prorrogado hasta el primer día hábil. Cuando un día es hábil en el municipio o comunidad en la que residimos e inhábil en la sede del órgano administrativo que está instruyendo el procedimiento administrativo o viceversa, debe considerarse día inhábil. Las deudas tributarias que deban satisfacerse mediante declaración-liquidación o autoliquidación, deberán satisfacerse en los plazos o fechas que señalan las normas reguladoras de cada tributo.

Condonación de deudas tributarias

Es el acto jurídico mediante el cual una persona que es acreedora de otra decide renunciar a su derecho frente a la otra, liberando del pago al deudor.

Consulta tributaria

Consulta efectuada a la Administración sobre temas tributarios cuya respuesta puede o no ser vinculante para la misma.

Contraído previo

Son derechos de cobro que la Administración conoce y anota en cuenta antes de que se haya producido el ingreso de los mismos, por lo que a fin de ejercicio puede haberse producido el ingreso o quedar pendiente para ejercicios siguientes. Proceden, por una parte, de actuaciones de la Administración (actas de inspección o liquidaciones como resultado de procesos de control) y, por otra, de autoliquidaciones del propio contribuyente que han dado lugar a reconocimientos de deuda (con solicitud de compensación o imposibilidad de pago) o solicitudes de aplazamiento y/o fraccionamiento.

Contribuyente

El contribuyente es la persona natural o jurídica a quien la Ley impone la carga tributaria derivada del hecho imponible, aún cuando realice la traslación a otras personas (art. 31 de la Ley General Tributaria). En estos informes el término se refiere a todo sujeto pasivo que presenta al menos una declaración tributaria en el año.

Cuota diferencial

Es el resultado de disminuir de la cuota líquida los ingresos y pagos a cuenta. Puede ser positiva (a favor del Estado), cero / negativa o a devolver (a favor del contribuyente).

Cuota diferencial neta

Es el resultado agregado de la suma aritmética de las cuotas diferenciales positivas y negativas individuales.

Cuota íntegra

Es el resultado de aplicar el tipo de gravamen de carácter proporcional o progresivo que corresponda sobre la respectiva base liquidable (art. 54 de la Ley General Tributaria).

Cuota líquida

Es el resultado de disminuir la cuota íntegra en el importe de las deducciones y bonificaciones recogidas en la Ley de cada tributo.

Cuota tributaria

Cantidad de dinero que corresponde pagar a un sujeto pasivo como consecuencia de la aplicación de un tributo. Puede ser fija (si viene señalada directamente en el texto legal) o variable (que fluctúa como resultado de elementos variables incluidos en la normativa). También puede ser íntegra (antes de aplicar deducciones) o líquida (después de restar las correspondientes deducciones).

Declaración complementaria

Se presenta con la finalidad de completar o modificar el contenido de una autoliquidación, declaración o comunicación presentada con anterioridad, y normalmente implica para el obligado tributario el pago de una deuda tributaria adicional. Así, si no ha habido declaración previa, no cabe hablar de declaración complementaria sino de declaración fuera de plazo. El obligado tributario puede efectuar cuantas declaraciones complementarias estime oportunas. Se puede presentar en cualquier momento anterior a la fecha de prescripción y siempre que la Administración no haya practicado liquidación definitiva del impuesto.

Declaraciones informativas

Algunas declaraciones tributarias no incorporan una autoliquidación y cumplen solo una función de información y control del cumplimiento. Es el caso del resumen anual del IVA (modelo 390), de los modelos de retenciones sobre rentas del trabajo (modelo 190), del capital (modelos 193, 194 y 196) y sobre arrendamientos (modelo 197), que se acompañan de listados individualizados de los perceptores. La misma naturaleza tienen los modelos anuales de operaciones con terceros (modelo 347) y de operadores intracomunitarios (modelo 349), que se acompañan también de listados individualizados de clientes, proveedores, importadores y exportadores. Los modelos de operaciones de los impuestos especiales cumplen también una función informativa. Así, el modelo 570 del impuesto especial de hidrocarburos contiene un detallado resumen de las entradas y salidas de los consumos sujetos, expresados en unidades físicas y para cada uno de los establecimientos o depósitos fiscales de la empresa.

Decretos legislativos

Normas con rango de ley dictadas por el Gobierno en base a una delegación de las Cortes. El Decreto legislativo ha de ser tramitado internamente por el Gobierno debiendo ser publicado en el BOE con su respectiva denominación de decreto legislativo.

Decretos-leyes

Normas con rango de ley que emanan por vía de excepción de un órgano que no tiene constitucionalmente atribuido el poder legislativo, concretamente el Gobierno.

Deducción

Cantidad que se puede deducir de la cuota del tributo de acuerdo con los términos establecidos por la normativa.

Depósitos fiscales

Establecimientos en los que los productos pueden almacenarse en régimen suspensivo, sin liquidación de impuestos, hasta su salida a consumo.

Derecho de superficie

Derecho real sobre un inmueble propiedad de otra persona que permite edificar y utilizarlo a cambio del pago de un canon periódico. En el Impuesto sobre Bienes Inmuebles, la persona titular del derecho real de superficie, es decir el superficiario, es el obligado al pago.

Derecho de usufructo

Derecho real sobre un inmueble propiedad de otra persona, que otorga las facultades de poseer y recibir los frutos de ese inmueble. En el Impuesto sobre Bienes Inmuebles, el usufructuario, es decir la persona titular del derecho real de usufructo, es el obligado al pago.

Derechos pendientes de cobro

Deudas de los contribuyentes liquidadas y contraídas por la Administración que todavía no han sido canceladas (por ingreso, prescripción, insolvencia u otras causas). Pueden ser de ejercicio corriente o de ejercicios cerrados.

Derechos reconocidos

Es la suma aritmética del contraído previo del ejercicio corriente y del contraído simultáneo. En términos netos, minorados de las anulaciones (devoluciones, fraccionamientos, aplazamientos y anulaciones propiamente dichas).

Desgravación

Deducción fiscal de la cuota de un tributo por alguna circunstancia prevista en la ley.

Deudas en ejecutiva

Tributos y otros ingresos de derecho público que están incluidos en un expediente administrativo de apremio.

Deudas en voluntaria

Tributos y otros ingresos de derecho público que se encuentran dentro del período de pago voluntario.

Devengo del impuesto

Nacimiento de la obligación de pagar un tributo. Por ejemplo, el nacimiento de la obligación de pagar el Impuesto sobre Bienes Inmuebles se produce el primer día del período impositivo, es decir, el 1 de enero de cada año.

Devoluciones de ingresos indebidos

Devoluciones motivadas, entre otras razones, por errores materiales en el cálculo de sus obligaciones por parte de los contribuyentes, por duplicidad en el pago o por haber ingresado una cantidad superior al importe de la deuda tributaria.

Devoluciones efectuadas /pagadas /practicadas /realizadas

Pagos del Estado a favor de los contribuyentes como consecuencia de una autoliquidación o reclamación por ingresos indebidos, que se contabilizan en el momento en el que se llevan a cabo los mismos, con independencia del momento en el que la devolución haya sido solicitada.

Devoluciones no procedentes

Devoluciones solicitadas que son anuladas, total o parcialmente, por la Administración debido, entre otras razones, a errores materiales en el cálculo, a duplicidades o por haber solicitado una cantidad superior a la que se tiene derecho.

Devoluciones solicitadas

Hacen referencia a las autoliquidaciones con clave S, cuyo saldo es a favor del contribuyente.

Devoluciones viables

Devoluciones solicitadas menos devoluciones no procedentes.

Doble imposición

Situación que se produce cuando dos impuestos distintos recaen sobre el mismo hecho imponible y deben ser liquidados en el mismo período impositivo.

Documento de pago

Documento que se envía al contribuyente con el que se puede efectuar el pago de una deuda en los lugares y con los medios que en el mismo se indican. Al documento de pago también se le denomina abonaré o tríptico.

Domicilio fiscal

Domicilio del contribuyente a efectos tributarios. Para las personas físicas es el de su residencia habitual; para las personas jurídicas, es el de su domicilio social siempre que en él esté efectivamente centralizada su gestión administrativa y la dirección de sus negocios.

Donación

Acto por el cual una persona, el donante, dispone gratuitamente una cosa a favor de otra persona, donatario, que la acepta.

Donatario

Persona que recibe una donación. A efectos del Impuesto sobre el Incremento del Valor de los Terrenos de Naturaleza Urbana, el donatario es el obligado al pago.

Ejercicio fiscal

Con carácter general el ejercicio fiscal (o periodo impositivo) coincide con el año natural, aunque puede haber excepciones como, por ejemplo, las entidades de ejercicio partido en el Impuesto sobre Sociedades.

Embargo de bienes

Acción de trabar bienes propiedad del deudor dentro del procedimiento administrativo de apremio. El embargo se realiza en los supuestos en que el deudor incumpla su obligación de pagar las deudas de derecho público pendientes.

Entidades colaboradoras

En el procedimiento de recaudación, entidades bancarias o cajas de ahorro que colaboran con la Administración tributaria para el cobro de las deudas.

Estimación directa

Método de determinación de la base imponible, que consiste en obtener la renta real y cierta obtenida por el sujeto pasivo por diferencia entre los ingresos y los gastos computables y justificados.

Estimación indirecta

Sistema para determinar bases imponibles mediante el empleo de índices, signos o módulos establecidos por la Administración, para el supuesto de que no se lleve contabilidad o registros, por lo tanto no pueda aplicarse la estimación directa.

Estimación objetiva singular

Sistema de determinación de bases imponibles mediante el empleo combinado de datos aportados por el contribuyente y de índices o módulos establecidos por la Administración.

Exacción

Hecho de exigir el cobro de impuestos, multas, tasas o deudas.

Exención

Privilegio del que alguien goza y por el cual puede el contribuyente dejar de pagar en parte o completo un determinado tributo.

Expediente administrativo de apremio

Conjunto de actuaciones realizadas por la Administración tributaria encaminadas al cobro de una deuda de derecho público mediante la ejecución forzosa de bienes y derechos del patrimonio del deudor.

Expediente sancionador

Conjunto de actuaciones de la Administración encaminadas a la imposición de una sanción.

Factura

Es el documento que justifica el suministro de bienes o la prestación de servicios y, en su caso, la repercusión del IVA. Todos los empresarios como profesionales tienen la obligación de expedir y entregar factura y copia de este por cada una de las operaciones que realicen en el ejercicio de su actividad.

Fianza personal solidaria

En el procedimiento recaudatorio, garantía que presenta una persona diferente del deudor para asegurar el cumplimiento del pago de un ingreso de derecho público. Esta persona (fiador) se obliga a realizar el pago si no lo hace el deudor.

Firma electrónica

La firma electrónica, también denominada firma digital, es un conjunto de datos asociados a un mensaje que permiten garantizar, con toda seguridad, la identidad del firmante así como la integridad del texto o mensaje enviado.

Funciones delegadas

En el procedimiento de gestión y recaudación, actuaciones que realiza una Administración en virtud de las competencias conferidas por otra. Las funciones delegadas han de estar especificadas en un acuerdo tomado por la Administración delegante, y publicadas en los diarios oficiales correspondientes (artículo 7 del Texto refundido de la Ley reguladora de Haciendas Locales).

Gastos deducibles

Aquellos cuyo importe se reduce de los ingresos íntegros para determinar la base imponible en los supuestos que determina la ley que regula cada tributo.

Gestión recaudatoria

Actuaciones llevadas a cabo por la Administración encaminadas al cobro de una deuda tributaria u otro ingreso de Derecho público.

Gestión tributaria

Actuaciones llevadas a cabo por la Administración encaminadas a la realización de una liquidación tributaria u otro ingreso de Derecho público.

Grandes empresas

Aquellas cuyo volumen de operaciones (según el artículo 121 de la LIVA) haya excedido, durante el año natural inmediatamente anterior, de 6.010.121,04 euros, lo que supone que su censo se modifica cada año. Están obligadas a presentar mensualmente sus declaraciones-liquidaciones referentes a retenciones, impuesto sobre el valor añadido, impuestos especiales y primas de seguros. Desde enero de 2003 aquellos retenedores de las Administraciones Públicas, incluida la Seguridad Social, cuyo último presupuesto anual supere los 6 millones de euros, también tienen obligación de presentar mensualmente las declaraciones correspondientes a retenciones sobre rendimientos del trabajo y actividades económicas.

Hecho imponible

Presupuesto de naturaleza jurídica o económica fijado por la ley, cuya realización origina el nacimiento de la obligación tributaria. Por ejemplo, el hecho imponible del Impuesto sobre Actividades Económicas, que origina el nacimiento de una obligación tributaria, es el ejercicio de una actividad empresarial en territorio nacional.

Hipoteca inmobiliaria

Garantía de pago que se da a un acreedor sobre la propiedad de un inmueble del deudor.

Hipoteca mobiliaria

Garantía de pago que se da a un acreedor sobre la propiedad de un bien mueble (por ejemplo maquinaria) del deudor.

Imputación temporal

Momento concreto en el que se computan determinados rendimientos, según lo dispuesto en la regulación legal de cada impuesto.

Ingresos de derecho público

Recursos económicos de las Administraciones, (tributos, precios públicos, sanciones), cuyo cobro se puede efectuar por la vía de apremio.

Ingresos en formalización

Apunte contable, que no supone movimiento físico de dinero, mediante el que se cancelan derechos y deudas recíprocas. Por este medio se contabilizan, entre otras, las retenciones realizadas por la Dirección General del Tesoro y Política Financiera, así como por las Delegaciones de Ministerio de Hacienda. Se integran dentro del conjunto de autoliquidaciones mediante autoliquidaciones virtuales.

Ingresos tributarios brutos

Recaudación realizada bruta de los tributos gestionados por la Hacienda estatal.

Ingresos tributarios de las AATT

Ingresos procedentes de la recaudación realizada líquida de los tributos gestionados por la Hacienda estatal que se ceden a las AATT en virtud del sistema de financiación vigente.

Ingresos tributarios del Estado

Recaudación realizada líquida de los tributos gestionados por la Hacienda estatal, una vez deducida la parte de los ingresos que corresponde a las AA.TT. en virtud del sistema de financiación vigente.

Ingresos tributarios homogéneos

Recaudación realizada bruta depurada de todos aquellos factores, distintos de la variación de bases y tipos, que distorsionan la evolución de la serie y dificultan su seguimiento. Tiene como finalidad analizar la evolución subyacente de la recaudación a partir del comportamiento de sus determinantes económicos.

Ingresos tributarios totales

Es la recaudación realizada líquida de los tributos gestionados por la Hacienda estatal antes de deducir la parte de los ingresos que corresponden a las AATT (CCAA de régimen común en virtud del sistema de financiación autonómica vigente y CCLL). Pueden atribuirse al Estado (ingresos tributarios del Estado) o a las AATT (ingresos tributarios de las AATT).

Inmueble de naturaleza rústica

A efectos del Impuesto sobre Bienes Inmuebles, y según lo dispuesto en el artículo 61 del Texto refundido de la Ley Reguladora de las Haciendas Locales, se considera inmueble de naturaleza rústica todo aquel definido como tal en las normas reguladoras del Catastro Inmobiliario. Constituye el hecho imponible de este impuesto la titularidad de los derechos señalados en el citado artículo.

Inmueble de naturaleza urbana

A efectos del Impuesto sobre Bienes Inmuebles, y según lo dispuesto en el artículo 61 del Texto refundido de la Ley Reguladora de las Haciendas Locales, se considera inmueble de naturaleza urbana todo aquel definido como tal en las normas reguladoras del Catastro Inmobiliario. Constituye el hecho imponible de este impuesto la titularidad de los derechos señalados en el citado artículo.

Intereses de demora

Cuantía que se genera cuando no se efectúa el pago de una deuda dentro del período de pago voluntario y que se ha de ingresar con independencia de la deuda principal. El importe se calcula según los días transcurridos desde la finalización del período de pago en voluntaria hasta el día en que se efectúe su pago.

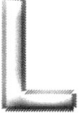

Ley de bases

Norma aprobada por las Cortes Generales, por la que se delega en el Gobierno la potestad de dictar un texto articulado con rango de ley, que adoptará la forma de decreto legislativo, y que deberá seguir los principios y criterios contenidos en aquella.

Licencia urbanística

Autorización otorgada por la Administración para la realización de una actividad de edificación, uso del suelo, etc., de carácter urbanístico por parte del interesado.

Liquidación tributaria

Acto por el cual la Administración determina una deuda tributaria y la cuota a pagar.

Liquidación tributaria provisional

Acto administrativo mediante el cual se determina el importe de la deuda tributaria de forma provisional, a expensas de posterior comprobación y liquidación definitiva por parte de la Administración.

Mínimo exento

Cantidad no sujeta a gravamen, a partir de la cual se aplica la tarifa que corresponda.

Minoraciones

Se trata de ingresos procedentes de tributos gestionados y recaudados por la Hacienda estatal que son cedidos a otras Administraciones o entidades. En concreto se consideran minoraciones la participación de las AA.TT. y la asignación tributaria a la Iglesia Católica.

Número de Identificación Fiscal (NIF)

El número de identificación fiscal (NIF) es un código de identificación de las personas físicas y jurídicas y de las entidades del artículo 35.4 de la LGT en sus relaciones de naturaleza o con trascendencia tributaria.

Normas tributarias

Son aquellas cuya materia tiene carácter tributario. Sus principios y su régimen se recogen en el título primero de la Ley 58/2003, de 17 de diciembre, General Tributaria.

Objeto tributario

Bien o actividad en que recae un hecho imponible, fijado por la ley, y que origina el nacimiento de una obligación de contribuir. Por ejemplo, en el Impuesto sobre Vehículos de Tracción Mecánica el objeto tributario es el vehículo propiedad del contribuyente.

Obligado al pago

Persona natural o jurídica a quien, por ley y a efectos tributarios, le corresponde realizar el pago de un ingreso de Derecho público.

Obligado tributario

Persona sobre la que recae la obligación de pago.

Obra nueva

Nueva edificación o construcción realizada que, a efectos catastrales, ha de declararse a la Gerencia Territorial del Catastro a fin de actualizar el valor catastral del inmueble (en los Ayuntamientos donde el Impuesto sobre Bienes Inmuebles está gestionado por el ORGT, esta declaración ha de presentarse en las oficinas de dicho Organismo).

Ordenanza fiscal

Disposición general de carácter reglamentario dictada por las Administraciones Locales, en el uso de sus competencias tributarias, mediante la cual se regula la imposición y ordenación de los tributos municipales.

Participación de las AATT

Parte de la recaudación líquida de la Hacienda estatal, en concepto de IRPF, IVA e impuestos especiales, que se cede a las AATT en virtud del sistema de financiación vigente de estas Entidades.

Período de pago ejecutivo

Plazo de que dispone el obligado al pago para hacer el ingreso con recargos e intereses de demora de un tributo u otro ingreso de Derecho público.

Período de pago voluntario

Plazo de que dispone el obligado al pago de un tributo u otro ingreso de Derecho público para hacer el ingreso, de forma voluntaria, sin recargos ni intereses de demora.

Período impositivo

Año en que se realiza el hecho de naturaleza jurídica o económica fijado por una norma y que origina el nacimiento de la obligación tributaria.

Ponencia de valores

Es el documento administrativo que recoge los valores del suelo y de las construcciones, los criterios y módulos de valoración, así como el planeamiento urbanístico y otros elementos necesarios para llevar a cabo dicha valoración.

Prescripción

Extinción, por el transcurso de 4 años, del derecho que tiene la Administración para determinar la deuda tributaria, exigir el pago de una deuda e imponer una sanción tributaria. Este plazo se interrumpirá en las condiciones establecidas en el artículo 66 de la Ley General Tributaria.

Procedimiento administrativo de apremio

Conjunto de actuaciones llevadas a cabo por la Administración Tributaria, encaminadas a la recaudación (cobro) de una deuda de derecho público.

Procedimiento sancionador

Conjunto de actuaciones integrantes de un expediente sancionador, llevadas a cabo de acuerdo con la normativa sancionadora, encaminadas a la imposición de una sanción.

Prorrata

Cuando un sujeto pasivo realiza de manera exclusiva operaciones que generan derecho a deducción, puede deducir la totalidad del impuesto soportado en la adquisición de los bienes y servicios necesarios para su actividad. Por contra, si solamente realiza operaciones que no generan derecho a deducción, no existe tal derecho, por lo que la deducción es del 0% del impuesto que soporte.

Providencia de apremio

Es el título ejecutivo que inicia el procedimiento de apremio. La providencia de apremio la dicta el Tesorero municipal y tiene la misma fuerza ejecutiva que una sentencia judicial para proceder contra el patrimonio del obligado al pago.

Prueba

Es la demostración o justificación de la existencia real de los hechos alegados. En los procedimientos de aplicación de los tributos quien haga valer su derecho deberá probar los hechos constitutivos del mismo. Los obligados tributarios cumplirán su deber de probar si designan de modo concreto los elementos de prueba en poder de la Administración tributaria. En los procedimientos tributarios serán de aplicación las normas que sobre medios y valoración de prueba se contienen en el Código Civil y en la Ley de Enjuiciamiento Civil, salvo que la Ley establezca otra cosa.

Pymes

Todas aquellas entidades que no son grandes empresas en términos tributarios ni Administraciones Públicas con obligación de declarar mensualmente sus retenciones sobre rendimientos del trabajo y actividades económicas.

Recargo

Cantidad adicional calculada sobre la base o la cuota de un tributo en beneficio de la Administración impositora o de otro ente público.

Recargo de apremio

Cantidad que se ha de ingresar cuando el pago de la deuda se realiza una vez finalizado el período de pago voluntario, con independencia del importe de la deuda principal. Este recargo será del 5% cuando la deuda se satisfaga antes de que haya sido notificada la providencia de apremio, del 10% si la deuda se paga una vez notificada la providencia de apremio y dentro de los plazos del artículo 62.5 de la Ley general tributaria, y del 20% más los intereses de demora transcurrido dicho plazo.

Recargo de equivalencia

Régimen especial del IVA aplicable a comerciantes personas físicas.

Recaudación aplicada

Medida de los ingresos cuyo criterio de registro es el del período en el que dichos ingresos son contabilizados en el presupuesto. Esto significa que la recaudación aplicada de un período contiene la mayor parte de los ingresos pendientes de aplicación a fin del periodo anterior y no recoge los ingresos que quedan pendientes de aplicar al final del propio período. Se refiere tanto a los ingresos de presupuesto corriente como a los de cerrados. En la actualidad, en términos anuales coincide con la recaudación realizada.

Recaudación de ejercicios cerrados

Operaciones realizadas respecto a derechos pendientes de cobro al comienzo del ejercicio correspondientes a recursos de presupuestos de ingresos ya cerrados.

Recaudación del ejercicio corriente

Operaciones realizadas correspondientes a recursos del presupuesto de ingresos del ejercicio en curso.

Recaudación realizada bruta

Está formada únicamente por los ingresos efectivamente realizados en el periodo, con independencia de cómo hayan sido realizados (Entidades Colaboradoras, Cajas de las Delegaciones, Aduanas o Formalización) y del momento en que se apliquen al presupuesto.

Recaudación realizada líquida/neta

Recaudación realizada bruta menos devoluciones pagadas. Si la recaudación líquida es del Estado, también tiene restadas las minoraciones y los ajustes con los territorios forales.

Recaudación tributaria

Conjunto de órganos y personas que tienen por objeto el cobro efectivo de los distintos impuestos.

Recurso de reposición

Recurso de carácter preceptivo que los interesados han de interponer contra los actos dictados por la Administración local en la gestión, inspección y recaudación de sus tributos, si desean acudir a la vía contencioso administrativa.

Referencia catastral

Es un identificador oficial y obligatorio de todos los bienes inmuebles. Este código está asignado por el Catastro de tal forma que todo inmueble tiene una única referencia catastral. La referencia catastral incluye las coordenadas geográficas del terreno de que se trate.

Régimen económico matrimonial

Desde el punto de vista jurídico, el régimen económico matrimonial se puede definir como el conjunto de reglas que regulan las relaciones económicas entre los cónyuges y entre éstos y terceras personas mientras dura el matrimonio.

Reglamento

Toda norma escrita o disposición jurídica de carácter general procedente de la Administración, en virtud de su competencia propia y con carácter subordinado a la ley.

Retención

Retención es la cantidad Ingresada en el Tesoro Público por el pagador, a cuenta del Impuesto del perceptor, y que previamente le ha detraído de sus rendimientos brutos dinerarios.

Sanción tributaria

Cantidades exigidas por la Administración como consecuencia de que el obligado tributario haya incurrido en una infracción tributaria. Puede ser grave o leve.

Subasta pública

Acto público, dentro del procedimiento administrativo de apremio, mediante el cual se realiza la venta forzosa de bienes embargados a los deudores. Resulta adjudicatario quien hace la oferta económica más alta.

Sujeto pasivo

Persona natural o jurídica que, por ley, resulta obligada al cumplimiento de una prestación tributaria, ya sea como contribuyente o como substituto del mismo.

Sustituto del contribuyente

Es sustituto del contribuyente el sujeto pasivo que, por imposición de la Ley y en lugar de aquel, está obligado a cumplir las prestaciones materiales o formales de la obligación tributaria. El concepto se aplica especialmente a quienes se hallan obligados por la Ley a detraer, con ocasión de los pagos que realicen a otras personas, el gravamen tributario correspondiente, asumiendo la obligación de efectuar su ingreso en el Tesoro (art. 32 de la Ley General Tributaria).

Tarifa tributaria

Tabla de precios, derechos o impuestos que se tienen que pagar por la compra de una cosa o la realización de un trabajo. Conjunto de tipos de gravamen aplicables en un determinado impuesto.

Tasa

Clase de tributo cuyo hecho imponible es la utilización del dominio público, la prestación de un servicio público o la realización por la Administración de una actividad que afecte o beneficie de modo particular al sujeto pasivo.

Textos articulados

En este supuesto, el Parlamento fija mediante una ley de bases los principios generales que deben presidir la regulación de una determinada materia, y que deben ser desarrollados por el Gobierno mediante un decreto legislativo denominado texto articulado. La ley de bases deberá delimitar con precisión el contenido y alcance de la delegación y los principios y criterios que deben seguirse en su ejercicio. En ningún caso podrá autorizar la modificación de la propia ley de bases ni facultar para dictar normas con carácter retroactivo.

Textos refundidos

En este caso, la labor que se confía al Gobierno es sistematizar y articular en un texto único una pluralidad de leyes que inciden sobre un mismo objeto, sin alterar la regulación material que resulta de las mismas. El texto refundido sustituye, derogándolas, a las leyes en él refundidas, que desde este momento dejan de ser aplicables. La autorización para refundir textos legales debe determinar el ámbito normativo al que se refiere el contenido de la delegación especificando si se circunscribe la mera formulación de un texto único o si incluye la de aclarar, regularizar o armonizar los textos legales que han de ser refundidos.

Tipo de gravamen

Porcentaje, proporcional o progresivo, fijado por ley, que se aplica a la base liquidable para obtener la cuota tributaria.

Tipo impositivo

Porcentaje, proporcional o progresivo, fijado por ley, que se aplica a la base liquidable para obtener la cuota tributaria. También se denomina tipo de gravamen.

Tipo impositivo efectivo

Porcentaje resultante de relacionar la cuota a ingresar con la base liquidable.

Tipo impositivo fijo o proporcional

Porcentaje aplicable a la base imponible que no varía al incrementarse ésta.

Tipo impositivo marginal

Tipo aplicable a los últimos tramos de la renta del sujeto pasivo.

Tipo impositivo progresivo

Porcentaje aplicable a la base imponible que varía al incrementarse ésta.

Tipo medio

Resultado de dividir la recaudación entre la correspondiente base (liquidable, renta gravada, etc.).

Transmisión de dominio

Acción y efecto de pasar a otra persona o personas la propiedad de una cosa.

Transmisión lucrativa

Acción y efecto de pasar a otra persona la propiedad de un bien o derecho de forma gratuita, con lucro (ganancia o provecho) por parte de quien lo recibe.

Transmisión onerosa

Acción y efecto de pasar a otra persona la propiedad de un bien o derecho a cambio de un precio o cualquier otra contraprestación.

Tributos cedidos

Tributos cuyas competencias normativas han sido transferidas desde la Hacienda estatal a otras Administraciones.

Tributos de cobro periódico

Tributos que se devengan anualmente, es decir, que han de pagarse cada año.

Tríptico

Documento que se envía al contribuyente, con el que se puede efectuar el pago de un tributo en período de pago voluntario en los lugares y con los medios que en el mismo se indican. El tríptico también se denomina abonaré o documento de pago.

Unidad familiar

La unidad familiar es el conjunto de personas que, a efectos de tributación conjunta, han de acumular sus rendimientos y ganancias de patrimonio obtenidos durante el período impositivo y responden conjunta y solidariamente del pago de la deuda tributaria.

Uniones temporales de empresas

Las Uniones Temporales de Empresas (UTE) son las que surgen de contratos de colaboración de carácter temporal entre empresarios para el desarrollo o ejecución de una obra, servicio o suministro. En el sector que más se utilizan es en la construcción.

Valor añadido

Es la diferencia entre el valor de lo producido y el valor de los factores incorporados, que es igual a la suma de las rentas generadas por el proceso.

Valor catastral

El valor catastral es un valor administrativo que sirve de base, entre otros aspectos, para el cálculo del Impuesto sobre Bienes Inmuebles. Se obtiene a partir de los datos existentes en el Catastro Inmobiliario, y se fija con referencia al valor de mercado, sin que en ningún caso pueda exceder de éste. Se calcula mediante un procedimiento concreto (ponencia de valores) y está integrado por el valor del suelo y el de las construcciones.

Valor de mercado

Aquel pactado entre partes independientes en las relaciones comerciales.

Vía contencioso-administrativa

Procedimiento de reclamación contra los actos y resoluciones definitivos dictados por la Administración que se instruye ante los jueces y tribunales de la jurisdicción, de lo contencioso-administrativo.

Vía ejecutiva

Procedimiento utilizado por la Administración tributaria dentro del ámbito de la recaudación de los ingresos de derecho público. Tiene como objetivo el cobro de una deuda de Derecho público por la vía de apremio.

Vivienda habitual

Se considera la vivienda habitual del contribuyente la edificación que constituya su residencia durante un plazo continuado de, al menos, tres años, excepto: 1. Cuando se produzca el fallecimiento del contribuyente. 2. Concurran circunstancias que necesariamente exijan el cambio de vivienda, como separación matrimonial, traslado laboral, obtención del primer empleo o cambio de empleo, celebración de matrimonio o vivienda inadecuada en caso de minusvalía o situación análoga.

BIBLIOGRAFÍA

WEBGRAFÍA

Bibliografía

- **Manual de Derecho Tributario.** Editorial Aranzadi, Navarra, 2015.

- **Memento Práctico Fiscal.** Editorial Francis Lefebvre, S.A. Madrid, 2016.

- **Curso de Derecho financiero y tributario.** Editorial Tecnos. Madrid, 2015.

- **Impuesto sobre Sociedades.** Editorial Tirant. Valencia, 2015.

- **Impuesto sobre la Renta de las Personas Físicas.** Editorial Tirant. Valencia, 2015.

- **Ley General Tributaria.** Editorial Tirant. Valencia, 2015.

Webgrafía

Páginas web de consulta:

- **https://sede.agenciatributaria.gob.es/**

- **https://noticias.juridicas.com/**

- **www.boe.es**

- **http://www.ief.es**

- **https://www.hacienda.gob.es**

- **https://www.icac.gob.es/**